Geschützte Pflanzen

Bleiches Waldvögelein

Märzbecher

Maiglöckchen

Elsbeth Lange
Wolfgang Heinrich

Wir bestimmen Pflanzen

Wir und die Pflanzen

In vielfältiger Form ist unser Leben mit den Pflanzen verbunden.

Beinahe zu jeder Mahlzeit nehmen wir pflanzliche Produkte zu uns. Mehl, Kartoffeln und Gemüse gehören zu den Grundnahrungsmitteln. Wir trinken Kaffee, Kakao oder Tee; essen gern Bananen, Äpfel und anderes Obst. Aber auch die Tiere, deren Fleisch wir essen und deren Milch wir trinken, ernähren sich von Pflanzen.

Für die Herstellung der meisten Gegenstände, mit denen wir es täglich zu tun haben, sind pflanzliche Rohstoffe eine wichtige Grundlage. Wenn es keine Pflanzen gäbe, hätten wir keine Möbel in der Wohnung, könnten keine Bücher lesen, ja, wir könnten nicht einmal ein Paket packen und verschnüren. Die Kohle, die sich aus Pflanzen gebildet hat, ist nicht nur ein wichtiger Grundstoff der chemischen Industrie, sie ist auch ein hochwertiger Energielieferant.

Grünanlagen mit Bäumen, Sträuchern und bunten Blumenbeeten verschönern die Wohngebiete. Mit Grünpflanzen und Blumensträußen schmücken wir die Wohnungen, die Klassenräume und die Arbeitsplätze. Spaziergänge durch die Wiesen, Felder und Wälder unserer Heimat erfreuen uns und geben neue Kraft. Für die Erholung und die Gesundheit hat die Pflanzenwelt einen hohen Wert. Und wenn wir doch einmal krank werden sollten, dann helfen uns die aus Pflanzen hergestellten Heilmittel, rasch wieder gesund zu werden. Die Heilkraft vieler Kräuter kennen die Menschen schon seit sehr langer Zeit. Aber auch viele unserer modernen Medikamente enthalten pflanzliche Stoffe. Es könnten noch viele Beispiele genannt werden.

Zu all dem kommt noch eine ganz wichtige Tatsache hinzu. Mit Hilfe des in ihren Blättern enthaltenen grünen Farbstoffs ernähren sich die Pflanzen aus dem Kohlendioxid der Luft, der Energie des Sonnenlichtes und dem Wasser des Bodens. Dabei geben sie durch die Blätter ein Gas ab, den Sauerstoff. Tiere und Menschen benötigen ihn unbedingt für ihr Leben. Ein Teil des mit den Wurzeln aufgenommenen Wassers wird über die Blätter als Wasserdampf wieder abgegeben. Dadurch beeinflussen die Pflanzen die Luftfeuchtigkeit, das Wetter und das Klima. Besondere Bedeutung kommt dabei dem Wald zu.

Im gesamten Naturhaushalt spielt die Pflanzenwelt eine wesentliche und unentbehrliche Rolle. Deshalb ist es eine sehr wichtige und notwendige Aufgabe der Umweltgestaltung, den wissenschaftlich-technischen Fortschritt mit dem Schutz der Natur sinnvoll zu verbinden. Nicht nur wir, sondern auch spätere Generationen müssen die Möglichkeit haben, in den Genuß all der Schönheiten zu gelangen, die uns unsere heimische Natur schenkt. Für das künftige Leben der Menschen ist die weitere Entwicklung der Technik ebenso notwendig wie die Erhaltung der Natur. Um dieses Ziel zu erreichen, ist eine vorausschauende langfristige Planung notwendig. Um aber richtig planen zu können, müssen Zusammenhänge und Wechselwirkungen bekannt sein. Die Ursachen der Schäden, die den Pflanzen durch Abgase oder industrielle Produkte drohen, sind zu ergründen. Diese

Kreislauf der Stoffe

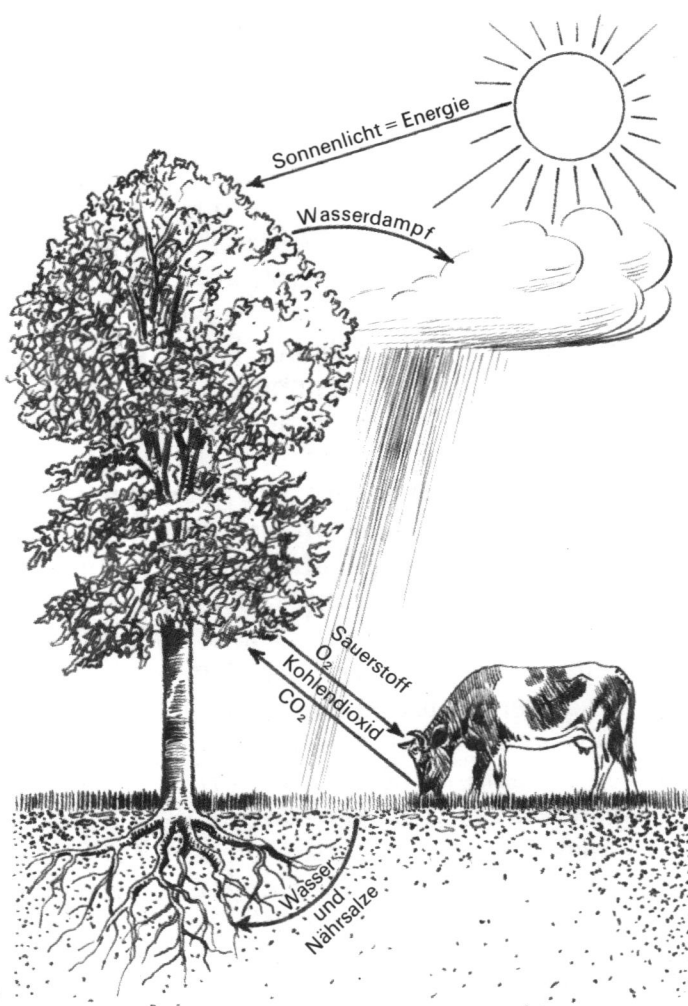

Sonnenlicht = Energie

Wasserdampf

Sauerstoff O₂

Kohlendioxid CO₂

Wasser und Nährsalze

und noch viele andere Probleme müssen gelöst werden. Wer heute beginnt, sich mit Pflanzen zu beschäftigen, kann morgen vielleicht wichtige Arbeiten auf diesem Gebiet leisten.

Für zahlreiche Berufe ist die Kenntnis der heimischen Pflanzen und ihres Lebens wichtig. Aber auch viele Menschen, die beruflich nicht mit Pflanzen zu tun haben, beschäftigen sich in ihrer Freizeit mit ihnen. Sie interessieren sich für die Kräuter und Bäume, die sie überall sehen, sie möchten deren Namen und Näheres über ihr Leben wissen. Pflanzen kennenzulernen ist nicht schwer. Die Pflanzenkenner geben gern Auskünfte und Hinweise. Man kann auch in Büchern nachschlagen und Pflanzen mit Abbildungen oder Farbtafeln vergleichen. Lehrreicher ist es jedoch, selbständig zu beobachten und zu bestimmen. Eigenes Erleben, die erste erfolgreich durchgeführte Bestimmung bereitet Freude. Je mehr Pflanzen wir bestimmen, um so besser lernen wir beobachten und dringen allmählich tiefer in die Geheimnisse der Pflanzenwelt ein. Dieses Buch soll dabei helfen, die bei uns häufigsten wildwachsenden Blütenpflanzen zu bestimmen. Es vermittelt auch einige Kenntnisse über das Leben der Pflanzen und soll zu eigenem Beobachten anregen.

Die Pflanzendecke der Erde

Verteilung und Verbreitung der Pflanzen

Nur an ganz wenigen Stellen der festen Erdoberfläche können Blütenpflanzen nicht gedeihen. Das sind die eisbedeckten Polgebiete, die eisbedeckten Gipfel der Hochgebirge und die Wüsten.

Allerdings ist die Verteilung der Blütenpflanzen auf der Erde sehr unterschiedlich. Die Lebensmöglichkeiten der Pflanzen hängen in hohem Maße vom Klima und vom Boden ab. So wie das Klima und der Boden in den einzelnen Gebieten der Erde verschieden sind, so unterscheiden sich auch deren Pflanzendecken in ihrem Aussehen, in der Zusammensetzung und in der Artenzahl.

Sehr artenreich sind die Gebiete um den Äquator. Dort bilden immergrüne Bäume und an ihnen emporwachsende Schlingpflanzen dichte, dunkle, nur schwer bezwingbare Wälder. In den Kronen der Bäume blühen Orchideen und andere Pflanzen. Auch am Boden dieser Wälder gedeihen noch viele Pflanzenarten. Es sind etwa 45 000 Arten, die dort vorkommen. In der afrikanischen Sahara wachsen hingegen kaum 300 verschiedene Arten, und Bäume sind sehr selten. In den klimatisch gemäßigten Gebieten, wie in Mitteleuropa, herrschen laubabwerfende Bäume in den Wäldern vor. Hier gedeihen etwa 3 000 Arten der Gehölze und der krautigen Pflanzen. Nadelbäume, Birken und Zwergsträucher bestimmen im nördlichen Skandinavien, im nördlichen Sibirien und in Kanada das Aussehen der Pflanzendecke. Im südlichen Sibirien sind Gehölze seltener. Gräser und andere Blütenpflanzen prägen dort das Bild der artenreichen Steppen. Eine Liste der grönländischen Blütenpflanzen verzeichnet rund 400 Arten; und in der Antarktis sind bisher nur 2 Arten gefunden worden.

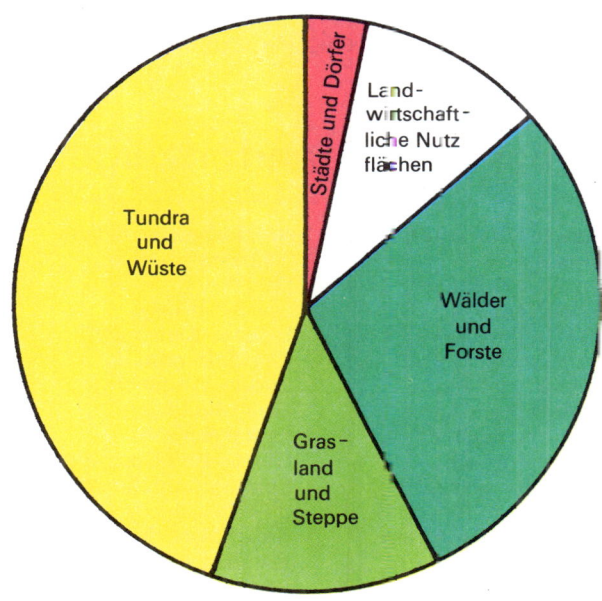

Nutzung der festen Erdoberfläche

Die Gesamtheit der in einem bestimmten Gebiet vorkommenden Arten nennen wir die Flora des betreffenden Gebietes. Die Arten, die die Flora unserer Heimat bilden, stammen aus unterschiedlichen Gegenden. Manche der bei uns seltenen Arten sind in Osteuropa weit verbreitet, andere im Mittelmeergebiet oder an der Küste des Atlantik. Wieder andere sind Weltbürger, das heißt, sie sind weltweit verbreitet. Das gesamte Gebiet, in dem eine Art vorkommt, nennt der Botaniker ihr Areal.

Eine übersichtliche Darstellung der Verbreitungsverhältnisse ist in Arealkarten möglich. Dazu werden alle Fundorte der entsprechenden Art auf einer Karte eingetragen. Das Hauptgebiet der Verbreitung wird dabei meist durch Schraffuren oder Farben besonders verdeutlicht. Innerhalb ihres Areals ist aber eine Art nicht gleichmäßig verteilt. Jede Art stellt bestimmte Ansprüche an Temperatur, Wasser, Licht, an den Nährstoff- und Feuchtigkeitsgehalt des Bodens. Sie ist auch abhängig von den mit ihr zusammen wachsenden Pflanzen anderer Arten. Es gibt Pflanzen, die nur im Walde oder nur auf Wiesen vorkommen. Manche siedeln nur an den Küsten, andere finden wir vor allem im Gebirge. Bestimmte Pflanzen bevorzugen die trockenen warmen Stellen, andere lieben nasse Standorte. Wir kennen Arten, die gern auf stickstoffreichen, salzhaltigen, sauren oder kalkreichen Böden wachsen. Es ist möglich, aus dem Vorkommen bestimmter Arten auf die Standorteigenschaften zu schließen. In Tabelle 1 sind solche Beispiele aufgeführt. Die Bindung der Arten an bestimmte Standortverhältnisse läßt auch verständlich werden, daß die Pflanzen nicht zufällig nebeneinander wachsen. Überall bilden sie in Ab-

Pflanzen als Standortzeiger

Tabelle 1

Stickstoffliebende Arten	Salzliebende Arten	Trockenheitszeiger	Feuchtezeiger
Brennessel	Gemeiner Queller	Aufrechte Trespe	Wald-Ziest
Schwarzer Holunder	Salz-Aster	Wiesen-Salbei	Echtes Mädesüß
Stachelbeere	Spieß-Melde	Federgras	Kohl-Kratzdistel
Weiße Taubnessel	Erdbeer-Klee	Mauerpfeffer	Großes Springkraut
Knoblauchsrauke	Kali-Salzkraut	Erd-Segge	Wiesen-Schaumkraut
Schutt-Bingelkraut	Strand-Wegerich	Sand-Strohblume	Sumpf-Labkraut
Gemeines Kreuzkraut	Salz-Milchkraut	Schaf-Schwingel	Wald-Brustwurz
Garten-Wolfsmilch	Echter Eibisch	Graues Silbergras	Gemeiner Gilbweiderich
Vogel-Sternmiere	Gemeiner Salzschwaden	Kuhschelle	Gemeine Waldsimse
Stauden-Feuerkraut	Salz-Schuppenmiere	Heide-Nelke	Blutweiderich

Säureliebende Arten	Kalkliebende Arten	Lichtliebende Arten	Schattenliebende Arten
Schlängel-Schmiele	Gemeines Blaugras	Zaun-Wicke	Schwarze Tollkirsche
Schmalblättrige Hainsimse	Edel-Gamander	Kriechende Hauhechel	Wald-Sauerklee
Acker-Windhalm	Sichel-Luzerne	Gemeiner Hornklee	Gold-Taubnessel
Feld-Spark	Große Eberwurz	Wiesen-Glockenblume	Busch-Windröschen
Einjähriger Knäuel	Sommer-Adonisröschen	Golddistel	
Einseitswendiges Birngrün	Feld-Rittersporn		
Wiesen-Wachtelweizen	Erdnuß-Platterbse	**Wechselfeuchtigkeits- zeiger**	**Überschwemmungs- zeiger**
Gemeines Heidekraut	Dreilappiges Leberblümchen	Blaugrüne Segge	Wasser-Schwaden
Preiselbeere	Bleiches Waldvögelein	Blaues Pfeifengras	Rohr-Glanzgras
Kleiner Ampfer	Braune Haselwurz	Gemeiner Teufelsabbiß	Geknietes
		Heil-Betonie	Fuchsschwanzgras
		Pracht-Nelke	Kriechender Hahnenfuß
			Sumpf-Knöterich

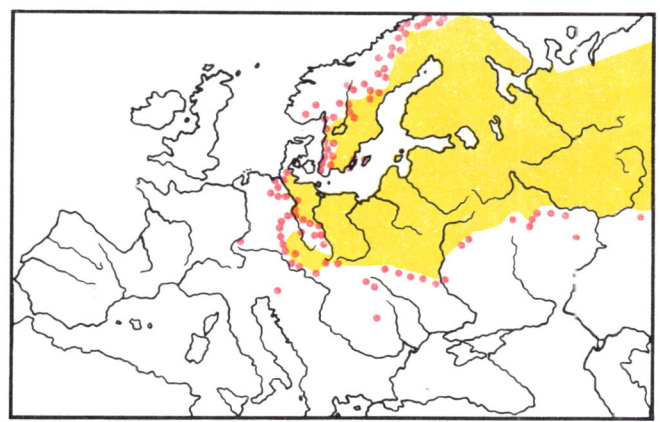

Sumpf-Porst (Lédum palústre)

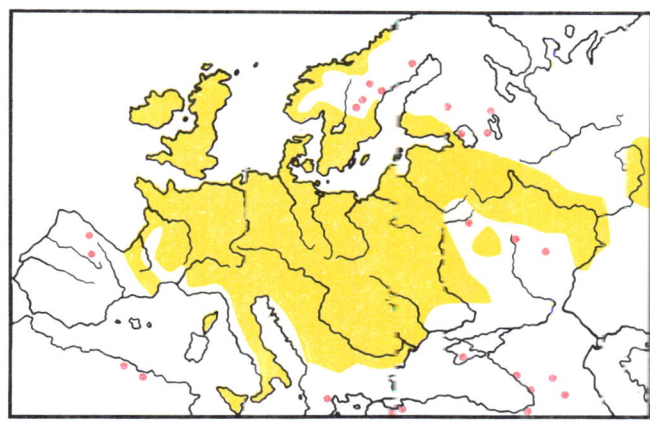

Waldmeister (Gálium odorátum)

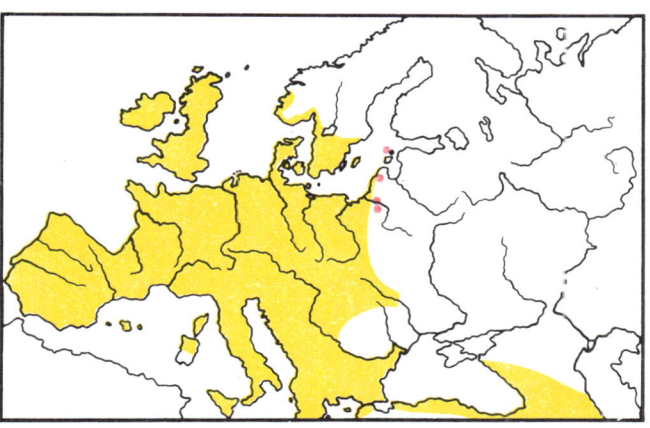

Efeu (Hédera hélix)

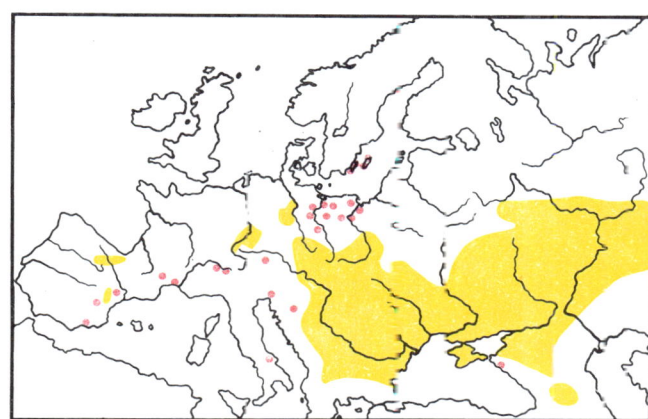

Frühlings-Adonisröschen (Adónis vernalis)

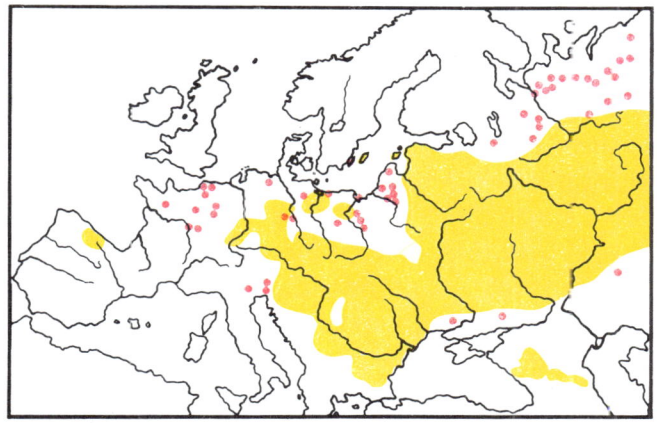

Wald-Windröschen (Anemóne sylvéstris)

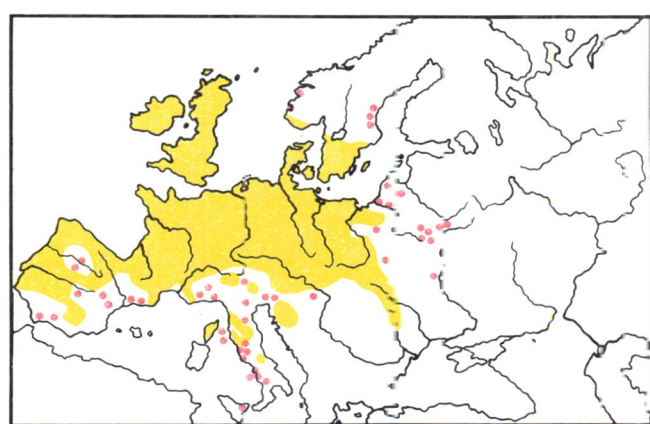

Besenginster (Sarothámnus scopárius)

gelb = Hauptverbreitungsgebiet
rot   = Vorkommen außerhalb des Hauptverbreitungsgebietes

9

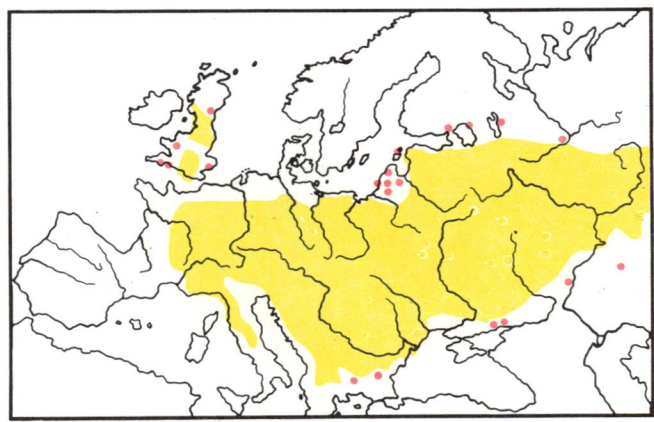

Braune Haselwurz (Asarum europa'eum)

hängigkeit von den Umweltbedingungen charakteristische Pflanzengemeinschaften. Bei uns wechseln Laubwälder, Mischwälder, Nadelwälder, Gebüsche, Moore, Weiden, Wiesen und Äcker miteinander ab. Die Gesamtheit der Pflanzengemeinschaften, die ein Gebiet bedecken, wird Vegetation genannt.

Änderungen im Pflanzenkleid

Die heutige Flora und Vegetation sind das Ergebnis einer sehr langen Entwicklungsgeschichte.

Als vor etwa 10 000 Jahren, am Ende der Eiszeit, die Gletscher sich aus unserem Gebiet nach Norden zurückzogen, gab es nur an ganz wenigen Stellen noch einige Bäume. Im Norden und in unseren heutigen Gebirgen wuchsen Zwergsträucher und Kräuter. Gräser und andere Kräuter herrschten in den südlichen Teilen vor. Allmählich wurde es etwas wärmer, und es bildeten sich Wälder aus Birken und Kiefern. Das Klima verbesserte sich weiter, und Haselnuß, Eichen, Linden, Ulmen und Eschen konnten sich ausbreiten.

Dabei drängten diese Bäume die Kiefern und Birken auf die ärmeren sandigen Böden zurück. In unsere Gebirge wanderten die Fichte und bald auch die Tanne ein. Buche und Hainbuche kamen als letzte Bäume in unser Gebiet.

Viele der Kräuter, die am Ende der Eiszeit bei uns sehr häufig waren, konnten nur noch an wenigen Stellen wachsen. Dort, wo Wälder nicht oder nur schwer gedeihen können, auf Mooren und an steilen Südhängen, fanden sich noch ausreichende Lebensbedingungen für solche krautigen Arten. Andere verschwanden völlig aus unserem Gebiet. Es wanderten aber nicht nur Bäume ein. Mit ihnen gelangten auch krautige Arten zu uns, die es am Ende der Eiszeit hier noch nicht gab.

Jahrtausendelang konnte sich die Pflanzendecke unseres Gebietes unbeeinflußt vom Menschen entwickeln, obwohl auch während dieser Zeit an den Meeresküsten, an den Ufern der Seen und Flüsse kleine Menschengruppen lebten. Sie jagten das Wild in den Wäldern, fingen Fische, sammelten Früchte und gruben Wurzeln und Knollen aus. Das Bild der Landschaft wurde durch sie jedoch kaum beeinflußt. Das änderte sich, als vor rund 6 000 Jahren Menschen einwanderten, die Ackerbau betrieben und Haustiere hielten. Um Ackerflächen, Futter für die Haustiere und Platz für die Häuser zu gewinnen, mußten sie kleinere Flächen roden. Zwischen den Getreidekörnern, die sie mitgebracht hatten und aussäten, waren auch Samen von Unkräutern. So kamen durch den Ackerbau Arten zu uns, die es vorher hier nicht gab. Es begann die Zurückdrängung der Wälder und die Veränderung der Pflanzendecke durch den Einfluß des Menschen. Allmählich

Fossile Pflanzen aus verschiedenen Epochen der Erdgeschichte

Lepidodendron

Sigillaria

(Karbon)

Drepanophycus

Rhynia   (Devon)

Williamsonia

(Jura)

Gingkoites

(Kreide)

Cycadeoidea

(Kreide)

Equisetites (Keuper)

nahm die Zahl der Menschen zu, und neue Rodungen mußten ausgeführt werden. Aber auch die siedlungsnahen Wälder veränderten sich. Die Menschen trieben ihre Tiere hinein. Die Tiere fraßen nicht nur die Bodenpflanzen, sondern auch die Blätter der jungen Bäume ab. In den beweideten Wäldern konnten nur sehr schwer und selten junge Bäume aufwachsen. Die Menschen fällten auch Bäume, denn für ihr tägliches Leben benötigten sie sehr viel Holz. Die Häuser und alle wichtigen Geräte waren aus Holz gebaut, mit Holz wurde das Essen gekocht und wurden die Häuser geheizt. Später entwickelte sich neben der landwirtschaftlichen die handwerkliche Produktion. Ohne Holzkohle konnte zum Beispiel kein Metall geschmolzen werden. Im Mittelalter, vor reichlich tausend Jahren, entstanden die ersten Städte. Heute nehmen Städte und Dörfer sowie die landwirtschaftliche und die industrielle Produktion sehr viel Raum ein.

Im Laufe von sechstausend Jahren ist der Wald stark zurückgedrängt worden. Manche Pflanzenarten, die es vor dieser Zeit bei uns gab, sind ausgestorben. Neue Arten wie das Getreide wurden absichtlich, die Unkräuter dagegen unabsichtlich eingeführt. Einige der unbeabsichtigt eingeführten Arten brachten bereits die ersten Ackerbauern mit. Andere gelangten erst sehr viel später in unsere Gebiete, durch den Handel und den Eisenbahnverkehr, oder sie sind aus Gärten oder Parkanlagen „ausgerissen".

Die noch erhaltenen Wälder haben sich in ihrem Aussehen verändert. Sie werden heute planmäßig bewirtschaftet. Durch Be- und Entwässerung, durch Düngung und Saatgutreinigung steigern wir die Erträge der landwirtschaftlichen Nutzflächen. Vielfältige Maßnahmen, wie Reinigung der Abgase und der Abwässer, tragen dazu bei, die Natur und die Pflanzenwelt trotz der notwendigen Weiterentwicklung der Industrie gesundzuerhalten. Aber auch jeder einzelne kann und muß dabei mithelfen. Müll und Abfall gehören nicht in die Wälder oder in Flüsse und Bäche. So wie wir unsere Wohnungen sauberhalten, sollten wir auch die Natur sauberhalten.

Zeichen für Naturschutz

Schutz der Natur

Naturliebende Menschen haben schon vor vielen Jahren vor den Schäden gewarnt, die der Pflanzenwelt und der gesamten Natur durch die Industrie, die Intensivierung der Landwirtschaft, die Gedankenlosigkeit und den Eigennutz mancher Menschen drohen. Seltene und vom Aussterben bedrohte Pflanzen- und Tierarten sowie landschaftlich und wissenschaftlich besonders wertvolle Gebiete wurden deshalb unter Schutz gestellt. Dieser Schutz einzelner Objekte der Natur reicht heute jedoch nicht mehr aus. Ziel und Aufgabe des modernen Naturschutzes sind die Erhaltung, die Pflege und die planmäßige Gestaltung der gesamten Umwelt des Menschen. Die Erfüllung dieser Aufgaben ist bei uns wie in den meisten Ländern durch Gesetze und die entsprechenden Durchführungsverordnungen und -bestimmungen geregelt. Die einzelnen Maßnahmen und die

Garantien für die Einhaltung der gesetzlichen Bestimmungen werden darin genannt. Eine Liste enthält die geschützten Tier- und Pflanzenarten (↗ Tabelle 2). Geschützte Pflanzen dürfen nicht ausgegraben, gepflückt oder beschädigt werden.

Landschaftsschutzgebiete, Naturschutzgebiete und Naturdenkmäler (geschützte Einzelobjekte, z. B. alte Bäume) sind durch das Naturschutzzeichen gekennzeichnet.

In Naturschutzgebieten ist es verboten, die Wege zu verlassen, zu lärmen, Pflanzen zu pflücken, Tiere zu beunruhigen oder gar zu fangen.

Bei unserer Beschäftigung mit Pflanzen halten wir selbstverständlich die Bestimmungen des Naturschutzes ein. Wir sollten aber auch darauf achten, daß unsere Freunde und Bekannten es ebenfalls tun. Ein vorbildliches Verhalten in der Natur und eine verantwortungsbewußte Einstellung zu ihr sind selbstverständlich.

Geschützte Pflanzen   Tabelle 2

Frühlings-steppenpflanzen
Echtes Federgras
Kuhschelle
Wald-Windröschen
Frühlings-Adonisröschen

Sommerblüher im Laubwald
Türkenbund-Lilie
Weißer Diptam
Großblütiger Fingerhut
Wald-Geißbart
Eisenhut

Strandpflanzen

Stranddistel
Weißer Meerkohl

Immergrüne Pflanzen in Wald und Moor
Bärlapp
Sumpf-Porst
Wintergrün
Einseitswendiges Birngrün
Stechpalme
Eibe
Gemeiner Wacholder

Frühlingspflanzen in Wald und Wiese
Gemeiner Seidelbast
Märzbecher
Schlüsselblume
Dreilappiges Leberblümchen
Maiglöckchen

Pflanzen der Triften und Bergwiesen
Europäische Trollblume
Wald-Akelei
Sibirische Schwertlilie
Große Eberwurz
Berg-Wohlverleih
Enzian

Insektenfressende Pflanzen
Sonnentau
Fettkraut

Weiden
alle knospen- und kätzchentragenden Zweige

Farne
Deutscher Straußfarn
Königs-Rispenfarn
Hirschzunge

Orchideen
alle Arten

Stechpalme
(Ílex aquifólium)

Wie die Pflanzen zu ihren Namen kamen

Schon Jahrtausende bevor die Menschen begannen, Ackerbau zu betreiben, nutzten sie Pflanzen für ihre Ernährung. Sie sammelten Früchte und gruben Wurzeln und Knollen aus. Allmählich lernten sie, die nützlichen Pflanzen von den vielen anderen zu unterscheiden. Sicher hatten die Menschen damals auch bereits Worte für die ihnen bekannten Gewächse. Sie konnten sich über deren Nutzen oder ihre Giftigkeit verständigen und die gewonnenen Erfahrungen weitergeben. Genaueres wissen wir darüber jedoch nicht. Die ältesten Pflanzennamen sind uns erst aus einer Zeit überliefert, in der der Ackerbau und auch die Schrift längst bekannt waren. Solche alten Pflanzennamen kennen wir aus Ägypten, aus Griechenland und dem Römischen Reich.

In den Kräuterbüchern des Mittelalters sind viele Pflanzen abgebildet. Die Namen und die Beschreibungen wurden meist in lateinischer Sprache gegeben. Aber auch die damals gebräuchlichen Volksnamen der Pflanzen sind in den Kräuterbüchern niedergeschrieben worden. Viele dieser Volksnamen kennen wir noch heute. Die mittelalterlichen Kräuterbücher beweisen auch, daß in dieser Zeit eine stärkere Erforschung der Natur begonnen hatte. Es wurden dabei Pflanzen gefunden, für die es noch gar keine Namen gab. Der Forscher, der eine solche Pflanze entdeckt hatte, beschrieb sie. Diese Beschreibung sollte helfen, die neuentdeckte Art von ähnlichen bereits bekannten zu unterscheiden. Ein einfacher Name reichte dafür nicht aus. Es war notwendig, etwa 5 bis 10, manchmal auch noch mehr unterscheidende Beiworte hinzuzufügen. Diese vielen Worte, die dem Namen der Pflanzen gleichkamen, nennt der Botaniker heute Phrase. Im Kräuterbuch des Caspar Bauhin, das 1623 in Basel erschien, stehen solche Phrasen, für die Türkenbund-Lilie z. B.: Lílium, flóribus refléxis, latifólium (breitblättrige Lilie mit zurückgekrümmten Blüten). Lílium purpúreo-crócum május (große purpur-orange Lilie) lautete die Bezeichnung für die Feuer-Lilie. Es bereitete Schwierigkeiten, sich mit Hilfe dieser Phrasen zu verständigen: Auf Reisen entdeckten die Forscher weitere neue Pflanzen, die sie mit immer länger werdenden Phrasen beschreiben mußten. Dadurch wurde es selbst für die Botaniker schwer, sich alle diese langen Bezeichnungen zu merken. Ein schwedischer Naturforscher fand einen Ausweg aus dieser Situation.

Linné benannte die Pflanzen

Carl von Linné lebte von 1707 bis 1778 in der Nähe von Uppsala in Schweden. Als Naturforscher beschäftigte er sich mit Gesteinen, besonders aber mit Tieren und Pflanzen. Er suchte und fand einen Weg, die Lebewesen einfach zu benennen. Nicht durch lange Phrasen kennzeichnete er sie; er gab ihnen wissenschaftliche Namen, die er aus 2 Worten bildete. Mit seinem im Jahre 1753 erschienenen Buch „Spécies plantárum" hat er die noch heute gültige binäre Nomenklatur (bínae = je zwei, nómen = Namen) eingeführt.

Dafür nutzte er viele der bereits aus griechischen, römischen und mittelalterlichen Pflanzenbüchern bekannten Worte. Die wissenschaftlichen Pflanzennamen sind daher meist griechischen oder lateinischen Ursprungs.

Viele der bei uns heimischen Pflanzenarten erhielten ihre Namen im Jahre 1753. So heißt zum Beispiel seither die Stiel-Eiche Quércus róbur, und die Rot-Buche Fágus sylvática. Quércus und Fágus sind alte lateinische Pflanzennamen. Róbur kommt ebenfalls aus dem Lateinischen und bedeutet hart, widerstandsfähig. Vom lateinischen Wort für Wald ist sylvática abgeleitet. Das erste Wort (Quércus bzw. Fágus) nennt die Gattung (Gattungsname), das zweite (róbur bzw. sylvática) ist ein Beiwort für die Art. Beide Wörter zusammen bezeichnen die Art.

Die Botaniker aller Länder benutzen die von Linné geschaffene binäre Nomenklatur. Es gibt dafür feste, verbindliche Regeln. Wer eine neue Art benennen will, muß den Namen zusammen mit einer ausführlichen Beschreibung der Pflanze in lateinischer Sprache in einer Fachzeitschrift veröffentlichen. Die benannte Pflanze muß in getrocknetem Zustand (Herbarbeleg) in einer wissenschaftlichen Pflanzensammlung (Herbarium) aufbewahrt werden. Dieses Original (der Typus) ist für weitere Forschungsarbeiten von großem Wert. Der Name muß einfach, klar und eindeutig sein. Verschiedene Pflanzenarten dürfen ebensowenig den gleichen Namen tragen, wie eine Art nicht verschiedene Namen haben darf.

Die wissenschaftlichen Pflanzennamen sind in allen Ländern die gleichen. Wer in ein fremdes Land reist, kann sich dort leicht mit den Pflanzenkennern verständigen, wenn er diese Namen kennt. Nun gibt es in jedem Land für die einzelnen Arten aber auch Volksnamen in der Landessprache. So heißt die Stiel-Eiche in Polen Dab szypułkowy und die Rot-Buche Buk zwyczajny. In England heißen sie pedunculate oak beziehungsweise beech.

Wie die wissenschaftlichen Namen, so werden auch die deutschen Volksnamen meist aus 2 Wörtern gebildet. Allerdings steht dabei das Wort, das die Art kennzeichnet, an erster Stelle (Stiel-Eiche, Trauben-Eiche). Oft gibt es für eine einzige Pflanzenart unterschiedliche Volksnamen. Die an Bächen wachsende Rote Pestwurz (Petasítes hýbridus) wird in manchen Gegenden Wilder Rhabarber, in anderen Sonnendachle oder Regenschirmpflanze genannt. Auch Kuhblume, Butterblume, Kuckucksblume sind keine eindeutigen Pflanzennamen. Es ist deshalb vorteilhaft, sich die in den Pflanzenbestimmungsbüchern gebrauchten deutschen Bezeichnungen und auch die wissenschaftlichen Namen einzuprägen. Die Betonungszeichen helfen, die fremden Wörter richtig auszusprechen.

Die Rangordnung im Pflanzenreich

Heute sind mehr als 225 000 Arten der Blütenpflanzen bekannt. Diese riesige Artenzahl erfordert eine übersichtliche Ordnung.

Der griechische Naturforscher Aristoteles (384 bis 322 v. u. Z.) unterschied nach der Lebensweise und dem Aussehen Bäume, Sträucher und Stauden. Er gliederte weiter in Land- und Wasserpflanzen und in wilde und zahme Pflanzen. Später wurden nach ihrem landwirtschaftlichen oder medizinischen Nutzen bestimmte Pflanzengruppen zusammengefaßt. Auf diese Weise war es möglich, zu ordnen und Systeme aufzustellen. Grundlagen dieser Systeme bildeten die Lebensformen oder der Nutzen der Pflanzen für den Menschen. Solche Systeme nennen wir künstliche Systeme. Im Mittelalter wurde noch ähnlich gegliedert. Es waren aber auch bereits verwandte Gruppen wie die Gräser, die Lilien und andere zusammengefaßt. Die Naturforscher des 17. und 18. Jahrhunderts ordneten nach der Ähnlichkeit im Bau der Blüten und Früchte. Sie näherten sich auf diese Weise einem natürlichen System, das die Verwandtschaft der Pflanzen richtig widerspiegelt.

Einfache, leicht zu beobachtende und nachprüfbare Verwandtschaftsverhältnisse finden wir bei den Arten. Pflanzen, die in der Ausbildung ihrer Blütenteile (Anzahl und Form der Kelchblätter, der Kronblätter sowie der Staub- und Fruchtblätter), ihrer Blätter, in ihren Vermehrungs- und Verbreitungsformen sowie in der Wuchs- und Lebensform übereinstimmen, bilden eine Art. Die Blüten einer Pflanze werden durch Pollenkörner aus einer anderen Blüte der gleichen Pflanze oder einer anderen Pflanze der gleichen Art bestäubt und befruchtet. Es entwickeln sich danach die Samen, und aus ihnen wachsen wieder Pflanzen hervor. Die Nachkommen einer Pflanze stimmen in den wesentlichen Merkmalen überein. Sie sind ihren „Eltern" ähnlich. „Eltern", „Kinder" und „Enkelkinder" sind miteinander verwandt, sie stammen voneinander ab.

Im Laufe der Zeit können sich die Pflanzenarten aber auch verändern. Das hatte bereits der französische Forscher Lamarck (1744 bis 1829) erkannt. Der große englische Naturforscher Charles Darwin (1809 bis 1882) griff diesen Gedanken auf. Er hatte auf seiner Weltreise die Lebewesen sehr gut beobachtet und viel Tatsachenmaterial gesammelt. In seinem Buch „Die Entstehung der Arten" wertete er seine Beobachtungen aus und wurde damit zum Begründer der Abstammungslehre. Darwin hatte erkannt, daß bei einigen der vielen Nachkommen einer Art Veränderungen auftreten können, die vererbt werden. Sind solche Pflanzen dadurch der Umwelt besser angepaßt, dann sind sie auch in der Lage, ihre „Geschwister" zu verdrängen. Im Laufe der langen Entwicklungsgeschichte der Pflanzen sind viele erbliche Veränderungen vorgekommen. Dadurch und durch die Wirkung der Umwelt, sind die am besten angepaßten Pflanzen immer wieder ausgelesen worden, das heißt, sie konnten sich fortpflanzen. So bildeten sich allmählich neue Arten heraus. Selbstverständlich traten auch erbliche Veränderungen auf, die unwesentlich oder ungünstig für das Leben der Pflanzen waren. Unwesentliche Veränderungen haben keinen Einfluß auf die Entwicklung der Arten genommen. Ungünstige Veränderungen führten zu wenig angepaßten Lebewesen, die bald wieder ausstarben. Sie blieben ebenfalls ohne Einfluß auf die Entwicklung.

Die von Darwin erkannten Ursachen der Artentwicklung und der Neubildung von Arten nutzen wir bei der Züchtung von Kulturpflanzen. Pflanzen mit für den Menschen günstigen Eigenschaften (hoher Ernteertrag, gute Qualität, gute Lagerungsfähigkeit u. a.) werden ausgelesen und erneut mit Pflanzen, die diese oder auch andere vorteilhafte Eigenschaften aufweisen, zur Fortpflanzung ge-

bracht. Diese Arbeiten setzen die Pflanzenzüchter fort, bis genügend Saatgut der neugezüchteten Sorte oder Art vorhanden ist.
Ähnliche, miteinander verwandte Arten bilden eine Gattung. Verwandte Gattungen bilden eine Familie. Daraus ergibt sich im natürlichen System der Pflanzen eine Folge verschiedener Rangstufen. Wir nennen sie systematische Kategorien. In der Abb. unten werden sie durch Beispiele erläutert. Wir ersehen daraus, daß auch für die Rangstufen oberhalb der Art wissenschaftliche Bezeichnungen geschaffen wurden. Die jeweilige Rangstufe ist an der Endung des wissenschaftlichen Namens zu erkennen. Gleiche Endungen kennzeichnen meist auch die deutschen Namen der Ordnungen (Buchen**artige**, Kiefern**artige**, Lilien**artige**) und der Familien (Buchen**gewächse**, Kiefern**gewächse**, Lilien**gewächse**). Manche Arten sind sehr for-

menreich. Sie sind deshalb noch weiter in *Unterarten*, *Varietäten* und *Formen* oder *Sorten* untergliedert. In unseren Bestimmungstafeln betrachten wir jedoch die Art als die kleinste systematische Kategorie.
Die Abstammungs- und Verwandtschaftsverhältnisse aufzuklären und in einem natürlichen System der Pflanzen darzustellen, ist das Bestreben der Botaniker. Dieses Ziel zu erreichen ist nicht leicht, und der Weg dahin ist mit Umwegen und Irrtümern verbunden. Wir besitzen heute bereits ein gut begründetes natürliches System der Pflanzen. Es stellt unser gegenwärtiges Wissen über die Verwandtschafts- und Abstammungsverhältnisse dar. Die Anwendung moderner Methoden in der Forschung oder auch neue Funde von Fossilien (Abdrücke oder Versteinerungen längst ausgestorbener Pflanzen) können zu neuen Erkenntnissen führen.

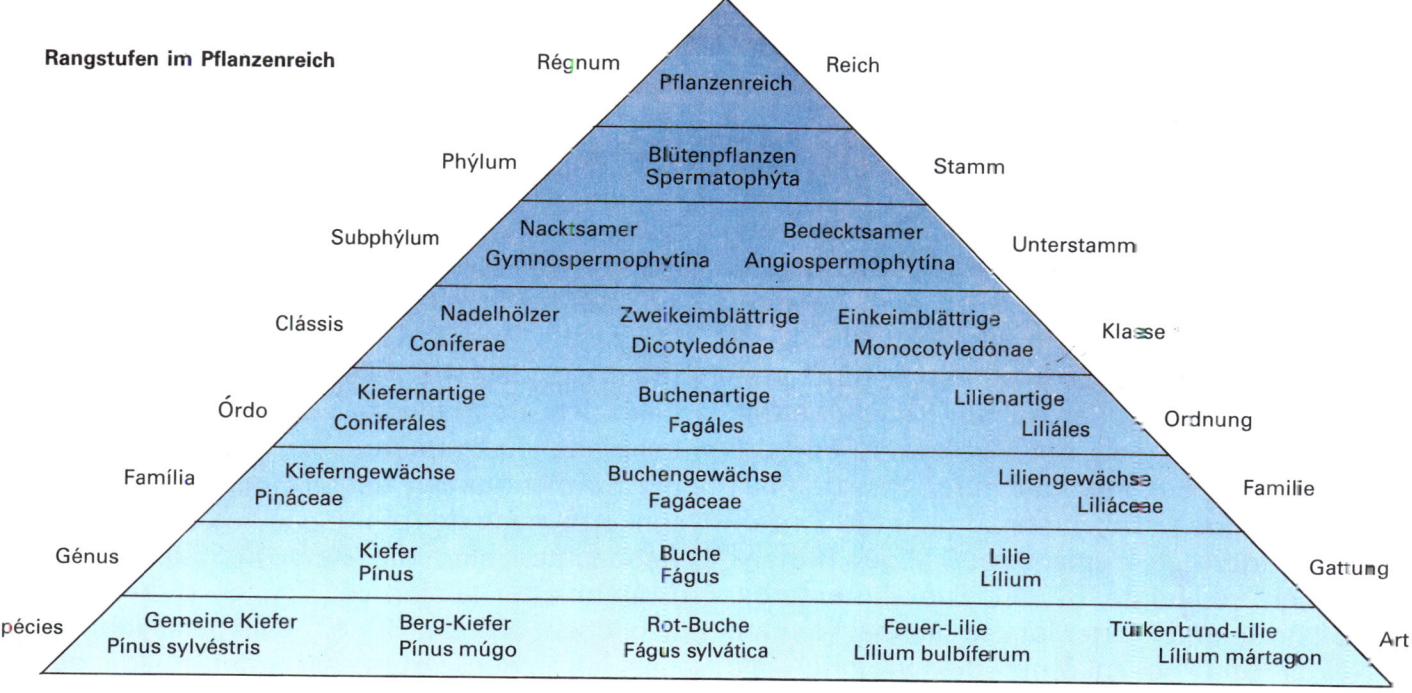

Rangstufen im Pflanzenreich

Régnum	Pflanzenreich	Reich
Phýlum	Blütenpflanzen Spermatophýta	Stamm
Subphýlum	Nacktsamer Gymnospermophytína / Bedecktsamer Angiospermophytína	Unterstamm
Clássis	Nadelhölzer Coníferae / Zweikeimblättrige Dicotyledónae / Einkeimblättrige Monocotyledónae	Klasse
Órdo	Kiefernartige Coniferáles / Buchenartige Fagáles / Lilienartige Liliáles	Ordnung
Família	Kieferngewächse Pináceae / Buchengewächse Fagáceae / Liliengewächse Liliáceae	Familie
Génus	Kiefer Pínus / Buche Fágus / Lilie Lílium	Gattung
Spécies	Gemeine Kiefer Pínus sylvéstris / Berg-Kiefer Pínus múgo / Rot-Buche Fágus sylvática / Feuer-Lilie Lílium bulbíferum / Türkenbund-Lilie Lílium mártagon	Art

Vom Leben und vom Bau der Pflanzen

Wie alle Lebewesen, so wachsen, ernähren und vermehren sich auch die Pflanzen. Aus den Samen entwickeln sich die Keimlinge, und bald bilden sich deren erste Blätter. Mit den grünen Blättern nimmt die Pflanze aus der Luft Kohlendioxid auf und baut daraus mit Hilfe des Sonnenlichtes körpereigene Stoffe auf. Die Wurzeln entnehmen aus der Erde Wasser und die darin gelösten Salze, die ebenfalls für die Ernährung der Pflanze wichtig sind. Die Pflanzen atmen auch. Der Gasaustausch erfolgt durch kleine Spaltöffnungen, die vorwiegend in der Oberhaut der Blattunterseite sitzen. Die Spaltöffnungen können sich öffnen und schließen.

Hat sich die Pflanze längere Zeit ausreichend ernähren können, dann bildet sie Blüten aus. In den Blüten befinden sich die Fruchtblätter mit den Samenanlagen (weibliche Fortpflanzungsorgane ♀) und die Staubblätter. In den Staubblättern reifen die Pollenkörner (männliche Fortpflanzungsorgane ♂). Damit sich aus der Blüte Früchte und Samen entwickeln können, müssen die Pollenkörner auf die Narben gelangen. Ihre Übertragung erfolgt durch Insekten oder auch andere Tiere, durch den Wind, in seltenen Fällen auch durch das Wasser. Es bestehen enge Beziehungen zwischen der Art der Pollenübertragung und dem Bau, der Farbe und Form der Blüten. Pflanzenarten, die durch Insekten bestäubt werden, tragen schön gefärbte Einzelblüten oder viele kleine, zu auffälligen Blütenständen vereinigte Blüten. Die Blütenfarbe, Duftstoffe und Nektar locken die Insekten an. Nektar und Pollenkörner dienen ihnen als Nahrung. Zu leicht beweglichen Blütenständen sind die unscheinbaren, meist grünlich gefärbten Blüten der windblütigen Pflanzen zusammengefaßt.

Die reifen Früchte und Samen besitzen häufig besondere Einrichtungen zu ihrer Verbreitung. Manche haken sich mit Stacheln oder Borsten im Fell der Tiere oder in unserer Kleidung fest. Andere schweben an kleinen „Fallschirmen" durch die Luft. Beim Springkraut explodieren die reifen Früchte schon bei einer leichten Berührung, und die Samen werden fortgeschleudert. Gelangt ein Samen an einen günstigen Ort, dann wächst aus ihm eine neue Pflanze hervor. Das kann manchmal recht weit weg von der Mutterpflanze geschehen; denn die Samen werden ja durch Tiere, den Wind oder das Wasser verbreitet. Auf diese Weise können die Pflanzen „wandern".

Wie alle anderen Lebewesen sind sie aber auch in der Lage, Eigenbewegungen auszuführen. Das mag für denjenigen, der sich bisher wenig mit den Pflanzen beschäftigt hat, verwunderlich klingen; denn schließlich sind sie mit ihren Wurzeln fest im Erdboden verankert. Und trotzdem bewegen sich die Pflanzen. Viele Arten stellen ihre Blattflächen nach dem Sonnenlicht. Ganz deutlich ist das bei manchen Zimmerpflanzen zu sehen. Auch die Sonnenblumen richten ihre großen Blütenkörbe nach dem Sonnenstand aus. Gut zu beobachten sind die Bewegungen, die die Blütenblätter ausführen. Täglich öffnen und schließen sich die Blüten. Das geschieht bei den einzelnen Arten zu unterschiedlichen

Zeiten. Es gibt unter ihnen „Frühaufsteher", „Langschläfer" und „Nachtschwärmer". Carl von Linné nutzte diese Eigenschaft der Pflanzen und schuf eine Blumenuhr. Wer Gelegenheit und Lust dazu hat, kann es ihm nachtun.

Es öffnen ihre Blüten:
- gegen 3 Uhr: Wiesen-Bocksbart
- von 4 bis 5 Uhr Zaun-Winde, Kohl-Gänsedistel, Gemeine Wegwarte, Habichtskraut-Bitterkraut
- von 5 bis 6 Uhr: Hasen-Lattich, Gemeine Kuhblume, Doldiges Habichtskraut, Geflecktes Ferkelkraut
- von 6 bis 7 Uhr: Wald-Habichtskraut, Kleines Habichtskraut, Acker-Gänsedistel
- von 7 bis 8 Uhr: Ästige Graslilie, Weiße Seerose, Acker-Gauchheil
- von 8 bis 9 Uhr: Aurikel-Habichtskraut, Sand-Ferkelkraut
- von 9 bis 10 Uhr: Rote Schuppenmiere
- von 17 bis 18 Uhr: Nachtkerze
- von 18 bis 19 Uhr: Wiesen-Storchschnabel
- gegen 21 Uhr: Nachtnelke

Es schließen ihre Blüten:
- gegen 10 Uhr: Gemeine Kuhblume, Wiesen-Bocksbart, Gemeine Wegwarte
- von 10 bis 12 Uhr: Acker-Gänsedistel
- von 13 bis 14 Uhr: Wald-Habichtskraut
- von 14 bis 15 Uhr: Rote Schuppenmiere, Acker-Gauchheil
- von 15 bis 16 Uhr: Ästige Graslilie
- von 16 bis 17 Uhr: Geflecktes Ferkelkraut
- von 17 bis 18 Uhr: Doldiges Habichtskraut, Weiße Seerose

Die einzelnen Organe der Blütenpflanzen (Wurzeln, Sproßachse. Laubblätter, Blüten und Früchte) sind äußerst vielgestaltig.

Wurzel

Die verschiedenen Ausbildungen der Haupt- und Nebenwurzeln nennen wir Wurzelsystem. Die Wurzeln verankern die Landpflanzen im Boden. Sie entnehmen ihm Wasser und darin gelöste Nährsalze. Beides wird durch die Sproßachse zu den Laubblättern geleitet. In einem anderen Leitungssystem gelangen die in den Laubblättern gebildeten Nährstoffe bis in die Wurzeln, damit auch diese wachsen können. Bei einigen Wasserpflanzen ist das Wurzelsystem zurückgebildet. In diesen Fällen werden Wasser und Nährsalze direkt durch die Blätter aufgenommen.

Die Wurzeln sind im Unterschied zu unterirdischen Teilen der Sproßachse nie in Abschnitte gegliedert. Sie besitzen auch niemals Niederblätter oder Knospen. Die Kartoffel ist an ihren Knospen (Augen) leicht als unterirdischer Sproßteil zu erkennen.

Die Hauptwurzel setzt die Sproßachse nach unten fort. An der Hauptwurzel entspringen die Nebenwurzeln. Bei Gehölzen sind die Hauptwurzel und die Nebenwurzeln verholzt. Die Hauptwurzel der Kräuter kann rübenartig verdickt sein, wie zum Beispiel bei der Möhre. In anderen Fällen ist sie fadenförmig dünn oder völlig zurückgebildet. So besitzen die Gräser nur als Keimpflanzen eine kleine Hauptwurzel, die später durch ein dichtes Büschel von Nebenwurzeln ersetzt wird.

Das Wurzelsystem ist ebenso wie die oberirdischen Teile der Pflanzen bei den verschiedenen Arten unterschiedlich ausgebildet. Da es sich aber im Erdboden befindet und nicht sichtbar ist, wird es für die Bestimmung der Pflanzen meist nicht genutzt.

Bau der einkeimblättrigen und der zweikeimblättrigen Pflanzen

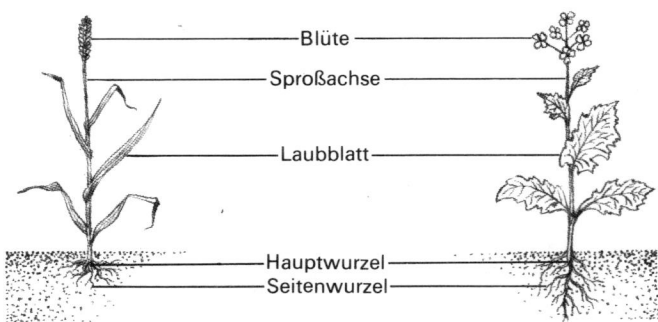

- Blüte
- Sproßachse
- Laubblatt
- Hauptwurzel
- Seitenwurzel

Um so wichtiger ist dafür jedoch das Sproß-system. Es setzt sich aus der Sproßachse (Stamm oder Stengel), den Zweigen, den Blättern und den Blüten zusammen. Auf den folgenden Seiten werden die wesentlichen Formen der Sproßachse und der Laubblätter, die Blütenstände und die Früchte abgebildet. Die Kenntnis dieser Formen erleichtert uns die Bestimmung. Wir sollten sie uns daher gut einprägen. Es ist ratsam, noch vor den ersten Bestimmungsversuchen bei einem Spaziergang die Laubblätter verschiedener Pflanzen zu sammeln. Zu Hause vergleichen wir sie mit den Zeichnungen und ermitteln die Bezeichnungen der Blattformen.

Sproßachse

Die Sproßachse dient der Leitung des Wassers und der Nährstoffe. Sie trägt Blätter und Blüten.

Bei den Bäumen, den Sträuchern und Zwergsträuchern ist die Sproßachse verholzt (Gehölze). Alle anderen Blütenpflanzen besitzen unverholzte, krautige Sproßachsen. Wir nennen sie Kräuter oder auch Stauden. Als Kräuter werden 1jährige, 1jährig überwinternde

und 2jährige Pflanzen bezeichnet, die keine langlebigen unterirdischen Speicherorgane besitzen. Sind solche vorhanden, dann sprechen wir von Stauden. Als Speicherorgane können die Hauptwurzel (Rüben) oder unterirdische Sproßteile (Knollen, Rhizome, Zwiebeln) dienen.

Häufig ist die Sproßachse deutlich in Knoten (Nodien) und dazwischenliegende knotenfreie Abschnitte (Internodien) gegliedert. An den Knoten sitzen die Blätter und entspringen die Seitenzweige. Die Zahl der an einem Knoten sitzenden Blätter ist bei den

Sproßachsen im Querschnitt

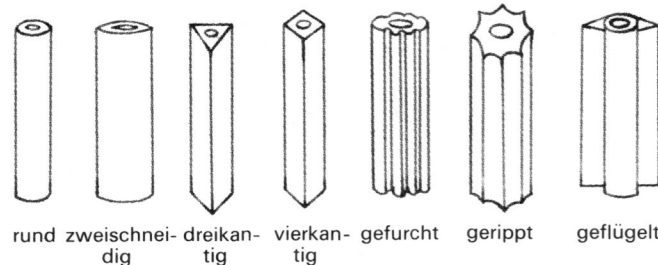

rund   zweischnei-   dreikan-   vierkan-   gefurcht   gerippt   geflügelt
     dig   tig   tig

Sproßachse

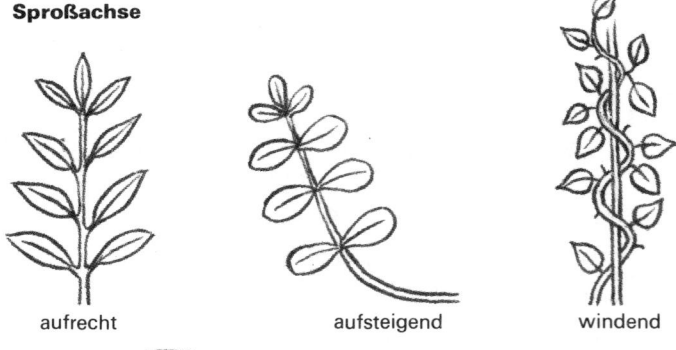

aufrecht   aufsteigend   windend

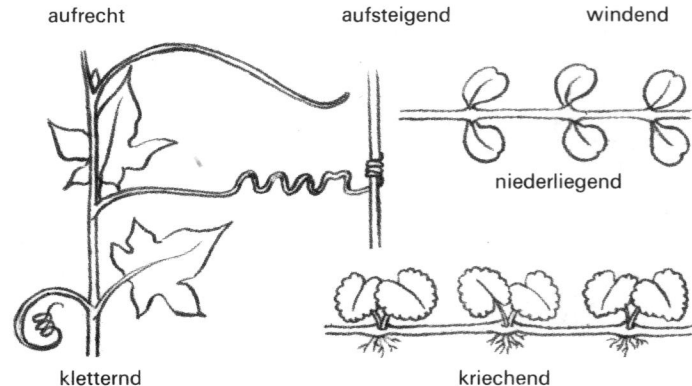

                         niederliegend

kletternd   kriechend

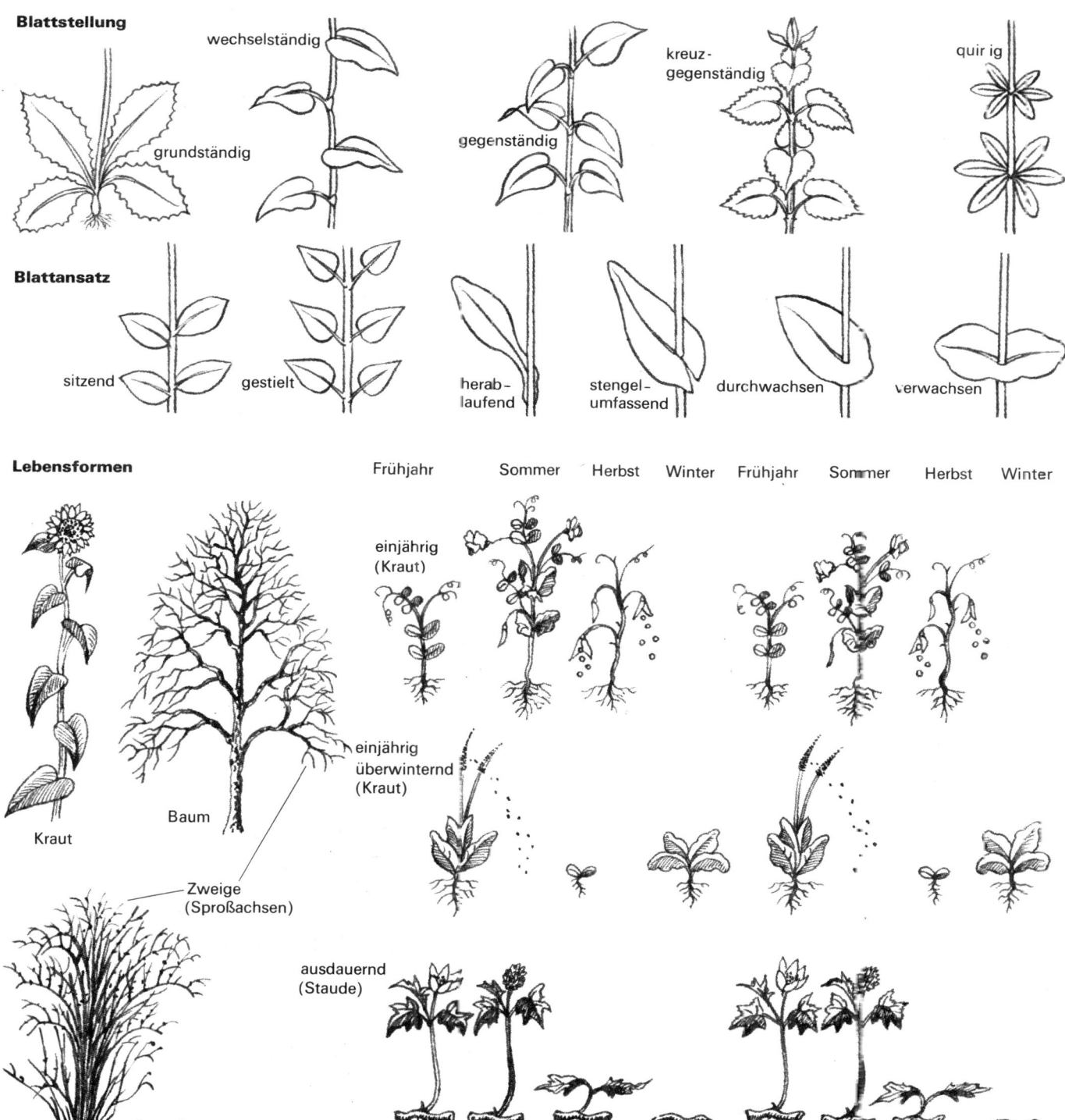

Blattstellung

grundständig

wechselständig

gegenständig

kreuz-gegenständig

quirig

Blattansatz

sitzend

gestielt

herab-laufend

stengel-umfassend

durchwachsen

verwachsen

Lebensformen

Frühjahr   Sommer   Herbst   Winter   Frühjahr   Sommer   Herbst   Winter

einjährig (Kraut)

Kraut

Baum

einjährig überwinternd (Kraut)

Zweige (Sproßachsen)

ausdauernd (Staude)

Strauch

21

einzelnen Pflanzenarten unterschiedlich. Es können jeweils 1 oder 2 oder mehr Blätter sein. Davon hängt die Blattstellung ab.

Die Sproßachse wächst bei den meisten Arten senkrecht aus dem Boden. Die langen aufrechten Sproßachsen der Bäume nennen wir Stamm. Bei den krautigen Arten heißen sie Stengel. In manchen Fällen winden sich die Stengel um andere Pflanzen oder heften sich daran fest. Einige kleinere Kräuter liegen dem Erdboden auf oder kriechen auf ihm entlang. Teile der Sproßachse, die der ungeschlechtlichen Vermehrung dienen, heißen Ausläufer. Kleine Seitenzweige können bei den Holzgewächsen zu Dornen umgebildet sein (z. B. bei der Schlehe). Aber nicht alle Pflanzenteile, die uns kratzen, sind umgebildete Seitenzweige. Es gibt auch Dornen, die aus Blättern entstanden sind (Robinie). Die Stacheln der Rosen gehen aus der Oberhaut und dem darunter liegenden Gewebe hervor.

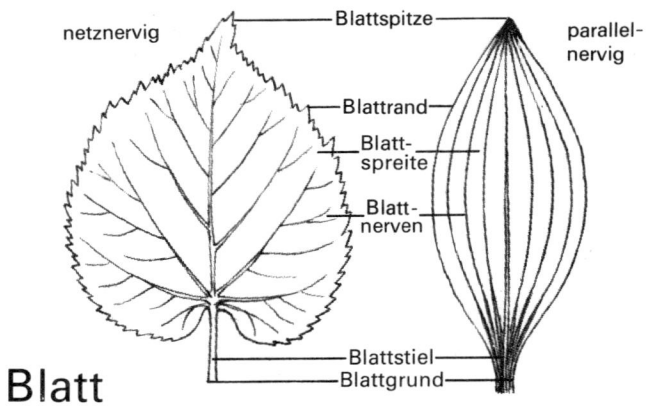

netznervig — Blattspitze — parallel-nervig

Blattrand —
Blatt-spreite —
Blatt-nerven —

Blattstiel —
Blattgrund —

Blatt

Die Laubblätter sind meist flächig ausgebildet und grün gefärbt. Sie werden häufig kurz als Blätter bezeichnet. Blätter, die sich in der Nähe des Blütenstandes befinden und in ihrer Form und Größe von den übrigen Laubblättern abweichen, heißen Hochblätter. Wir unterscheiden dabei Deckblätter, Hüllblätter und Vorblätter. Bei den Malven (⁄ Tafel 82) und einigen anderen Blütenpflanzen rücken die Hüllblätter sehr dicht an die Kelchblätter heran und bilden einen Außenkelch. Die kleinen, meist farblosen Niederblätter sitzen an Rhizomen und Sproßknollen. Die weißen Blätter der Zwiebeln sind ebenfalls Niederblätter und dienen als Nährstoffspeicher.

Die Blattform und Blattgröße sowie die Beschaffenheit des Blattrandes sind verschieden. Alle Pflanzen einer Art stimmen in diesen Merkmalen jedoch weitgehend überein.

Die Blattnerven verlaufen bei fast allen 1keimblättrigen Blütenpflanzen parallel. Die 2keimblättrigen Blütenpflanzen haben fast stets netzartig verzweigte Blattnerven. Die wenigen Ausnahmen sind auf Abb. S. 30 zu sehen. Am Blattgrund der netznervigen Blätter können noch Nebenblätter stehen. Bei vielen 1keimblättrigen, zum Beispiel bei allen Süßgräsern, umhüllt der Blattgrund den Stengel. Einfache Blätter besitzen eine mehr oder weniger einheitliche Blattspreite, die nie bis auf den Hauptnerv (Mittelrippe) geteilt ist. Bei zusammengesetzten Blättern ist die Spreite in völlig voneinander getrennte Blättchen aufgeteilt. Ein einfaches ungeteiltes Blatt darf nie Blättchen genannt werden; auch wenn es noch so klein ist.

Die Blätter der einzelnen Arten unterscheiden sich nicht nur in ihrer Form und Größe, sondern auch in ihrer Beschaffenheit. Manche sind sehr dünn und welken rasch, andere fast lederartig derb, oft auch glänzend, wie mit Wachs überzogen. Wer gut zu beobachten versteht, wird bald bemerken, daß Pflanzen trockener Standorte häufig derbe Blätter tragen. Oft sind sie auch dicht behaart oder am Rande umgerollt. Eine solche Beschaffenheit

Einfache Blätter

rundlich   elliptisch-oval   eiförmig   verkehrt-eiförmig   schildförmig   nierenförmig   herzförmig

verkehrt-herzförmig   keilförmig   spießförmig   pfeilförmig   spatelförmig   lanzettlich   linealisch   nadelartig   schuppenartig

dreilappig   handförmig gelappt   handförmig gespalten   fiederlappig   leierförmig   fiederteilig   fiederspaltig

Zusammengesetzte Blätter

paarig gefiedert   unpaarig gefiedert   doppelt gefiedert   unterbrochen gefiedert   dreizählig   handförmig zusammengesetzt   fußförmig zusammengesetzt

Blattrand

ganzrandig   gewimpert   gesägt   gezähnt   schrotsägeförmig

gekerbt   buchtig   gelappt

Blattspitze

spitz   zugespitzt

stachelspitzig   stumpf   ausgerandet   gestutzt

Blütenschema

Staubblatt   Narbe   Griffel

Kronblatt

Fruchtknoten

Kelchblatt

der Blätter schützt die Pflanzen vor zu starker Wasserabgabe; denn auch sie „schwitzen" bei starkem Sonnenschein. In feuchten Wäldern, in Schluchten finden wir dagegen Pflanzen mit großen, dünnen Blättern. An solchen Standorten erhalten die Pflanzen weniger Sonnenlicht, und im Boden ist genügend Feuchtigkeit für ihr Leben vorhanden.

Blüte

Eine vollständige Blüte setzt sich aus 5 dicht übereinanderstehenden Kreisen besonders gestalteter Blätter zusammen:
1 Kreis Kelchblätter (Ke, schwarz)
1 Kreis Kronblätter (Kr, blau)
2 Kreise Staubblätter (S), die männlichen (♂) Blütenteile (gelb)
1 Kreis Fruchtblätter (F), die weiblichen (♀) Blütenteile (rot)
Viele Pflanzenarten haben in jeder Blüte Staubblätter und Fruchtblätter. Solche 2ge-

schlechtigen Blüten heißen Zwitterblüten (☿). Bei manchen Arten finden wir in den Blüten entweder nur Staubblätter oder nur Fruchtblätter. Es sind getrenntgeschlechtige (♂ oder ♀) Blüten. Häufig stehen die ♂ Blüten in Kätzchen, manchmal auch die ♀. Bei der Haselnuß und anderen Arten wachsen die ♂ und die ♀ auf der gleichen – 1häusigen – Pflanze. Weiden beispielsweise sind 2häusig,

Von der Blüte zum Blütendiagramm

Einzelblüte

zerlegt

Grundriß

Schema

Blütenstände

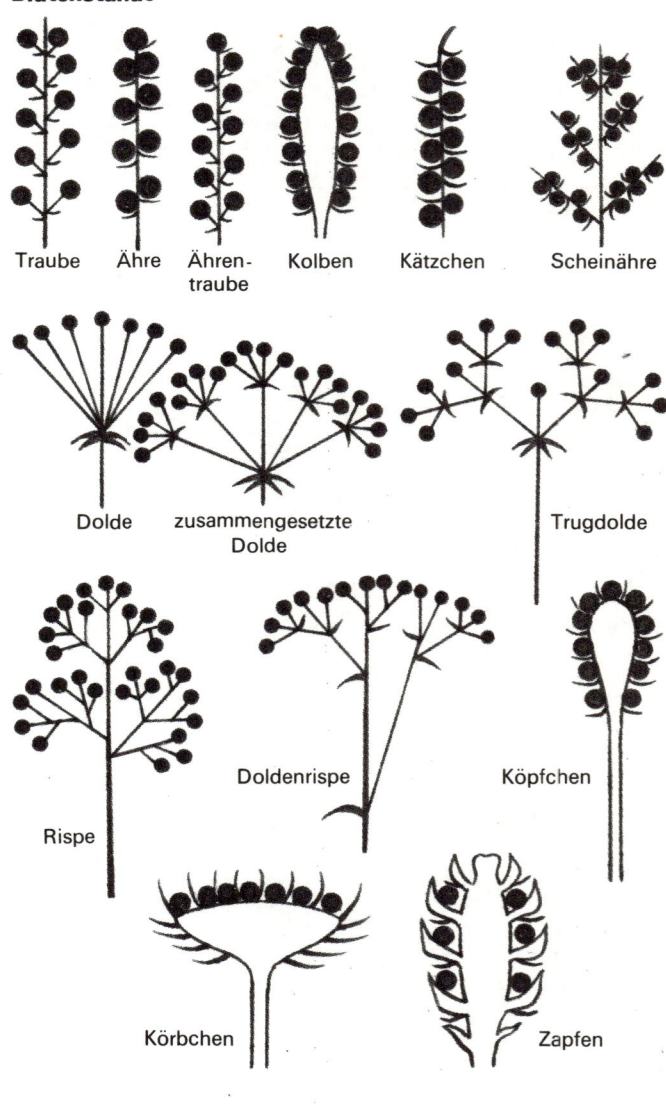

Traube   Ähre   Ähren-traube   Kolben   Kätzchen   Scheinähre

Dolde   zusammengesetzte Dolde   Trugdolde

Rispe   Doldenrispe   Köpfchen

Körbchen   Zapfen

bei ihnen wachsen die ♂ und die ♀ Kätzchen auf verschiedenen Pflanzen.

Bei vielen 1keimblättrigen, aber auch bei einigen 2keimblättrigen Arten stimmen Kelchblätter und Kronblätter in ihrer Größe, ihrer Form und ihrer Farbe überein. Beide nennen wir dann Blütenblätter. Sie bilden die Blütenhülle. Häufig werden Pflanzen mit solchen Blüten als Kronenlose bezeichnet.

Die einzelnen Kronblätter einer Blüte können frei stehen (Freikronblättrige, z. B. Tulpe) oder an ihren Rändern miteinander verwachsen sein (Verwachsenkronblättrige, z. B. Glockenblume). Sie bilden eine ringsum geschlossene Kronröhre. Oft sind bei Arten mit verwachsenen Kronblättern auch die Kelchblätter untereinander verwachsen.

Nach der Zahl der Symmetrieachsen, die wir durch eine Blüte legen können, unterscheiden wir radiäre (auch strahlig genannt – mehr als 2 Symmetrieachsen), bilaterale (2 Symmetrieachsen) und dorsiventrale (1 Symmetrieachse) Blüten. Radiäre Blüten besitzen zum Beispiel die Hahnenfuß-Arten, die Tulpen und die Glockenblumen. Dorsiventrale Blüten zeichnen die Familie der Lippenblütengewächse und manch andere Familie aus.

Wenn wir aus einer Blüte die Blätter der einzelnen Kreise vorsichtig auszupfen und auf einem Stück Papier so anordnen, wie sie in der Blüte standen, dann können wir ihren Grundriß erkennen. Es läßt sich danach leicht ein Blütendiagramm zeichnen. Für viele Pflanzenarten haben wir solche Blütendiagramme gezeichnet, und ihr könnt es auch versuchen. Die Abbildungen helfen euch dabei. Sie zeigen die Arbeitsschritte (↗ Abb. S. 24, links), die zum Blütendiagramm führen. Der daraus ableitbare Blütenbau läßt sich auch

durch Ziffern und Symbole (Zeichen und Abkürzungen) als Blütenformel darstellen. Für die Blüte eines Kreuzblütengewächses lautet die Blütenformel:

✳ Ke 5, Kr 5, S 5 + 5, F̲ 6

Die einzelnen Symbole bedeuten:

+ Blüte ist bilateral gebaut; radiäre Blüten werden durch ✳ und dorsiventrale durch I gekennzeichnet (siehe auch Seite 29)

Ke Kelchblätter; die auf die Abkürzung folgende Ziffer nennt ihre Anzahl

Kr Kronblätter; die auf die Abkürzung folgende Ziffer nennt ihre Anzahl

S Staubblätter; die erste Ziffer gibt die Anzahl der Staubblätter im inneren Kreis an, die zweite Ziffer gibt die Anzahl der Staubblätter im äußeren Kreis an

F Fruchtblätter; ein Strich über oder unter dem F sagt uns, ob der Fruchtknoten unterständig F̄ oder oberständig F̲ ist.

Sind die Teile eines Blütenkreises untereinander verwachsen, so wird die Ziffer in eine Klammer gesetzt. Bei den Kreuzblütengewächsen sind die beiden Fruchtblätter zu einem oberständigen Fruchtknoten verwachsen. Wir setzen daher die Ziffer in eine Klammer und unterstreichen das F: F̲ (2).

Bei der Arbeit mit den Bestimmungsschlüsseln müssen wir auf die Stellung des Fruchtknotens besonders achten. Er kann oberständig, mittelständig oder unterständig sein (↗ Abb. S. 158).

Die Blüten sind häufig zu mehr oder weniger dichten Blütenständen zusammengefaßt. Manche Pflanzenfamilien lassen sich bereits an ihren Blütenständen erkennen, so die Doldengewächse und die Korbblütengewächse. Da sich die Früchte aus den Blüten entwickeln, stimmen Blüten- und Fruchtstände in ihrem Bau überein.

Von der Blüte zur Frucht

Das Wichtigste wissen wir bereits: In den Blüten befinden sich die ♀ und die ♂ Fortpflanzungsorgane der Pflanzen.

Die ♀ Samenanlagen werden vom Fruchtknoten fest umschlossen. Er ist aus einem oder auch mehreren Fruchtblättern verwachsen. An seinem oberen Ende sitzt die Narbe. Meist ist zwischen Narbe und dem Frucht-

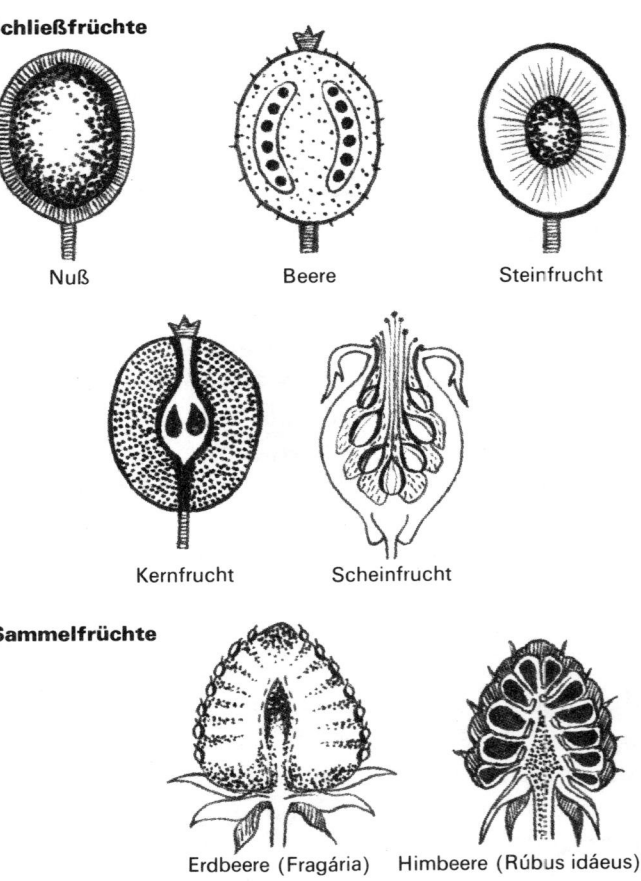

Schließfrüchte

Nuß   Beere   Steinfrucht

Kernfrucht   Scheinfrucht

Sammelfrüchte

Erdbeere (Fragária)   Himbeere (Rúbus idáeus)

Streufrüchte

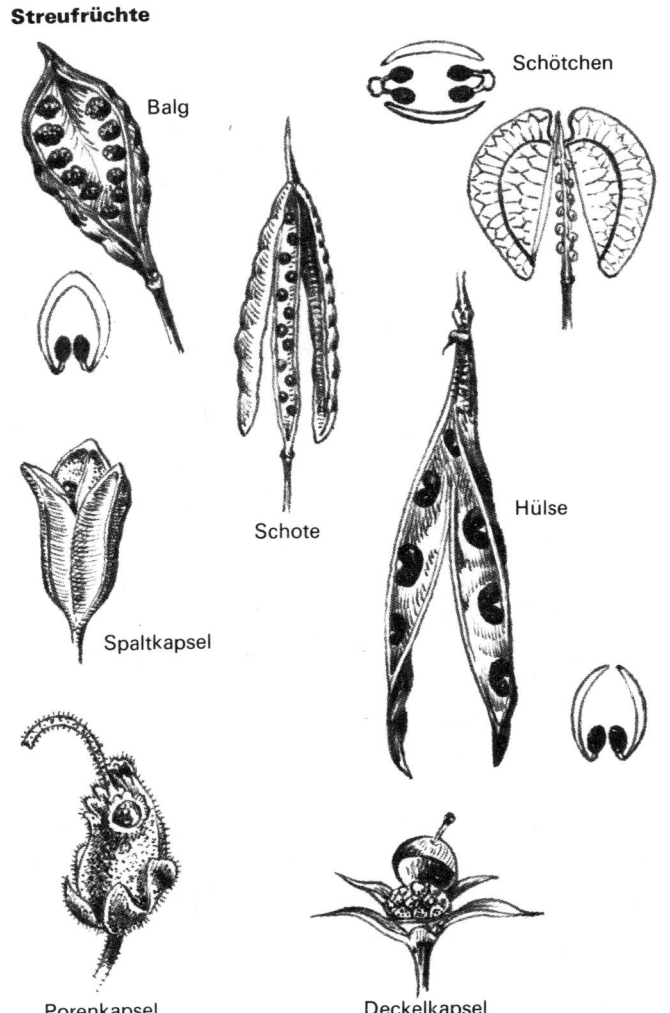

Balg

Schötchen

Schote

Hülse

Spaltkapsel

Porenkapsel   Deckelkapsel

knoten noch ein deutlicher Griffel ausgebildet.

In den Staubblättern entwickeln sich als ♂ Fortpflanzungsorgane die Pollenkörner (Blütenstaub). Sie müssen, damit aus der Blüte eine Frucht entstehen kann, auf die Narbe gelangen. Dort wächst aus den Pollenkörnern ein kleiner Schlauch heraus, durch den die ♂ Samenzelle in die ♀ Samenanlage zur Eizelle gelangt. Erst wenn die Samenzelle (♂) und die Eizelle (♀) miteinander verschmolzen sind, beginnt die Samenbildung.

Die Samen entstehen aus der befruchteten Eizelle und der ganzen Samenanlage. Der Fruchtknoten entwickelt sich zur Frucht. Diese umhüllt die Samen. Bei den Kapselfrüchten bleibt nur die trockene Wand des Fruchtknotens erhalten. Die feste Schale der Haselnüsse entsteht ebenfalls aus dem Fruchtknoten. Die dünne, braune Haut des Kerns ist die Wand der Samenanlage (Samenschale). Weniger dick und fest ist die Fruchtknotenwand bei den kleinen Nüßchen der Hahnenfuß-Arten. Die Samenschale und die Wand des Fruchtknotens sind bei den Früchten der Süßgräser (Getreidearten), der Doldengewächse und der Korbblütengewächse fest miteinander verwachsen. Die Beeren, zum Beispiel die Tomate, haben einen fleischigen Fruchtknoten. Auch reife Kirschen und Pflaumen besitzen fleischig entwickelte Fruchtknoten. Es sind Steinfrüchte. In ihren harten Steinen stecken die Samen. Bei manchen Arten beteiligt sich der Blütenboden an der Fruchtbildung. Das ist bei allen Pflanzen mit unterständigem Fruchtknoten (Hagebutte) der Fall. Von den Kernobstarten Apfel und Birne essen wir den Blütenboden. In ihm steckt als Kerngehäuse der Fruchtknoten mit den Samen. Auch bei der Erdbeere beteiligt sich der Blütenboden an der Fruchtbildung. Er wölbt sich bei der Reife vor und wird fleischig. Auf ihm sitzen viele kleine Samen; es sind Nüßchen. Die Erdbeere ist eine Sammelfrucht. Dazu gehört ebenfalls die Himbeere. Bei ihr sind kleine Steinfrüchte miteinander verbunden.

Früchte, die sich bei der Reife öffnen und die Samen ausstreuen, heißen Streufrüchte. Kapseln, Hülsen und Schoten zählen zu den Streufrüchten. Von Schließfrüchten sprechen wir, wenn die Samen bei ihrer Verbreitung von der Wand des Fruchtknotens umschlossen bleiben. Trockene Schließfrüchte sind die Nüßchen und die Nüsse. Beeren und Steinfrüchte sind fleischige Schließfrüchte.

Süß-Kirsche (Prúnus ávium)

Pflaume (Prúnus doméstica)

27

Die Arbeit mit den Bestimmungstafeln

Auf den 120 Bestimmungstafeln sind die meisten im Gebiet vorkommenden Gattungen und Arten enthalten. Nur wenige wurden nicht aufgenommen. Die Bestimmungstafeln sind nach der „Exkursionsflora" von W. Rothmaler aufgebaut worden, die alle bei uns wachsenden Arten enthält.

Die Schwarz-Weiß-Abbildungen und die farbigen Zeichnungen sind nach verschiedenen Vorlagen und eigenen Entwürfen angefertigt worden. Sie sollen die Bestimmungsmerkmale erläutern oder ergänzen. Die natürlichen Größenverhältnisse konnten dabei nicht berücksichtigt werden.

Nicht jede Einzelpflanze zeigt die zur Bestimmung notwendigen Merkmale in gut ausgeprägter Form. Deshalb ist es ratsam, stets mehrere Exemplare zu betrachten. Für die Bestimmung krautiger Pflanzen müssen Blüten und möglichst auch Früchte vorhanden sein. Die Gehölze werden nach Blattmerkmalen bestimmt. Bäume und Sträucher sind auf den Tafeln der einzelnen Pflanzenfamilien nicht aufgeführt.

Wenn wir nicht direkt am Fundort bestimmen können, dann müssen wir möglichst die ganze Pflanze mitnehmen oder von sehr großen Pflanzen einen blätter- und blütentragenden Zweig. Besser ist es, gleich am Fundort zu bestimmen.

Wir beginnen stets mit der Tafel 1 und stellen die Hauptgruppen fest, zu der unsere Pflanze, die wir bestimmen wollen, gehört. Über die Hauptgruppe finden wir dann auch die Nummer der Tafel, die uns in der Bestimmung weiterführt. Das Wichtigste ist, gut zu beobachten! Wir müssen genau durchlesen, auf welche Merkmale beziehungsweise Merkmalsgegensätze es ankommt, und auch die Abbildungen betrachten. Erst danach prüfen wir an unserer Pflanze, für welchen der jeweils 2 möglichen Bestimmungswege wir uns entscheiden müssen. So gelangen wir schrittweise von der Hauptgruppe zur Familie und zur Gattung, oft auch bis zur Art.

Endet die Bestimmung mit der Gattung, dann wird das durch den in einem viereckigen Kästchen stehenden Gattungsnamen deutlich. Das ist der Fall bei einigen Gattungen, von denen bei uns nur wenige und meist seltene Arten vorkommen. Auch bei Gattungen, deren Arten schwer bestimmbar sind, haben wir auf eine weitere Aufschlüsselung verzichtet. Führt die Bestimmung bis zur Art, dann steht der Artname in einem 5eckigen Kästchen. An der Form der Kästchen können wir stets erkennen, bis zu welcher Rangstufe die Bestimmung nach den Tafeln möglich ist.

Die Namen von Gattungen und Arten der 1keimblättrigen Pflanzen stehen in gelben Kästchen, die der 2keimblättrigen in blauen und die der Nadelgehölze in roten Kästchen.

Auf den Tafeln und in dem dazugehörenden Text werden folgende Zeichen und Abkürzungen verwendet:

 Beginn einer Bestimmungstafel

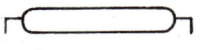 Verweis auf weitere Bestimmungstafeln oder Beginn eines Teilschlüssels
Entscheidungsfrage

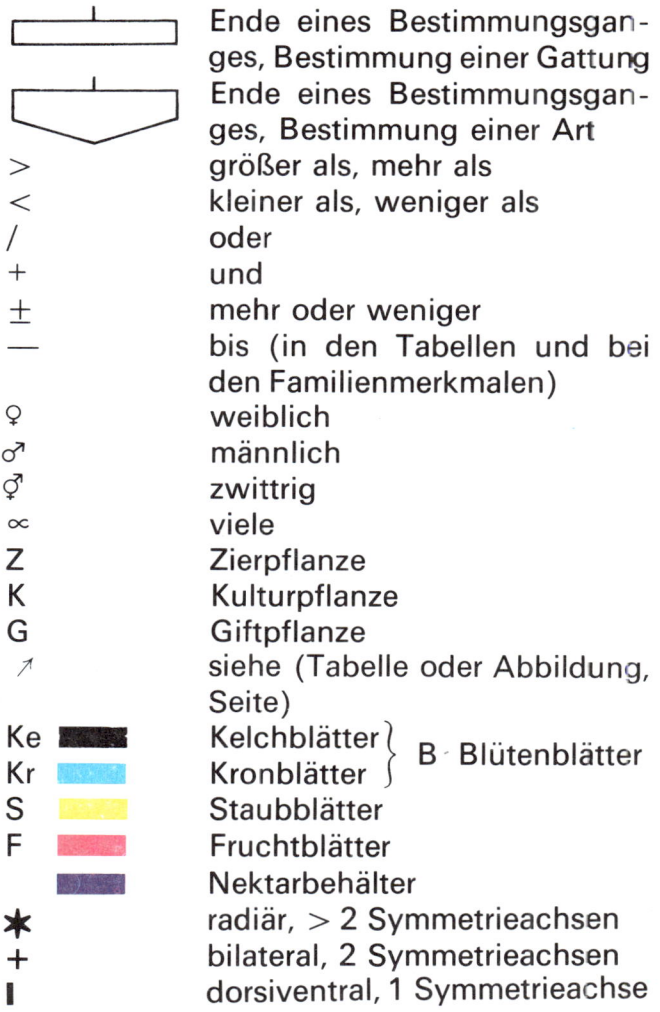

Ende eines Bestimmungsganges, Bestimmung einer Gattung

Ende eines Bestimmungsganges, Bestimmung einer Art

> größer als, mehr als

< kleiner als, weniger als

/ oder

+ und

± mehr oder weniger

— bis (in den Tabellen und bei den Familienmerkmalen)

♀ weiblich

♂ männlich

☿ zwittrig

∞ viele

Z Zierpflanze

K Kulturpflanze

G Giftpflanze

↗ siehe (Tabelle oder Abbildung, Seite)

Ke Kelchblätter ⎱
Kr Kronblätter ⎰ B Blütenblätter
S Staubblätter
F Fruchtblätter
Nektarbehälter

✱ radiär, > 2 Symmetrieachsen

+ bilateral, 2 Symmetrieachsen

I dorsiventral, 1 Symmetrieachse

Versuchen wir die Bestimmung zunächst mit einer uns bekannten Pflanze, der Gemeinen Roßkastanie. Die aus 7 Blättchen zusammengesetzten Blätter, die Blütenkerzen und die stacheligen Früchte, in denen sich die Kastanien befinden, sind auffällig genug.

Wir beginnen die Bestimmung auf Tafel 1:

Frage: Pflanze zur Blütezeit/immer ohne entwickelte grüne Blätter *oder* Pflanze mit grünen Blättern?

Antwort: Pflanze mit grünen Blättern.

Frage: Stengel holzig *oder* Stengel krautig?

Antwort: Stengel holzig.

Frage: Pflanze aufrecht/windend/kletternd; baum-/strauchförmig *oder* Pflanze niederliegend/aufrecht, nicht höher als 50 cm?

Antwort: Pflanze aufrecht, baumförmig.

Frage: Blätter nadelförmig/schuppenförmig *oder* Blätter nicht nadelförmig?

Antwort: Blätter nicht nadelförmig.

Wir werden auf Tafel 5 verwiesen:

Frage: Pflanze kletternd/windend *oder* Pflanze aufrecht?

Antwort: Pflanze aufrecht.

Frage: Pflanze ohne Dornen, ohne Stacheln *oder* mit Dornen/Stacheln?

Antwort: Pflanze ohne Dornen/Stacheln.

Frage: Blätter zusammengesetzt *oder* Blätter einfach?

Antwort: Blätter zusammengesetzt.

Wir werden auf Tafel 7 verwiesen:

Frage: Blätter gegenständig *oder* Blätter wechselständig?

Antwort: Blätter gegenständig.

Frage: Blätter gefingert *oder* Blätter gefiedert?

Antwort: Blätter gefingert.

Ergebnis: Gemeine Roßkastanie (Áesculus hippocástanum)

Auf die gleiche Weise ist es möglich, mit den Tafeln 2 bis 16 und 24 bis 25 die Kräuter, die zur Blütezeit keine grünen Blätter besitzen, alle Gehölze sowie die Tauch- und Schwimmpflanzen direkt bis zur Gattung oder Art zu bestimmen. Auf die Angabe der Familien mußte dabei häufig verzichtet werden.

Bei der Mehrzahl aller krautigen Pflanzen mit entwickelten grünen Blättern bestimmen wir von Tafel 1 ausgehend auf den Tafeln 17 bis 23 und 26 bis 27 zunächst die Pflanzenfamilie, zu der die unbekannte Art gehört. Als Beispiel wählen wir wiederum eine uns bekannte Pflanze: das Gänseblümchen.
Wir beginnen mit Tafel 1:

Kriechendes Netzblatt

(Goodyéra répens)

Spitz-Wegerich

(Plantágo lanceoláta)

Sichelblättriges Hasenohr

(Bupléurum falcátum)

Vierblättrige Einbeere

(Páris quadrifólia)

Ausnahmen in der Nervatur

Gefleckter Aronstab

(Árum maculátum)

Breit-Wegerich

(Plantágo májor)

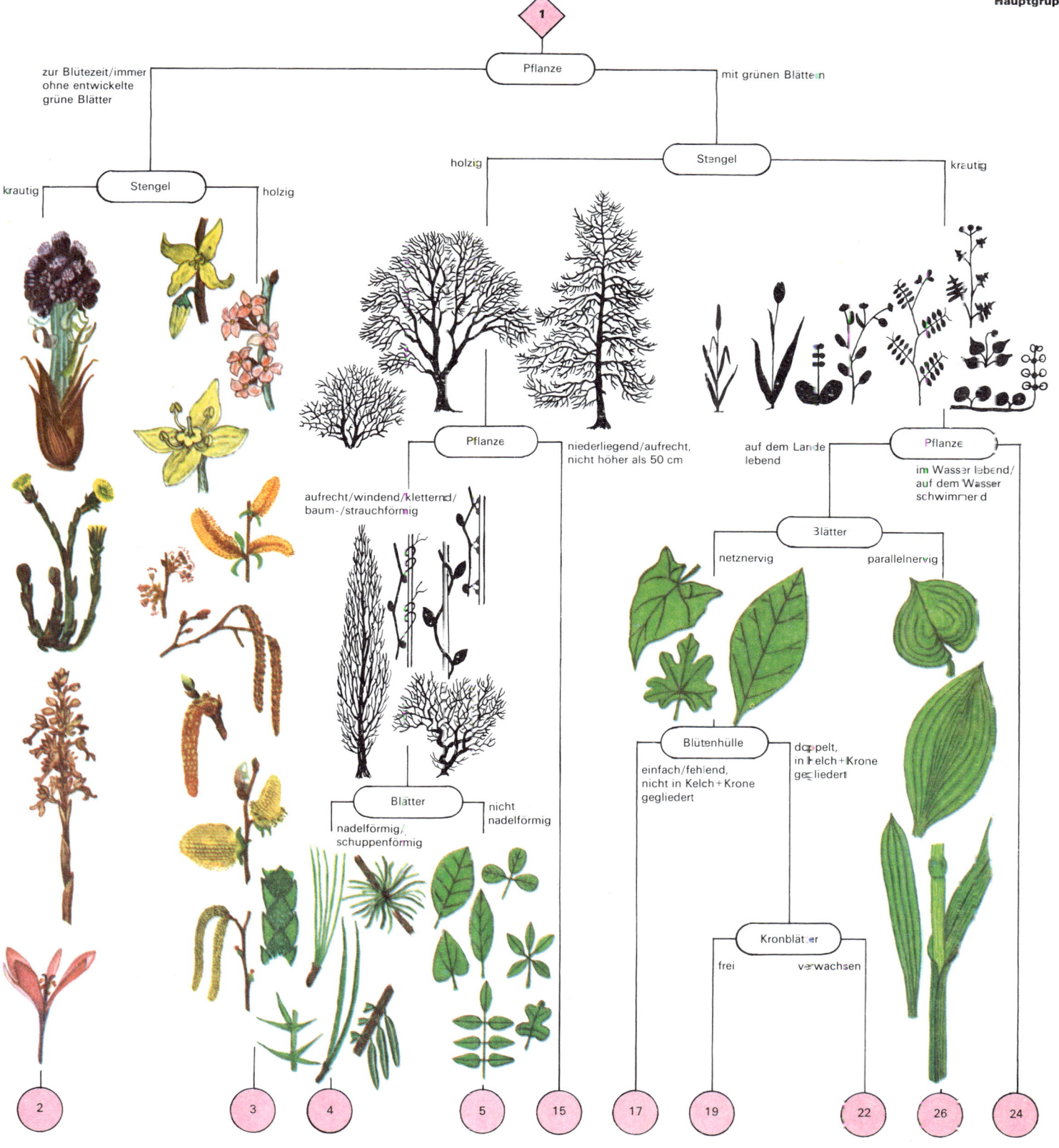

1

Pflanze

zur Blütezeit/immer ohne entwickelte grüne Blätter

mit grünen Blättern

Stengel

holzig

krautig

Stengel

krautig

holzig

Pflanze

niederliegend/aufrecht, nicht höher als 50 cm

auf dem Lande lebend

Pflanze

im Wasser lebend/ auf dem Wasser schwimmend

aufrecht/windend/kletternd/ baum-/strauchförmig

Blätter

netznervig

parallelnervig

Blätter

nadelförmig/ schuppenförmig

nicht nadelförmig

Blütenhülle

einfach/fehlend, nicht in Kelch+Krone gegliedert

doppelt, in Kelch+Krone gegliedert

Kronblätter

frei

verwachsen

2   3   4   5   15   17   19   22   26   24

Das Gänseblümchen besitzt grüne Blätter, der Stengel ist krautig, und es wächst auf dem Lande. Bevor wir weiterbestimmen, müssen wir genau die Blattnervatur betrachten und an die auf Abb. S. 30 gezeigten Ausnahmen denken. Das Gänseblümchen hat netznervige Blätter. In den beiden folgenden Fragekästchen wird nach der Blütenhülle und den Kronblättern gefragt. Betrachtet die Pflanze genau und zerlegt die „Blüten"! Die inneren gelben röhrenförmigen Blüten, der Kranz weißer zungenförmiger Blüten und die diese vielen Einzelblüten umhüllenden grünen Hüllblätter sind leicht zu unterscheiden. Es handelt sich hier um einen Blütenstand: eine Korbblüte. Die Einzelblüten in solchen Korbblüten bestehen aus verwachsenen Kronblättern und kleinen, oft haarartigen Kelchblättern. Diese können jedoch auch fehlen. Der Verweis führt zu Tafel 22. Die Blüten sind nicht schmetterlingsförmig. Das ist leicht festzustellen. Daß die Blüten in Köpfen zusammenstehen, wissen wir bereits. Die Frage nach der Zahl der Staubblätter (5 müssen zu sehen sein) ist sicher nur bei Benutzung einer guten Lupe zu entscheiden. Die nächste Frage verlangt die genaue Betrachtung der Kronblätter. Da diese im unteren Teil verwachsen sind, führt der Verweis zu den Korbblütengewächsen auf Tafel 110. Zuerst ist festzustellen, ob bei unserer Pflanze Röhrenblüten und Zungenblüten im Blütenkorb vereint stehen. Das ist der Fall. Auf Tafel 116 wird dann nach der Ausbildung eines Haarkelches gefragt. Wir zerzupfen noch einmal einen Blütenkorb und betrachten die Einzelblüten. Ein Haarkelch ist nicht ausgebildet. Also müssen wir auf Tafel 117 weiterbestimmen. Mit der Feststellung, daß die Zungenblüten weiß und die Blätter alle grundständig sind, haben wir das Bestimmungsziel erreicht. Die „unbekannte" Pflanze ist das Gänseblümchen. Ein Vergleich mit der Abbildung bestätigt: Wir haben richtig bestimmt.

Bei den Bestimmungen können natürlich auch Schwierigkeiten auftreten. Manchmal wird die klare Beantwortung einer Frage schwerfallen. Die Entscheidung für das eine oder das andere Merkmal ist nicht immer leicht und eindeutig zu treffen. Das Bestimmungsziel ist aber dennoch zu erreichen, wenn zunächst der eine und dann der andere Weg gewählt wird. Treffen an einer Stelle alle gefragten Merkmale nicht zu und ist auch aus den Abbildungen der richtige weitere Bestimmungsweg nicht mehr ableitbar, so ist noch einmal von vorn zu beginnen. Auch das Pflanzenbestimmen muß geübt werden!

Führen alle Bemühungen nicht zum Erfolg, sind bei der vorliegenden Pflanze die zum Bestimmen notwendigen Merkmale vielleicht nicht oder nicht deutlich genug ausgeprägt, oder es ist eine der Arten, die in die Bestimmungstabellen nicht aufgenommen werden konnten.

Folgende Ratschläge sollten beachtet werden:

— Der Anfänger übe sich im Bestimmen bekannter Arten.

— Zur Bestimmung sind mehrere gut entwickelte, blühende Pflanzen auszuwählen.

— Vorteilhaft ist die Benutzung einer Lupe und einer Pinzette.

— Rasche Fortschritte werden erzielt, wenn die einleitenden Bemerkungen und die Familientexte aufmerksam gelesen werden.

— Beim Bestimmen sind beide gegensätzlichen Fragen zu lesen und die Abbildungen zu betrachten. Erst danach sollte die Entscheidung getroffen werden.

2

Stengel — vorhanden

fehlend;
Kronröhre bis in die
Erde hinabreichend;
Blütenblätter fleischfarben

Stengel — nicht windend

windend;
Blüten klein, geknäuelt;
Pflanze gelblich/rötlich;
Schmarotzer!

Stengel — ohne nadelähnliche Kurztriebe

mit büschelig gehäuften,
nadelähnlichen Kurztrieben

Stengel — grashalmartig

nicht grashalmartig

Blüten — in Köpfchen

nicht in Köpfchen

45

Stengel

vielköpfig

1köpfig,
Blüten goldgelb

Blüten — rötlich

weiß

Herbst-Zeitlose
Cólchicum autumnále
G

Seide
Cuscúta

Gemüse-Spargel
Aspáragus officinális
K

Weiße Pestwurz
Petasítes álbus

Rote Pestwurz
Petasítes hýbridus

Gemeiner Huflattich
Tussílágo tárfara

Blütenhülle — dorsiventral;
1/4 Staubblätter

radiär;
8—10 Staubblätter;
Schmarotzer!

Krone

1lippig;
Fruchtknoten unterständig;
1 Staubblatt

2lippig;
Fruchtknoten oberständig;
4 Staubblätter

Traube

vielblütig;
Lippe 2lappig,
gelblich/braun;
Pflanze gelblichbraun

6—10blütig;
Lippe ungeteilt/3lappig,
weiß + rot gepunktet;
Pflanze grünlichgelb

Blüten

1seitswendig;
Stengel gebogen;
Pflanze rosa;
Schmarotzer!

allseitswendig;
Stengel gerade, aufrecht;
Pflanze gelblich/bräunlich/
violett;
Schmarotzer!

Fichtenspargel
Monótropa

Vogel-Nestwurz
Neóttia nídus-ávis

Europäische Korallenwurz
Corallorhíza trífida

Rötliche Schuppenwurz
Lathráea squamária

Sommerwurz
Orobánche

Gehölze

Die Gehölze (Bäume, Sträucher, Zwergsträucher) sind sehr langlebig. Ein sehr hohes Lebensalter (> 500 Jahre) können Eiben, Linden und Eichen erreichen. Erlen, Weiden und Pappeln werden jedoch kaum älter als 200 Jahre. Durch beachtliche Höhen zeichnen sich besonders die Fichte und die Tanne aus. Einzeln stehende Fichten wachsen sehr hoch (50 m und mehr). Die Eichen bleiben im Längenwachstum hinter den Fichten und Tannen zurück. Auch besonders stattliche Eichen sind nicht höher als 50 m. Solche mit einem Stammdurchmesser von 2 bis 3 m gehören schon zu den Seltenheiten, jedoch sind auch Werte von 4 bis 7 m bekannt geworden. Durch viele sehr alte Eichen wurde der Ivenacker Wald (im Norden der DDR) berühmt. Besonders schön gewachsene alte Bäume sind als Naturdenkmäler geschützt und durch das Naturschutzzeichen kenntlich gemacht worden.

Manche Pflanzenfamilien umfassen nur Gehölze, es gibt in ihnen keine krautigen Arten. Dazu gehören zum Beispiel alle Familien der Nadelgehölze:
Eibengewächse (Gattung Eibe),
Kieferngewächse (Gattungen Kiefer, Fichte, Tanne und Lärche),
Zypressengewächse (Gattungen Wacholder und Lebensbaum)
und von den Laubgehölzen:
Weidengewächse (Gattungen Weide und Pappel),
Haselgewächse (Gattungen Hainbuche und Hasel),
Birkengewächse (Gattungen Birke und Erle),
Buchengewächse (Gattungen Buche und Eiche),
Walnußgewächse (Gattung Walnuß),
Ulmengewächse (Gattung Ulme),
Ahorngewächse (Gattung Ahorn),
Lindengewächse (Gattung Linde) und
Ölbaumgewächse (Gattungen Esche, Liguster, Flieder und Forsythie).

Diese Aufzählung ist nicht vollständig. Es sind nur die Familien genannt, zu denen unsere häufigsten und bekannten Bäume gehören. Einige andere wichtige Pflanzenfamilien vereinigen krautige Arten und Gehölze. Dazu gehören zum Beispiel die Familien:
Rosengewächse (Gattungen Kirsche, Vogelbeere, Weißdorn, Birne, Apfel, Mispel, Rose, Brombeere und Himbeere),
Schmetterlingsblütengewächse (Gattungen Robinie, Blasenstrauch, Erbsenstrauch, Goldregen, Besenginster) und
Steinbrechgewächse (Gattungen Stachelbeere, Johannisbeere).

Die Gehölze sind nicht nur an ihren Blättern und Blüten zu erkennen. Danach sind zwar die Bestimmungsschlüssel aufgebaut worden, aber das darf uns nicht dazu verführen, nur diese Merkmale zu beachten. Auch an der Wuchsform, der Beschaffenheit und Farbe der Borke, an den Früchten und an der Form, der Farbe, der Gestalt und der Anordnung der Knospen können wir die Gehölze erkennen. Die Anordnung der Knospen an den Zweigen entspricht der Blattstellung. Bei Gehölzen mit gegenständigen Blättern sind auch die Knospen gegenständig. Graue glatte Borke besitzt die Rot-Buche. Bei der Hainbuche wechseln dunkel- und hellgraue Streifen und Flecken in der Borke ab. Tiefe Risse weist die dunkelbraune Borke der Eichen auf, und bei der Kirsche platzt sie in Bändern ab.

3

Blüten

in Kätzchen — nicht in Kätzchen

♀ Kätzchen

in Knospen eingeschlossen, nur die roten Narben herausragend; ♂ Kätzchen walzenförmig, hängend; Knospen 2zeilig

wie die ♂ walzenförmig; Knospen spiralig

Pflanze

1häusig; Narben fadenförmig

2häusig; Narben kurz, oft gespalten

Staubbeutel

2spaltig; Knospen sitzend

nicht gespalten; Knospen gestielt

Kätzchen

schlaff herabhängend, größere Knospen mehrschuppig; Knospenschuppen filzig

aufrecht abstehend; Knospen einschuppig

Gemeine Haselnuß
Córylus avellána

Birke
Bétula

Erle
Álnus

Pappel
Pópulus

Weide
Sálix

* Pflanze

stark dornig; Blüten weiß; Zweige anfangs behaart

dornenlos

Knospen

gegenständig — wechselständig

Staubblätter

2

4/8

3—8; Baum; Blütenhülle unscheinbar, bräunlich—rot

Staubblätter

8; kleiner Strauch; Kelch langröhrig, rosa; Krone fehlend

Blütenhülle

glockig, gelb; Strauch

fehlend; Baum; Knospen schwarz

Staubblätter

4; Blüten gelb; Knospen behaart

8; Blüten gelbgrün

Schwarzdorn, Schlehe
Prúnus spinósa

Forsythie, Goldweide
Forsýthia suspénsa
Z

Gemeine Esche
Fráxinus excélsior

Kornelkirsche, Herlitze
Córnus más

Spitz-Ahorn
Ácer platanoídes

Ulme
Úlmus

Gemeiner Seidelbast
Dáphne mezéreum
G

Blütenstände und Zapfen von Nadelgehölzen

Gemeine Fichte
(Pícea ábies)

♂

Zapfenspindel

Weiß-Tanne
(Ábies álba)

♂

♀

♀

♂

♀

♀

Gemeine Kiefer   (Pínus sylvéstris)

♂

♀

Lärche (Lárix)

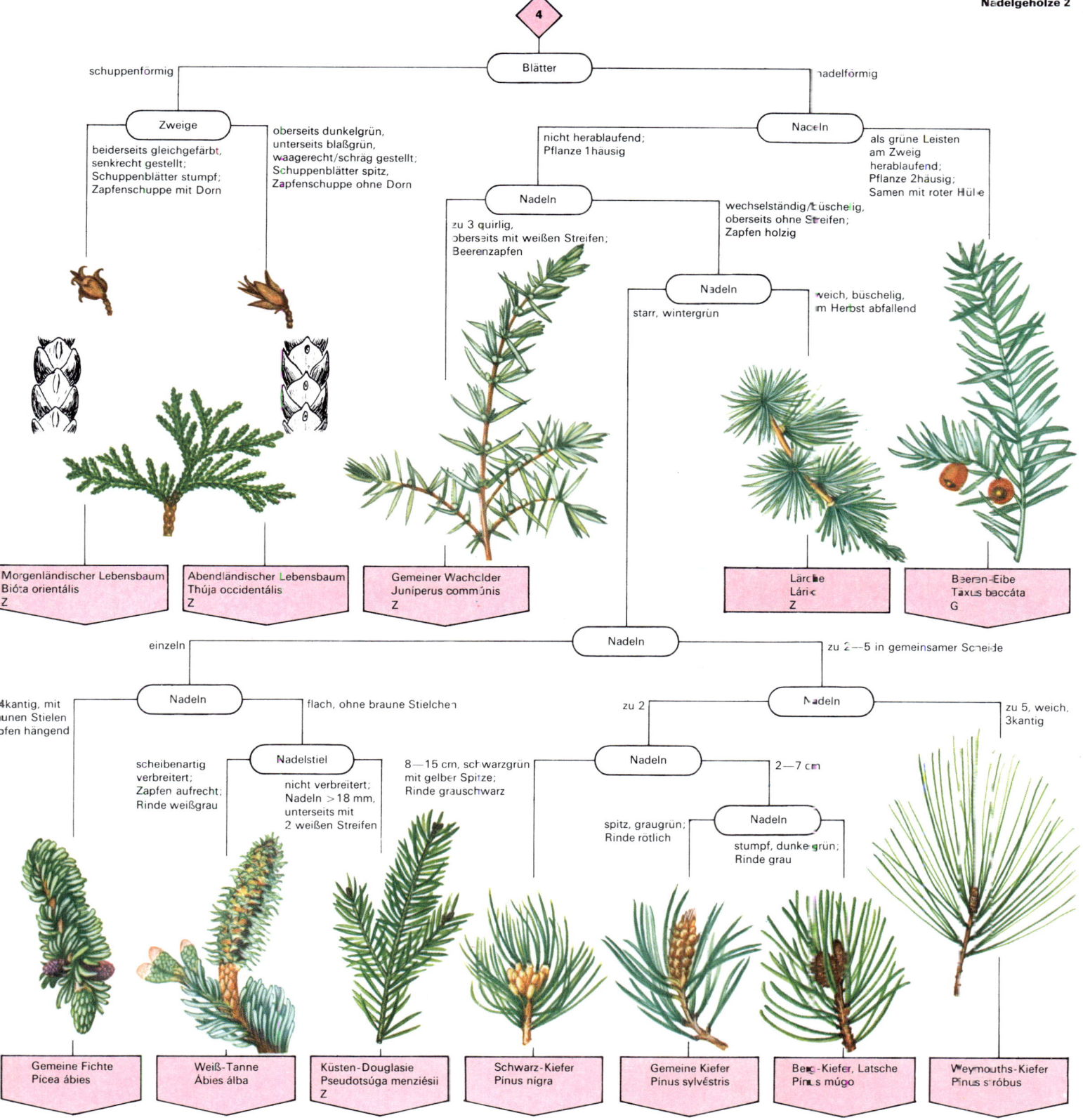

Blätter

schuppenförmig — nadelförmig

Zweige

beiderseits gleichgefärbt, senkrecht gestellt; Schuppenblätter stumpf; Zapfenschuppe mit Dorn

oberseits dunkelgrün, unterseits blaßgrün, waagerecht/schräg gestellt; Schuppenblätter spitz, Zapfenschuppe ohne Dorn

Nadeln

nicht herablaufend; Pflanze 1häusig

als grüne Leisten am Zweig herablaufend; Pflanze 2häusig; Samen mit roter Hülle

Nadeln

zu 3 quirlig, oberseits mit weißen Streifen; Beerenzapfen

wechselständig/büschelig, oberseits ohne Streifen; Zapfen holzig

Nadeln

starr, wintergrün

weich, büschelig, im Herbst abfallend

Morgenländischer Lebensbaum
Bióta orientális
Z

Abendländischer Lebensbaum
Thúja occidentális
Z

Gemeiner Wacholder
Juniperus commúnis
Z

Lärche
Lárix
Z

Beeren-Eibe
Taxus baccáta
G

Nadeln

einzeln — zu 2—5 in gemeinsamer Scheide

Nadeln

4kantig, mit braunen Stielen Zapfen hängend — flach, ohne braune Stielchen

Nadelstiel

scheibenartig verbreitert; Zapfen aufrecht; Rinde weißgrau

nicht verbreitert; Nadeln >18 mm, unterseits mit 2 weißen Streifen

Nadeln

zu 2 — zu 5, weich, 3kantig

Nadeln

8—15 cm, schwarzgrün mit gelber Spitze; Rinde grauschwarz

2—7 cm

Nadeln

spitz, graugrün; Rinde rötlich

stumpf, dunkelgrün; Rinde grau

Gemeine Fichte
Picea ábies

Weiß-Tanne
Ábies álba

Küsten-Douglasie
Pseudotsúga menziésii
Z

Schwarz-Kiefer
Pínus nigra

Gemeine Kiefer
Pinus sylvéstris

Berg-Kiefer, Latsche
Pínus múgo

Weymouths-Kiefer
Pínus stróbus

Wer einen Baum nach den Schlüsseln bestimmt hat, sollte sich auch die anderen Merkmale (Wuchsform, Borke, Knospen, Früchte) ansehen. Die Langlebigkeit der Gehölze macht das leicht. Wuchsform und Ausbildung der Knospen sind am besten im Winter zu erkennen. Im zeitigen Frühjahr, wenn sich die Blätter noch nicht entwickelt haben, fallen besonders die Kätzchenblüher auf (Weiden, Birken, Pappeln, Erlen und Hasel). Wesentlich dünner als bei diesen und daher auch weniger auffällig sind die ♂ Kätzchen der Eichen. Ihre ♀ Blüten stehen einzeln. Auch bei der Hasel sind es nur die ♂ Blüten, die in Kätzchen angeordnet sind. Die Blüten vieler Gehölze sind wenig auffällig, und ihre Anordnung ist bei den einzelnen Arten recht unterschiedlich. Nicht alle können beschrieben werden. Es ist aber nicht schwer, genau zu beobachten und zu erkunden, ob beispielsweise nur die ♂ Blüten in Kätzchen stehen.

Manche Arten entfalten ihre Blüten später im Jahr, wenn die Blätter bereits entwickelt sind. Nicht bei allen diesen Arten sind die Blüten dann so auffällig wie bei der Roßkastanie oder der Robinie. Auch bei den Nadelhölzern müssen wir genau hinschauen, um die jungen Blütenzapfen zu erkennen. Leichter sichtbar werden sie erst bei der Reife. Nach der Anordnung der Blütenzapfen unterscheiden wir 1häusige und 2häusige Nadelhölzer. Bei der Kiefer entstehen die rötlichen ♀ Blütenzapfen an der Spitze der Maitriebe, die ♂ jedoch an ihrer Basis (unteres Ende). Sie entwickeln große Mengen von Blütenstaub. Davon können wir uns leicht überzeugen. Wird ein blühender Kiefernzweig stark bewegt, dann steigen kleine „Wolken" aus gelbem Blütenstaub auf. Manchmal, nach einem Gewitterregen, sind Pfützen in der Nähe blühender Kiefern mit Blütenstaub bedeckt. Alle unsere Nadelgehölze sind windblütig.

Beim Wacholder werden fleischige Beerenzapfen ausgebildet. Die Samen der Eibe sind von einem fleischigen roten Samenmantel umhüllt. Die meisten Nadelbäume haben jedoch verholzte Zapfen. Allen ist gemeinsam, daß zwischen den Zapfenschuppen die geflügelten Samen gebildet werden. An Kiefern stehen grüne, noch unreife Zapfen oft neben den braunen reifen Zapfen an einem Zweig. Die Zapfen der Schwarz-Kiefer sind größer als die der Wald-Kiefer. Die länglichen braunen Zapfen der Fichte hängen an den Zweigen und fallen nach der Reife ab. Die Zapfen der Tanne stehen aufrecht. Bei der Reife lösen sich die Zapfenschuppen einzeln ab. Einen vollständigen Tannenzapfen werden wir auf dem Waldboden also nicht finden können.

Unter den Nadelgehölzen sind Kiefer und Fichte die wichtigsten Waldbäume. Fichten kommen besonders in unseren Mittelgebirgen vor. In Sandgebieten ist die Kiefer der vorherrschende Nadelbaum. Nicht selten finden wir auf Sandböden Wälder, die sich aus Kiefern, Birken und Eichen zusammensetzen. Eichen und die Rot-Buche sind die wichtigsten waldbildenden Laubbäume. Buchenwälder können in der Ebene, im Hügelland und auch im Gebirge gut gedeihen. Allerdings meidet die Rot-Buche ärmere Böden, vor allem die Sandböden. In den Wäldern der wärmebegünstigten und niederschlagsarmen Gebiete herrschen Eichen und Linden vor. Auch Hainbuchen wachsen in diesen Wäldern. Aus den Kammlagen der Mittelgebirge ist die Rot-Buche durch Fichtenauf-

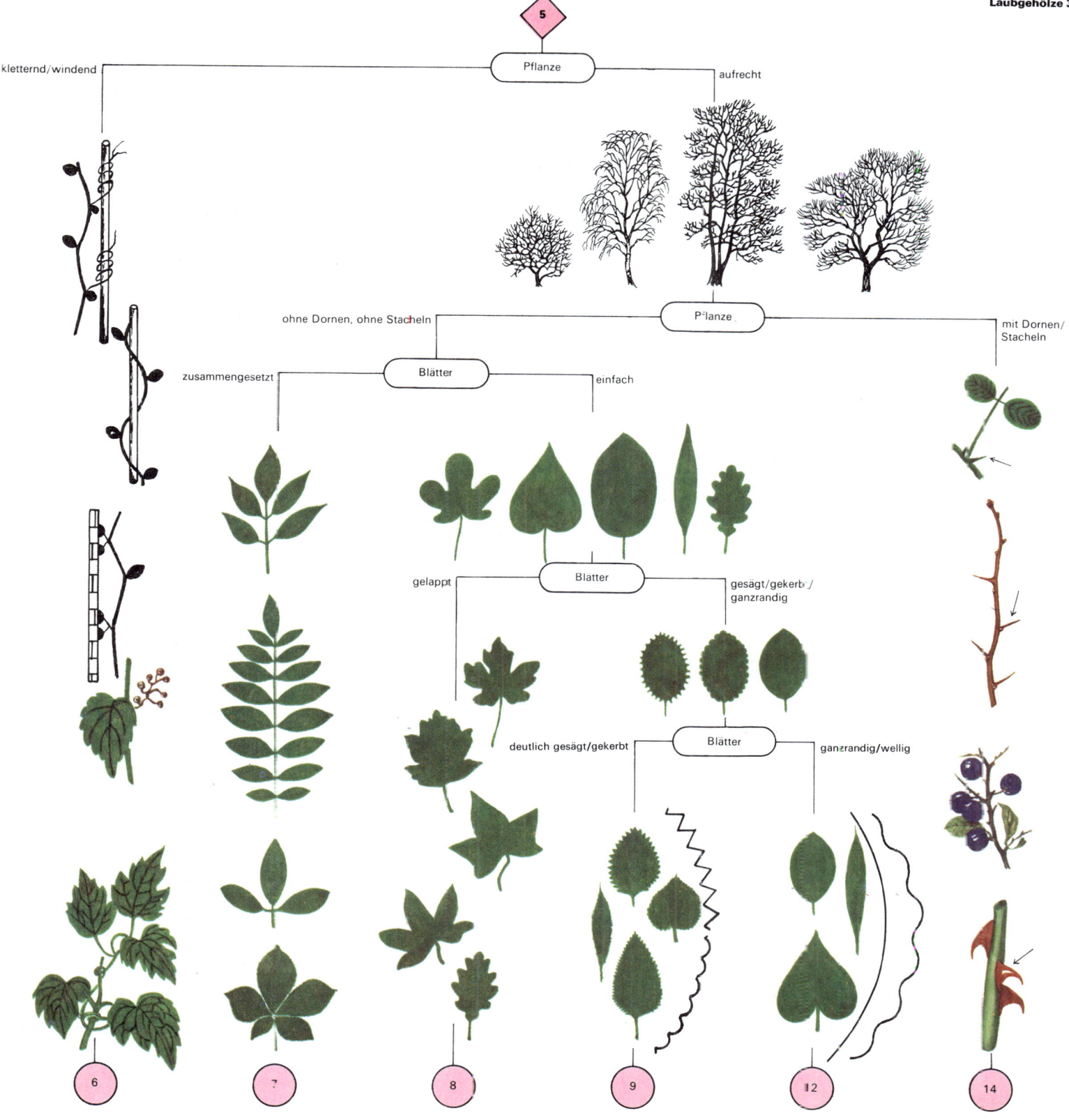

5

Pflanze

kletternd/windend

aufrecht

Pflanze

ohne Dornen, ohne Stacheln

mit Dornen/Stacheln

Blätter

zusammengesetzt

einfach

Blatter

gelappt

gesägt/gekerbt/ganzrandig

Blätter

deutlich gesägt/gekerbt

ganzrandig/wellig

6 7 8 9 12 14

Erlen-Wälder

Schwarz-Erle	Gemeine Esche	Weide	Pappel
Faulbaum	Bittersüßer Nachtschatten		

Eschen-Ahorn-Wälder

Gemeine Esche	Berg-Ahorn	Schwarz-Erle	Stiel-Eiche
Feld-Ulme	Berg-Ulme	Sommer-Linde	Traubenkirsche
Gemeiner Schneeball	Stachelbeere	Europäisches Pfaffen-hütchen	Gemeine Haselnuß

Buchen-Wälder

Rot-Buche	Trauben-Eiche	Gemeine Hainbuche	Sommer-Linde
Berg-Ahorn	Weiß-Tanne	Eibe	Gemeiner Seidelbast
Gemeiner Efeu	Rote Heckenkirsche		

Eichen-Birken-Kiefern-Wälder

Stiel-Eiche	Birke	Wald-Kiefer	Zitter-Pappel
Eberesche	Gemeiner Besenginster	Geißblatt	Faulbaum
Blaubeere	Preiselbeere	Gemeiner Wacholder	Gemeines Heidekraut
Schwärzlicher Geißklee	Himbeere		

Eichen-Hainbuchen-Wälder

Stiel-Eiche	Trauben-Eiche	Gemeine Hainbuche	Feld-Ahorn
Elsbeere	Winter-Linde	Rose	Gemeiner Seidelbast
Wolliger Schneeball	Weißdorn	Geißblatt	Gemeine Haselnuß
Rote Heckenkirsche			

Kiefern-Fichten-Wälder

Gemeine Fichte	Wald-Kiefer	Weiß-Tanne	Birke
Eberesche	Blaubeere	Preiselbeere	Gemeines Heidekraut
Trauben-Holunder	Himbeere		

Schlehdorn-Gebüsche

Schlehe	Gemeiner Liguster	Roter Hartriegel	Stiel-Eiche
Kornelkirsche	Wolliger Schneeball	Rose	Weiße Waldrebe
Feld-Ahorn	Kreuzdorn	Wilde Birne	Berberitze
Brombeere			

Heidekraut-Beerkrautheiden

Gemeines Heidekraut	Blaubeere	Preiselbeere	Gemeiner Wacholder
Färber-Ginster	Gemeiner Besenginster	Deutscher Ginster	

Trockenrasen

Berg-Gamander	Edel-Gamander	Thymian	Sonnenröschen
Gemeiner Wacholder			

Blaubeere
(Vaccínium myrtíllus)

Preiselbeere
(Vaccínium vítis-idáea)

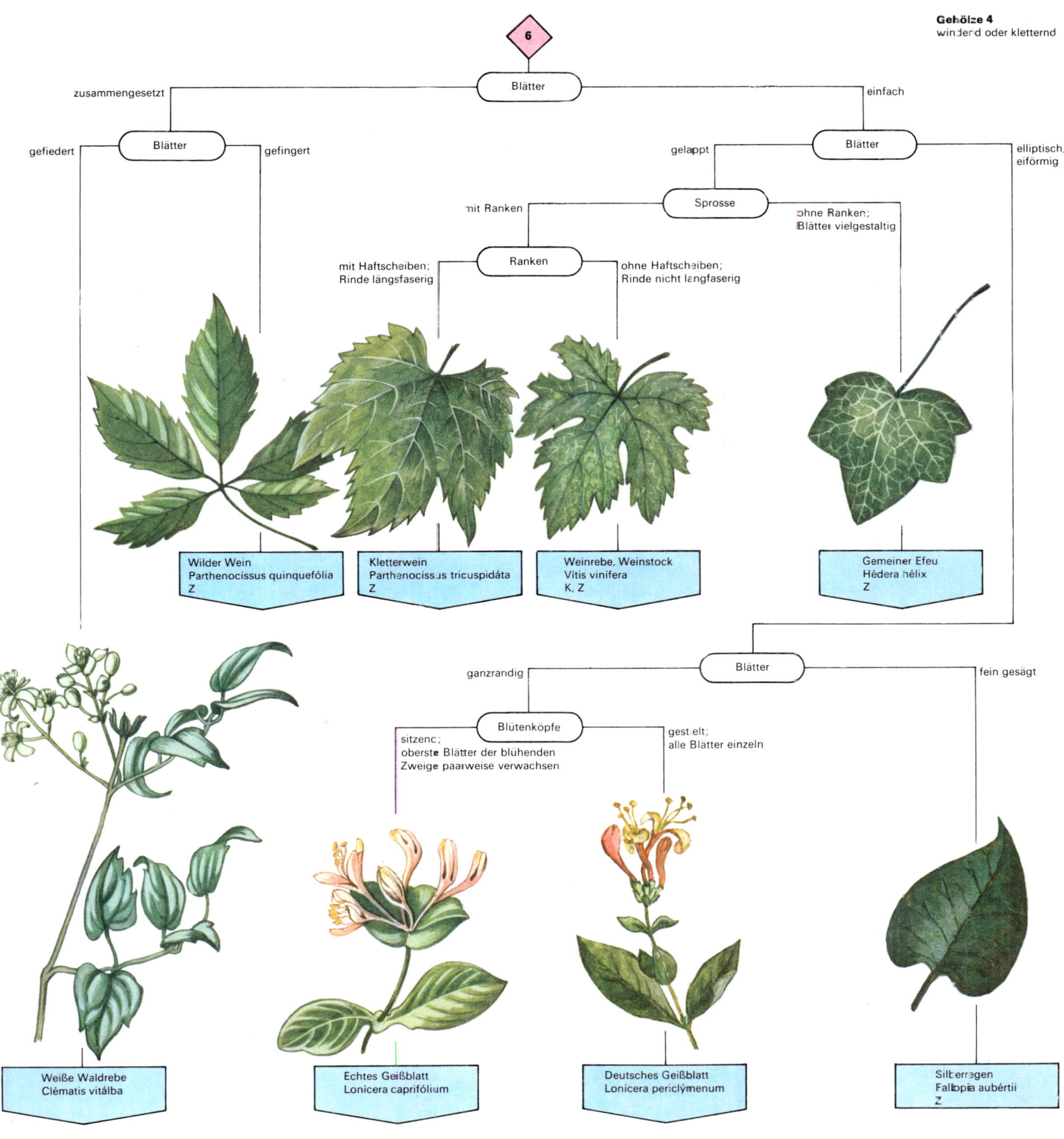

6

Blätter

zusammengesetzt — einfach

Blätter

gefiedert — gefingert

Blätter

gelappt

Sprosse

mit Ranken — ohne Ranken; Blätter vielgestaltig

Ranken

mit Haftscheiben; Rinde längsfaserig — ohne Haftscheiben; Rinde nicht langfaserig

elliptisch/ eiförmig

Wilder Wein
Parthenocissus quinquefólia
Z

Kletterwein
Parthenocissus tricuspidáta
Z

Weinrebe, Weinstock
Vitis vinifera
K, Z

Gemeiner Efeu
Hédera hélix
Z

Blätter

ganzrandig — fein gesägt

Blütenköpfe

sitzend; oberste Blätter der blühenden Zweige paarweise verwachsen — gestielt; alle Blätter einzeln

Weiße Waldrebe
Clématis vitálba

Echtes Geißblatt
Lonícera caprifólium

Deutsches Geißblatt
Lonícera periclýmenum

Silberregen
Fallopia aubértii
Z

forstungen verdrängt worden. Im Mittelalter, als Braun- und Steinkohle noch nicht gewonnen werden konnten, stellten die Köhler aus dem Holz der Rot-Buche die begehrte Holzkohle her. Sie diente als Brennmaterial für die Eisenhütten und fand auch Verwendung zur Glasherstellung. Das frische Holz der Rot-Buche ist rötlich gefärbt, daher stammt ihr Name. Heller, fast weiß ist hingegen das Holz der Hainbuche, die deshalb oft auch Weißbuche genannt wird. Die Hainbuche gehört zur Familie der Haselgewächse. In Parkanlagen wachsen vereinzelt Buchen, deren Blätter rötlichbraun gefärbt sind. Solche Bäume werden Blut-Buchen genannt. Es handelt sich dabei nicht um eine eigene Art, sondern um eine Varietät der Rot-Buche.

Welche Arten der Nadel- oder Laubgehölze in unseren Wäldern vorherrschen, das ist abhängig vom Boden und vom Klima. Im Wald wachsen natürlich nicht nur Bäume, sondern auch Sträucher, Zwergsträucher und krautige Pflanzen. Einige der charakteristischen Waldpflanzen sind in der Tabelle 4 zusammengestellt worden. Die Unterteilung in Pflanzen des Flach- und Hügellandes beziehungsweise des Berglandes soll auf die in unserem Gebiet von der jeweiligen Pflanzenart bevorzugte Höhenlage ihres Vorkommens hinweisen.

In einem Wald, der vom Menschen nicht bewirtschaftet wird, entwickeln sich aus den abgefallenen Früchten und Samen die Keimlinge der Waldbäume. Aber nicht jeder Keimling kann zu einem neuen Baum emporwachsen. Manche sterben ab, weil sie auf dem Waldboden zuwenig Licht erhalten oder weil während ihres ersten Wachstums eine für sie ungünstige Witterung herrschte. Andere werden von Tieren zertreten oder gefressen. Bäume, die ein sehr hohes Alter erreicht haben, sterben ab und fallen um. Auch durch Blitzschlag können einzelne Bäume zugrunde gehen. Andere werden durch einen starken Sturm entwurzelt. Das tote Holz der umgefallenen Bäume bietet vielen Tieren, vor allem Insekten und ihren Larven Nahrung. Durch die Fraßtätigkeit der Tiere, durch Witterungseinflüsse und Pilzwachstum verrottet das Holz allmählich. Wo ehemals ein Baum stand, hat sich eine kleine Lichtung gebildet. Junge Pflanzen können an solchen Stellen besonders gut gedeihen, und die Bäume wachsen empor. Auf diese Weise verjüngt sich der Wald.

Bei uns gibt es solche unbewirtschafteten Wälder jedoch nicht mehr, denn das Holz ist ein sehr wichtiger und wertvoller Rohstoff. Deshalb werden aus Mischbeständen die älteren Bäume herausgeschlagen, solange ihr Holz noch gesund ist und genutzt werden kann. Die jüngeren Bäume erhalten durch diese Auflichtung Platz und günstige Bedingungen für ihr Wachstum. Viele unserer Wälder werden von gleichaltrigen Bäumen gebildet. Sie sind von den Forstarbeitern auf Kahlflächen angepflanzt worden. Solche Bestände werden, wenn sie das entsprechende Alter erreicht haben, gleichzeitig gefällt und die Kahlflächen danach erneut aufgeforstet. Die Forstwirtschaft trägt durch vielfältige Maßnahmen dafür Sorge, daß der Wald als Erholungslandschaft für den Menschen und als Lebensraum für die Tiere erhalten bleibt und trotzdem die für die Volkswirtschaft notwendigen Holzmengen immer wieder nachwachsen. Zu diesen Maßnahmen gehören auch die Hege des Wildes und die Jagd. Ein zu hoher Wildbestand würde das Aufwachsen der Bäume gefährden. Außer dem

7

Blätter

gegenständig — — wechselständig

Blätter (gegenständig)
gefingert — gefiedert

gefiedert — **Blätter** (wechselständig) — 3zählig

Seitennerven
direkt in die Blattzähne verlaufend — nicht in die Blattzähne verlaufend

Zweige
nicht kantig — 4kantig; Hülsen behaart

Zweige (Seitennerven)
mit engem festem Mark — mit weitem lockerem Mark

Zweige (Mark)
mit weißem Mark; Blütenstand flach; Früchte schwarz — mit gelbbraunem Mark; Blütenstand kugelig; Früchte rot

Gemeine Roßkastanie
Aésculus hippocástanum
Z

Eschen-Ahorn
Ácer negúndo
Z

Gemeine Esche
Fráxinus excélsior
Z

Schwarzer Holunder
Sambúcus nigra

Trauben-Holunder
Sambúcus racemósa

Besenginster
Sarothámnus scopárius
Z

Blättchen
gezähnt — ganzrandig

Blätter (wechselständig gefiedert)
>3 cm; Hülsen seidenhaarig — <3 cm; Hülsen kahl; Zweige stielrund

Blattrand
buchtig, dornig gezähnt — stachelspitz, gesägt

Blättchen (ganzrandig)
>3 cm lang, eiförmig/elliptisch — 1—3 cm lang

Blätter
paarig gefiedert; Blättchen eiförmig, stachelspitz — unpaarig gefiedert; Blättchen elliptisch

Mahonie
Mahónia aquifólium
Z

Eberesche, Vogelbeere
Sórbus aucupária

Echte Walnuß
Júglans régia
K

Gemeiner Erbsenstrauch
Caragána arboréscens
Z

Gemeiner Blasenstrauch
Colútea arboréscens
Z

Gemeiner Goldregen
Labúrnum anagyroídes
Z, €

Schwärzlicher Geißklee
Lembótropis nigricans

Charakteristische Waldpflanzen

Tabelle 4

Flach- und Hügelland

Bergland

Erlen-Wälder, Eschen-Ahorn-Wälder

Gemeiner Gilbweiderich	Hopfen	Lungenkraut	Behaarter Kälberkropf
Wasser-Schwertlilie	Sumpf-Dotterblume	Milzkraut	Hain-Gilbweiderich
Goldstern	Große Brennessel	Großes Springkraut	Hexenkraut
Gefleckter Aronstab	Scharbockskraut	Hain-Sternmiere	Akelei-Wiesenraute
Wolliger Hahnenfuß	Vierblättrige Einbeere		Ausdauerndes Silberblatt

Eichen-Mischwälder

Busch-Windröschen	Wald-Sanikel	Pechnelke	Schmalblättrige Hainsimse
Gold-Taubnessel	Echte Sternmiere	Berg-Platterbse	Europäischer Siebenstern
Maiglöckchen	Wald-Labkraut	Schlängel-Schmiele	
Erdbeer-Fingerkraut	Nesselblättrige Glockenblume	Wald-Habichtskraut	

Buchen-Wälder

Wald-Bingelkraut	Schmalblättrige Hainsimse	Tollkirsche	Schmalblättrige Hainsimse
Ährige Teufelskralle	Wald-Wachtelweizen	Hasenlattich	Roter Fingerhut
Weißwurz	Waldmeister	Zwiebeltragende Zahnwurz	Wald-Hainsimse
Frühlings-Platterbse		Quirl-Weißwurz	Weiße Pestwurz
Dreilappiges Leberblümchen			

Kiefern-Wälder, Fichten-Wälder

Kuhschelle	Einseitswendiges Birngrün	Europäischer Siebenstern	Roter Fingerhut
Gemeiner Besenginster	Wintergrün	Fuchs-Kreuzkraut	Wald-Wachtelweizen
Nickendes Leimkraut	Doldiges Habichtskraut	Rundblättriges Labkraut	Blaubeere
	Blaubeere	Harz-Labkraut	

Gemeine Pechnelke
(Viscária vulgáris)

Gemeine Weißwurz
(Polygonátum odorátum)

Holz der Bäume, dem Fleisch und dem Fell der Wildtiere liefert der Wald weitere uns nützliche Dinge, zum Beispiel Harz und auch Pilze und Beeren.

Wirtschaftliche Bedeutung haben auch die Gehölze, die in Plantagen und Gärten gezogen und gepflegt werden und uns das Obst liefern.

8

Blätter

gegenständig — nicht gegenständig

Blätter

handnervig — nur mit 1 Hauptnerv und schwächeren Seitennerven

Pflanze

mit Milchsaft — ohne Milchsaft

Blattunterseite

silberweiß, filzig — kahl/schwach behaart, nicht weißfilzig

Blattlappen

zugespitzt — rundlich

Blattgrund

m. Ringlinie — ohne Ringlinie

Maulbeerbaum
Mórus
K, Z

Silber-Pappel
Pópulus álba

Elsbeere
Sórbus torminális

Johannisbeere
Ribes
K

Platane
Plátanus

Blattstiel

ohne Drüsen — tiefrinnig, drüsig

Blattlappen

ungleich grob gesägt/gekerbt — kaum gezähnt/ganzrandig

Blattlappen

stumpf — lang zugespitzt

Blattgrund

keilförmig — herzförmig mit Öhrchen

Berg-Ahorn
Ácer pséudo-plátanus

Feld-Ahorn
Ácer campéstre

Spitz-Ahorn
Ácer platanoídes

Gemeiner Schneeball
Vibúrnum ópulus

Trauben-Eiche
Quércus petráea

Stiel-Eiche
Quércus róbur

Früchte von Laubbäumen und Sträuchern

Gemeine Esche (Fráxinus excélsior)

Schwarz-Erle (Álnus glutinósa)

Birke (Bétula)

Spitz-Ahorn (Ácer platanoídes)

Flatter-Ulme (Úlmus lævís)

Feld-Ulme (Úlmus carpinifólia)

Pappel (Pópulus)

Berg-Ahorn (Ácer pséudo-plátanus)

Platane (Plátanus)

Berg-Ulme (Úlmus glábra)

Feld-Ahorn (Ácer campéstre)

Elsbeere (Sórbus torminális)

Eschen-Ahorn (Ácer negúndo)

Gemeiner Schneeball (Vibúrnum ópulus)

Stiel-Eiche (Quércus róbur)

Trauben-Eiche (Quércus petráea)

Maulbeerbaum (Mórus)

Rot-Buche (Fágus sylvática)

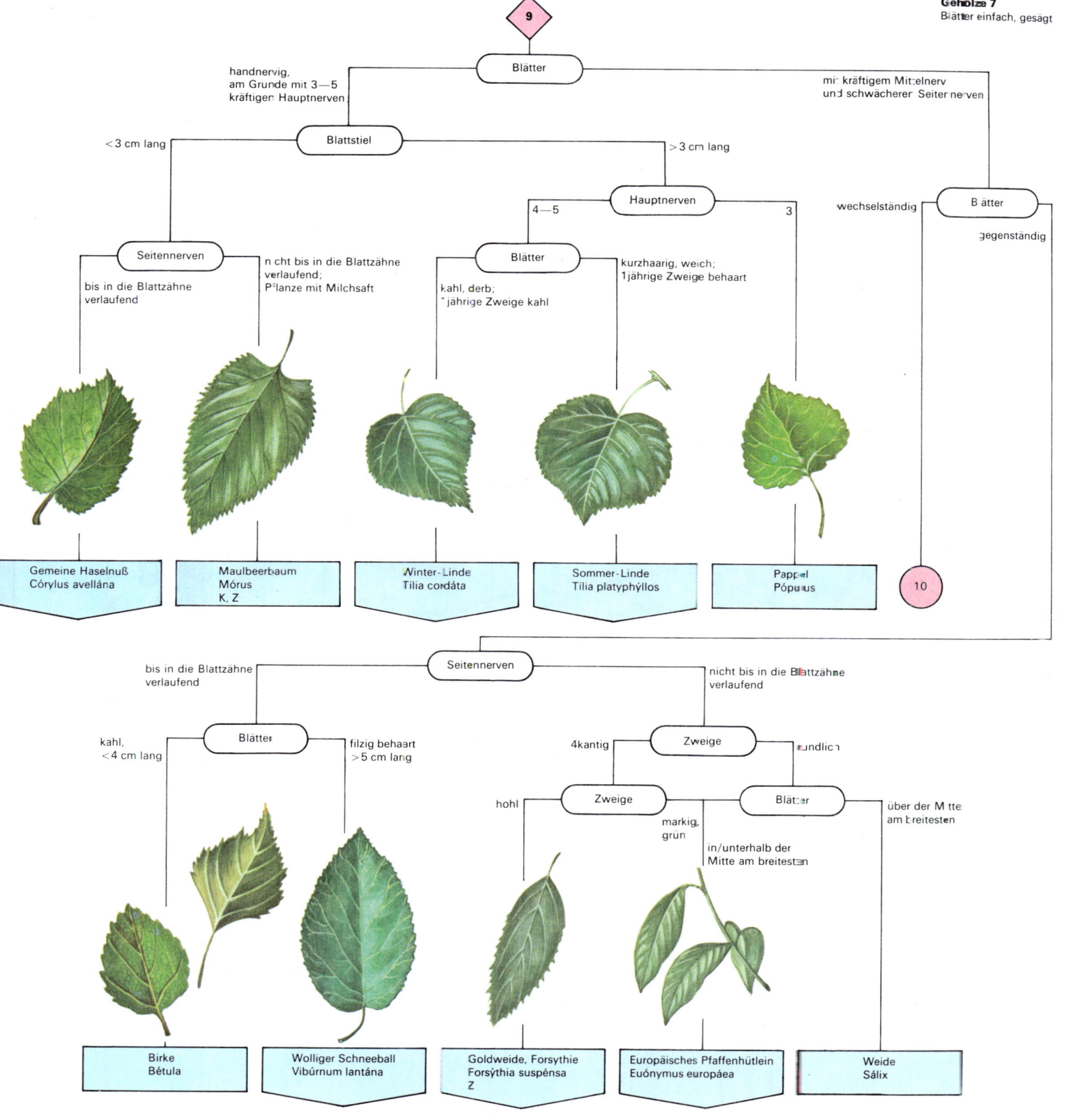

9

Blätter

handnervig,
am Grunde mit 3—5
kräftigen Hauptnerven

mit kräftigem Mittelnerv
und schwächerer Seitennerven

Blattstiel

< 3 cm lang

> 3 cm lang

Hauptnerven

4—5

3

wechselständig

Blätter

gegenständig

Seitennerven

bis in die Blattzähne
verlaufend

nicht bis in die Blattzähne
verlaufend;
Pflanze mit Milchsaft

Blätter

kahl, derb;
1jährige Zweige kahl

kurzhaarig, weich;
1jährige Zweige behaart

Gemeine Haselnuß
Córylus avellána

Maulbeerbaum
Mórus
K, Z

Winter-Linde
Tília cordáta

Sommer-Linde
Tília platyphýllos

Pappel
Pópulus

10

Seitennerven

bis in die Blattzähne
verlaufend

nicht bis in die Blattzähne
verlaufend

Blätter

kahl,
< 4 cm lang

filzig behaart
> 5 cm lang

4kantig

Zweige

rundlich

hohl

Zweige

Blätter

markig,
grün

über der Mitte
am breitesten

in/unterhalb der
Mitte am breitesten

Birke
Bétula

Wolliger Schneeball
Vibúrnum lantána

Goldweide, Forsythie
Forsýthia suspénsa
Z

Europäisches Pfaffenhütlein
Euónymus európaea

Weide
Sálix

Früchte von Laubbäumen, Sträuchern und Zwergsträuchern

Europäisches Pfaffenhütchen
(Euónymus europáea)

Rote Heckenkirsche
(Lonícera xylósteum)

Roter Hartriegel
(Córnus sanguínea)

Gemeiner Sanddorn
(Hippóphae rhamnoídes)

Winter-Linde
(Tília cordáta)

Wolliger Schneeball
(Vibúrnum lantána)

Sommer-Linde
(Tília platyphýllos)

Kornelkirsche
(Córnus más)

Gemeiner Liguster
(Ligústrum vulgáre)

Weißdorn
(Cratáegus)

Preiselbeere
(Vaccínium
vitis-idáea)

Schnee-
Glockenheide
(Eríca cárnea)

Heidelbeere
(Vaccínium
myrtíllus)

Gemeine Glockenheide
(Eríca tetrálix)

Rauschbeere
(Vaccínium
uliginósum)

Moosbeere (Vaccínium oxycóccus)

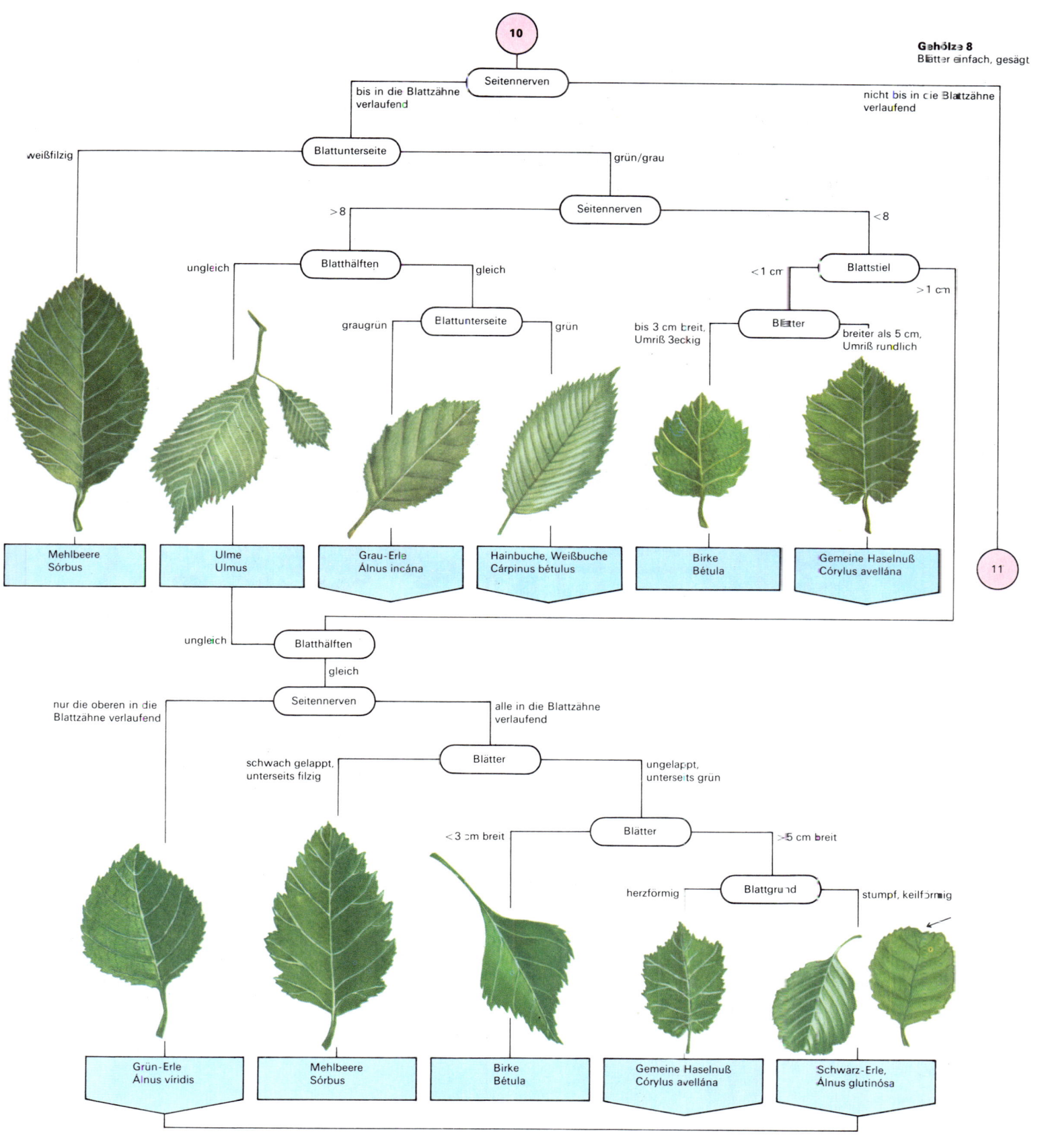

10

Seitennerven

bis in die Blattzähne
verlaufend

nicht bis in die Blattzähne
verlaufend

Blattunterseite

weißfilzig

grün/grau

Seitennerven

>8

<8

Blatthälften

Blattstiel

ungleich

gleich

<1 cm

>1 cm

Blattunterseite

graugrün

grün

Blätter

bis 3 cm breit,
Umriß 3eckig

breiter als 5 cm,
Umriß rundlich

Mehlbeere
Sórbus

Ulme
Ulmus

Grau-Erle
Álnus incána

Hainbuche, Weißbuche
Cárpinus bétulus

Birke
Bétula

Gemeine Haselnuß
Córylus avellána

11

Blatthälften

ungleich

gleich

Seitennerven

nur die oberen in die
Blattzähne verlaufend

alle in die Blattzähne
verlaufend

Blätter

schwach gelappt,
unterseits filzig

ungelappt,
unterseits grün

Blätter

<3 cm breit

>5 cm breit

Blattgrund

herzförmig

stumpf, keilförmig

Grün-Erle
Álnus víridis

Mehlbeere
Sórbus

Birke
Bétula

Gemeine Haselnuß
Córylus avellána

Schwarz-Erle,
Álnus glutinósa

Früchte von Laubbäumen und Sträuchern

Gemeiner Efeu (Hédera hélix)

Echtes Geißblatt (Lonícera caprifólium)

Deutsches Geißblatt (Lonícera periclýmenum)

Weiße Waldrebe (Clématis vitálba)

Schlehe (Prúnus spinósa)

Schwarzer Holunder (Sambúcus nígra)

Trauben-Holunder (Sambúcus racemósa)

Gemeiner Blasenstrauch (Colútèa arboréscens)

Eberesche (Sórbus aucupária)

Echte Walnuß (Júglans régia)

Stechpalme (Ílex aquifólium)

Brombeere (Rúbus)

Himbeere (Rúbus idáeus)

Berberitze (Bérberis vulgáris)

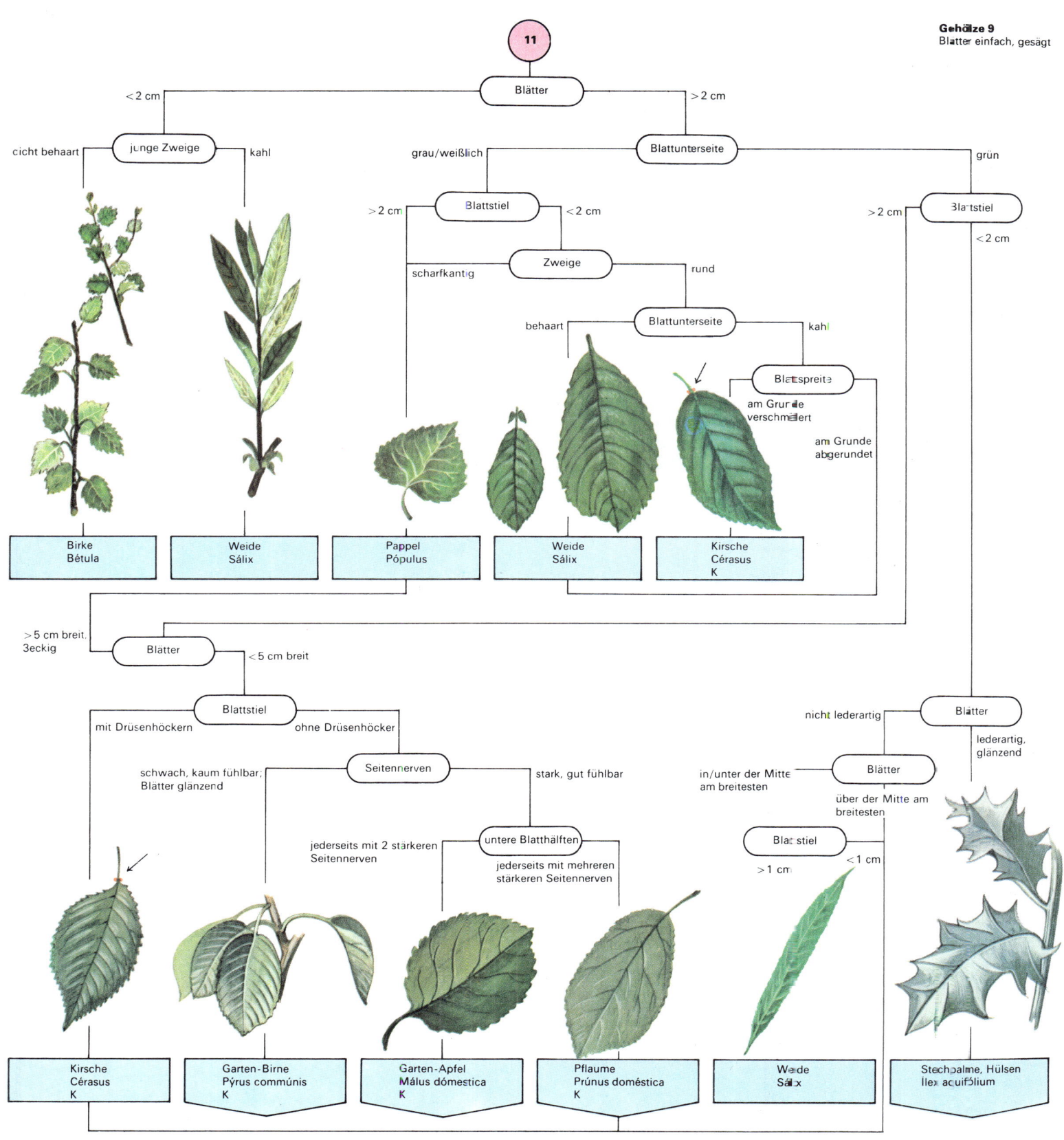

(11)

Blätter

< 2 cm / > 2 cm

junge Zweige — dicht behaart / kahl

Blattunterseite — grau/weißlich / grün

Blattstiel — > 2 cm / < 2 cm

Blattstiel — > 2 cm / < 2 cm

Zweige — scharfkantig / rund

Blattunterseite — behaart / kahl

Blattspreite — am Grunde verschmälert / am Grunde abgerundet

Birke
Bétula

Weide
Sálix

Pappel
Pópulus

Weide
Sálix

Kirsche
Cérasus
K

> 5 cm breit, 3eckig

Blätter — < 5 cm breit

Blattstiel — mit Drüsenhöckern / ohne Drüsenhöcker

Seitennerven — schwach, kaum fühlbar; Blätter glänzend / stark, gut fühlbar

untere Blatthälften — jederseits mit 2 stärkeren Seitennerven / jederseits mit mehreren stärkeren Seitennerven

Blätter — nicht lederartig / lederartig, glänzend

Blätter — in/unter der Mitte am breitesten / über der Mitte am breitesten

Blattstiel — > 1 cm / < 1 cm

Kirsche
Cérasus
K

Garten-Birne
Pýrus commúnis
K

Garten-Apfel
Málus dómestica
K

Pflaume
Prúnus doméstica
K

Weide
Sálix

Stechpalme, Hülsen
Ílex aquifólium

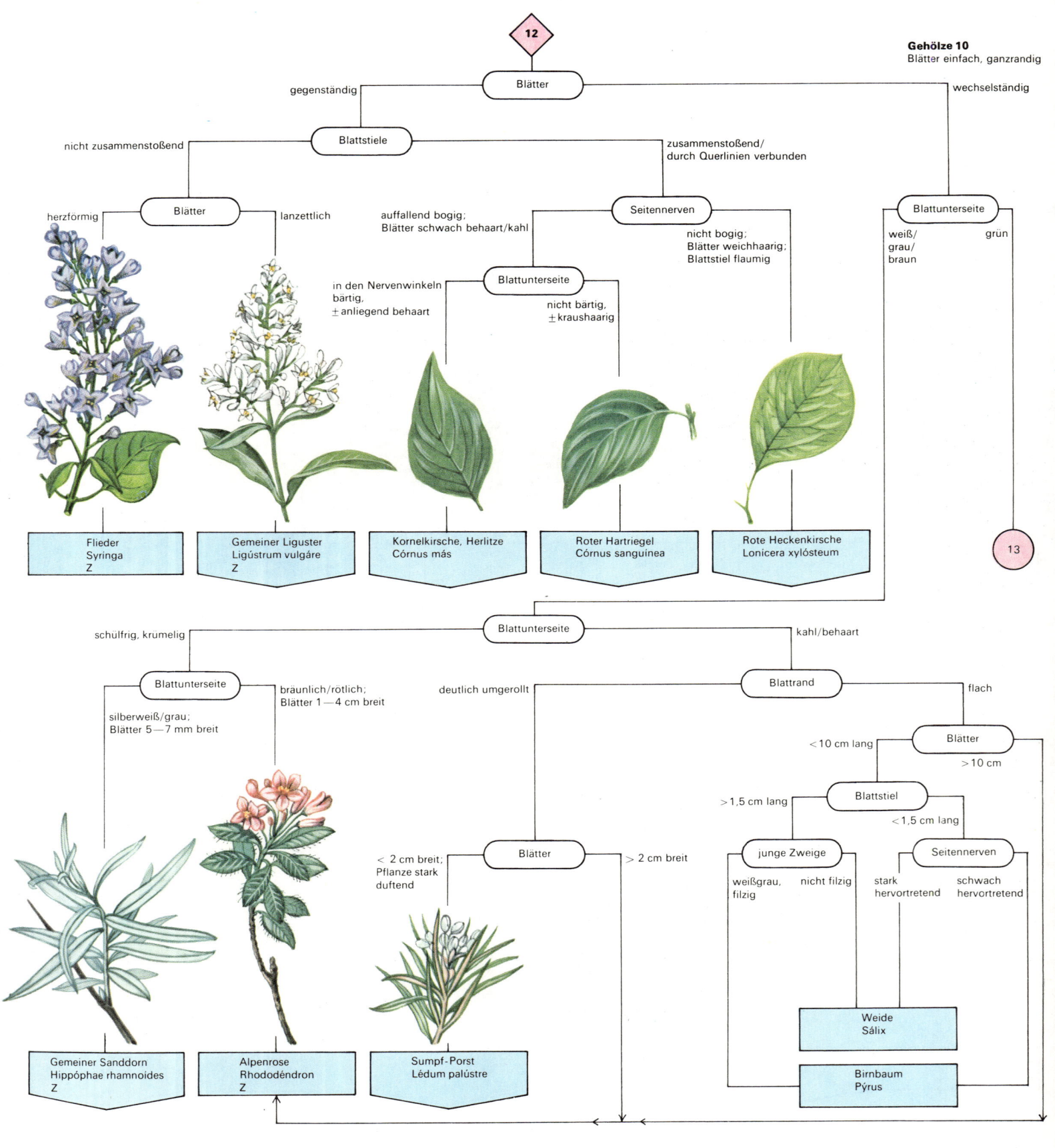

12

Blätter

gegenständig | wechselständig

Blattstiele

nicht zusammenstoßend | zusammenstoßend/
durch Querlinien verbunden

Blätter

herzförmig | lanzettlich

Seitennerven

auffallend bogig;
Blätter schwach behaart/kahl | nicht bogig;
Blätter weichhaarig;
Blattstiel flaumig

Blattunterseite

weiß/
grau/
braun | grün

Blattunterseite

in den Nervenwinkeln
bärtig,
± anliegend behaart | nicht bärtig,
± kraushaarig

Flieder
Syringa
Z

Gemeiner Liguster
Ligústrum vulgáre
Z

Kornelkirsche, Herlitze
Córnus más

Roter Hartriegel
Córnus sanguínea

Rote Heckenkirsche
Lonicera xylósteum

13

Blattunterseite

schülfrig, krumelig | kahl/behaart

Blattunterseite

silberweiß/grau;
Blätter 5—7 mm breit | bräunlich/rötlich;
Blätter 1—4 cm breit

Blattrand

deutlich umgerollt | flach

Blätter

<10 cm lang | >10 cm

Blattstiel

>1,5 cm lang | <1,5 cm lang

Blätter

< 2 cm breit;
Pflanze stark
duftend | > 2 cm breit

junge Zweige

weißgrau,
filzig | nicht filzig

Seitennerven

stark
hervortretend | schwach
hervortretend

Gemeiner Sanddorn
Hippóphae rhamnoídes
Z

Alpenrose
Rhododéndron
Z

Sumpf-Porst
Lédum palústre

Weide
Sálix

Birnbaum
Pýrus

13

Blattstiel

>4 cm · <4 cm

Blätter

in/unter der Mitte am breitesten · über der Mitte am breitesten

Blattunterseite

gelb punktiert/ braun schuppig · ohne Punkte, ohne Schuppen

mit braunen Schuppen · Blattunterseite · ohne Schuppen

Seitennerven

verzweigt, wenig hervortretend · unverzweigt, stark hervortretend

Zweige

überhängend, lang, dünn · nicht überhängend

Seitennerven

gerade · bogig

Blattstiel

>1 cm · <1 cm; Blätter keilig

Birnbaum
Pýrus

Alpenrose
Rhododéndron

Gemeiner Bocksdorn
Lycium ha imifólium
G

Alpenrose
Rhododéndron

Faulbaum
Rhámnus frángula

Gemeiner Seidelbast
Dáphne mezéreum
G

Rot-Buche
Fágus sylvática

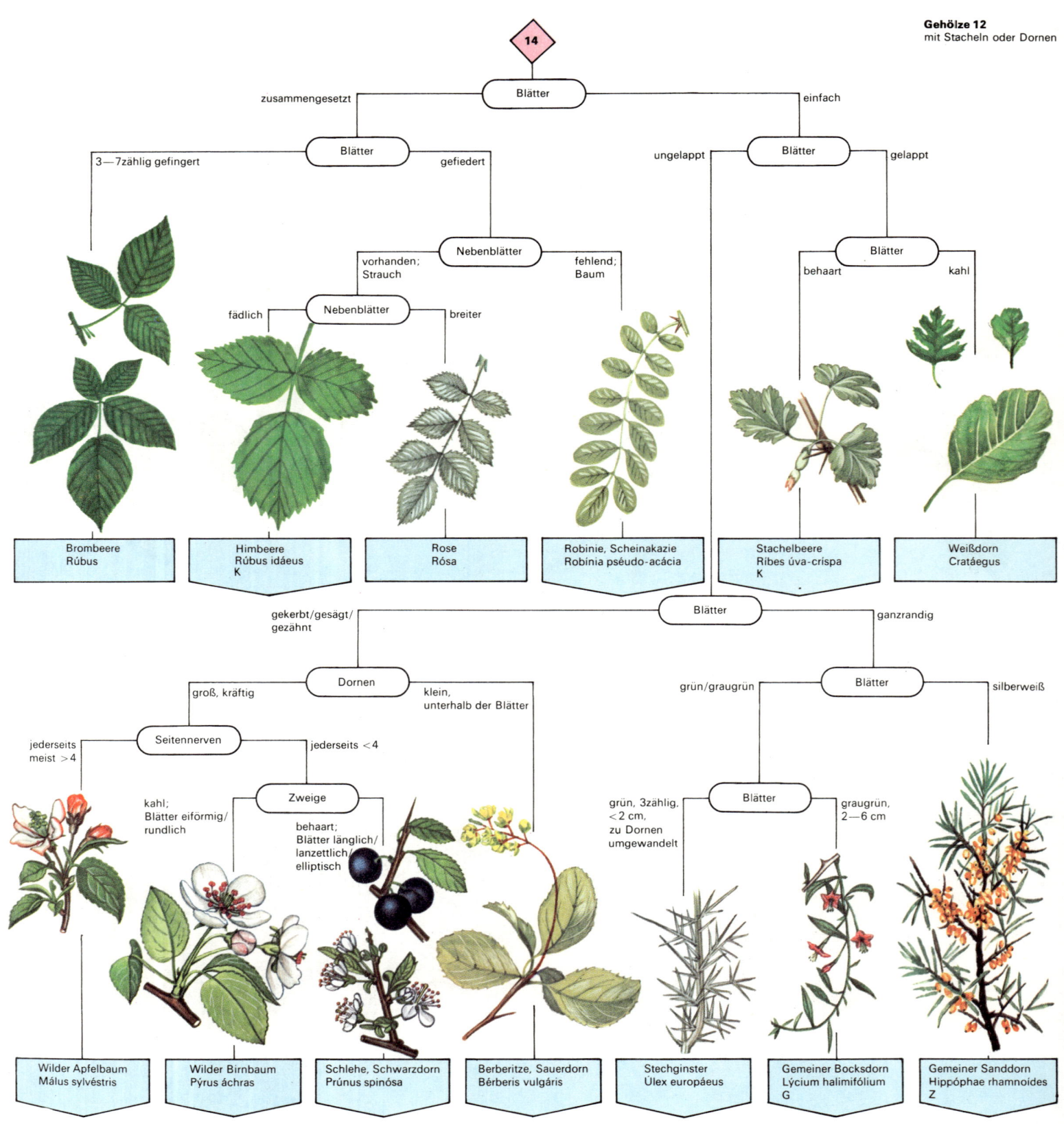

14

Blätter

zusammengesetzt — einfach

Blätter

3—7zählig gefingert — gefiedert

Nebenblätter

vorhanden; Strauch — fehlend; Baum

Nebenblätter

fädlich — breiter

Blätter

ungelappt — gelappt

Blätter

behaart — kahl

Brombeere
Rúbus

Himbeere
Rúbus idáeus
K

Rose
Rósa

Robinie, Scheinakazie
Robínia pséudo-acácia

Stachelbeere
Ríbes úva-críspa
K

Weißdorn
Cratáegus

Blätter

gekerbt/gesägt/gezähnt — ganzrandig

Dornen

groß, kräftig — klein, unterhalb der Blätter

Blätter

grün/graugrün — silberweiß

Seitennerven

jederseits meist >4 — jederseits <4

Blätter

grün, 3zählig, <2 cm, zu Dornen umgewandelt — graugrün, 2—6 cm

kahl; Blätter eiförmig/rundlich

Zweige

behaart; Blätter länglich/lanzettlich/elliptisch

Wilder Apfelbaum
Málus sylvéstris

Wilder Birnbaum
Pýrus áchras

Schlehe, Schwarzdorn
Prúnus spinósa

Berberitze, Sauerdorn
Bérberis vulgáris

Stechginster
Úlex europáeus

Gemeiner Bocksdorn
Lýcium halimifólium
G

Gemeiner Sanddorn
Hippóphae rhamnoídes
Z

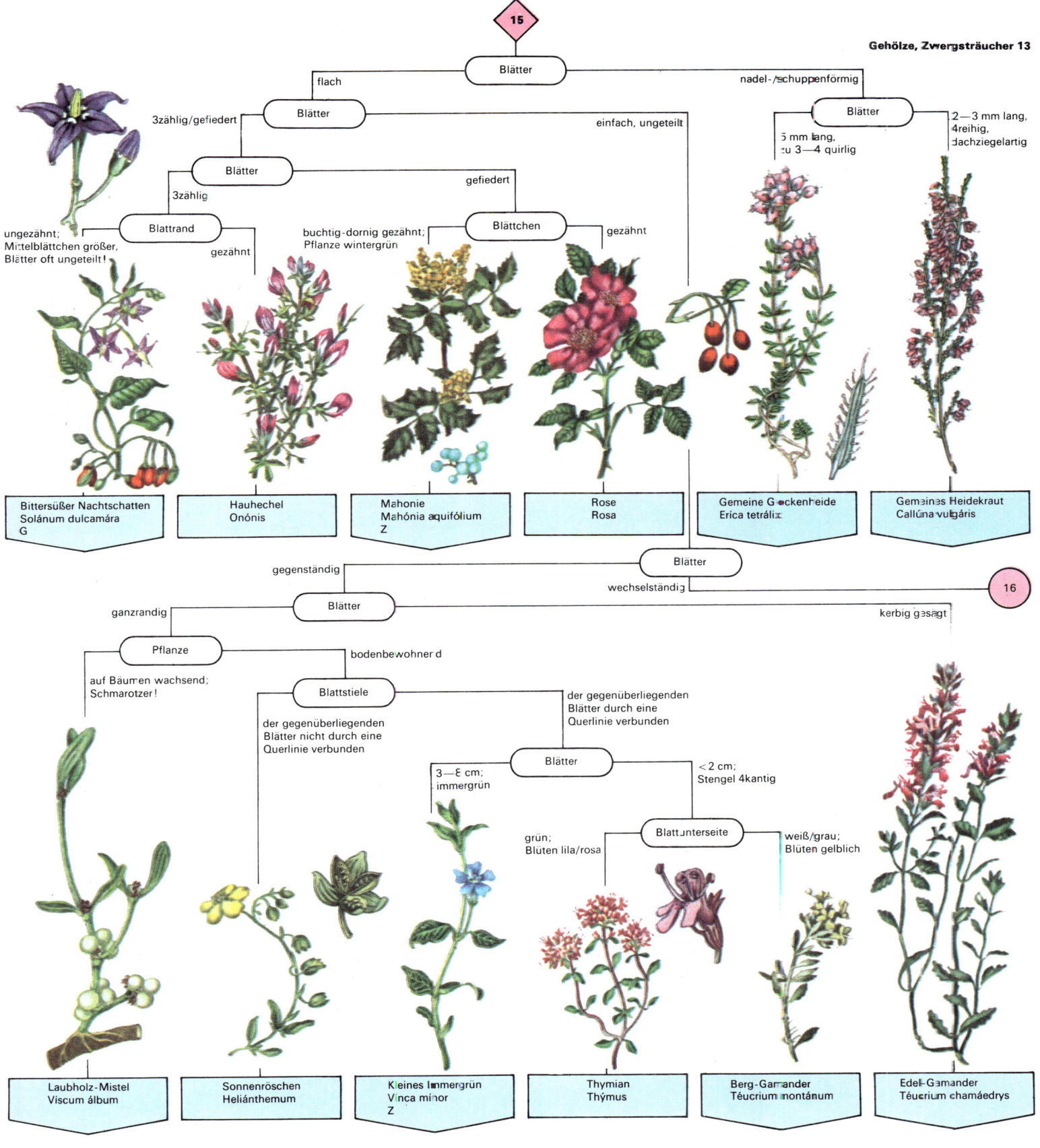

15

Blätter

flach — nadel-/schuppenförmig

Blätter

3zählig/gefiedert — einfach, ungeteilt

Blätter — 5 mm lang, zu 3—4 quirlig — 2—3 mm lang, 4reihig, dachziegelartig

Blätter

3zählig — gefiedert

Blattrand — Blättchen

ungezähnt; Mittelblättchen größer, Blätter oft ungeteilt! — gezähnt — buchtig-dornig gezähnt; Pflanze wintergrün — gezähnt

Bittersüßer Nachtschatten
Solánum dulcamára
G

Hauhechel
Onónis

Mahonie
Mahónia aquifólium
Z

Rose
Rosa

Gemeine Glockenheide
Erica tetrálix

Gemeines Heidekraut
Callúna vulgáris

Blätter

gegenständig — wechselständig

16

Blätter

ganzrandig — kerbig gesägt

Pflanze

auf Bäumen wachsend; Schmarotzer! — bodenbewohnerd

Blattstiele

der gegenüberliegenden Blätter nicht durch eine Querlinie verbunden — der gegenüberliegenden Blätter durch eine Querlinie verbunden

Blätter

3—8 cm; immergrün — <2 cm; Stengel 4kantig

grün; Blüten lila/rosa — Blattunterseite — weiß/grau; Blüten gelblich

Laubholz-Mistel
Viscum álbum

Sonnenröschen
Heliánthemum

Kleines Immergrün
Vinca mínor
Z

Thymian
Thýmus

Berg-Gamander
Téucrium montánum

Edel-Gamander
Téucrium chamáedrys

Blätter

gesägt — ganzrandig

Blätter

unterseits dunkel punktiert — nicht punktiert

Zweige

scharfkantig — nicht kantig

Blätter

< 3 cm — > 3 cm

Pflanze

ohne Dornen — mit Dornen

Pflanze

behaart — kahl

Preiselbeere
Vaccínium vitis-idáea

Heidelbeere, Blaubeere
Vaccínium myrtíllus

Weide
Sálix

Deutscher Ginster
Genísta germánica

Englischer Ginster
Genísta ánglica

Bittersüßer Nachtschatten
Solánum dulcamára
G

unterseits punktiert — Blätter

nicht punktiert

Stengel

kriechend, fadenförmig — aufrecht, nicht fadenförmig

Blätter

> 3 mm breit — 3 mm breit, unterseits seidenhaarig

Blätter

verkehrt eiförmig, blaugrün — lanzettlich, mit Nebenblättern, oberseits glänzend

Moosbeere
Vaccínium oxycóccus

Rauschbeere, Trunkelbeere
Vaccínium uliginósum

Färber-Ginster
Genísta tinctória

Behaarter Ginster,
Genísta pilósa

Merkmale der Zweikeimblättrigen

Im zentralen Mitteleuropa kommen etwa 2 200 Arten aus rund 100 Familien der 2keimblättrigen vor. Es gehören dazu Kräuter, Stauden und Gehölze. In ihrem Samen befinden sich unter der Samenschale 2 Keimblätter und die Keimpflanze, die sich aus dem Keimsproß mit den Anlagen für die Laubblätter und der Keimwurzel zusammensetzt. Bei größeren Samen, zum Beispiel der Bohne, ist die Keimpflanze bereits gut zu erkennen. Die Keimblätter enthalten gespeicherte Nährstoffe. Davon ernährt sich die Keimpflanze während ihrer Entwicklung.

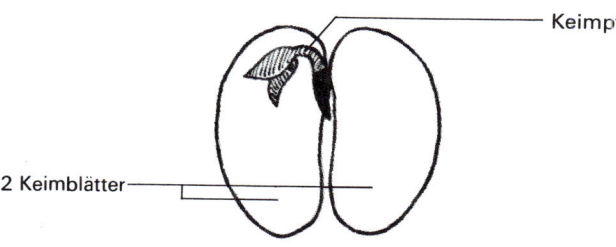

Keimpflanze

2 Keimblätter

Die Blätter der meisten 2keimblättrigen gliedern sich deutlich in Blattfläche und Blattstiel. Die Blattform und die Ausbildung des Blattrandes sind bei den verschiedenen Pflanzenarten unterschiedlich (↗ Abb. S. 23). Die Blattnerven sind untereinander netzartig verbunden. Es gibt jedoch unter den 2keimblättrigen einige Arten, deren Blattnerven parallel verlaufen (↗ Abb. S. 30). Während bei den 1keimblättrigen im Bau der Blüte die Dreizahl vorherrscht, ist die Zahl der Blütenglieder bei den 2keimblättrigen unterschiedlich. Vielgliedrige Blüten finden wir zum Beispiel bei den Hahnenfußgewächsen. In dieser Familie treten aber auch 5gliedrige Blüten auf. An der 4glied-

rigkeit ihrer Blüten lassen sich die Kreuzblütengewächse sehr leicht erkennen. Viele der 2keimblättrigen Pflanzen besitzen jedoch 5gliedrige Blüten.

Keimung einer zweikeimblättrigen Pflanze

Früchte der Gartenbohne

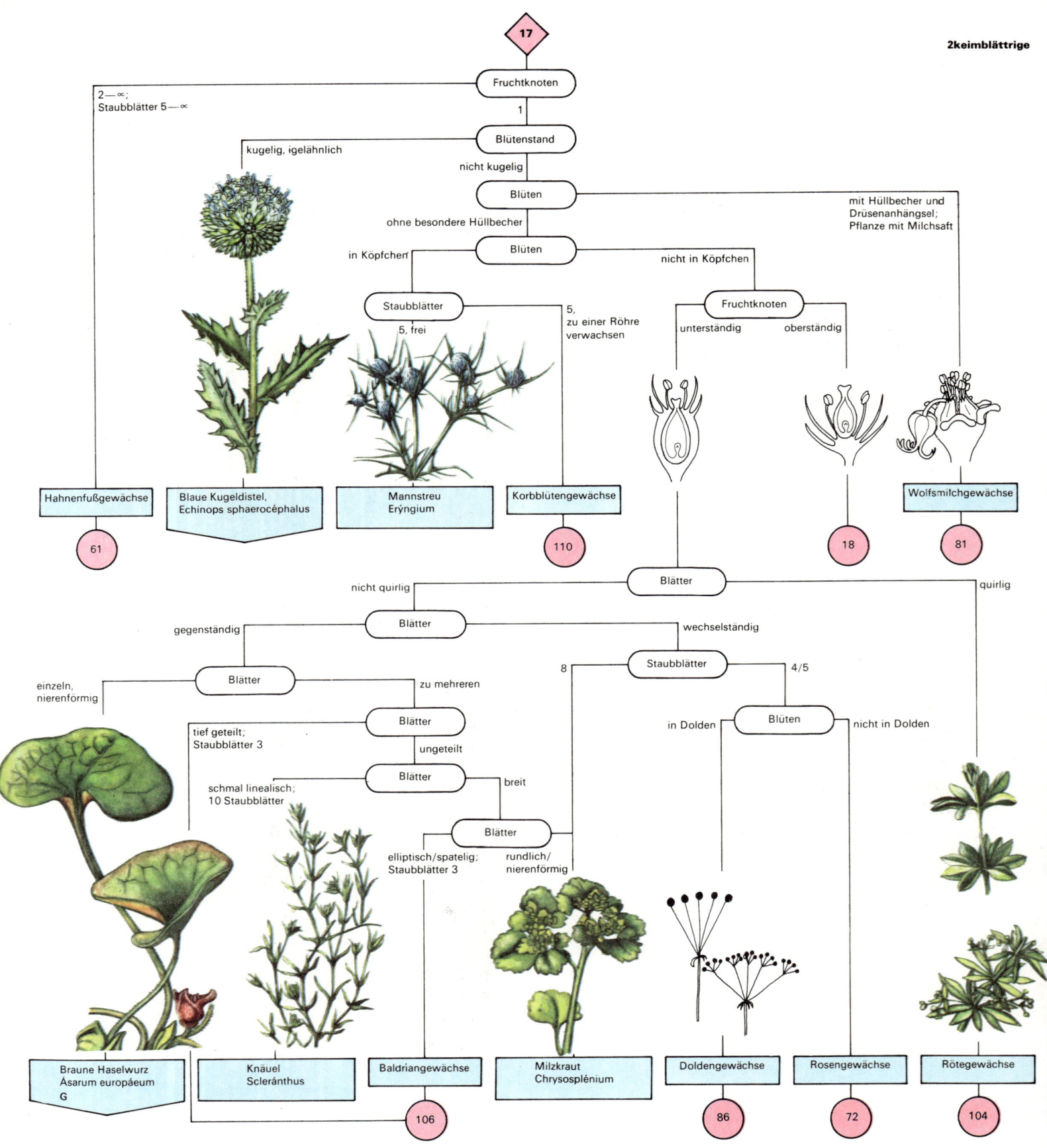

17

Fruchtknoten

2—∞;
Staubblätter 5—∞

1

Blütenstand

kugelig, igelähnlich

nicht kugelig

Blüten

mit Hüllbecher und
Drüsenanhängsel;
Pflanze mit Milchsaft

ohne besondere Hüllbecher

Blüten

in Köpfchen

nicht in Köpfchen

Staubblätter

Fruchtknoten

5, frei

5,
zu einer Röhre
verwachsen

unterständig

oberständig

Hahnenfußgewächse

61

Blaue Kugeldistel,
Echinops sphaerocéphalus

Mannstreu
Erýngium

Korbblütengewächse

110

18

Wolfsmilchgewächse

81

Blätter

nicht quirlig

quirlig

Blätter

gegenständig

wechselständig

Blätter

Staubblätter

einzeln,
nierenförmig

zu mehreren

8

4/5

Blätter

Blüten

tief geteilt;
Staubblätter 3

ungeteilt

in Dolden

nicht in Dolden

Blätter

schmal linealisch;
10 Staubblätter

breit

Blätter

elliptisch/spatelig;
Staubblätter 3

rundlich/
nierenförmig

Braune Haselwurz
Ásarum européeum
G

Knäuel
Scleránthus

Baldriangewächse

Milzkraut
Chrysosplénium

Doldengewächse

Rosengewächse

Rötegewächse

106

86

72

104

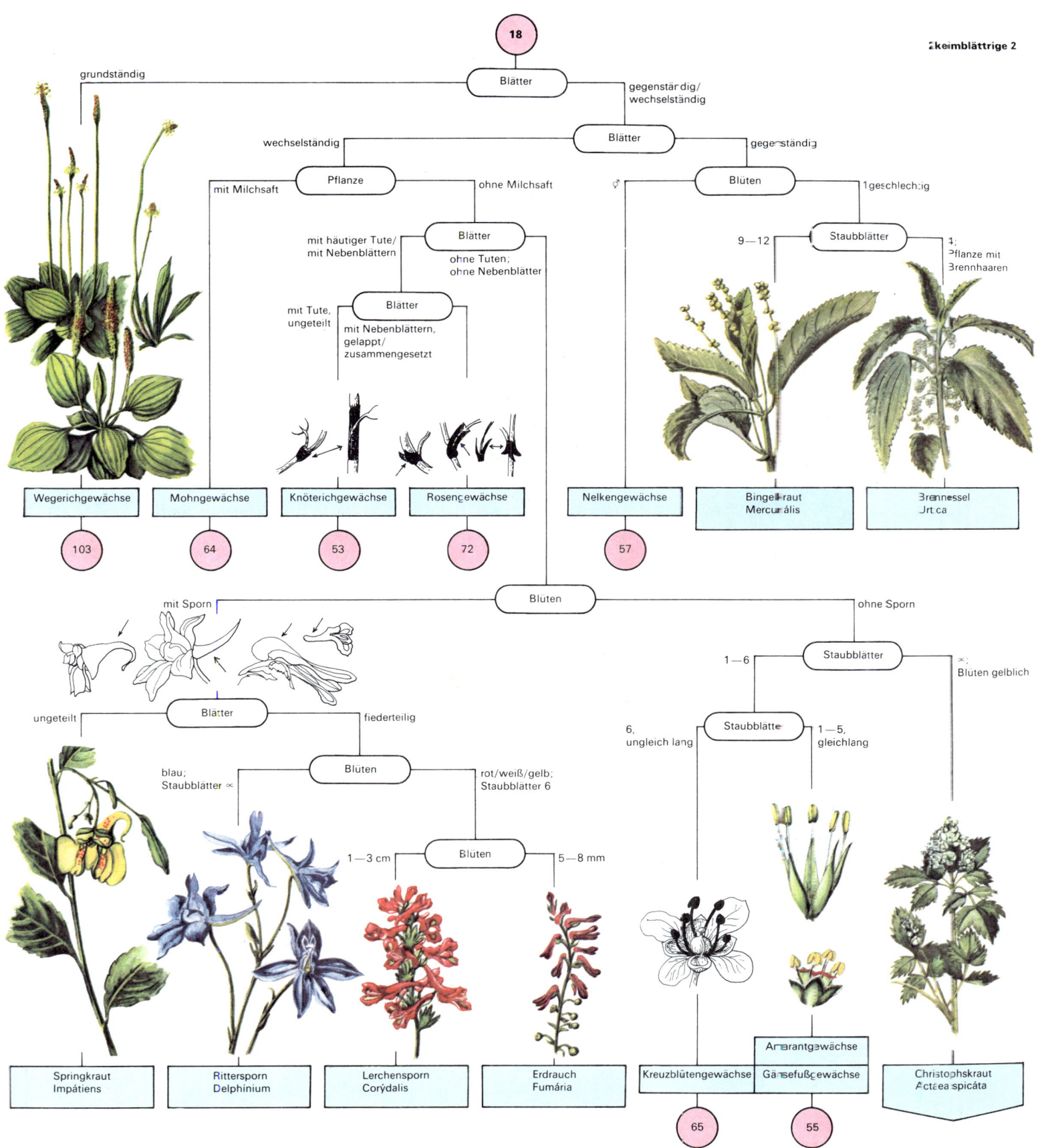

18

Blätter

grundständig

gegenständig/
wechselständig

Blätter

wechselständig

gegenständig

Pflanze

Blüten

mit Milchsaft

ohne Milchsaft

♂

1geschlechtig

Blätter

Staubblätter

mit häutiger Tute/
mit Nebenblättern

9—12

4;
Pflanze mit
Brennhaaren

ohne Tuten;
ohne Nebenblätter

Blätter

mit Tute,
ungeteilt

mit Nebenblättern,
gelappt/
zusammengesetzt

Wegerichgewächse

Mohngewächse

Knöterichgewächse

Rosengewächse

Nelkengewächse

Bingelkraut
Mercuriális

Brennessel
Urtica

103

64

53

72

57

Blüten

mit Sporn

ohne Sporn

Staubblätter

1—6

∞;
Blüten gelblich

Blätter

ungeteilt

fiederteilig

Staubblätter

6,
ungleich lang

1—5,
gleichlang

Blüten

blau;
Staubblätter ∞

rot/weiß/gelb;
Staubblätter 6

Blüten

1—3 cm

5—8 mm

Springkraut
Impátiens

Rittersporn
Delphínium

Lerchensporn
Corýdalis

Erdrauch
Fumária

Amarantgewächse

Kreuzblütengewächse

Gänsefußgewächse

Christophskraut
Actáea spicáta

65

55

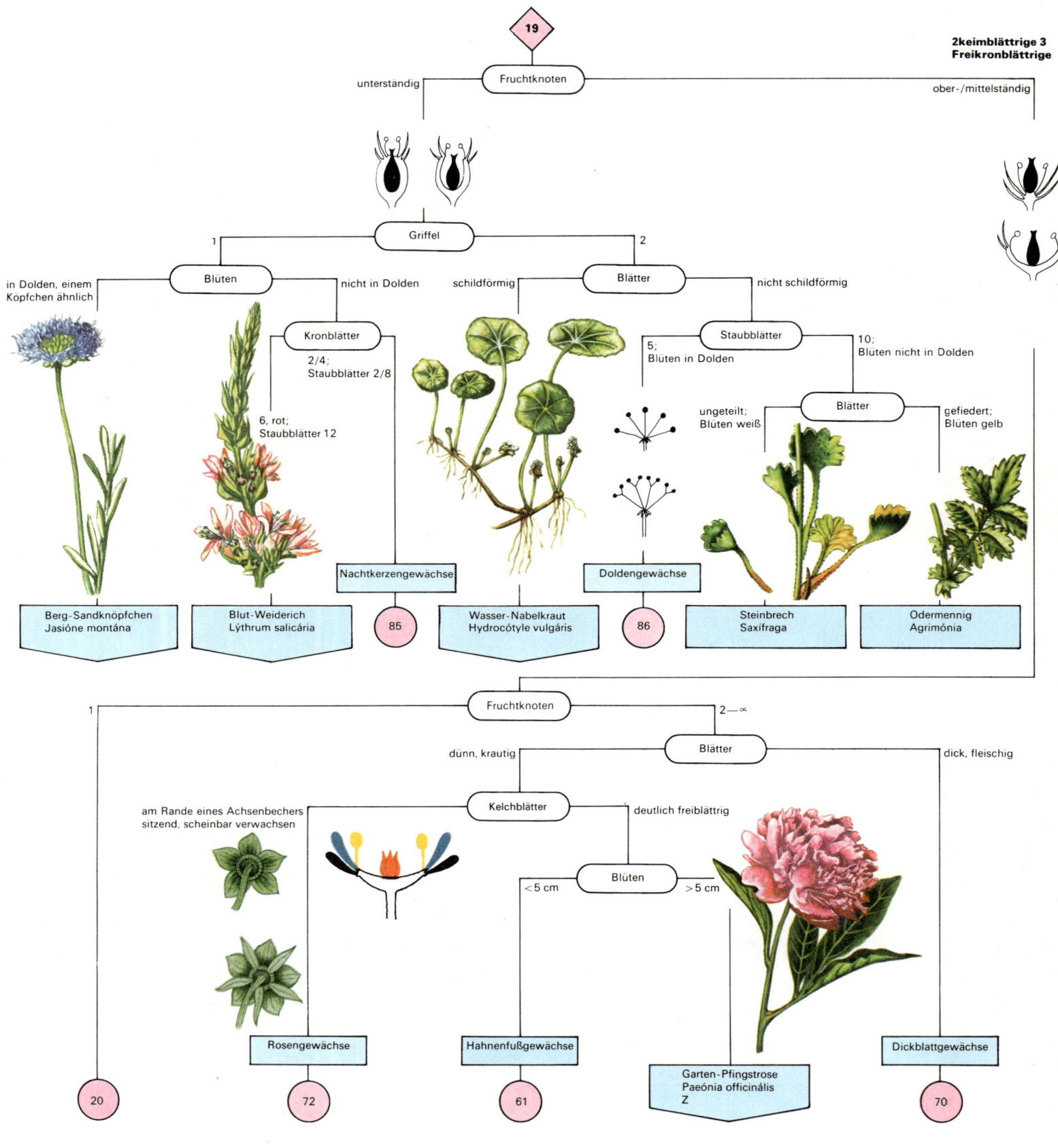

19

Fruchtknoten

unterständig

ober-/mittelständig

Griffel

1

2

Blüten

in Dolden, einem
Köpfchen ähnlich

nicht in Dolden

Blätter

schildförmig

nicht schildförmig

Kronblätter

2/4;
Staubblätter 2/8

6, rot;
Staubblätter 12

Staubblätter

5;
Blüten in Dolden

10;
Blüten nicht in Dolden

Blätter

ungeteilt;
Blüten weiß

gefiedert;
Blüten gelb

Nachtkerzengewächse

Doldengewächse

Berg-Sandknöpfchen
Jasióne montána

Blut-Weiderich
Lýthrum salicária

85

Wasser-Nabelkraut
Hydrocótyle vulgáris

86

Steinbrech
Saxifraga

Odermennig
Agrimónia

Fruchtknoten

1

2—∞

Blätter

dünn, krautig

dick, fleischig

Kelchblätter

am Rande eines Achsenbechers
sitzend, scheinbar verwachsen

deutlich freiblättrig

Blüten

<5 cm

>5 cm

Rosengewächse

Hahnenfußgewächse

Dickblattgewächse

20

72

61

Garten-Pfingstrose
Paeónia officinális
Z

70

20

Kronblätter

alle gleich

verschieden gestaltet

Blüten

am Grunde mit Sporn

ohne Sporn

Staubblätter

6

8

Kelchblätter

3

Blüten

rot

gelb

5

Blüten

3 cm, hängend, goldgelb

1 cm, aufrecht, blaßgelb

21

Erdrauch
Fumária

Drüsiges Springkraut
Impátiens glandulifera
Z

Echtes Springkraut
Impátiens nóli-tángere

Kleines Springkraut
Impátiens parviflóra

Veilchergewächse

84

Kelchblätter

zu einer Röhre verwachsen

frei

Staubblätter

8—30

ung eich lang

Kelchblätter

5

4/6

Blüten

4teilig;
Blätter ungeteilt

6teilig;
Blätter 3spaltig

Schmetterlingsblütengewächse

Kreuzblümchengewächse

Färber-Resede, Wau
Reséda lutéola

Gelbe Resede
Reséda lútea

Kreuzblütengewächse

74

80

65

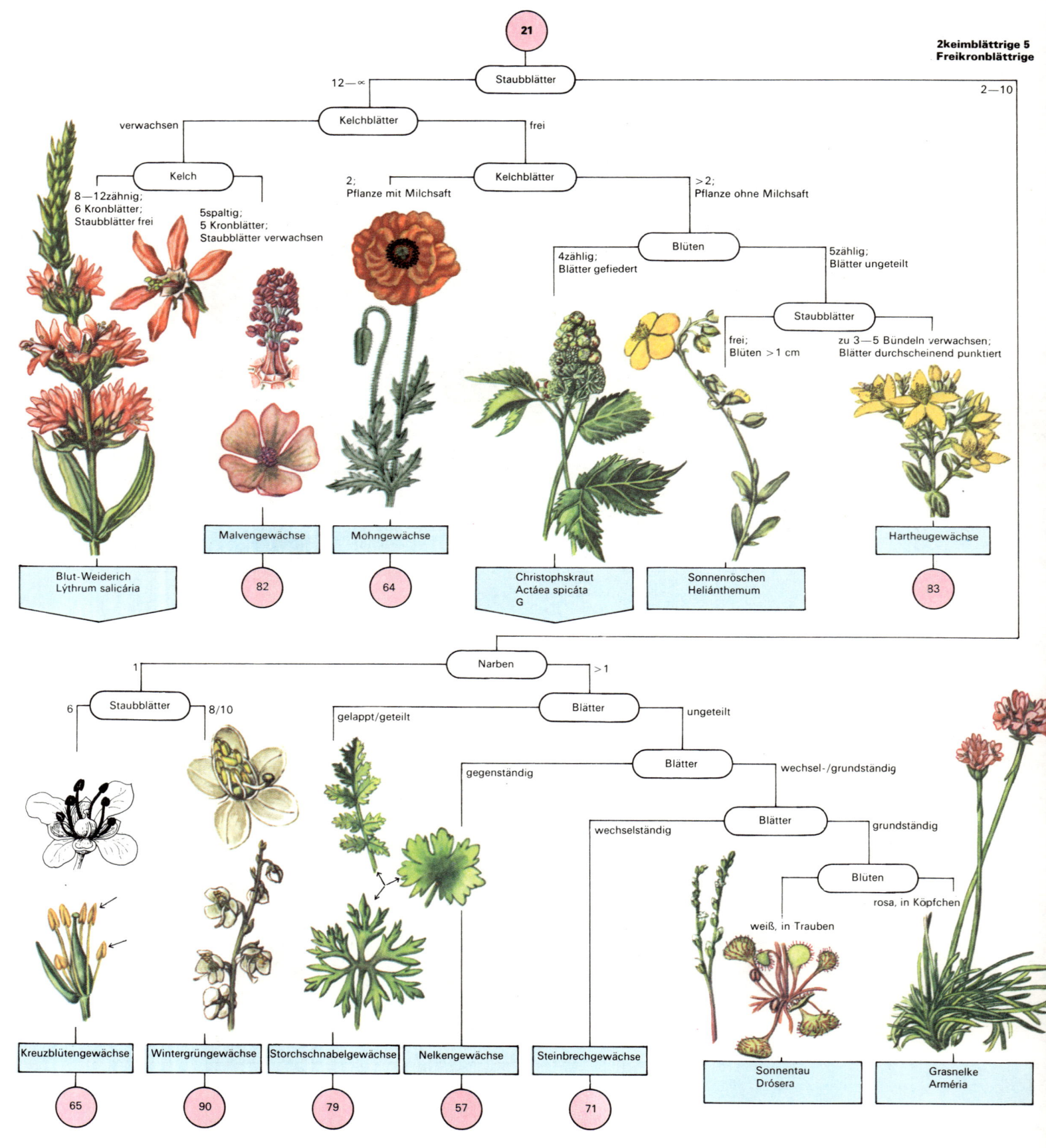

Staubblätter

12—∞

2—10

Kelchblätter

verwachsen

frei

Kelch

Kelchblätter

8—12zähnig;
6 Kronblätter;
Staubblätter frei

5spaltig;
5 Kronblätter;
Staubblätter verwachsen

2;
Pflanze mit Milchsaft

>2;
Pflanze ohne Milchsaft

Blüten

4zählig;
Blätter gefiedert

5zählig;
Blätter ungeteilt

Staubblätter

frei;
Blüten >1 cm

zu 3—5 Bündeln verwachsen;
Blätter durchscheinend punktiert

Malvengewächse

Mohngewächse

Hartheugewächse

Blut-Weiderich
Lýthrum salicária

82

64

Christophskraut
Actáea spicáta
G

Sonnenröschen
Heliánthemum

83

Narben

1

>1

Staubblätter

8/10

Blätter

6

gelappt/geteilt

ungeteilt

Blätter

gegenständig

wechsel-/grundständig

Blätter

wechselständig

grundständig

Blüten

weiß, in Trauben

rosa, in Köpfchen

Kreuzblütengewächse

Wintergrüngewächse

Storchschnabelgewächse

Nelkengewächse

Steinbrechgewächse

Sonnentau
Drósera

Grasnelke
Arméria

65

90

79

57

71

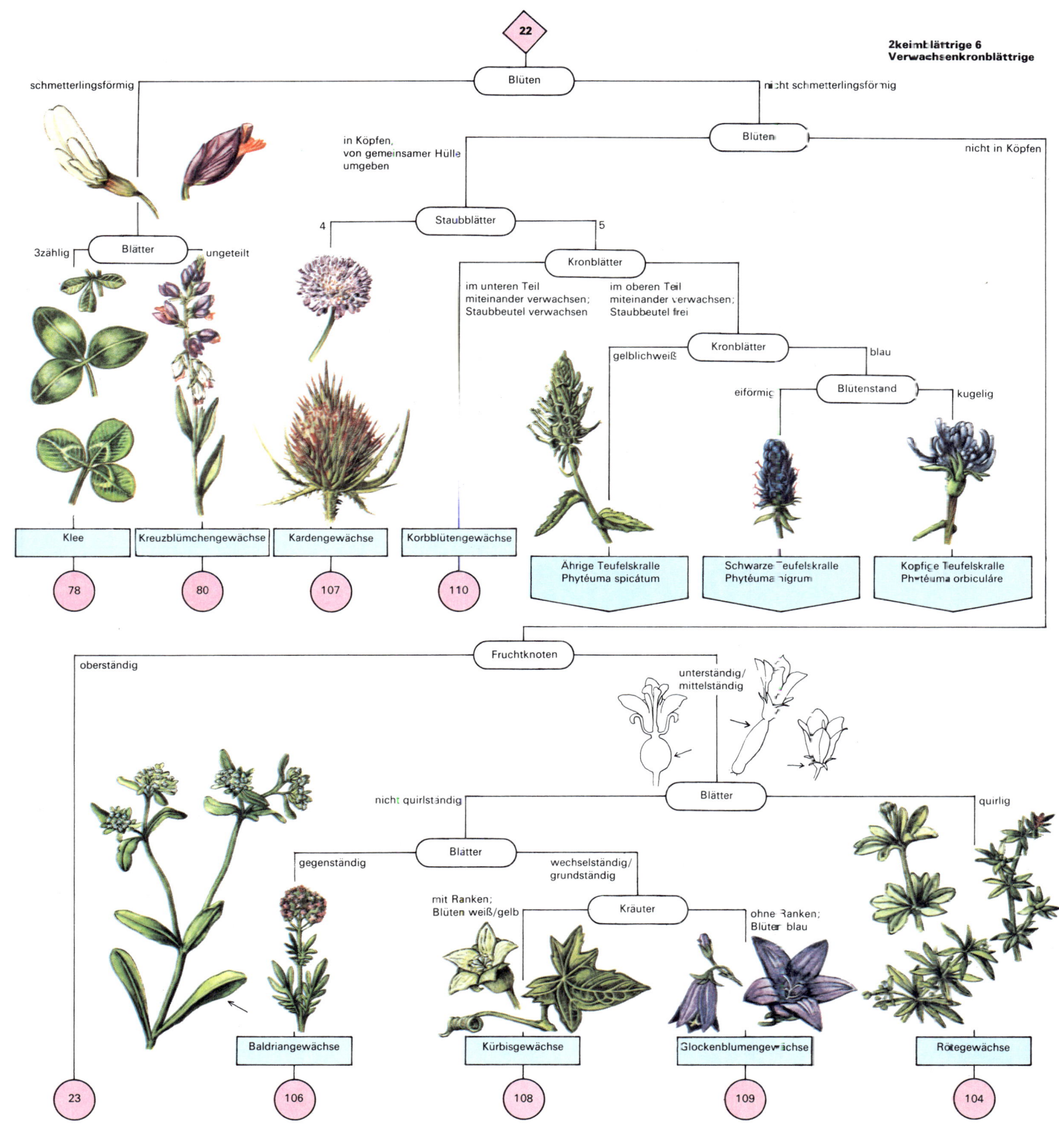

22

Blüten

schmetterlingsförmig

nicht schmetterlingsförmig

Blüten

in Köpfen,
von gemeinsamer Hülle
umgeben

nicht in Köpfen

Staubblätter

4

5

Kronblätter

3zählig

Blätter

ungeteilt

im unteren Teil
miteinander verwachsen;
Staubbeutel verwachsen

im oberen Teil
miteinander verwachsen;
Staubbeutel frei

Kronblätter

gelblichweiß

blau

Blütenstand

eiförmig

kugelig

Klee	Kreuzblümchengewächse	Kardengewächse	Korbblütengewächse

78	80	107	110

Ährige Teufelskralle
Phytéuma spicátum

Schwarze Teufelskralle
Phytéuma nigrum

Kopfige Teufelskralle
Phytéuma orbiculáre

Fruchtknoten

oberständig

unterständig/
mittelständig

Blätter

nicht quirlständig

quirlig

Blätter

gegenständig

wechselständig/
grundständig

mit Ranken;
Blüten weiß/gelb

Kräuter

ohne Ranken;
Blüten blau

Baldriangewächse

Kürbisgewächse

Glockenblumengewächse

Rötegewächse

23	106	108	109	104

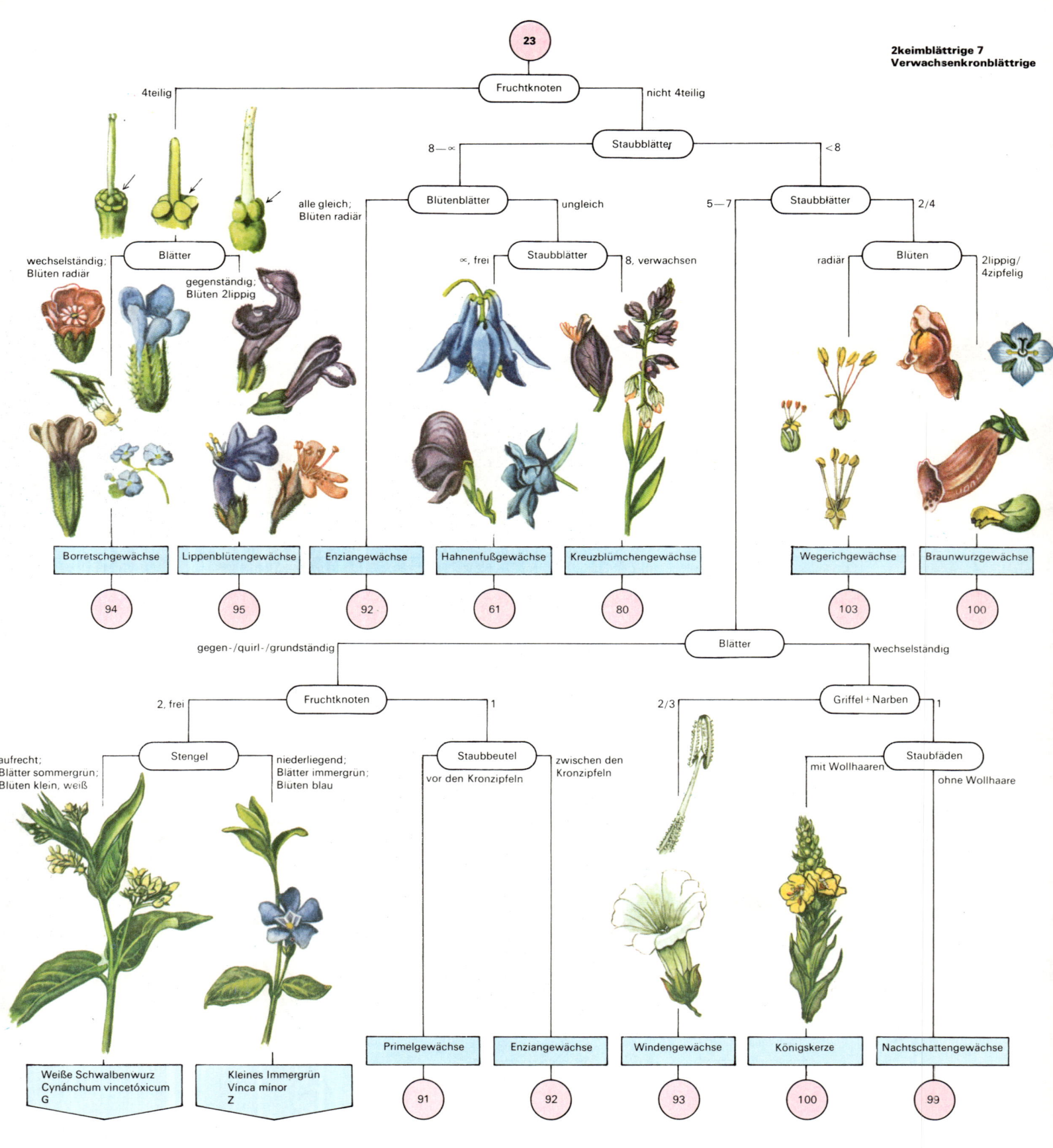

23

Fruchtknoten

4teilig — nicht 4teilig

Staubblätter

8—∞ — <8

Blätter

wechselständig; Blüten radiär

gegenständig; Blüten 2lippig

Blütenblätter

alle gleich; Blüten radiär — ungleich

Staubblätter

Staubblätter

5—7 — 2/4

∞, frei — 8, verwachsen

radiär — Blüten — 2lippig/4zipfelig

Borretschgewächse — 94

Lippenblütengewächse — 95

Enziangewächse — 92

Hahnenfußgewächse — 61

Kreuzblümchengewächse — 80

Wegerichgewächse — 103

Braunwurzgewächse — 100

Blätter

gegen-/quirl-/grundständig — wechselständig

Fruchtknoten

2, frei — 1

Stengel

aufrecht; Blätter sommergrün; Blüten klein, weiß

niederliegend; Blätter immergrün; Blüten blau

Staubbeutel

vor den Kronzipfeln — zwischen den Kronzipfeln

Griffel + Narben

2/3 — 1

Staubfäden

mit Wollhaaren — ohne Wollhaare

Weiße Schwalbenwurz
Cynánchum vincetóxicum
G

Kleines Immergrün
Vinca minor
Z

Primelgewächse — 91

Enziangewächse — 92

Windengewächse — 93

Königskerze — 100

Nachtschattengewächse — 99

Tauch- und Schwimmpflanzen

An das Leben im Wasser sind einige 1keimblättrige und auch 2keimblättrige Arten besonders angepaßt. Sie stammen alle von landbewohnenden Pflanzen ab.

Wir unterscheiden:

Sumpfpflanzen, die mit ihrem „Fuß" im Wasser stehen. Die Blätter und Blüten ragen ± weit aus dem Wasser heraus. Im Frühjahr und bei hohem Wasserstand können sie Unterwasserblätter entwickeln (↗ Abb. S. 74).

Wasserpflanzen, die Landformen ausbilden können, wenn die Tümpel austrocknen (z. B. Wasser-Hahnenfuß).

Wasserpflanzen, die keine Landformen ausbilden können. Einige Arten bilden Schwimmblätter, bei anderen ragen nur die Blüten aus dem Wasser heraus (z. B. Wasserschlauch).

Wasserpflanzen, die völlig untergetaucht leben. Auch die Blüten öffnen sich unter Wasser (z. B. Hornblatt).

Wasserlinse, Teichlinse (Wasserlinsengewächse) — sehr kleine Schwimmpflanzen; der ganze Pflanzenkörper besteht nur aus einem (oder mehreren) kleinen Blättern, die unterseits eine oder mehrere dünne Würzelchen besitzen; besonders häufig in Dorfteichen, auch in stillen Buchten der Seen und in Gräben.

Gemeiner Froschbiß (Froschbißgewächse) — mit kleinen rundlichen Schwimmblättern; die weißen Blüten über der Wasserfläche; in stehenden und langsam fließenden Gewässern.

Große Mummel (Teichrosengewächse) — große runde Schwimmblätter; Blüten lang-

Mummel (Núphar lútea)

Weiße Seerose (Nympháea álba)

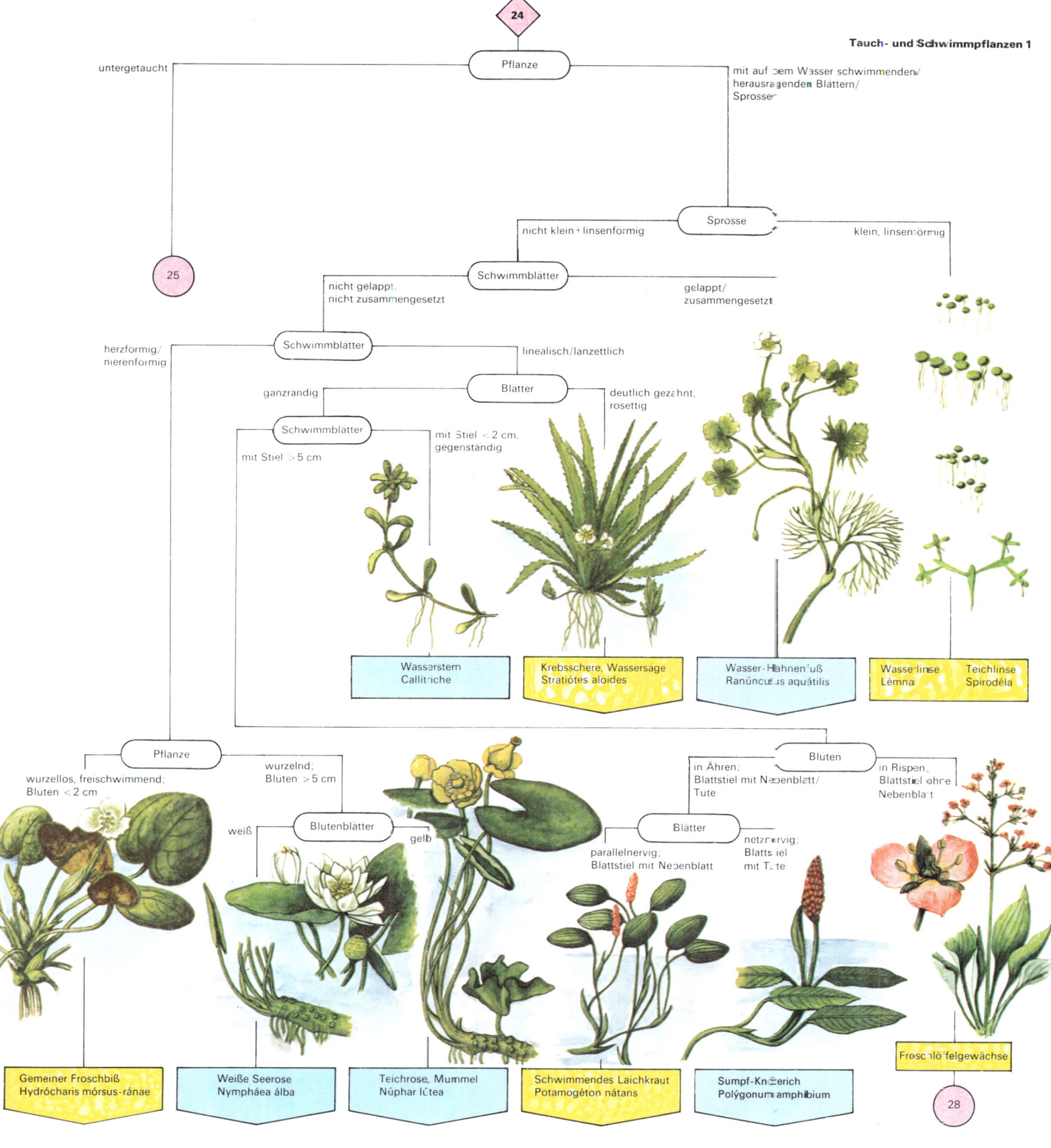

24

Pflanze

untergetaucht

mit auf dem Wasser schwimmenden/
herausragenden Blättern/
Sprosse

25

Sprosse

nicht klein + linsenförmig

klein, linsenförmig

Schwimmblätter

nicht gelappt,
nicht zusammengesetzt

gelappt/
zusammengesetzt

Schwimmblatter

herzformig/
nierenformig

linealisch/lanzettlich

Blätter

ganzrandig

deutlich gezahnt,
rosettig

Schwimmblatter

mit Stiel < 2 cm,
gegenstandig

mit Stiel > 5 cm

Wasserstern
Callitriche

Krebsschere, Wassersage
Stratiótes aloides

Wasser-Hahnenfuß
Ranúnculus aquátilis

Wasserlinse   Teichlinse
Lémna   Spirodéla

Pflanze

wurzellos, freischwimmend;
Bluten < 2 cm

wurzelnd;
Bluten > 5 cm

Bluten

in Ähren;
Blattstiel mit Nebenblatt/
Tute

in Rispen;
Blattstiel ohne
Nebenblatt

Blutenblätter

Blätter

weiß

gelb

parallelnervig;
Blattstiel mit Nebenblatt

netznervig;
Blattstiel
mit Tute

Froschlöffelgewächse

Gemeiner Froschbiß
Hydrócharis mórsus-ránae

Weiße Seerose
Nympháea álba

Teichrose, Mummel
Núphar lútea

Schwimmendes Laichkraut
Potamogéton nátans

Sumpf-Knöterich
Polýgonum amphíbium

28

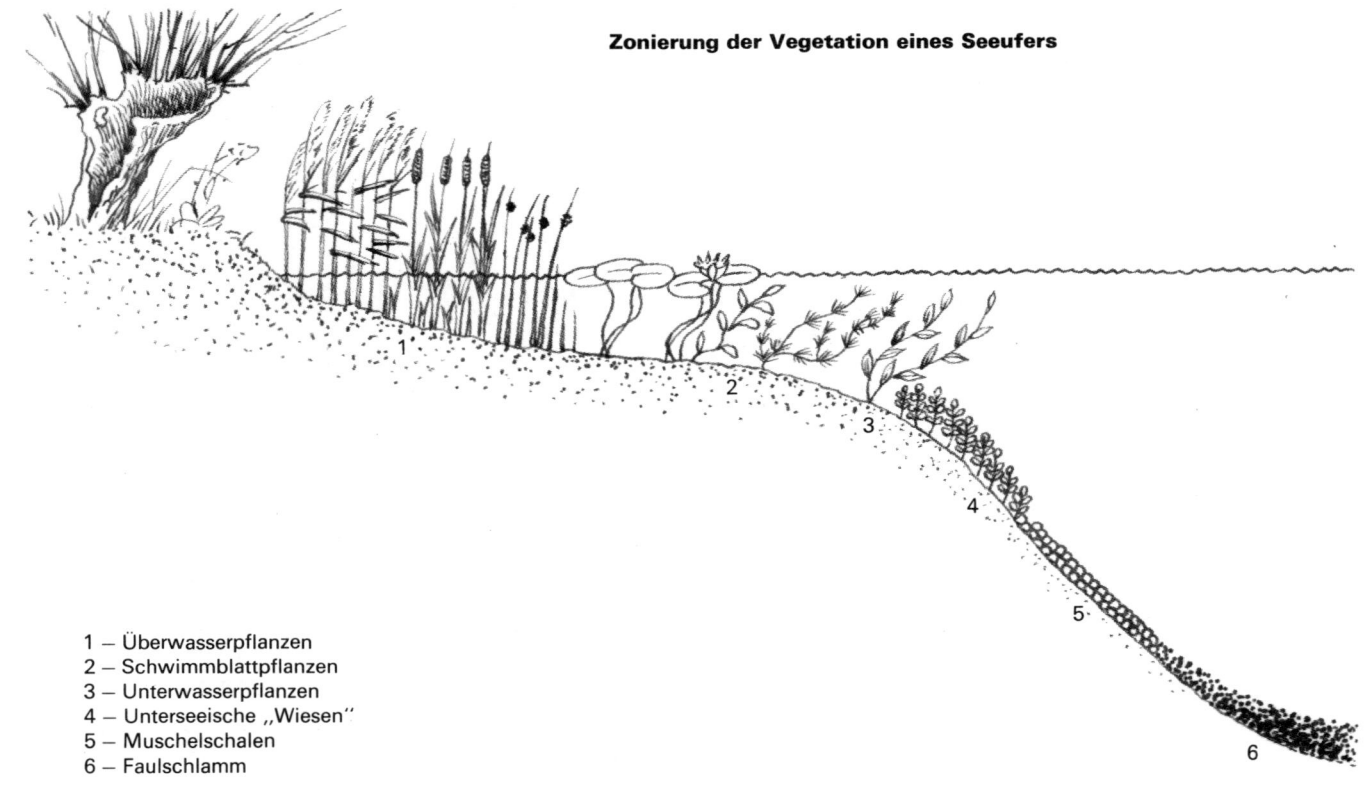

1 – Überwasserpflanzen
2 – Schwimmblattpflanzen
3 – Unterwasserpflanzen
4 – Unterseeische „Wiesen"
5 – Muschelschalen
6 – Faulschlamm

gestielt, gelb; Frucht grün, flaschenförmig, bei der Reife in Schwimmfrüchte zerfallend; verlandungsfördernde Art; dicker, langer Wurzelstock; verbreitet in stehenden und langsam fließenden Gewässern, bis etwa 2 m Wassertiefe.

Weiße Seerose (Teichrosengewächse) – der Mummel ähnlich, jedoch mit größeren, weißen Blüten; gleitende Übergänge von Staubblättern zu Blütenblättern.

Schwimmendes Laichkraut (Laichkrautgewächse) – Schwimmblätter oval, Blüten in dichten Ähren; in Tümpeln, Teichen und Seen.

Sumpf-Knöterich (Knöterichgewächse, ↗

S. 118) – kann Wechsel zwischen Austrocknung und Überflutung seines Standortes gut vertragen; bildet Landformen oder Wasserformen mit langen, biegsamen Sprossen und Schwimmblättern aus. Nicht mit Laichkraut-Arten verwechseln! Sumpf-Knöterich hat netznervige Blätter.

Wasser-Hahnenfuß (Hahnenfußgewächse, ↗ S. 133) – Unterwasserblätter sehr stark geteilt, Schwimmblätter mehrlappig und rundlich; in stehenden und fließenden Gewässern, oft in großen Mengen vorkommend.

Zu den häufigsten Unterwasserpflanzen gehören:

Hornblatt (Hornblattgewächse) – derbe,

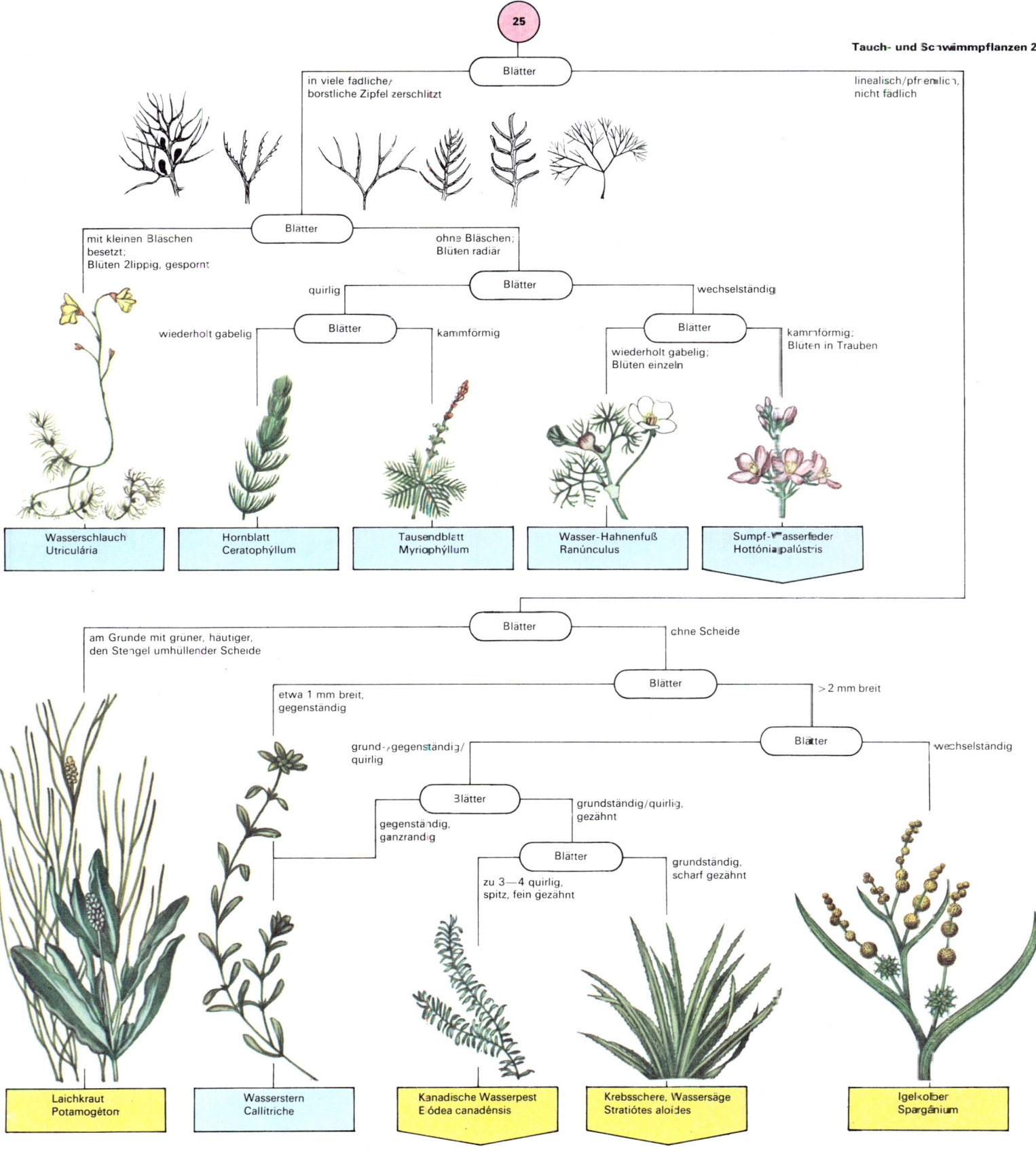

25

Blätter

in viele fädliche/ borstliche Zipfel zerschlitzt

linealisch/pfriemlich, nicht fädlich

Blätter

mit kleinen Bläschen besetzt; Blüten 2lippig, gespornt

ohne Bläschen; Blüten radiär

Blätter

quirlig

wechselständig

Blätter

wiederholt gabelig

kammförmig

Blätter

wiederholt gabelig; Blüten einzeln

kammförmig; Blüten in Trauben

Wasserschlauch
Utriculária

Hornblatt
Ceratophýllum

Tausendblatt
Myriophýllum

Wasser-Hahnenfuß
Ranúnculus

Sumpf-Wasserfeder
Hottónia palústris

Blätter

am Grunde mit grüner, häutiger, den Stengel umhüllender Scheide

ohne Scheide

Blätter

etwa 1 mm breit, gegenständig

> 2 mm breit

Blätter

grund-/gegenständig/ quirlig

wechselständig

Blätter

gegenständig, ganzrandig

grundständig/quirlig, gezähnt

Blätter

zu 3—4 quirlig, spitz, fein gezähnt

grundständig, scharf gezähnt

Laichkraut
Potamogéton

Wasserstern
Callitriche

Kanadische Wasserpest
Elódea canadénsis

Krebsschere, Wassersäge
Stratiótes aloídes

Igelkolben
Spargánium

rauhe, in borstige Zipfel geteilte Blätter; blühen und fruchten unter Wasser, Vermehrung jedoch oft auch ungeschlechtlich durch Sproßteile; in stehenden und langsam fließenden Gewässern.

Kanadische Wasserpest (Froschbißgewächse) — aus Nordamerika eingeschleppte Art; 2häusig; bei uns kommen nur ♀ Pflanzen vor, die selten blühen. Die Vermehrung erfolgt ungeschlechtlich durch Stengelbruchstücke.

Aloëblättrige Krebsschere (Froschbißgewächse) — lebt im Frühjahr untergetaucht, steigt später auf und schwimmt frei an der Wasseroberfläche; 2häusig; Blätter stachelig gesägt, bis 40 Zentimeter lang, etwa 4 Zentimeter breit; in stehenden Gewässern, verlandungsfördernde Art.

Laichkraut (Laichkrautgewächse) — viele Arten, die meisten untergetaucht lebend, manche entwickeln auch Schwimmblätter; Blätter ungeteilt, fadenförmig bis eiförmig; ♂ Blüten in dichten Ähren.

Tausendblatt (Seebeerengewächse) — Blätter kammartig gefiedert; Blüten klein, in lockeren Trauben; in stehenden Gewässern.

Wasserschlauch (Wasserschlauchgewächse) — fleischfressende Wasserpflanze; Blätter fein zerteilt mit vielen Fangbläschen, in die kleine Wassertiere eingesaugt werden.

Sumpf-Wasserfeder (Primelgewächse, ↗ S. 196) — in flachen Gewässern, bei Austrocknung Landformen ausbildend; im Flachland häufiger als im Gebirge.

Die verschiedenen Arten der Sumpf- und Wasserpflanzen bevorzugen bestimmte Wassertiefen. Wir unterscheiden:
die Zone der Unterwasserpflanzen
die Zone der Schwimmblattpflanzen
die Zone der Überwasserpflanzen

Merkmale der Einkeimblättrigen

Zur Klasse der 1keimblättrigen gehören bei uns etwa 600 Arten aus 20 Pflanzenfamilien. Es sind Kräuter oder Stauden. Ihre Samen besitzen nur 1 Keimblatt, das auch Schildchen genannt wird. Es bildet eine Scheide aus, die die sehr kleine Keimpflanze umhüllt und schützt. Vielfach dient das Keimblatt auch der Aufnahme von Nährstoffen, die in einem besonderen Teil des Samens gespeichert sind.

Nährstoffe
Keimpflanze
1 Keimblatt (Schildchen)

Die Blätter wachsen meist mit breitem Grund aus der Sproßachse hervor. Die Nerven verlaufen parallel oder bogig. Nur selten ist ein Blattstiel ausgebildet. In solchen Fällen kann die Blattnervatur auch netzartig verzweigt sein, wie zum Beispiel beim Aronstab. Da die Keimblätter oft sehr klein sind und wie bei den 2keimblättrigen von der Samenschale umhüllt werden, müssen wir bei der Ent-

Keimung einer einkeimblättrigen Pflanze

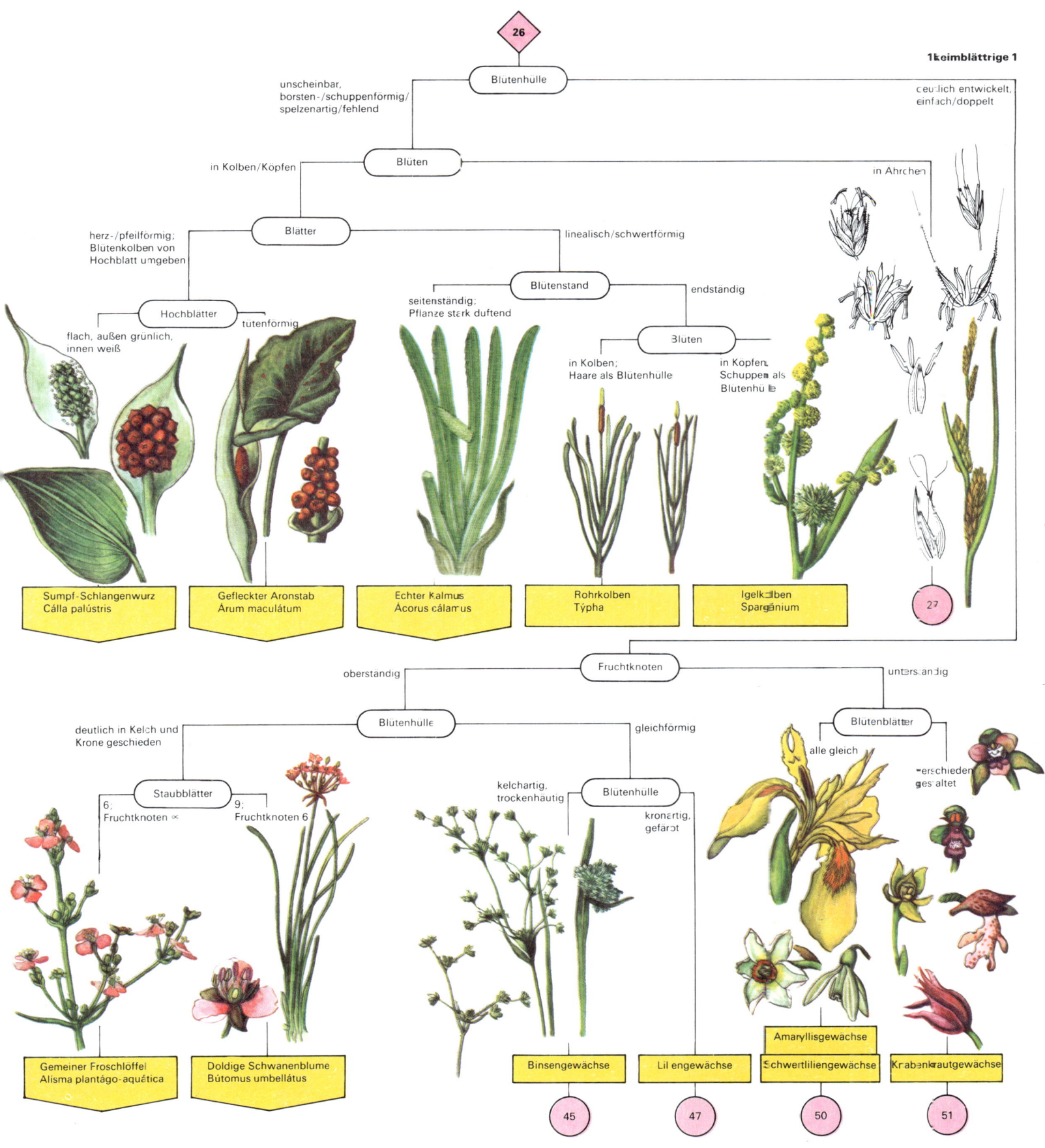

26

1keimblättrige 1

Blütenhülle

unscheinbar,
borsten-/schuppenförmig/
spelzenartig/fehlend

deutlich entwickelt,
einfach/doppelt

Blüten

in Kolben/Köpfen

in Ährchen

Blätter

herz-/pfeilförmig;
Blütenkolben von
Hochblatt umgeben

linealisch/schwertförmig

Blütenstand

Hochblätter

seitenständig;
Pflanze stark duftend

endständig

flach, außen grünlich,
innen weiß

tutenförmig

Blüten

in Kolben;
Haare als Blütenhülle

in Köpfen;
Schuppen als
Blütenhülle

Sumpf-Schlangenwurz
Cálla palústris

Gefleckter Aronstab
Árum maculátum

Echter Kalmus
Ácorus cálamus

Rohrkolben
Týpha

Igelkolben
Spargánium

27

Fruchtknoten

oberständig

unterständig

Blütenhülle

Blütenblätter

deutlich in Kelch und
Krone geschieden

gleichförmig

alle gleich

verschieden
gestaltet

Staubblätter

kelchartig,
trockenhäutig

Blütenhülle

6;
Fruchtknoten ∞

9;
Fruchtknoten 6

kronartig,
gefärbt

Gemeiner Froschlöffel
Alisma plantágo-aquática

Doldige Schwanenblume
Bútomus umbellátus

Binsengewächse

Liliengewächse

Amaryllisgewächse

Schwertliliengewächse

Krabenkrautgewächse

45

47

50

51

scheidung, ob wir eine 1- oder 2keimblättrige Pflanze vor uns haben, von der Blattnervatur ausgehen (beachte aber die Ausnahmen, ↗ Abb. S. 30).

Im Bau der Blüten herrscht die Dreizahl vor. Kelch- und Kronblätter sind oft gleichartig gestaltet und gefärbt, so wie wir es von der Tulpe kennen. Es können 3 oder auch 6 Staubblätter vorhanden sein. Die Orchideen besitzen jedoch meist nur 1, seltener 2 Staubblätter. Der Fruchtknoten wird aus 3 miteinander verwachsenen Fruchtblättern gebildet. Alle einheimischen 1keimblättrigen sind Kräuter oder Stauden. Häufig bilden sie Wurzelstöcke (z. B. Schwertlilie), Knollen (z. B. Orchideen) oder Zwiebeln (z. B. Tulpe) aus. Mit Hilfe solcher unterirdischen Speicherorgane überdauern die Pflanzen während der ungünstigen Jahreszeit und können schon im zeitigen Frühjahr blühen.

Die Riedgräser (auch Sauergräser genannt) sind auf den ersten Blick den Süßgräsern sehr ähnlich. Sie wachsen vor allem an nassen, sumpfigen Standorten. Dort finden wir auch die auf Tafel 26 abgebildeten Arten.

Gefleckter Aronstab (Aronstabgewächse) — fällt in blühendem Zustand besonders auf. Die 1häusigen Blüten und die Sperrborsten sind an einem fleischigen Kolben angeordnet. Dieser Blütenstand wird von einer grünlichweißen Scheide (Hochblatt) umhüllt. Unten ist sie eingerollt und bildet einen Kessel. Der aasartige Geruch der blühenden Pflanze lockt Fliegen an, die an den Sperrborsten vorbei bis zum Grunde des Kessels vordringen können. Zuerst reifen die ♀ Blüten. Sie können durch Blütenstaub, den die Insekten aus anderen Kesseln mitgebracht haben, bestäubt werden. Danach welken die

Sperrborsten zwischen den ♀ und ♂ Blüten, und die Staubgefäße öffnen sich. Einige Zeit später welken auch die Borsten, die den Kesselausgang versperrten. Die Insekten, die sich beim Umherkrabbeln im Kessel mit Blütenstaub beladen haben, können nun wieder ins Freie. Sie waren 1 bis 2 Tage in der „Kesselfalle" des Aronstabes gefangen. Aronstab wächst in feuchten, schattigen Laubwäldern; im Süden häufiger als im Norden.

Sumpf-Schlangenwurz (Aronstabgewächse) — Blütenstand rundlich, Beeren rot; keine Kesselfalle!; Waldsümpfe, Erlenbrüche, sumpfige Ufer; im Norden des Gebiets häufiger als im Süden.

Igelkolben (Igelkolbengewächse) — 3kantige, schwertförmige Blätter, ♀ und ♂ Blüten in kugeligen Köpfen; windblütig; an Ufern, in Tümpeln; im Gebiet mehrere Arten.

Rohrkolben (Rohrkolbengewächse) — große Pflanze (1 bis 3 m) mit schwertförmigen Blättern; ♀ und ♂ Blüten getrennt, in langen Kolben, ♂ über den ♀ stehend; an Ufern, in Sümpfen und Mooren.

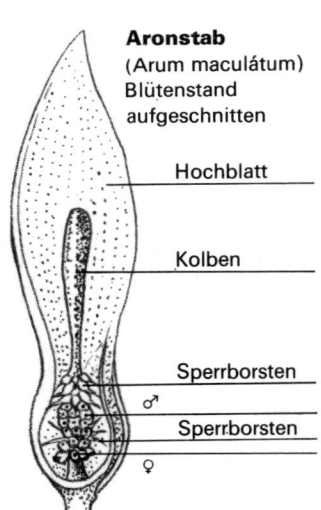

Aronstab
(Arum maculátum)
Blütenstand
aufgeschnitten

Hochblatt

Kolben

Sperrborsten
♂

Sperrborsten
♀

Doldige Schwanenblume (Wasserlieschgewächse) — große Pflanze (bis 1 m), Blätter unten 3kantig, oben flach, zugespitzt; Stengel rund; Blüten ♀♂, weißlichrot mit 9 roten Staubblättern, in einfachen Dolden; an Ufern wachsend.

(27)

Staubblätter + Fruchtknoten
von kahnförmigen trockenhäutigen
Hochblättern (Spelzen) umgeben

Blätter

sich gegenüberstehend
(Blattstellung 2zeilig);
Stengel mit Knoten;
jede Blüte mit 2 Spelzen

im Winkel von 120° zueinander stehend
(Blattstellung 3zeilig);
Stengel ohne Knoten;
jede Blüte mit 1 Spelze

Süßgräser
Poáceae

29

Riedgrasgewächse
Cyperáceae

37

Einkeimblättrige Pflanzenfamilien

Froschlöffelgewächse (Alismatáceae)

Familienmerkmale

✳ Ke3 Kr3 S6— ∝ $\underline{F}$ ∝
— Milchsaft enthaltende Sumpf- und Wasserpflanzen
— Blätter grundständig, langgestielt
— die Früchte sind 1samige Nüßchen
— Stauden

Froschlöffel

Igelschlauch (Baldéllia ranunculoídes)

Vorkommen

Sümpfe, Ufer, Gräben, Teiche, Seen

Gemeiner Froschlöffel — meist als Landform an schlammigen Ufern und in Sümpfen vorkommend. Die löffelartigen Blätter sind derb und langgestielt, die Unterwasserblätter dünn und weich. Der Wurzelstock ist knollig verdickt. In den Achseln der Laubblätter ent-

Spitzes Pfeilkraut (Blätter)

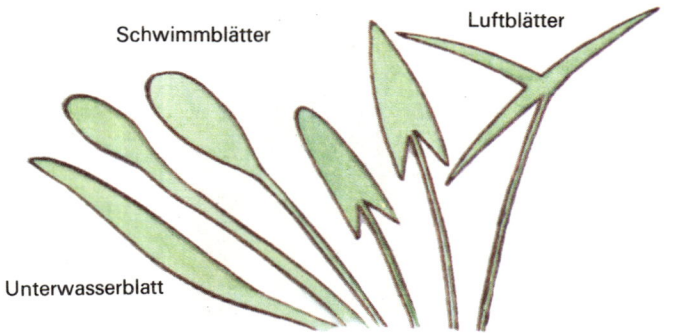
Schwimmblätter
Luftblätter
Unterwasserblatt

stehen oft Knospen, die der ungeschlechtlichen Vermehrung dienen. Die Blüten öffnen sich in der Mittagszeit.

Spitzes Pfeilkraut — Unterwasser-, Schwimm- und Luftblätter sind unterschiedlich geformt. Im Frühjahr erscheinen lange, bandförmige Unterwasserblätter. Die ersten Schwimmblätter sind am Ende spatelförmig verbreitert. Die folgenden lassen eine immer deutlichere Gliederung in Blattstiel und Blattspreite erkennen. Die ersten Luftblätter sind ihnen noch ähnlich. In den Sommermonaten tragen die Pflanzen die schönen, 3teiligen, pfeilartigen Luftblätter. An Ausläufern bilden sich im Herbst nußgroße, stärkereiche Knollen, mit denen die Pflanze überwintert.

Außer diesen beiden häufigen Arten kommen bei uns noch das Froschkraut (Alísma nátans) und der Igelschlauch (Baldéllia ranunculoídes) vor.

28

Überwasserblätter

pfeilförmig;
Blüten 1geschlechtig;
Staubblätter ∝;
untere Blätter flutend, schmal;
Schwimmblätter oval

eiförmig/lanzettlich;
Blüten ☿;
Staubblätter 6;

Spitzes Pfeilkraut
Sagittária sagittifólia

Gemeiner Froschlöffel
Alísma plantágo-aquática

Süßgräser (Poáceae)

Familienmerkmale

- Blüten fast stets ♂
(beim Mais ♀ und ♂ an
getrennten Kolben);
S 3, F (1); von trockenhäutigen
Blättern (Spelzen) umhüllt
- Stengel im Querschnitt meist rund und hohl,
seltener flachgedrückt (nie 3kantig!), durch
Knoten gegliedert
- Blätter lang, flach, gerollt (borstlich) oder
einfach gefaltet; an den Knoten entspringend
und den Stengel als Scheide umfassend. Am
Übergang von der Blattscheide zur Blatt-
spreite fällt eine dickere, helle, bei manchen
Gräsern auch bräunliche Zone auf. Dieser
Blattgrund trägt meist ein Blatthäutchen
- trockene Kornfrüchte
- Kräuter und Stauden

Die Einzelblüte der Gräser besteht aus dem
Fruchtknoten, der meist 2 federartige Narben
trägt, und 3 Staubblättern. Sie werden von
2 Spelzen (1 Vor- und 1 Deckspelze) umgeben. Mehrere Einzelblüten sind zu einem
Ährchen vereinigt. Am Grunde der Ährchen
stehen die Hüllspelzen, meist sind es 2. Es
folgen die Deckspelze der ersten Blüte und
deren Vorspelze und dann, rechts und links an
der Ährchenachse, die Deck- und Vorspelzen
(Vorspelzen oft klein oder fehlend) der folgenden Blüten. Oft sind die Ährchen auch
nur 1blütig. Die Namen der Spelzen und ihre
Aufeinanderfolge (**H**üll-, **D**eck- und **V**or-
spelze = HDV) müssen wir uns gut einprägen, denn das ist ein wichtiges Merkmal für
die Bestimmung der Grasarten.
Die Ährchen sind zu Blütenständen vereinigt.
Als wichtigste Blütenstände der Gräser sind
zu unterscheiden: Ähren (Ährentrauben, Fin-
gerähren), Ährenrispen (Scheinähren) und
Rispen. Um richtig entscheiden zu können,
um welche Blütenstandsform es sich handelt,
empfiehlt es sich, den Blütenstand etwas zu

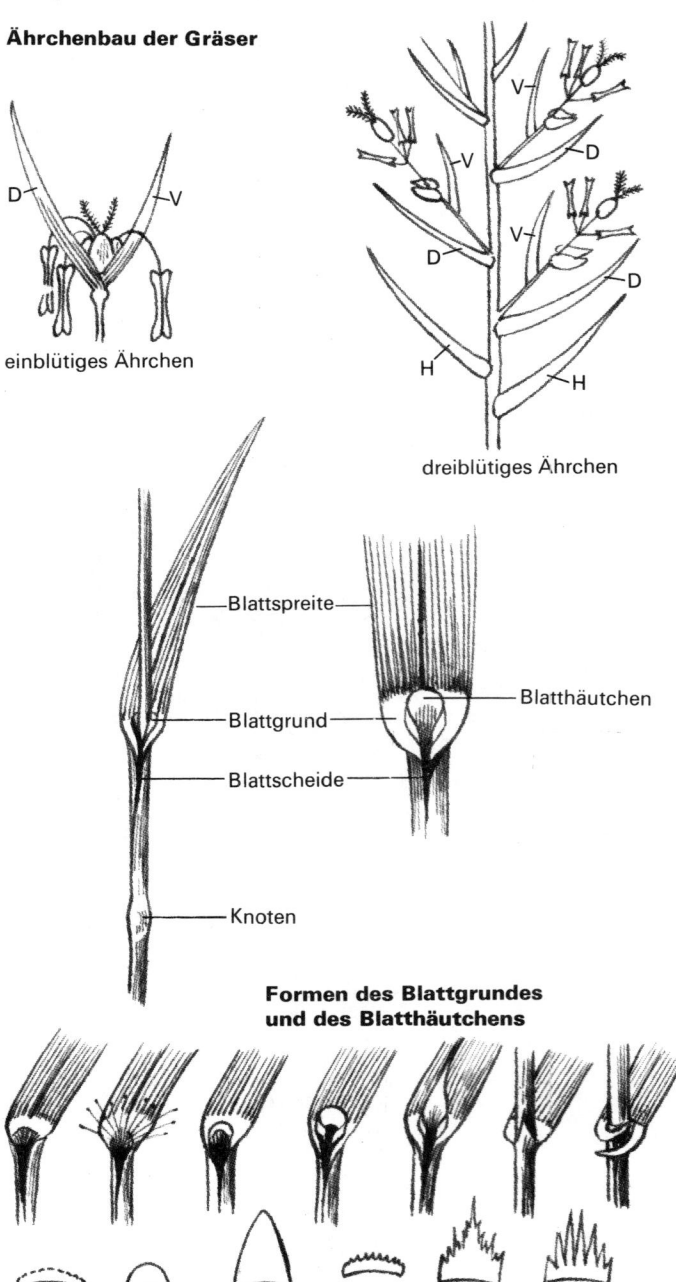

Ährchenbau der Gräser

einblütiges Ährchen

dreiblütiges Ährchen

Blattspreite

Blattgrund

Blattscheide

Blatthäutchen

Knoten

**Formen des Blattgrundes
und des Blatthäutchens**

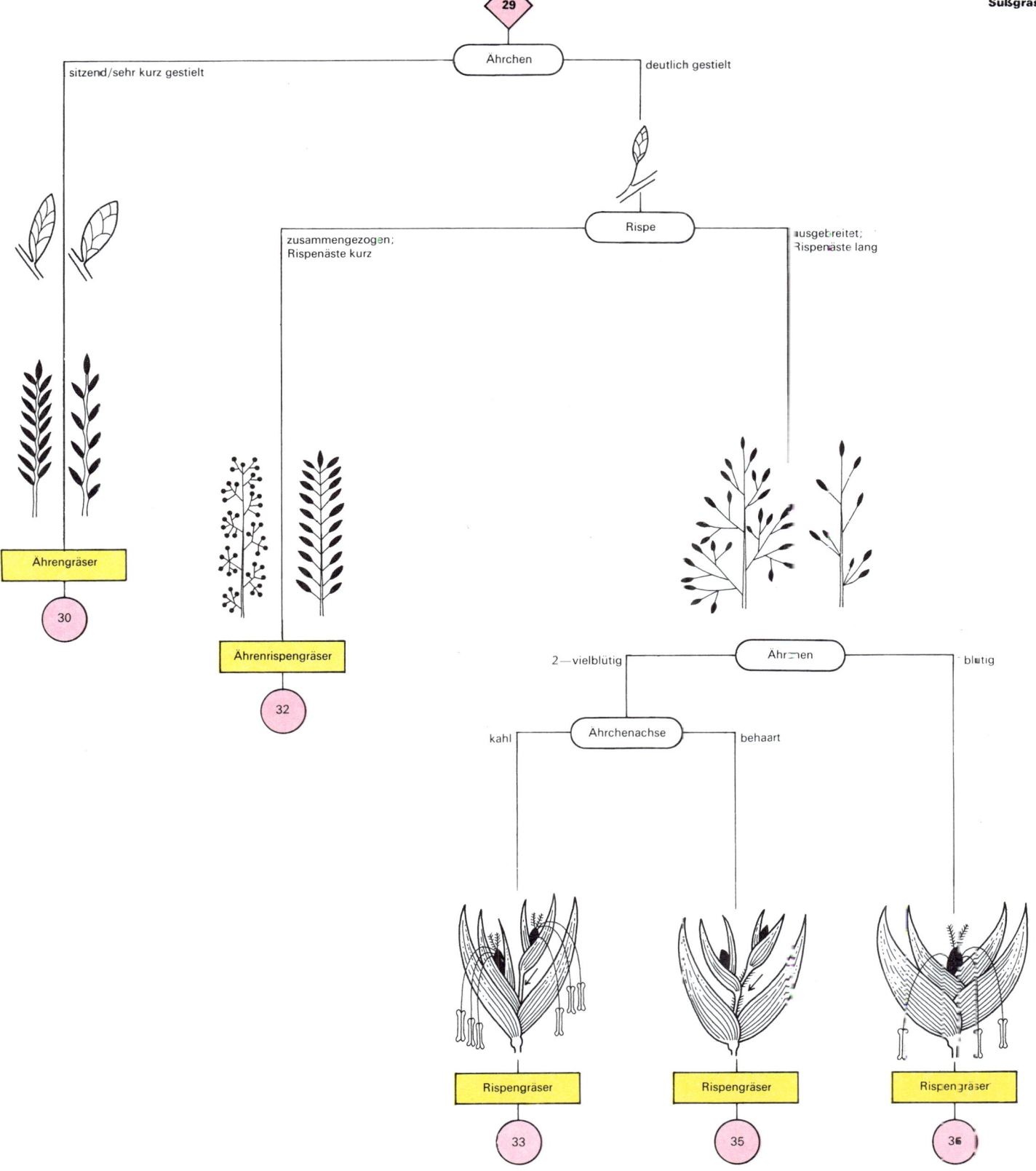

29

Ährchen

sitzend/sehr kurz gestielt

deutlich gestielt

Rispe

zusammengezogen;
Rispenäste kurz

ausgebreitet;
Rispenäste lang

Ährengräser

30

Ährenrispengräser

32

Ährchen

2—vielblütig

1blütig

Ährchenachse

kahl

behaart

Rispengräser

33

Rispengräser

35

Rispengräser

36

biegen. Auf diese Weise sind echte Ähren und Ährenrispen leichter zu erkennen.

Im Gebiet kommen etwa 200 Grasarten vor. Ihre Bestimmung ist nicht ganz leicht, aber auch nicht so schwer, daß wir davor zurückschrecken müßten. Am besten ist es, zuerst ein schon bekanntes Gras (vielleicht eine Getreideart oder das Zittergras) zu bestimmen.

Die Süßgräser stellen die für das Leben der Menschen und Tiere wichtigste Pflanzenfamilie dar. Zu ihr gehören auch alle Getreidearten. Als vor rund 6000 Jahren die Menschen der Jungsteinzeit in unser Gebiet einwanderten, brachten sie die Kenntnis des Getreideanbaus mit. Damals wurden Weizen- und Gerstenarten angebaut. Hafer trat als Getreide bei uns erstmals in der Bronzezeit (vor etwa 3200 Jahren) auf. In der Eisenzeit wurde neben Weizen-, Gersten- und Haferarten häufiger auch Hirse angebaut. Unser jüngstes einheimisches Getreide ist der Roggen. Er wird seit etwa 1500 Jahren für die menschliche Ernährung genutzt. Im 16. Jahrhundert wurde aus Mittelamerika der Mais nach Spanien eingeführt. In Mitteleuropa werden heute Weizen, Gerste, Hafer, Roggen und Mais angebaut. Die wichtigste Getreideart Südostasiens ist der Reis.

Die Wiesen und Weiden mit ihren Gräsern und anderen Blütenpflanzen entstanden durch die Tätigkeit des Menschen, der die Wälder rodete, um eine gute Futtergrundlage für seine Haustiere zu schaffen. Durch Be- oder Entwässerung, durch Düngung und die Ansaat besonders gut geeigneter Grasarten steigert die moderne Landwirtschaft den Futterertrag des Grünlandes. Für die Ernährung der Haustiere wird auch der auf den Feldern angebaute Mais verwendet.

Süßgräser finden wir nicht nur auf Wiesen und Weiden, sondern auch an fast allen anderen Standorten. Die Zusammenstellung häufiger Grasarten nach ihren bevorzugten Standorten kann helfen, die Bestimmungsergebnisse zu überprüfen.

Blütenstandsformen

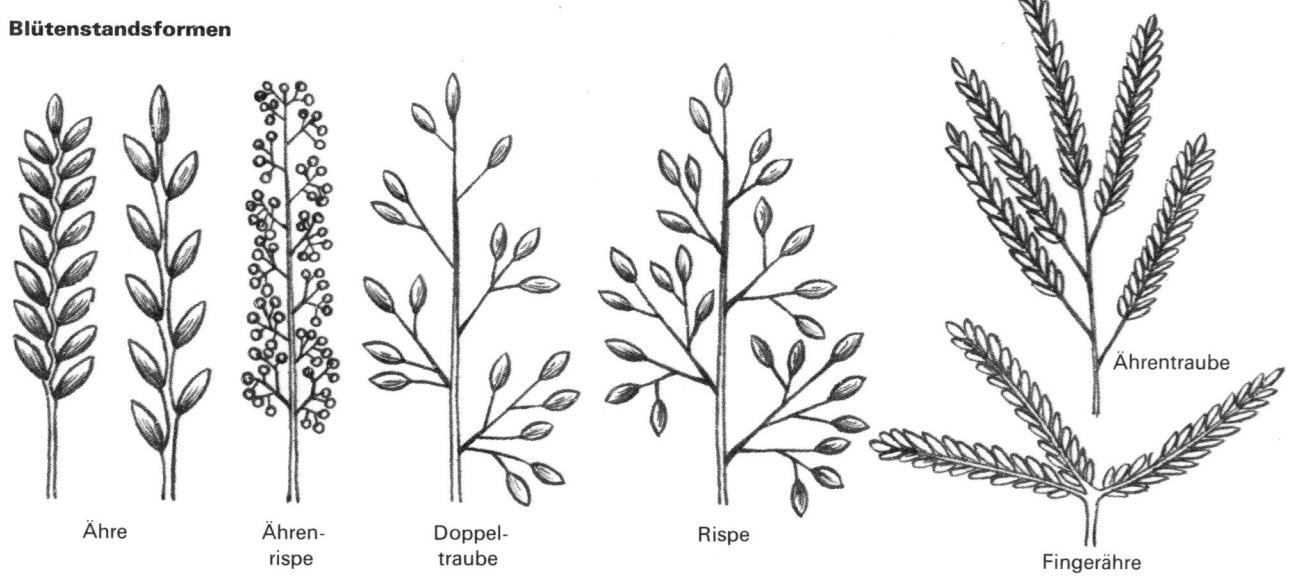

Ähre   Ähren-rispe   Doppel-traube   Rispe   Ährentraube   Fingerähre

78

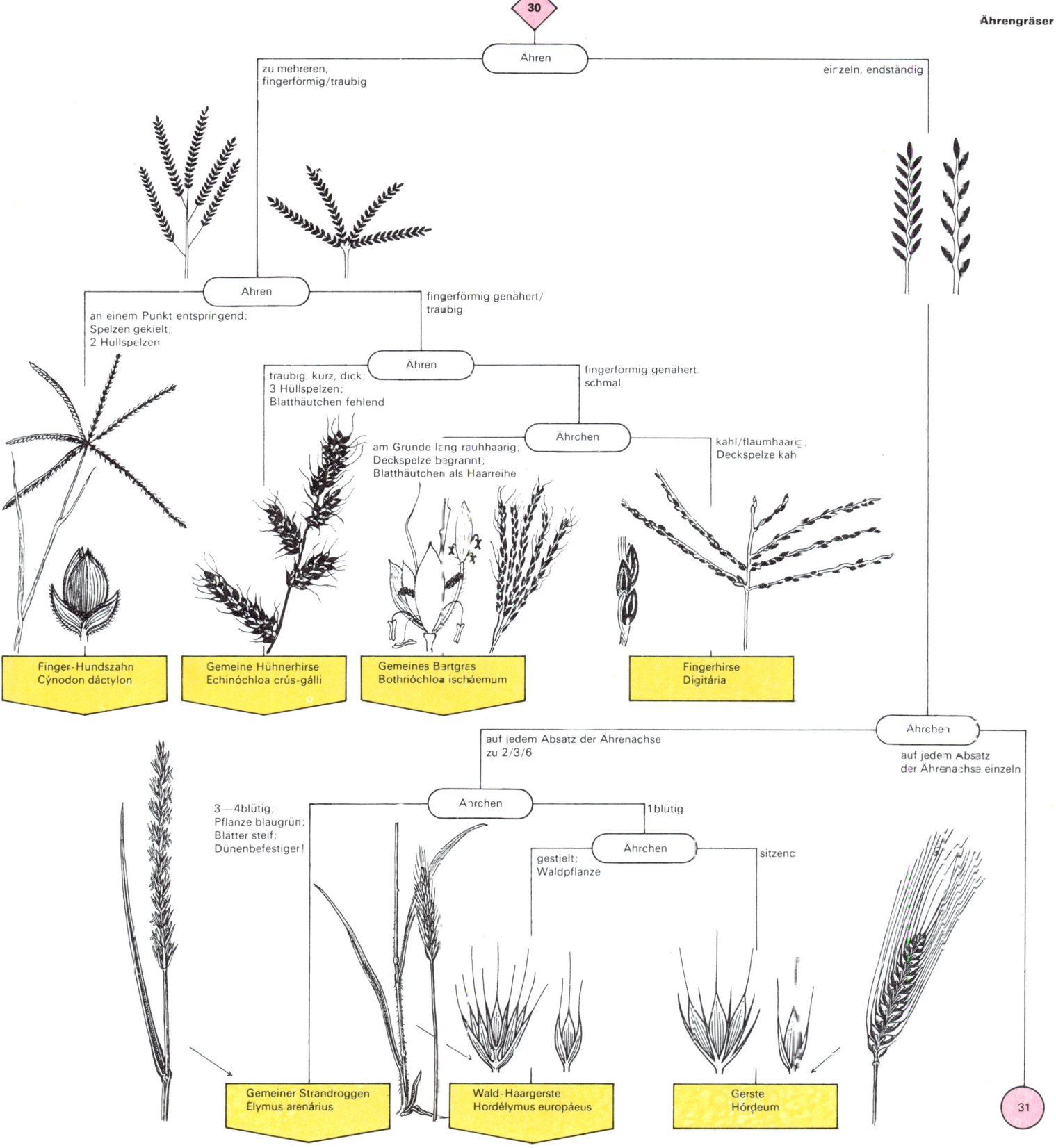

30

Ähren

zu mehreren,
fingerförmig/traubig

eirzeln, endständig

Ähren

an einem Punkt entspringend;
Spelzen gekielt;
2 Hüllspelzen

fingerförmig genähert/
traubig

Ähren

traubig, kurz, dick;
3 Hüllspelzen;
Blatthäutchen fehlend

fingerförmig genähert,
schmal

Ährchen

am Grunde lang rauhhaarig;
Deckspelze begrannt;
Blatthäutchen als Haarreihe

kahl/flaumhaarig;
Deckspelze kah

Finger-Hundszahn
Cýnodon dáctylon

Gemeine Hühnerhirse
Echinóchloa crús-gálli

Gemeines Bartgras
Bothriochloa ischáemum

Fingerhirse
Digitária

Ährchen

auf jedem Absatz der Ährenachse
zu 2/3/6

auf jedem Absatz
der Ährenachse einzeln

Ährchen

3—4blütig;
Pflanze blaugrün;
Blätter steif;
Dünenbefestiger!

1blütig

Ährchen

gestielt;
Waldpflanze

sitzenc

Gemeiner Strandroggen
Élymus arenárius

Wald-Haargerste
Hordélymus európáeus

Gerste
Hórdeum

31

Getreide

Reis (Oryza)

Roggen (Secále)   Weizen (Tríticum)   Gerste (Hórdeum)   Hafer (Avéna)

80

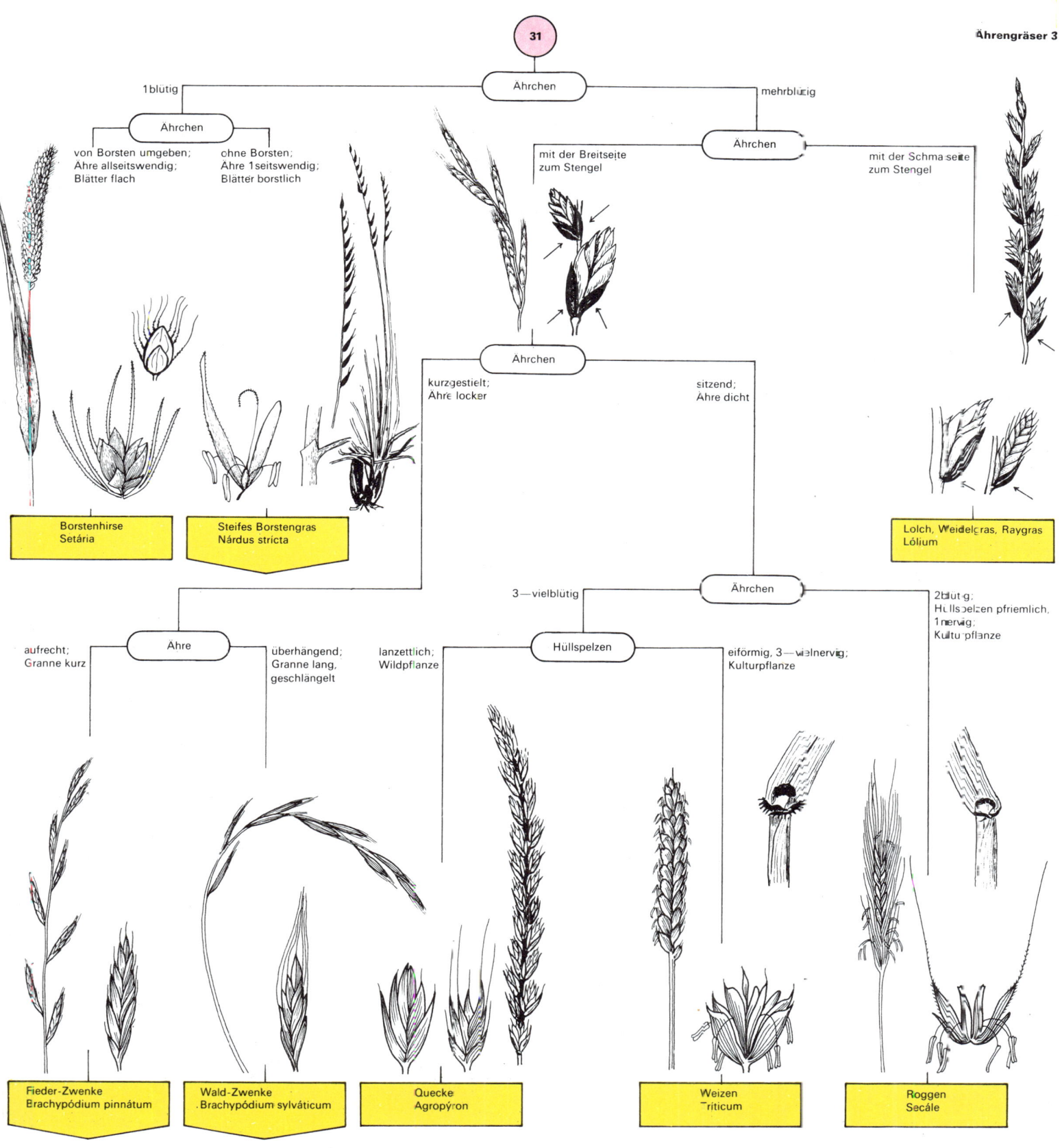

31

Ährchen

1blütig — mehrblütig

Ährchen

von Borsten umgeben;
Ähre allseitswendig;
Blätter flach

ohne Borsten;
Ähre 1seitswendig;
Blätter borstlich

Ährchen

mit der Breitseite
zum Stengel

mit der Schmalseite
zum Stengel

Ährchen

kurzgestielt;
Ähre locker

sitzend;
Ähre dicht

Borstenhirse
Setária

Steifes Borstengras
Nárdus stricta

Lolch, Weidelgras, Raygras
Lólium

Ährchen

3—vielblütig

Hüllspelzen

2blütig;
Hüllspelzen pfriemlich,
1nervig;
Kulturpflanze

Ähre

aufrecht;
Granne kurz

überhängend;
Granne lang,
geschlängelt

lanzettlich;
Wildpflanze

eiförmig, 3—vielnervig;
Kulturpflanze

Fieder-Zwenke
Brachypódium pinnátum

Wald-Zwenke
Brachypódium sylváticum

Quecke
Agropýron

Weizen
Triticum

Roggen
Secále

```
                                    ◇ 32 ◇
```

Ährchen

mit langen Borsten | ohne Borsten

Ährchen

am Grunde mit kammförmiger Hülle | ohne kammförmige Hülle

Ährchen

mit 1 ♂ Blüte | mit >1 Blüte

Hüllspelzen

4 | 2

Hüllspelzen | Deckspelzen

derb, weiß geflügelt | häutig, nicht geflügelt | am Grunde mit Haaren | ohne Haare

| Borstenhirse Setária | Wiesen-Kammgras Cynosúrus cristátus | Echtes Kanariengras Phaláris canariénsis | Gemeines Ruchgras Anthoxánthum odorátum | Strandhafer Ammóphila |

Hüllspelzen

frei; Deckspelzen unbegrannt | am Grunde verwachsen; Deckspelzen begrannt

Deckspelzen

zottig/seidig gewimpert | glatt/kurzhaarig

Deckspelzen

3—5zähnig; Hüllspelzen 1nervig; Ährenrispe eiförmig | spitz; eine Hüllspelze 1nervig, eine Hüllspelze 3nervig; Ährenrispe walzenförmig

| Lieschgras Phléum | Fuchsschwanzgras Alopecúrus | Wimper-Perlgras Mélica ciliáta | Gemeines Blaugras Sesléria vária | Schillergras Koeléria |

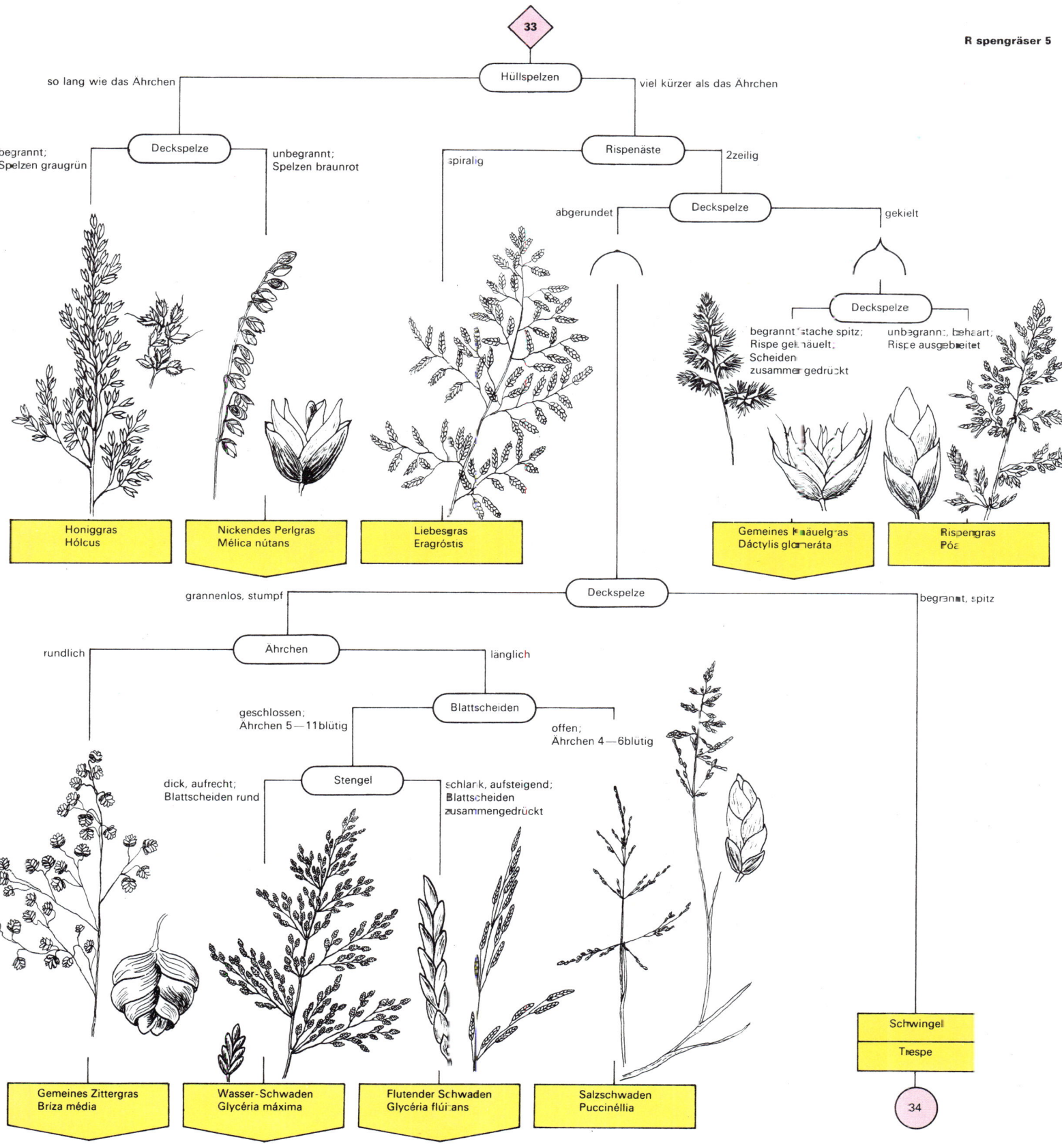

33

Hüllspelzen

so lang wie das Ährchen — viel kürzer als das Ährchen

Deckspelze

begrannt;
Spelzen graugrün

unbegrannt;
Spelzen braunrot

Rispenäste

spiralig — 2zeilig

Deckspelze

abgerundet — gekielt

Deckspelze

begrannt, Stachel spitz;
Rispe geknäuelt;
Scheiden
zusammengedrückt

unbegrannt, behaart;
Rispe ausgebreitet

Honiggras
Hólcus

Nickendes Perlgras
Mélica nútans

Liebesgras
Eragróstis

Gemeines Knäuelgras
Dáctylis glomeráta

Rispengras
Póa

Deckspelze

grannenlos, stumpf — begrannt, spitz

Ährchen

rundlich — länglich

Blattscheiden

geschlossen;
Ährchen 5—11blütig

offen;
Ährchen 4—6blütig

Stengel

dick, aufrecht;
Blattscheiden rund

schlank, aufsteigend;
Blattscheiden
zusammengedrückt

Gemeines Zittergras
Briza média

Wasser-Schwaden
Glycéria máxima

Flutender Schwaden
Glycéria flúitans

Salzschwaden
Puccinéllia

Schwingel

Trespe

34

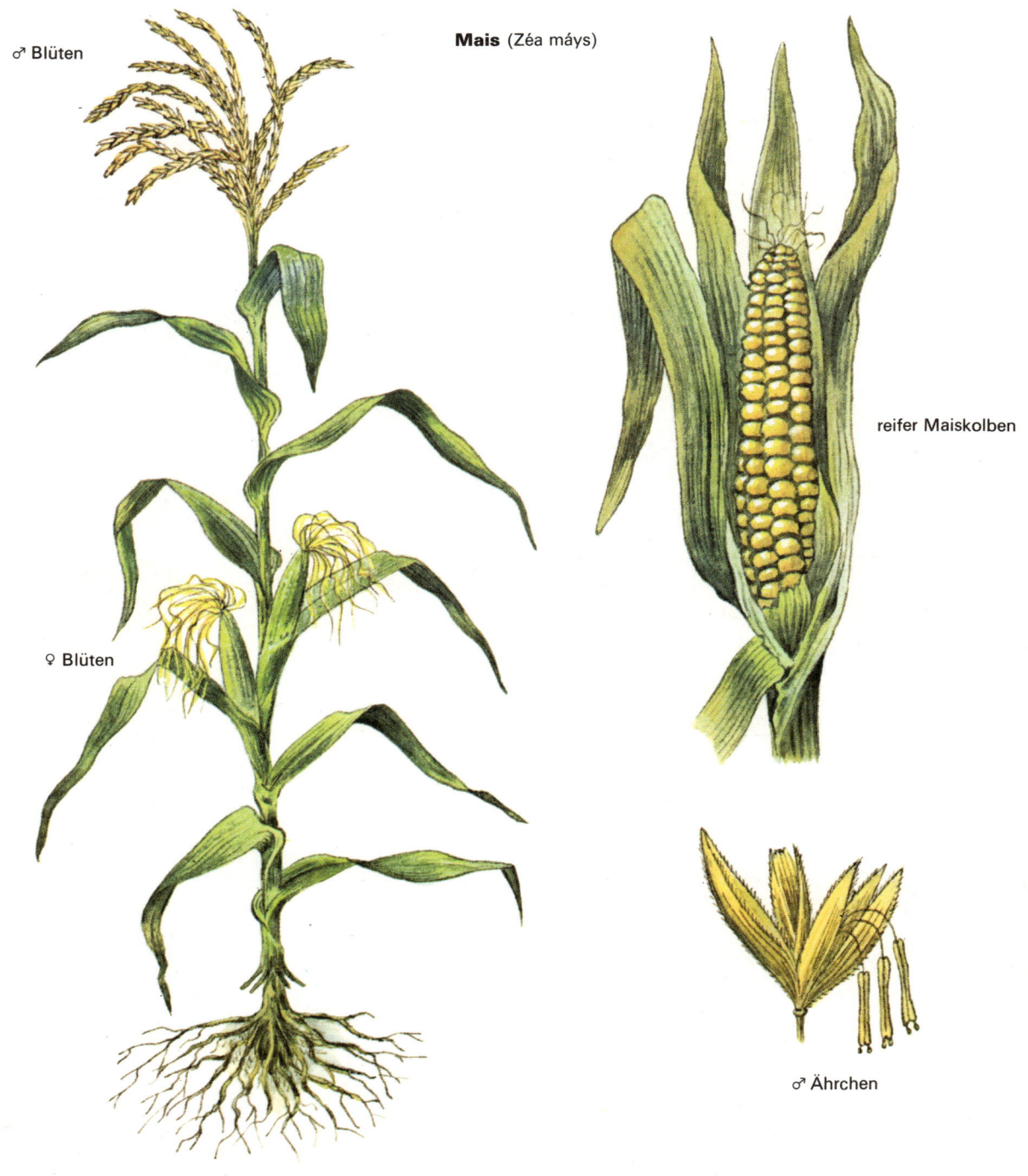

♂ Blüten

Mais (Zéa máys)

reifer Maiskolben

♀ Blüten

♂ Ährchen

vollständige Pflanze

84

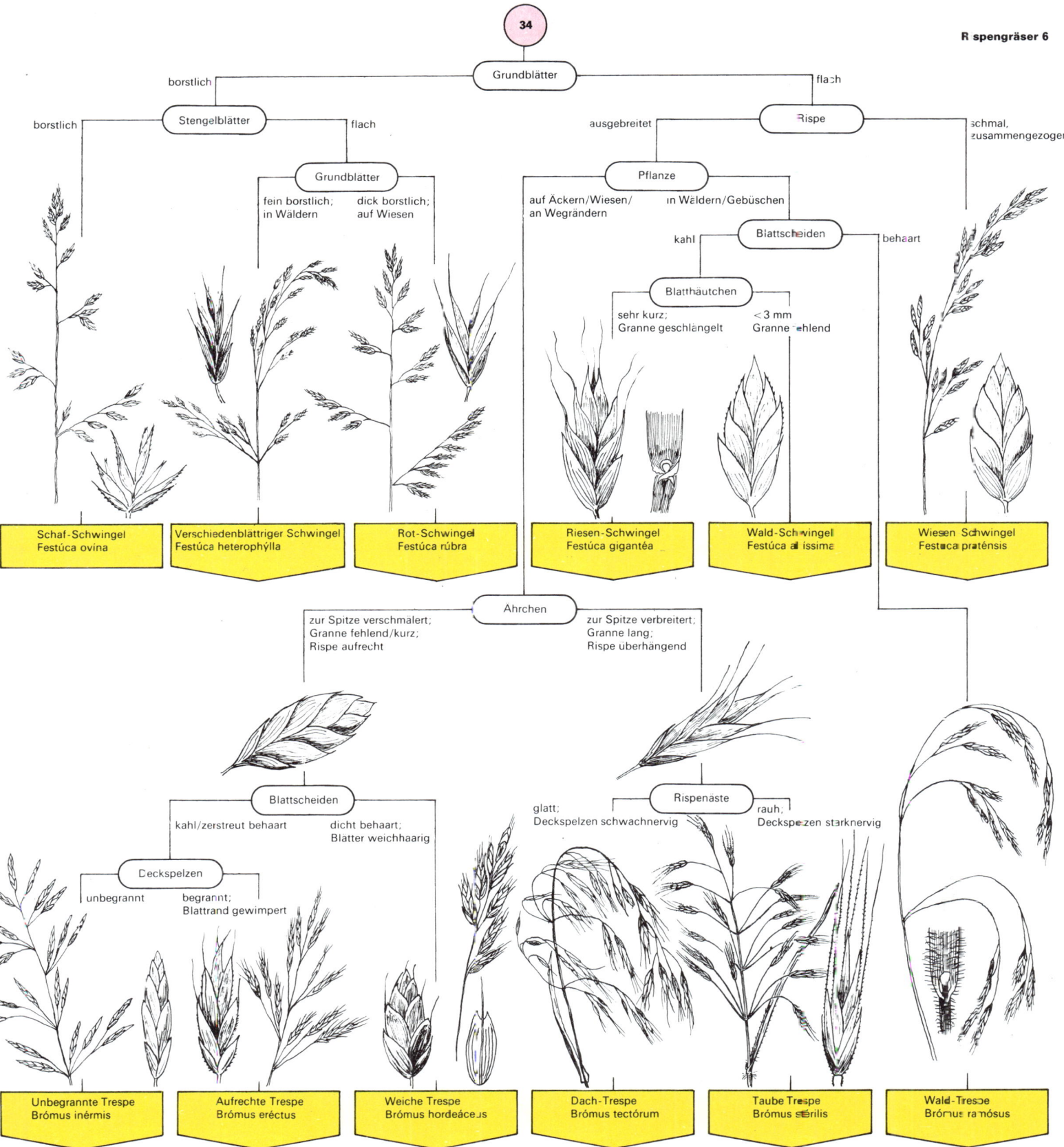

Grundblätter

borstlich — flach

Stengelblätter — Rispe

borstlich — flach — ausgebreitet — schmal, zusammengezogen

Grundblätter — Pflanze

fein borstlich; in Wäldern — dick borstlich; auf Wiesen — auf Äckern/Wiesen/ an Wegrändern — in Wäldern/Gebüschen

Blattscheiden

kahl — behaart

Blatthäutchen

sehr kurz; Granne geschlängelt — < 3 mm Granne fehlend

Schaf-Schwingel Festúca ovína

Verschiedenblättriger Schwingel Festúca heterophýlla

Rot-Schwingel Festúca rúbra

Riesen-Schwingel Festúca gigantéa

Wald-Schwingel Festúca altíssima

Wiesen-Schwingel Festúca praténsis

Ährchen

zur Spitze verschmälert; Granne fehlend/kurz; Rispe aufrecht — zur Spitze verbreitert; Granne lang; Rispe überhängend

Blattscheiden

kahl/zerstreut behaart — dicht behaart; Blätter weichhaarig

Rispenäste

glatt; Deckspelzen schwachnervig — rauh; Deckspelzen starknervig

Deckspelzen

unbegrannt — begrannt; Blattrand gewimpert

Unbegrannte Trespe Brómus inérmis

Aufrechte Trespe Brómus eréctus

Weiche Trespe Brómus hordeáceus

Dach-Trespe Brómus tectórum

Taube Trespe Brómus stérilis

Wald-Trespe Brómus ramósus

35

Granne

fehlend/spitzenständig — rückenständig

Hüllspelzen

länger als das Ährchen — kürzer als das Ährchen

Ährchenachse

kurz behaart; Knoten nur am Stengelgrund — lang behaart

Ährchen

>5 mm — <5 mm

Granne

keulenförmig, mit Knoten — nicht verdickt, gekniet/gedreht

Blätter

gerollt — flach, stark nervig

Liegender Dreizahn
Sieglingia decúmbens

Blaues Pfeifengras
Molínia coerúlea

Gemeines Schilf
Phragmites commúnis

Graues Silbergras
Corynéphorus canéscens

Schlängel-Schmiele
Deschámpsia flexuósa

Rasen-Schmiele
Deschámpsia caespitósa

Ährchen

<1 cm; Fruchtknoten kahl — >1 cm; Fruchtknoten behaart

Hüllspelzen

<3nervig — >7nervig

Blatthäutchen

kurz, gestutzt — 4—6 mm

Deckspelze

behaart — kahl

Goldhafer
Trisétum flavéscens

Hoher Glatthafer
Arrhenátherum elátius

Wiesenhafer
Helictótrichon

Flug-Hafer
Avéna fátua

Saat-Hafer
Avéna satíva
K

36

Ährchen

mit langen Grannen — unbegrannt/mit kurzen Grannen

Grannen

< 1,5 cm — 8—30 cm

Grannen

8—15 cm, ohne Haare — 20—30 cm, federig behaart

Ährchen

von der Seite her zusammengedrückt — vom Rücken her zusammengedrückt

Hüllspelzen

2; Blattscheiden kahl — 3; Blattscheiden behaart

Rispenäste

1seitig; Ährchen rotbraun — allseitig Ährchen grün

Gemeiner Windhalm
Ápera spíca-vénti

Haar-Federgras
Stípa capilláta

Echtes Federgras
Stípa pennáta

Wald-Flattergras
Milium effúsum

Rispen-Hirse
Pánicum miliáceum

Hüllspelzen

4 — 2

Ährchenachse

mit Haarkranz; hohe Gräser — ohne Haarkranz; zierliche Gräser

Rohr-Glanzgras
Typhoídes arundinácea

Reitgras
Calamagróstis

Straußgras
Agróstis

Einblütiges Perlgras
Mélica uniflóra

Flach- und Hügelland	Bergland	Flach- und Hügelland	Bergland
Ufer, Strand		**Trockenrasen, Magerrasen**	
Gemeines Schilf	Rohr-Glanzgras	Graues Silbergras	Gemeines Zittergras
Rohr-Glanzgras	Sumpf-Rispengras	Liegender Dreizahn	Gemeines Straußgras
Wasser-Schwaden	Flutender Schwaden	Gemeines Zittergras	Schaf-Schwingel
Gemeiner Strandroggen		Weidelgras	Steifes Borstengras
Salzschwaden		Wiesenhafer	Gemeines Kammgras
		Fieder-Zwenke	Schlängel-Schmiele
Sumpfwiesen, Moore			Gemeines Ruchgras
Wiesen-Fuchsschwanzgras	Wiesen-Fuchsschwanzgras		
Geknietes Fuchsschwanz-	Hunds-Straußgras	**Äcker**	
gras	Wolliges Honiggras	Gemeine Hühnerhirse	Gemeiner Windhalm
Rasen-Schmiele	Gemeines Rispengras	Gemeine Quecke	Weiches Honiggras
Blaues Pfeifengras	Steifes Borstengras	Flug-Hafer	Weiche Trespe
Weißes Straußgras	Sumpf-Rispengras	Roggen-Trespe	Einjähriges Rispengras
		Borstenhirse	
Mähwiesen, Weiden		Gemeiner Windhalm	
Wiesen-Lieschgras	Goldhafer		
Hoher Glatthafer	Wald-Rispengras	**Wälder, Forste**	
Gemeines Knäuelgras	Rot-Schwingel	Wald-Flattergras	Wolliges Reitgras
Wiesen-Kammgras	Wiesen-Rispengras	Land-Reitgras	Schlängel-Schmiele
Wiesen-Rispengras	Wiesen-Schwingel	Hain-Rispengras	Wald-Rispengras
Aufrechte Trespe	Wiesen-Kammgras	Perlgras	Wald-Schwingel
Gemeines Ruchgras	Weidelgras	Wald-Zwenke	Wald-Haargerste
Weidelgras		Hunds-Quecke	
		Wald-Trespe	
		Verschiedenblättriger	
		Schwingel	
		Riesen-Schwingel	

Riedgrasgewächse (Cyperáceae)

Familienmerkmale

— Blüten klein,
♂ oder 1geschlechtig,
in ährchen-, köpfchen-
oder rispenartigen
Blütenständen
— Blütenhülle aus Borsten oder Haaren gebildet, oft auch fehlend, nie kronartig; Blüten in den Achseln trockenhäutiger Deckblätter

— der Fruchtknoten enthält nur 1 Samenanlage, aus der sich 1 Nüßchen entwickelt
— Stengel meist deutlich 3kantig, seltener rund, ohne Knoten
— Blätter 3zeilig angeordnet, Blatthäutchen meist fehlend
— meist Stauden, selten 1jährige Kräuter
Die Riedgrasgewächse werden oft auch Sauergräser genannt. Der Bau der Blüten und Blütenstände ist bei den einzelnen Gattungen recht unterschiedlich. Die Blüten der Simsen sind ♂ und tragen an ihrem Grunde 6 Borsten, die mit Widerhaken besetzt sind.

Diese Borsten verbleiben an der reifen Frucht und fördern deren Verbreitung. Zwitterblüten besitzen auch die Wollgräser. Anstelle der 6 Borsten enthalten die Blüten zahlreiche glatte Fäden, die später zu langen weißen Haaren auswachsen. Sie dienen ebenfalls der Samenverbreitung.

Bei allen Arten der Gattung Segge bestehen die ♂ Blüten nur aus den Staubgefäßen. Meist sind es 3. Sie entwickeln sich, wie auch die ♀ Blüten, in den Achseln trockenhäutiger Deckblätter. Der Fruchtknoten wird von einer besonderen Hülle, dem Schlauch, umgeben. Die Narben (meist 3, seltener 2) wachsen aus der Spitze dieses Schlauches heraus. Bei der Reife fallen die Schläuche ab. In ihnen hat sich als Samen ein Nüßchen entwickelt. Für die Bestimmung der Seggen ist in erster Linie die Ausbildung des Schlauches wich-

tig. Die 1geschlechtigen Blüten der Seggen sind zu Ährchen vereinigt. Nach der Zahl der Ährchen und der Verteilung der 1geschlechtigen Blüten in ihnen unterscheiden wir:
- Einährige Seggen
  nur 1 endständiges Ährchen, das 1- oder auch 2häusig sein kann.
- Gleichährige Seggen
  mehrere, gleichgestaltete Ährchen; in jedem sind ♀ und ♂ Blüten enthalten.
- Verschiedenährige Seggen
  mehrere, deutlich unterschiedlich gestatete Ährchen. Die ♀ und ♂ Blüten befinden sich in getrennten Ährchen. Nur selten enthält das Ährchen an der Spitze der Blütenstände beiderlei Blüten.

Die Riedgrasgewächse bewohnen allein oder in Gemeinschaft mit Süßgräsern und Binsergewächsen die verschiedensten Standorte. Meist handelt es sich um kleine bis mittelgroße (kaum > 30 cm) Pflanzen. Hochwüchsige Arten treten vor allem an den Ufern der Flüsse, Bäche, Teiche und Seen auf. Eine Länge von etwa 1 Meter erreichen die Salz-Teichsimse und die Gemeine Strandsimse. Noch größer, bis zu 4 Metern, kann die Gemeine Teichsimse werden. Andere Vertreter dieser Pflanzenfamilie wachsen auf nährstoffarmen sonnigen Grasplätzen, auf trockenen und auf nassen Wiesen. Die Frühe Segge und die Hasenpfoten-Segge, aber auch die Frühlings-Segge und die Pillen-Segge finden wir auf Sandböden. Für kalkige Böden im südlichen Teil unseres Gebiets sind die Vogelfuß-Segge und die Erd-Segge, die bereits im zeitigen Frühjahr blühen, typisch. In den Auen und am Rande der Teiche fallen Rasen der Schlanken Segge auf. Auch die Gemeine Waldsimse kann mancherorts dichte Bestände bilden. In Gebüschen und Wäldern

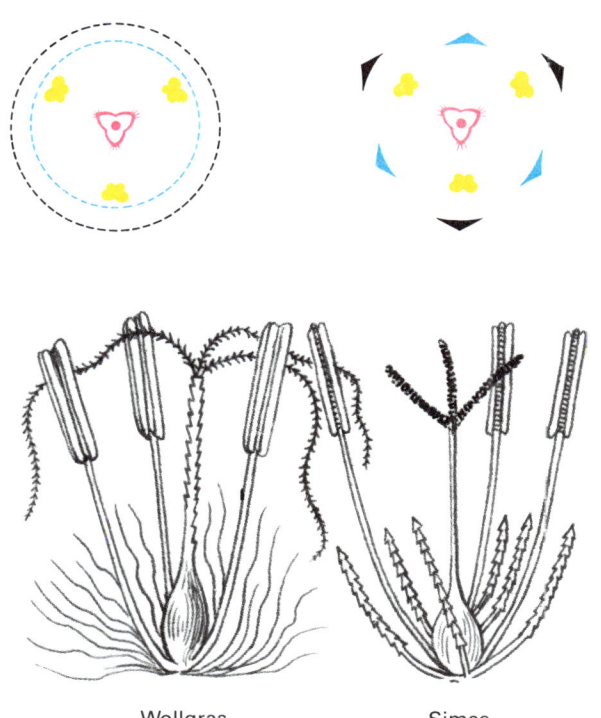

Wollgras   Simse

sind Riedgräser nur stellenweise häufig. Winkel-Segge und Rispen-Segge bevorzugen feuchte nährstoffreiche Erlenwälder. Berg-Segge und Finger-Segge bewohnen Eichenmischwälder und Buchenwälder auf besseren Böden. Auf feuchten Waldwegen können wir die Wald-Segge finden. Auch an den Küsten der Nord- und Ostsee wachsen charakteristische Riedgräser. Die Strandsimse ist eine solche salzliebende Art. Die Sand-Segge besiedelt die Dünen. Ihre langen dicken Ausläufer und Wurzelstöcke durchziehen den Sand und tragen damit zur Dünenbefestigung bei. Andere Arten der Gattung Segge finden wir auf steinigen Böden oder an felsigen Standorten in den Gebirgen. In Sümpfen und Mooren kommen Riedgräser ebenfalls vor. Am bekanntesten sind die Wollgräser, die

einährige Segge   gleichährige Segge   verschiedenährige Segge

durch ihre weißwolligen Fruchtstände besonders auffallen.

Landwirtschaftlich haben die Riedgräser keine Bedeutung. Früher spielten sie als Streupflanzen in manchen Gegenden eine Rolle als Ersatz für Stroh. Teichsimsen wurden zum Flechten von Matten und Körben verwendet. Die Zittergras-Segge, die auch Seegras genannt wird, diente als Polstermaterial. Gegenwärtig gewinnen die Teichsimsen Bedeutung für die Abwasserreinigung. Als Futterpflanzen sind die Sauergräser wenig erwünscht und kaum brauchbar. Direkt schädlich sind jedoch nur wenige Arten. Riedgrasreiche Pflanzengemeinschaften vertragen keine Beweidung. Auf solch nassen Wiesen wäre die Grasnarbe in kurzer Zeit völlig zertreten.

Segge ♀ Blüte   Segge ♂ Blüte

37

Blüten

♀/♂
Fruchtknoten von einem
Schlauch umhüllt

♂

Ährchen

rundlich/flach,
wenigblütig

zusammengedrückt,
vielblütig

Ährchen

vielblütig

2—3blütig,
unten leere Deckblätter

gelblich/weiß
2 Narben

Deckblätter

rotbraun;
3 Narben

Blätter

flach;
Borsten der Blütenhülle
fehlen

borstlich;
Borsten der Blütenhülle 5—13

Ährchen

so lang wie das Tragblatt

kürzer als das Tragblatt

Segge
Cárex

39

Binsen-Schneide
Cládium mariscus

Weißes Schnabelried
Rhynchóspora álba

Braunes Schnabelried
Rhynchóspora fúsca

Gelbliches Zypergras
Cypérus flavéscens

Braunes Zypergras
Cypérus fúscus

Blütenhülle

mit 0—6 Borsten

mit zahlreichen Borsten

Ährchen

in 2zeiliger Ähre

in Büscheln/Köpfen/
Rispen/Ähren

Ährchen

zu mehreren

einzeln,
endständig

Blätter

gekielt, rauh;
Stengel zusammengedrückt

rinnig, glatt;
Stengel rund

Ährchenstiele

rauh;
Stengel 3kantig

glatt;
Stengel rund

Flaches Quellried
Blýsmus compréssus

Fuchsrotes Quellried
Blýsmus rúfus

38

Breitblättriges Wollgras
Erióphorum latifólium

Schmalblättriges Wollgras
Erióphorum angustifólium

Scheidiges Wollgras
Erióphorum vaginátum

38

Blütenstand

kopfig/rispig

1 endständige Ähre

Narben

2

3

Stengel

derb, steif

dünn, weich

Ährchen

20blütig.

3—7—11blütig

kräftig, steif;
Ährchen >5 mm

Stengel

dünn,
Ährchen <4 mm

Gemeine Sumpfsimse
Eleócharis palústris

Eiförmige Sumpfsimse
Eleócharis ováta

Vielstengelige Sumpfsimse
Eleócharis multicáulis

Armblütige Sumpfsimse
Eleócharis quinqueflora

Nadel-Sumpfsimse
Eleócharis aciculáris

Ährchen

<5 mm

>5 mm

Blütenstand

klein, kopfig,
scheinbar seitenständig;
Pflanze klein

groß, verzweigt;
Blätter derb, breit;
Pflanze groß

scheinbar seitenständig

Blütenstand

endständig;
Stengel 3kantig

Narben

2;
Deckblätter rauh;
Pflanze graugrün

3;
Deckblätter glatt
Pflanze grasgrün

Borstige Schuppensimse
Isólepis setácea

Gemeine Waldsimse
Scírpus sylváticus

Salz-Teichsimse
Schoenopléctus
tabernaemontáni

Gemeine Teichsimse
Schoenopléctus lacústris

Gemeine Strandsimse
Bolboschóenus marítimus

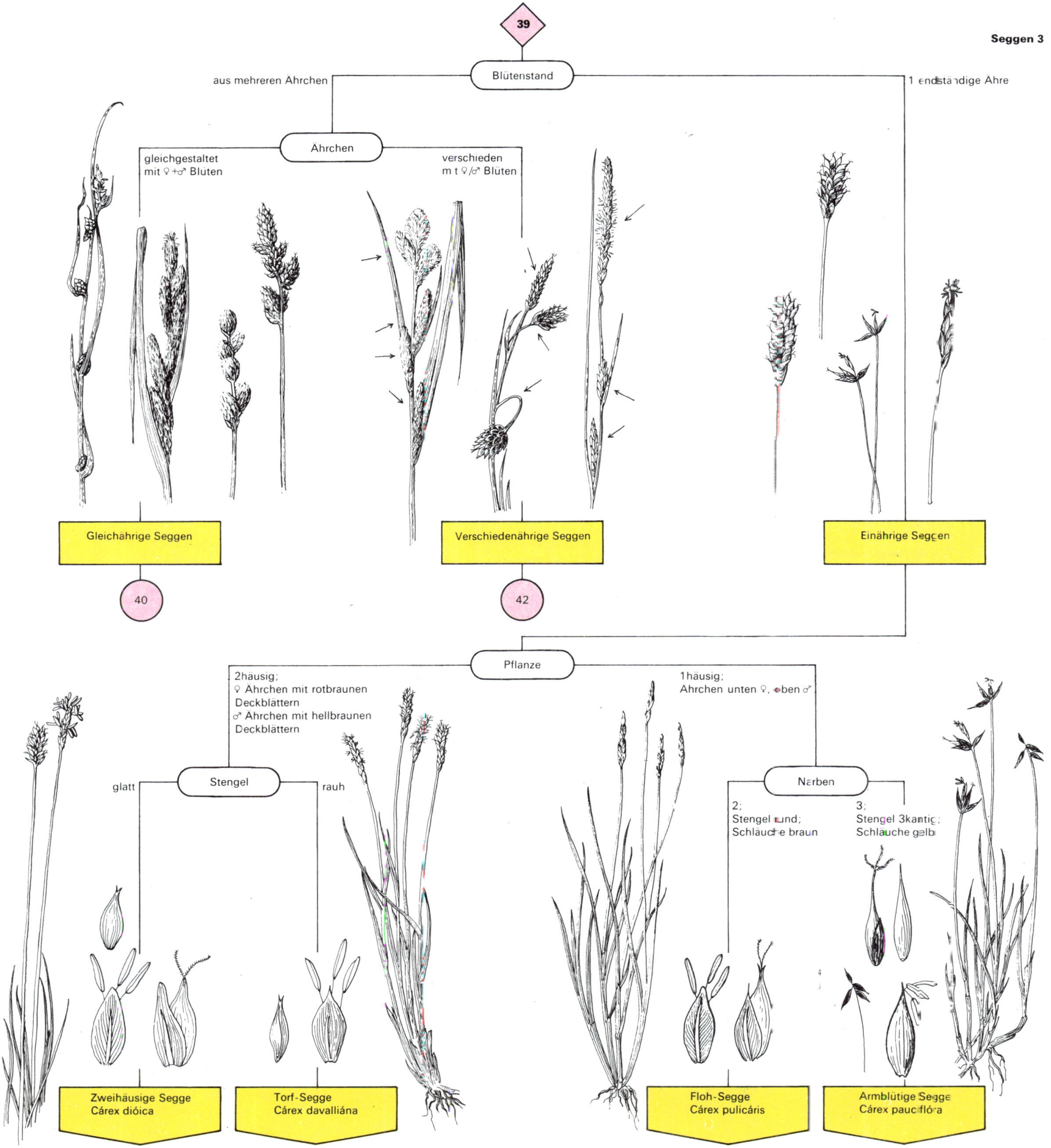

39

Blütenstand

aus mehreren Ährchen

1 endständige Ähre

Ährchen

gleichgestaltet
mit ♀+♂ Blüten

verschieden
m t ♀ /♂ Blüten

Gleichährige Seggen

Verschiedenährige Seggen

Einährige Seggen

40

42

Pflanze

2häusig;
♀ Ährchen mit rotbraunen
Deckblättern
♂ Ährchen mit hellbraunen
Deckblättern

1häusig;
Ährchen unten ♀, oben ♂

Stengel

glatt

rauh

Narben

2;
Stengel rund;
Schläuche braun

3;
Stengel 3kantig;
Schläuche gelb

**Zweihäusige Segge
Cárex dióica**

**Torf-Segge
Cárex davalliána**

**Floh-Segge
Cárex pulicáris**

**Armblütige Segge
Cárex pauciflóra**

Vorkommen von Riedgräsern

Tabelle 6

Flach- und Hügelland	Bergland	Flach- und Hügelland	Bergland
Ufer, Strand		Sumpf-Segge	Blasen-Segge
Gemeine Strandsimse	Schlanke Segge	Behaarte Segge	Igel-Segge
Gemeine Teichsimse	Ufer-Segge		
Salz-Teichsimse	Blasen-Segge	**Trockenrasen,**	
Binsen-Schneide	Sumpf-Segge	**Magerrasen**	
Steife Segge		Frühe Segge	Hasenpfoten-Segge
Strand-Segge		Sand-Segge	Pillen-Segge
Scheinzyper-Segge		Pillen-Segge	
Ufer-Segge		Frühlings-Segge	
		Erd-Segge	
Wiesen, Moore			
Wollgras	Wollgras	**Wälder**	
Gemeine Sumpfsimse	Gemeine Waldsimse	Schwarzschopf-Segge	Zittergras-Segge
Binsen-Schneide	Armblütige Segge	Langähnige Segge	Winkel-Segge
Torf-Segge	Graugrüne Segge	Rispen-Segge	Graugrüne Segge
Zweizeilige Segge	Wiesen-Segge	Berg-Segge	
Fuchs-Segge	Schlamm-Segge	Finger-Segge	
Schlanke Segge	Gelbe Segge	Wald-Segge	
Entferntährige Segge	Schnabel-Segge	Schatten-Segge	

Riedgrasgewächse

Hasenpfoten-Segge
(Cárex leporína)

Rispen-Segge
(Cárex panículáta)

Gemeine Teichsimse
(Schoenopléctus lacústris)

Gemeine Sumpfsimse
(Eleócharis palústris)

Gelbe Segge
(Cárex fláva)

Behaarte Segge
(Cárex hírta)

40

Ährchen

meist 1 geschlechtig;
mittlere nur mit ♂ Blüten;
Schläuche kaum geflügelt

mit ♀ + ♂ Blüten

Ährchen

oben ♀, unten ♂

oben ♂, unten ♀

Hüllblätter

41

kurz;
Ährchen genähert

lang,
die Ährchen überragend

Schläuche

geflügelt

ungeflügelt

Flugelrand

schmal;
Schnabel kurz

breit;
Schnabel lang

Ährchen

bräunlich

strohfarben

Zweizeilige Segge
Cárex disticha

Frühe Segge
Cárex práecox

Zittergras-Segge
Cárex brizoides

Hasenpfoten-Segge
Cárex leporina

Winkel-Segge
Cárex remóta

Schnabel

kurz

lang

Ährchen

8—12

3—6

Langährige Segge
Cárex elongáta

Graugrüne Segge
Cárex canéscens

Igel-Segge
Cárex stelluláta

Schmalblättriges Wollgras
(Erióphorum angustifólium)

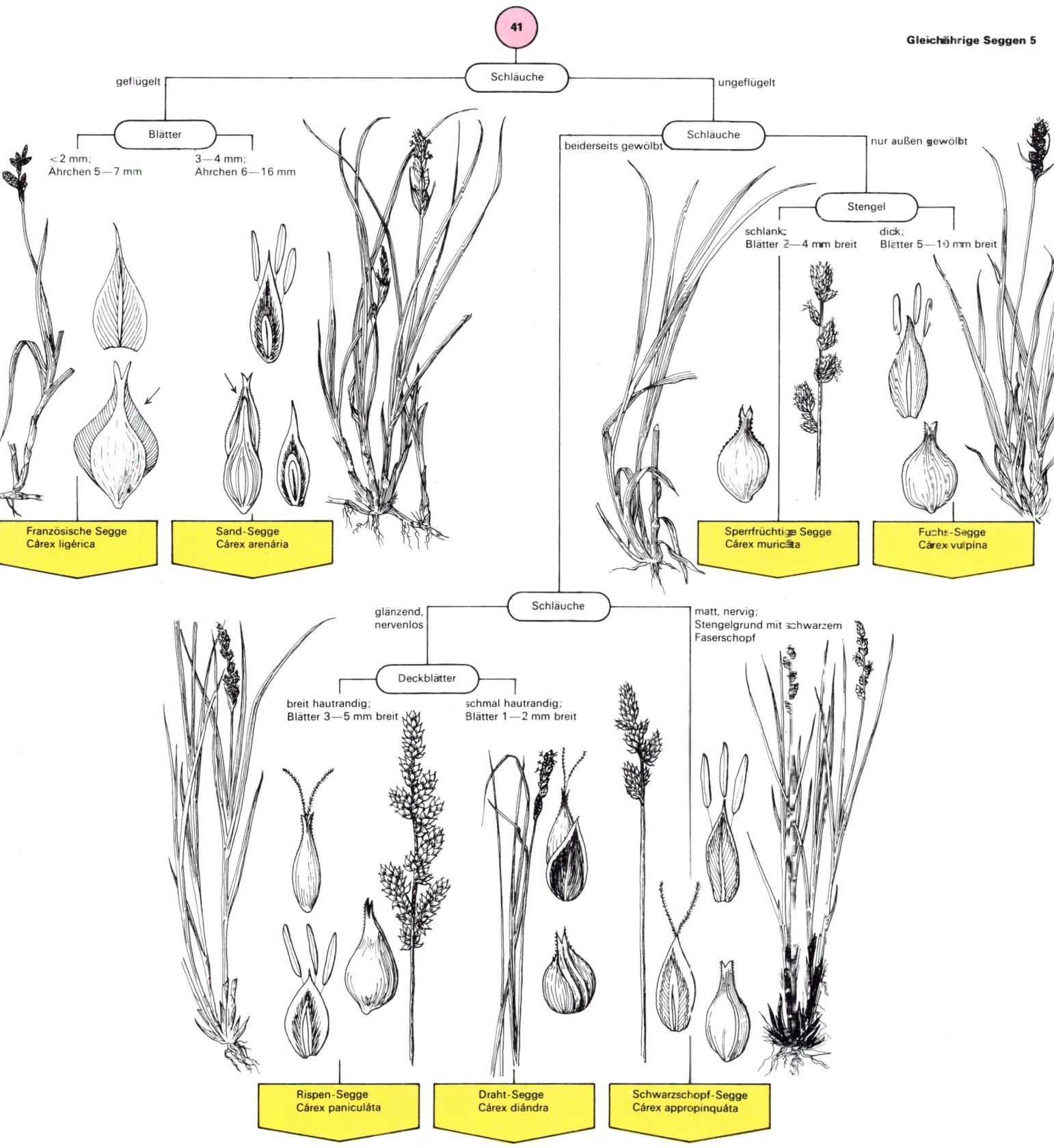

41

Schläuche

geflügelt — ungeflügelt

Blätter

< 2 mm;
Ährchen 5—7 mm

3—4 mm;
Ährchen 6—16 mm

Französische Segge
Cárex ligérica

Sand-Segge
Cárex arenária

Schläuche

beiderseits gewölbt — nur außen gewölbt

Stengel

schlank;
Blätter 2—4 mm breit

dick;
Blätter 5—10 mm breit

Sperrfrüchtige Segge
Cárex muricáta

Fuchs-Segge
Cárex vulpína

Schläuche

glänzend,
nervenlos

matt, nervig;
Stengelgrund mit schwarzem
Faserschopf

Deckblätter

breit hautrandig;
Blätter 3—5 mm breit

schmal hautrandig;
Blätter 1—2 mm breit

Rispen-Segge
Cárex paniculáta

Draht-Segge
Cárex diándra

Schwarzschopf-Segge
Cárex appropinquáta

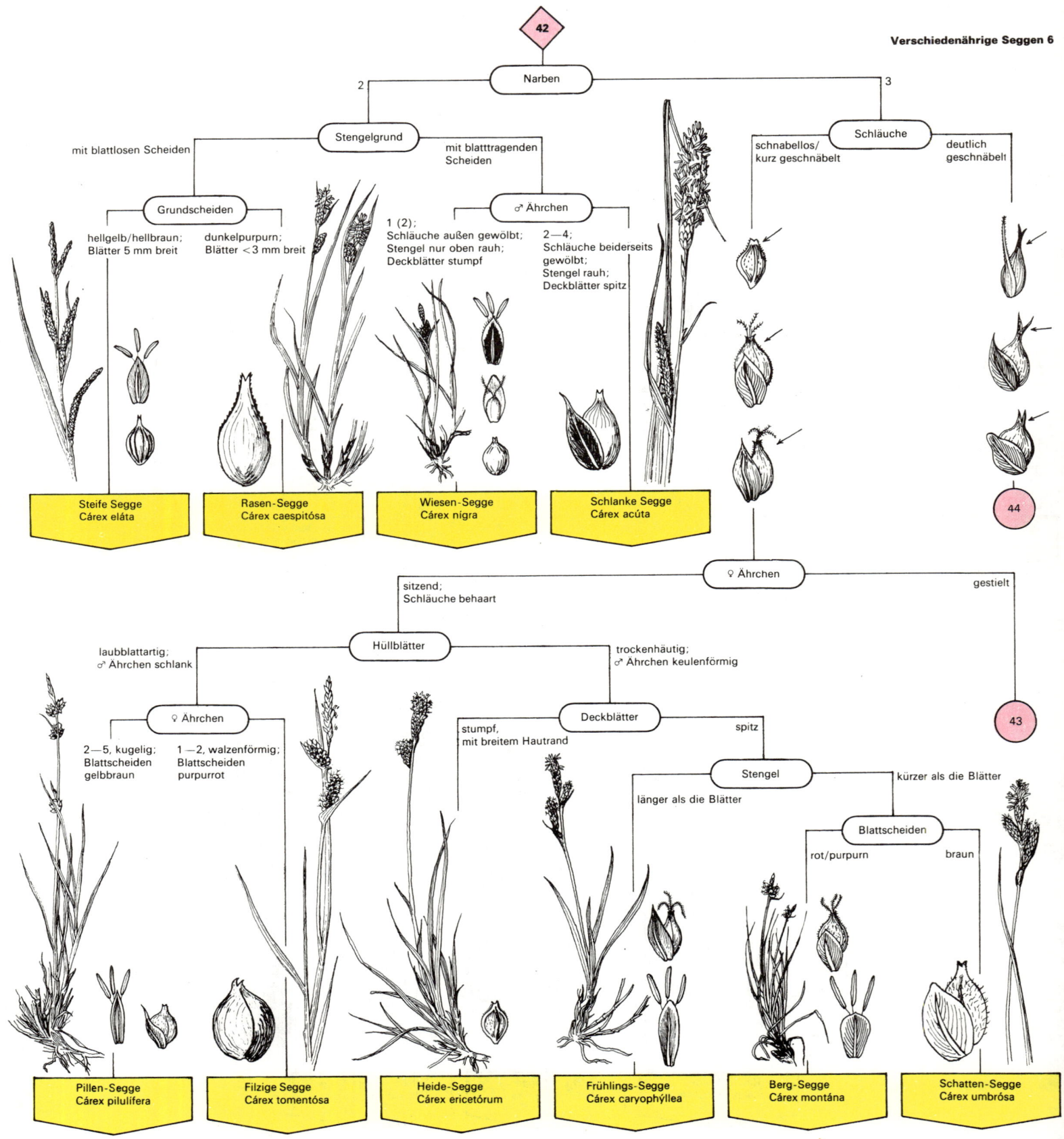

42

Narben

2

Stengelgrund

mit blattlosen Scheiden

3

Schläuche

Grundscheiden

mit blatttragenden Scheiden

♂ Ährchen

schnabellos/ kurz geschnäbelt

deutlich geschnäbelt

hellgelb/hellbraun; Blätter 5 mm breit

dunkelpurpurn; Blätter <3 mm breit

1 (2); Schläuche außen gewölbt; Stengel nur oben rauh; Deckblätter stumpf

2—4; Schläuche beiderseits gewölbt; Stengel rauh; Deckblätter spitz

Steife Segge
Cárex eláta

Rasen-Segge
Cárex caespitósa

Wiesen-Segge
Cárex nígra

Schlanke Segge
Cárex acúta

44

♀ Ährchen

sitzend; Schläuche behaart

gestielt

Hüllblätter

laubblattartig; ♂ Ährchen schlank

trockenhäutig; ♂ Ährchen keulenförmig

♀ Ährchen

Deckblätter

43

2—5, kugelig; Blattscheiden gelbbraun

1—2, walzenförmig; Blattscheiden purpurrot

stumpf, mit breitem Hautrand

spitz

Stengel

länger als die Blätter

kürzer als die Blätter

Blattscheiden

rot/purpurn

braun

Pillen-Segge
Cárex pilulífera

Filzige Segge
Cárex tomentósa

Heide-Segge
Cárex ericetórum

Frühlings-Segge
Cárex caryophýllea

Berg-Segge
Cárex montána

Schatten-Segge
Cárex umbrósa

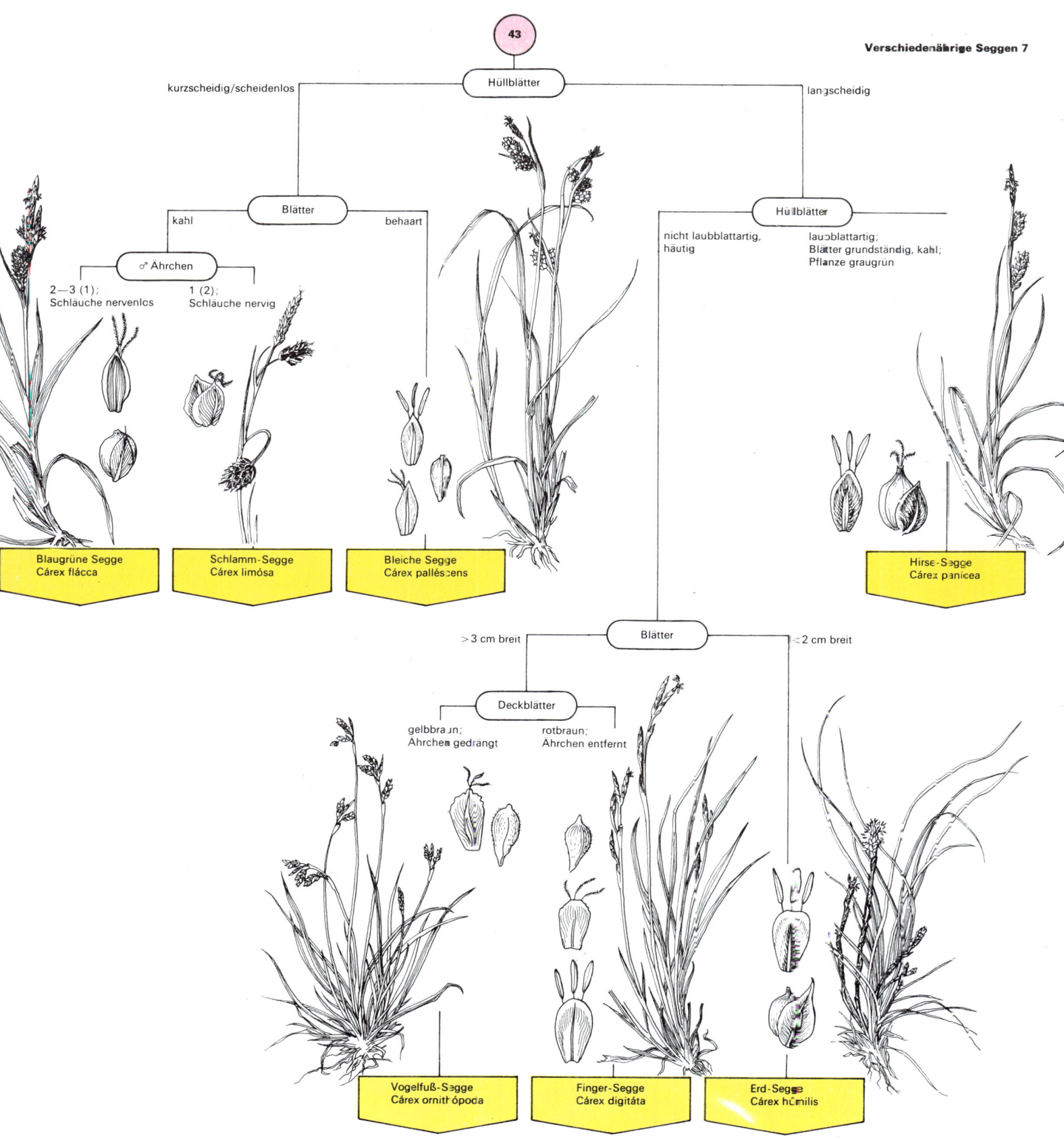

Hüllblätter

kurzscheidig/scheidenlos — langscheidig

Blätter

kahl — behaart

Hüllblätter

nicht laubblattartig, häutig — laubblattartig; Blätter grundständig, kahl; Pflanze graugrün

♂ Ährchen

2—3 (1); Schläuche nervenlos — 1 (2); Schläuche nervig

Blaugrüne Segge
Cárex flácca

Schlamm-Segge
Cárex limósa

Bleiche Segge
Cárex palléscens

Hirse-Segge
Cárex panicea

Blätter

> 3 cm breit — ≤ 2 cm breit

Deckblätter

gelbbraun; Ährchen gedrängt — rotbraun; Ährchen entfernt

Vogelfuß-Segge
Cárex ornithópoda

Finger-Segge
Cárex digitáta

Erd-Segge
Cárex húmilis

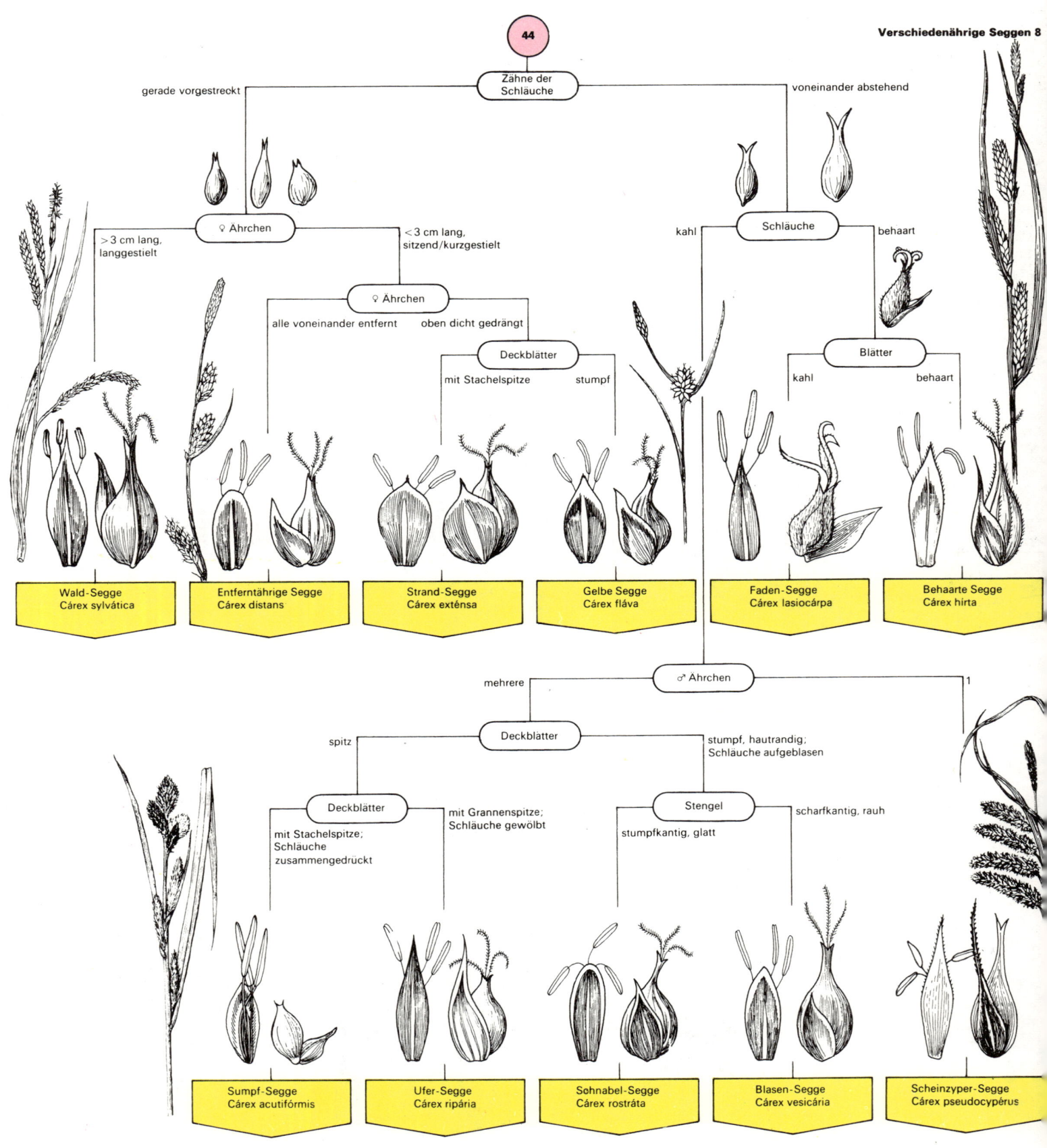

Zähne der
Schläuche

gerade vorgestreckt · voneinander abstehend

♀ Ährchen

>3 cm lang,
langgestielt · <3 cm lang,
sitzend/kurzgestielt

♀ Ährchen

alle voneinander entfernt · oben dicht gedrängt

Deckblätter

mit Stachelspitze · stumpf

Schläuche

kahl · behaart

Blätter

kahl · behaart

Wald-Segge
Cárex sylvática

Entferntährige Segge
Cárex dístans

Strand-Segge
Cárex exténsa

Gelbe Segge
Cárex fláva

Faden-Segge
Cárex lasiocárpa

Behaarte Segge
Cárex hirta

♂ Ährchen

mehrere · 1

Deckblätter

spitz · stumpf, hautrandig;
Schläuche aufgeblasen

Deckblätter

mit Stachelspitze;
Schläuche
zusammengedrückt · mit Grannenspitze;
Schläuche gewölbt

Stengel

stumpfkantig, glatt · scharfkantig, rauh

Sumpf-Segge
Cárex acutifórmis

Ufer-Segge
Cárex ripária

Schnabel-Segge
Cárex rostráta

Blasen-Segge
Cárex vesicária

Scheinzyper-Segge
Cárex pseudocypérus

Binsengewächse (Juncáceae)

Familienmerkmale

✶ B 3+3 S 3+3 F̲ (3)
— die ♂ Blüten sind zu kopfigen oder rispenartigen Blütenständen vereinigt; windblütig

Triften-Hainsimse
(Lúzula campéstris)

— Blätter stielrund oder grasartig
— Frucht eine 3klappige Kapsel, die bei den Binsen viele kleine Samen, bei den Hainsimsen jedoch 3 größere Samen enthält; Verbreitung durch Ameisen
— meist Stauden, seltener 1jährige Kräuter (Kopf-Binse, Kröten-Binse, Sand-Binse)

Vorkommen

Ufer und Strand, Wiesen, Moore, Wälder, Gebüsche, Wege, Äcker

Die grasartigen Vertreter dieser Familie unterscheiden sich von den Süßgräsern außer im Blütenbau durch die knotenlosen markhaltigen Stengel (Stengel durchschneiden und mit der Lupe prüfen).
Die Arten der Gattung Hainsimse (auch Marbel oder Hasenbrot genannt) wachsen in Wäldern, lichten Gebüschen und auch auf Wiesen. Die Haar-Hainsimse und die Schmalblättrige Hainsimse bevorzugen nährstoffarme, saure Böden. Sie zählen als Standortzeiger zu den säureliebenden Arten.
Landwirtschaftlich haben die Binsengewächse kaum Bedeutung. Früher wurden ihre Stengel zum Flechten von Matten und Körben verwendet.

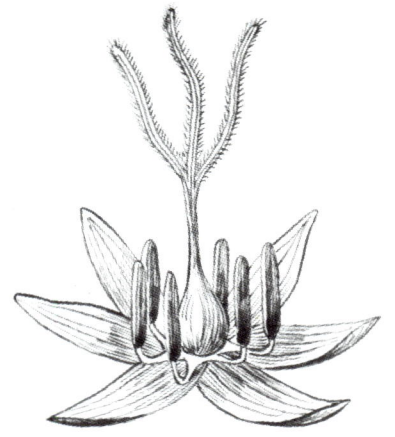

Blüte

Binse

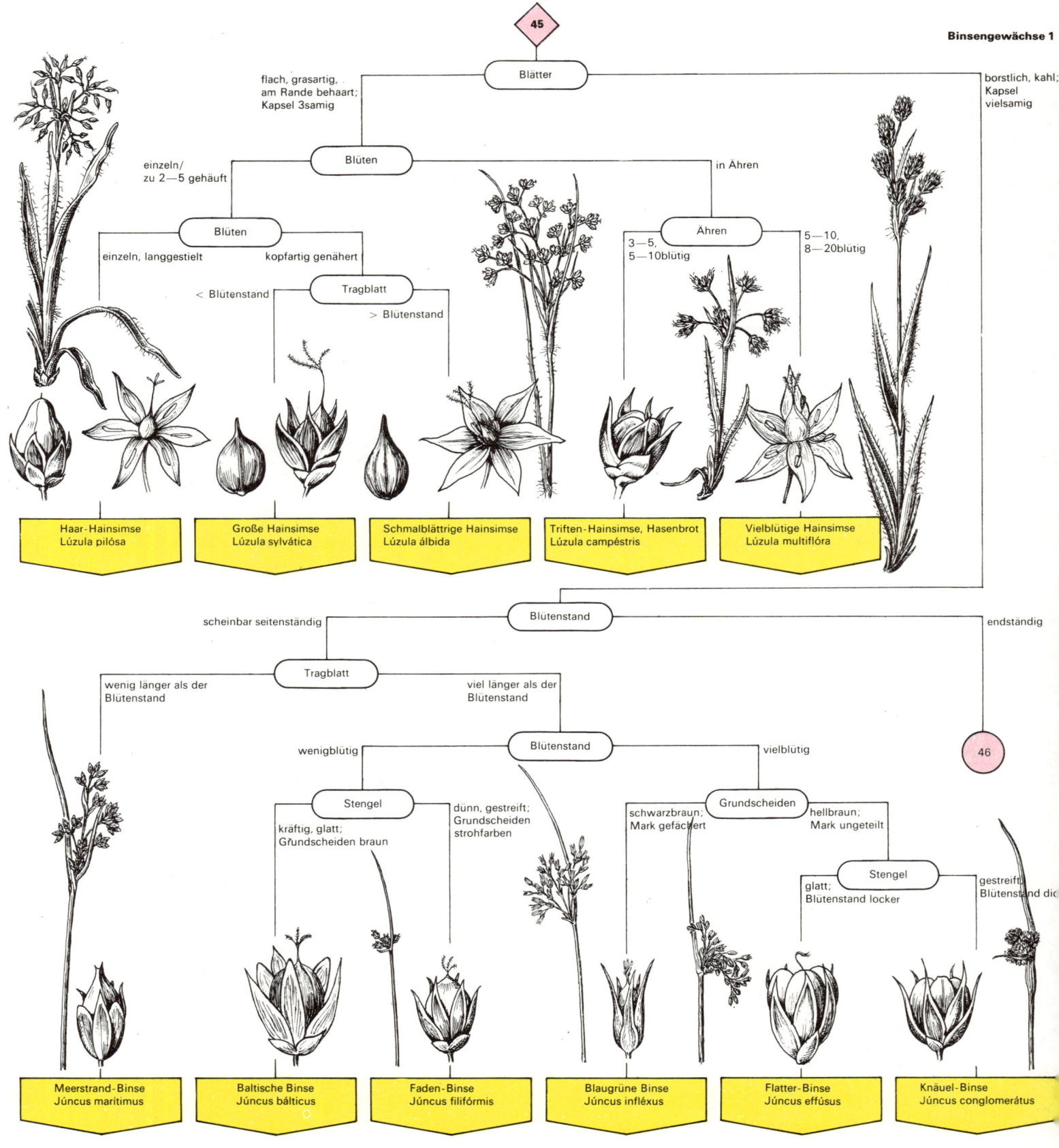

45

Blätter

flach, grasartig,
am Rande behaart;
Kapsel 3samig

borstlich, kahl;
Kapsel
vielsamig

Blüten

einzeln/
zu 2—5 gehäuft

in Ähren

Blüten

Ähren

einzeln, langgestielt

kopfartig genähert

3—5,
5—10blütig

5—10,
8—20blütig

Tragblatt

< Blütenstand

> Blütenstand

Haar-Hainsimse
Lúzula pilósa

Große Hainsimse
Lúzula sylvática

Schmalblättrige Hainsimse
Lúzula álbida

Triften-Hainsimse, Hasenbrot
Lúzula campéstris

Vielblütige Hainsimse
Lúzula multiflóra

Blütenstand

scheinbar seitenständig

endständig

Tragblatt

wenig länger als der
Blütenstand

viel länger als der
Blütenstand

46

Blütenstand

wenigblütig

vielblütig

Stengel

Grundscheiden

kräftig, glatt;
Grundscheiden braun

dünn, gestreift;
Grundscheiden
strohfarben

schwarzbraun;
Mark gefächert

hellbraun;
Mark ungeteilt

Stengel

glatt;
Blütenstand locker

gestreift;
Blütenstand dic

Meerstrand-Binse
Júncus marítimus

Baltische Binse
Júncus bálticus

Faden-Binse
Júncus filifórmis

Blaugrüne Binse
Júncus infléxus

Flatter-Binse
Júncus effúsus

Knäuel-Binse
Júncus conglomerátus

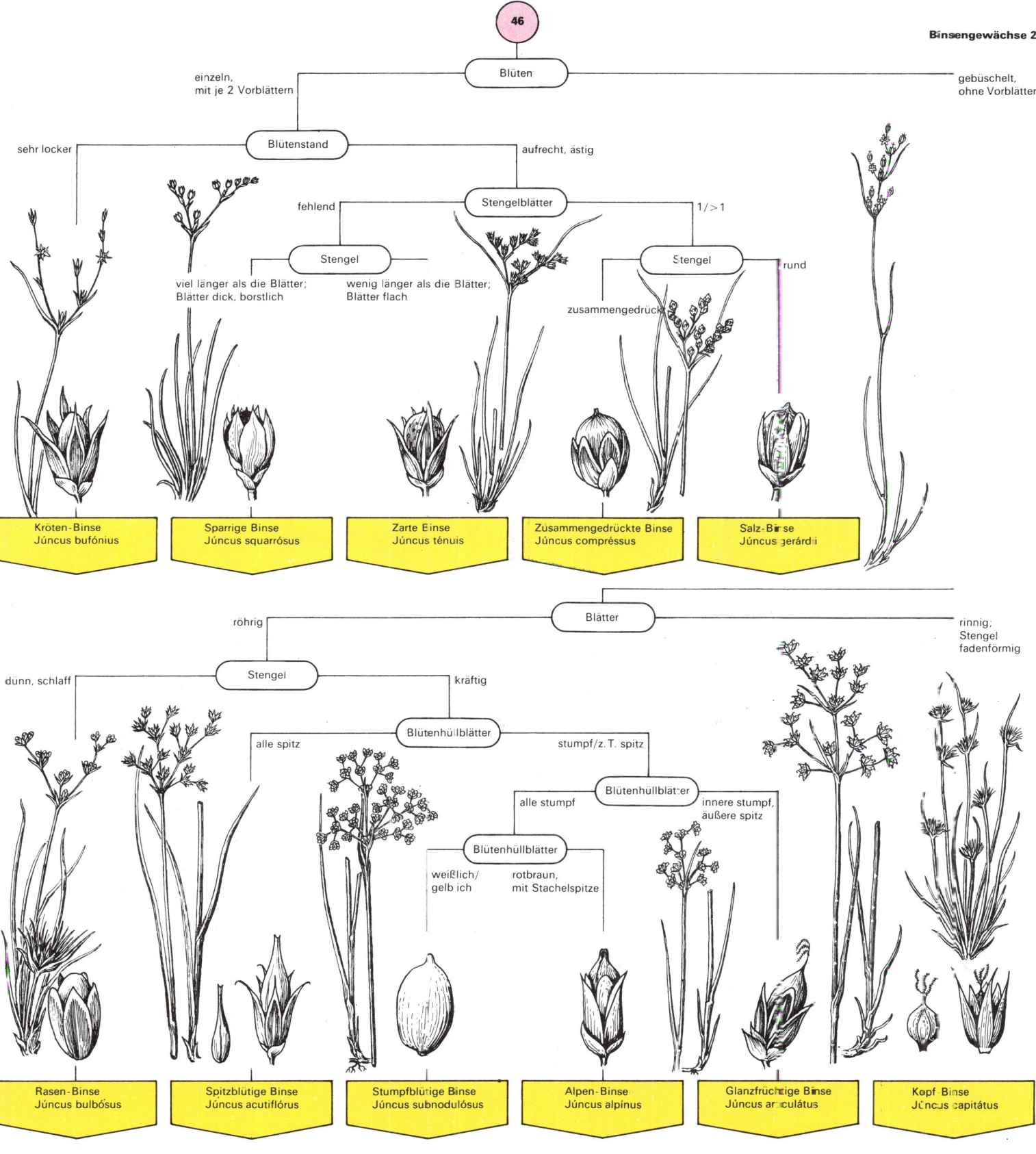

46

Binsengewächse 2

Blüten

einzeln,
mit je 2 Vorblättern

gebüschelt,
ohne Vorblätter

Blütenstand

sehr locker

aufrecht, ästig

Stengelblätter

fehlend

1/ > 1

Stengel

viel länger als die Blätter;
Blätter dick, borstlich

wenig länger als die Blätter;
Blätter flach

Stengel

zusammengedrückt

rund

Kröten-Binse
Júncus bufónius

Sparrige Binse
Júncus squarrósus

Zarte Binse
Júncus ténuis

Zusammengedrückte Binse
Júncus compréssus

Salz-Binse
Júncus gerárdi

Blätter

röhrig

rinnig;
Stengel
fadenförmig

Stengel

dünn, schlaff

kräftig

Blütenhüllblätter

alle spitz

stumpf/z. T. spitz

Blütenhüllblätter

alle stumpf

innere stumpf,
äußere spitz

Blütenhüllblätter

weißlich/
gelblich

rotbraun,
mit Stachelspitze

Rasen-Binse
Júncus bulbósus

Spitzblütige Binse
Júncus acutiflórus

Stumpfblütige Binse
Júncus subnodulósus

Alpen-Binse
Júncus alpínus

Glanzfrüchtige Binse
Júncus articulátus

Kopf-Binse
Júncus capitátus

Süßgräser
          Binsengewächse

Ausdauernder Lolch
(Lólium perénne)

Gemeiner Strandhafer
(Ammóphila arenária)

Nickendes Perlgras
(Mélica nútans)

Flatter-Binse
(Júncus effúsus)

Glanzfrüchtige Binse
(Júncus articulátus)

Liliengewächse (Liliáceae)

Familienmerkmale

✱ B 3+3 S 3+3 F (3)
— Blüten ☿,
Bestäubung durch Insekten
— Blütenblätter frei
oder verwachsen
— Fruchtknoten oberständig
— als Früchte bilden sich Kapseln oder Beeren
aus. Die reifen Beeren sind leuchtend rot ge-
färbt, nur bei der Einbeere und den Weißwurz-
Arten sind sie dunkelviolett
— Stauden

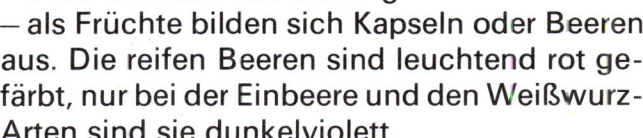

Milchstern

Weißer Germer
(Verátrum álbum)

Vorkommen

Wälder, Gebüsche, trockene Hänge, Wiesen,
Wege, Äcker

Alle heimischen Liliengewächse besitzen unterirdische Speicherorgane, mit denen sie die
ungünstige Jahreszeit überdauern. Im Frühjahr wächst daraus die blühende Pflanze hervor. Dabei wird der Nährstoffvorrat aufge-
braucht. Viele der Frühjahrsblumen unserer
Gärten sind Vertreter dieser Familie, zum Beispiel Tulpen, Blausterne, Träubelchen, Hya-
zinthen, Lilien und Schachbrettblumen. Auf
Äckern, auf Wiesen und in Wäldern entfalten
die Goldstern-Arten bereits im März ihre
gelben Blüten.
Der Spargel und einige Arten der Gattung
Lauch (Zwiebel, Knob-Lauch, Porree,
Schnitt-Lauch) sind bekannte Gemüse- und

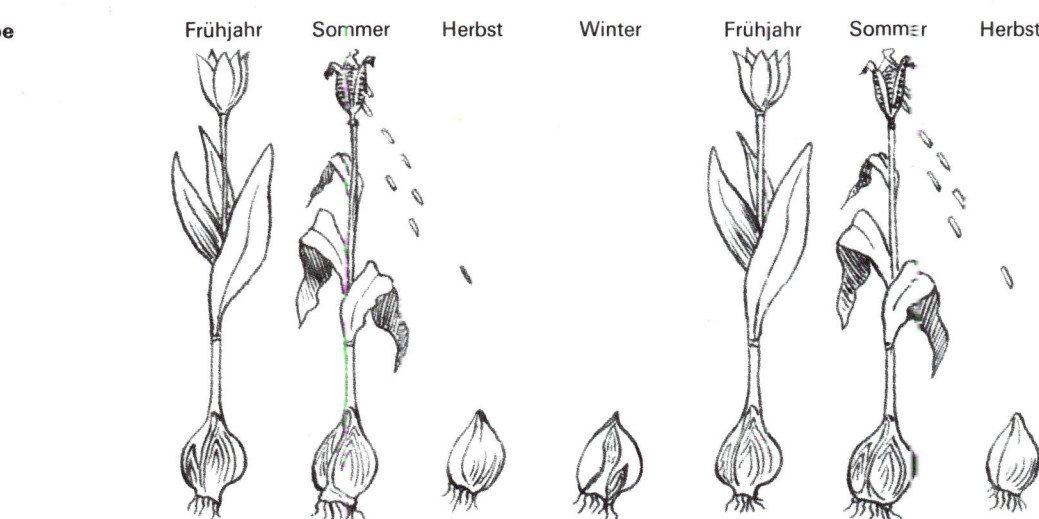

Tulpe   Frühjahr   Sommer   Herbst   Winter   Frühjahr   Sommer   Herbst

105

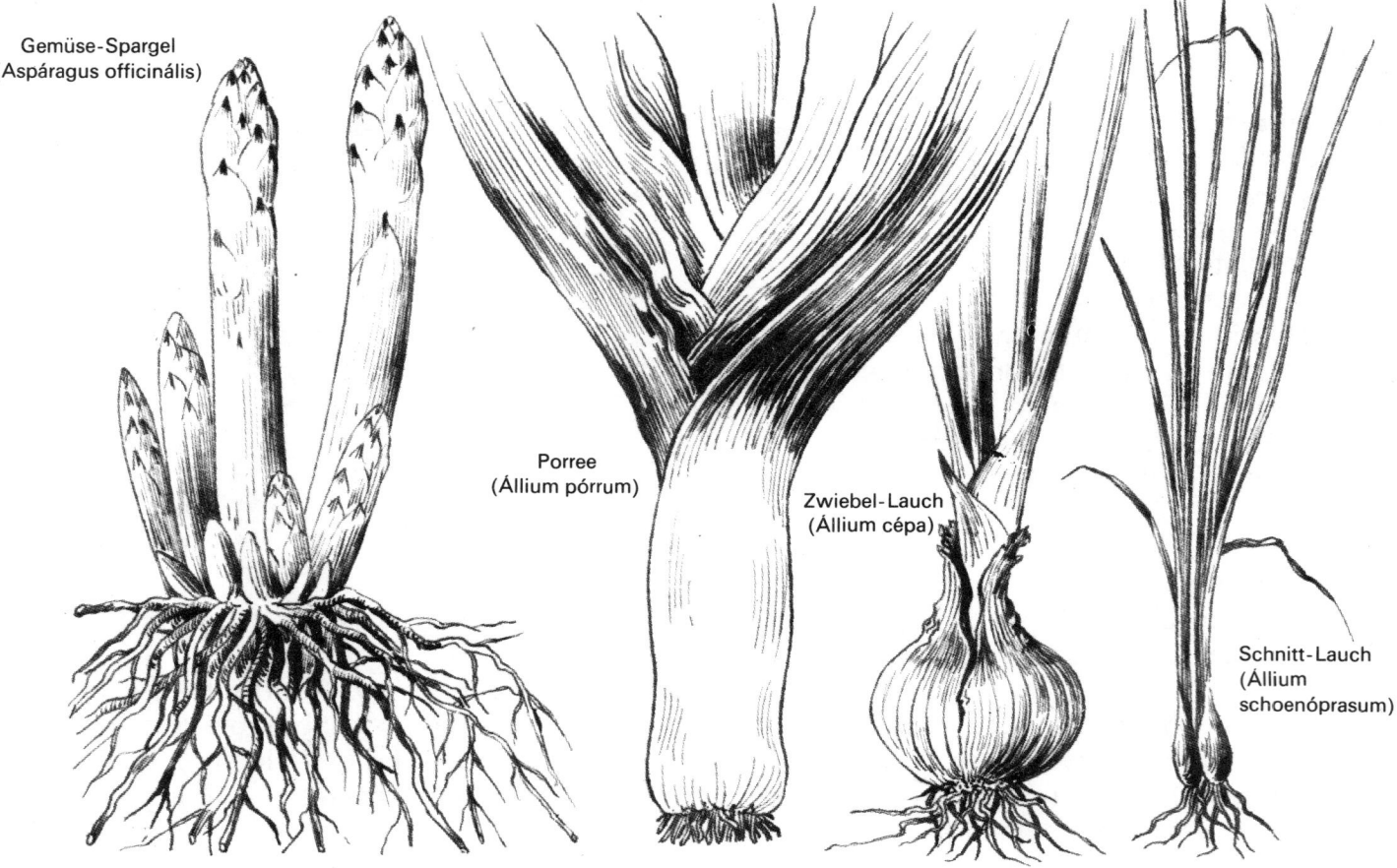

Gemüse-Spargel
(Aspáragus officinális)

Porree
(Állium pórrum)

Zwiebel-Lauch
(Állium cépa)

Schnitt-Lauch
(Állium schoenóprasum)

Gewürzpflanzen aus der Familie der Liliengewächse. Beim Spargel wird die junge Sproßachse noch vor dem Austreiben ausgestochen und kommt als Gemüse auf den Markt. Die Sproßachsen und die sie umhüllenden jungen Blätter des Porree werden ebenfalls als Gemüse verwendet. Die unterirdischen Speicherorgane der Küchen-Zwiebel und des Knob-Lauchs dienen als Speisenwürze. Vom Schnitt-Lauch verwenden wir die dünnen Sprosse und Blätter.

Wer im Süden des Gebiets wohnt, findet im Herbst auf feuchten Wiesen oft viele hellvioletten Blüten der giftigen Herbst-Zeitlose. Weitere Teile dieser Pflanze sind im Herbst nicht sichtbar. Es lohnt sich jedoch, eine solche Wiese im nächsten Frühjahr wieder aufzusuchen, um nach den Herbst-Zeitlosen zu schauen. Die hellvioletten Blüten entwickeln sich aus einer unterirdischen Sproßknolle. Nach der Bestäubung verwelken die Blüten. Erst im nächsten Frühjahr, etwa im April, wachsen aus der Sproßknolle lange schmale Blätter hervor. Zwischen ihnen reifen allmählich die Früchte aus. Es sind dicke 3kantige Kapseln. Während der Frühjahrs- und Sommermonate bauen die Blätter Nährstoffe auf, die dem unterirdischen Speicherorgan zugeleitet werden. Im Spätsommer sterben die Laubblätter ab, und im Herbst wächst aus dem Speicherorgan wieder eine der hellvioletten Blüten hervor (↗ Abb. S. 108).

47

Pflanze

mit vollentwickelten Blättern · mit nadelförmigen Sprossen

Staubblätter

4/8—10 · 6

Staubblätter · Blütenhülle

4 · 8—10 · verwachsen · freiblättrig

Blüten

>3 cm · <3 cm

Blütenstand

kopfig/doldig/ Bluten einzeln · traubig/rispig

49

48

Zweiblättrige Schattenblume
Maiánthemum bifólium

Vierblättrige Einbeere
Páris quadrifólia

Gemüse-Spargel
Aspáragus officinális
k

Pflanze

mit Zwiebelgeruch · geruchlos

Blütenstiele

gegliedert · ungegliedert

Griffel

aufsteigend, so lang wie die Blütenhülle · gerade, länger als die Blütenhülle

Bluten

blau · weiß

Lauch
Állium

Goldstern
Gágea

Astlose Graslilie
Anthéricum liliágo

Ästige Graslilie
Anthéricum ramósum

Zweiblättriger Blaustern
Scilla bifolia
Z

Doldiger Milchstern
Ornithógalum umbellátum

Herbst-Zeitlose (Cólchicum autumnále)

Frühjahr   Sommer   Herbst

Frühjahr   Sommer   Herbst   Winter   Frühjahr   Sommer   Herbst   Winter

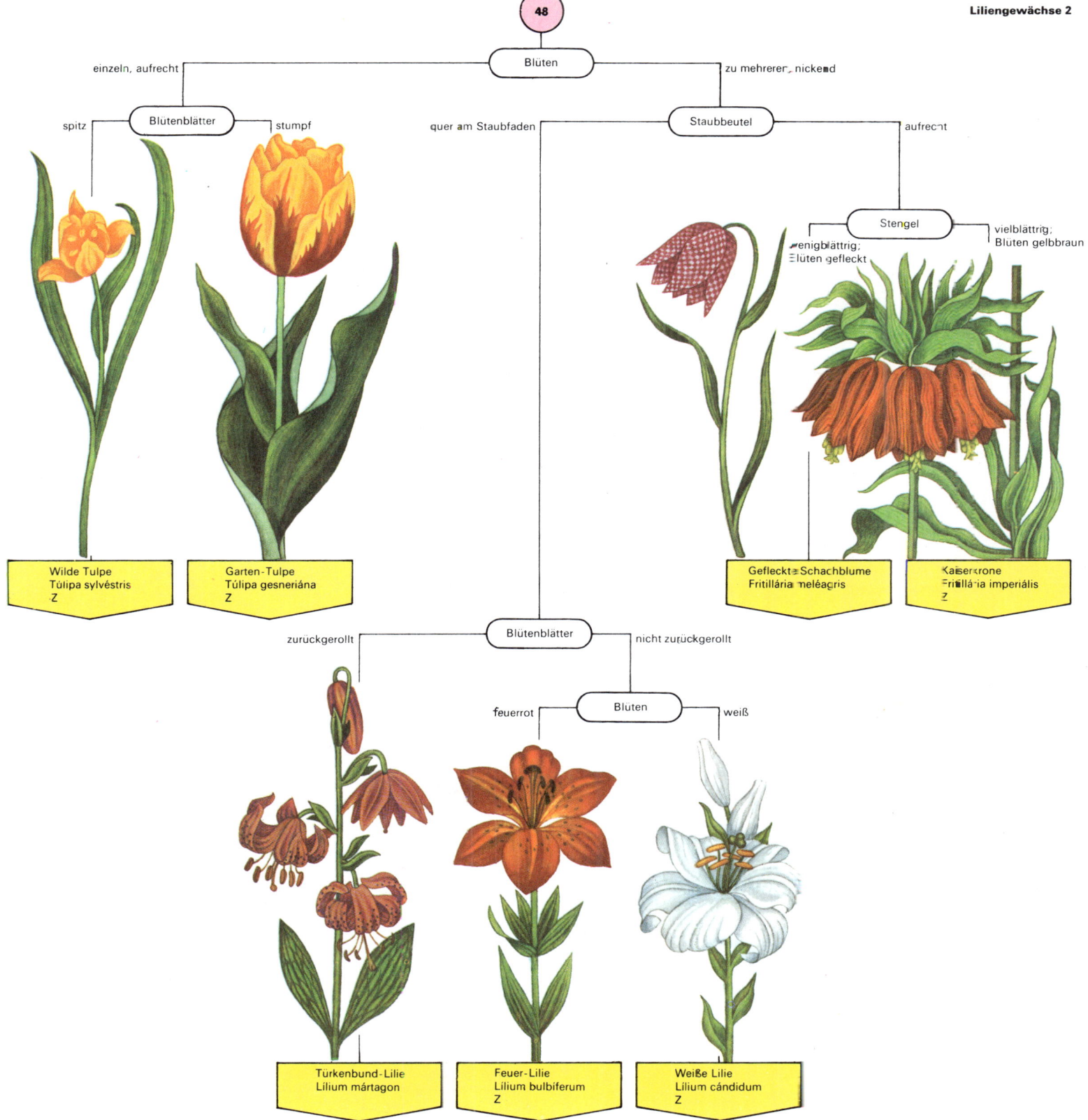

48

Blüten

einzeln, aufrecht

Blütenblätter

spitz

stumpf

zu mehreren, nickend

Staubbeutel

quer am Staubfaden

aufrecht

Stengel

wenigblättrig;
Blüten gefleckt

vielblättrig;
Blüten gelbbraun

Wilde Tulpe
Túlipa sylvéstris
Z

Garten-Tulpe
Túlipa gesneriána
Z

Gefleckte Schachblume
Fritilláría meléagris

Kaiserkrone
Fritilláría imperiális
Z

Blütenblätter

zurückgerollt

nicht zurückgerollt

Blüten

feuerrot

weiß

Türkenbund-Lilie
Lílium mártagon

Feuer-Lilie
Lílium bulbiferum
Z

Weiße Lilie
Lílium cándidum
Z

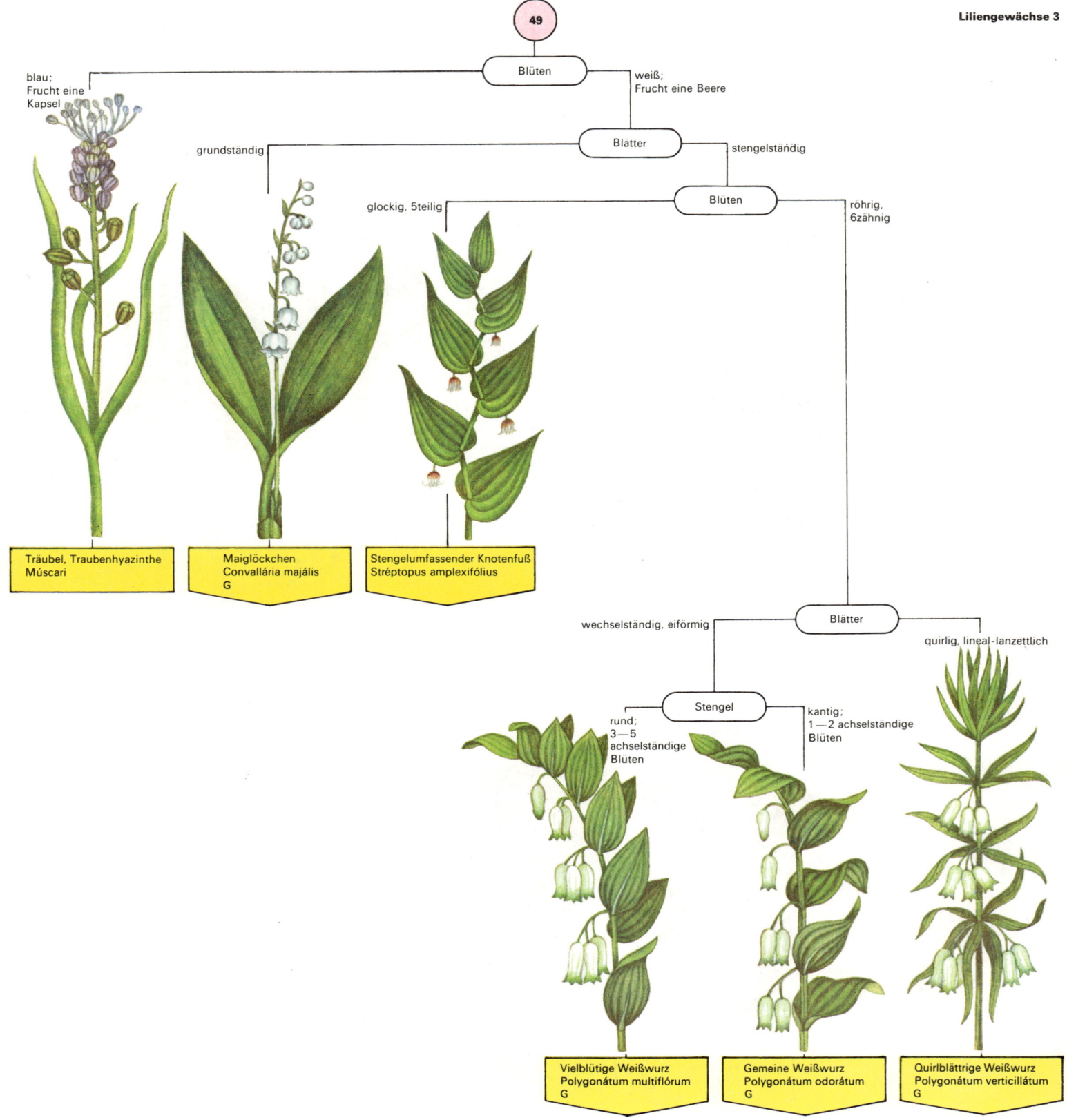

49

Blüten

blau;
Frucht eine
Kapsel

weiß;
Frucht eine Beere

Blätter

grundständig

stengelständig

Blüten

glockig, 5teilig

röhrig,
6zähnig

Träubel, Traubenhyazinthe
Múscari

Maiglöckchen
Convallária majális
G

Stengelumfassender Knotenfuß
Stréptopus amplexifólius

Blätter

wechselständig, eiförmig

quirlig, lineal-lanzettlich

Stengel

rund;
3—5
achselständige
Blüten

kantig;
1—2 achselständige
Blüten

Vielblütige Weißwurz
Polygonátum multiflórum
G

Gemeine Weißwurz
Polygonátum odorátum
G

Quirlblättrige Weißwurz
Polygonátum verticillátum
G

Amaryllisgewächse
(Amaryllidáceae)

Familienmerkmale
✱ B 3+3 S 3+3 $\overline{F}$ (3)
— Blüten ♀, Bestäubung
durch Insekten
— als Früchte werden Kapseln
oder Beeren ausgebildet
— Stauden

Schneeglöckchen

Vorkommen
Wälder, Gebüsche

Das in Gärten häufige Schneeglöckchen ist
der bekannteste Vertreter dieser Familie, zu
der als weitere Frühlingsboten noch der Märzbecher (auch Frühlings-Knotenblume genannt) und die Narzissen gehören. Auch diese
Arten besitzen Zwiebeln als unterirdische
Speicherorgane.
Die Agaven, die in den botanischen Gärten
gezeigt werden, wachsen in Amerika wild.
Sie besitzen dickfleischige lange Blätter, die
in einer Rosette stehen. Aus dieser wächst
ein langgestielter, rispenartiger Blütenstand
heraus, der glockenförmige, weiße Blüten
trägt. Eine der Agaven-Arten liefert den Sisal-
hanf. Das sind Pflanzenfasern, aus denen
dicke Seile hergestellt werden.
Häufig wird diese eng mit den Amaryllis-
gewächsen verwandte Gattung zu einer eigenen Familie (Agaváceae) zusammengefaßt.

Agave

Alpen-Narzisse
(Narcíssus stelláris)

Kleines Schneeglöckchen (Galánthus nivális)

50

Staubblätter

3;
Narben 3

6;
Narben einfach, 3lappig

Schwertliliengewächse

Blüten

fast 2lippig

regelmäßig

Blütenblätter

alle gleich gestaltet

verschieden gestaltet

äußere
Blütenblätter

oberseits bärtig

bartlos

Stengel

niedrig, 1blütig

hoch, mehrblütig

Gladiole, Siegwurz	Krokus	Zwerg-Schwertlilie	Holunder-Schwertlilie	Wasser-Schwertlilie
Gladiolus	Crócus	Íris púmila	Íris sambúcina	Íris pseudácorus
		Z	Z	

Amaryllisgewächse

Blütenblätter

verwachsen

frei

Blütenblätter

gleichlang

innere kürzer

Blüten

weiß

gelb

Blüten

1—2

3—6

Weiße Narzisse	Gelbe Narzisse, Osterglocke	Märzbecher	Sommer-Knotenblume	Kleines Schneeglöckchen
Narcissus poéticus	Narcissus pseudonarcíssus	Leucójum vérnum	Leucójum aestívum	Galánthus nivális
Z	Z			Z

Schwertliliengewächse (Iridáceae)

Familienmerkmale

✴ B 3+3 S 3 $\overline{F}$ (3)
— Blüten ⚥, Bestäubung durch Insekten
— es treten nur Kapselfrüchte auf

Schwertlilie

Vorkommen

Gebüsche, Wiesen, Ufer, Gräben, Sümpfe

Aus den unterirdischen Knollen treiben im Frühling die buntgefärbten radiären Blüten der Krokusse aus. Auch bei den Schwertlilien sind die Blüten radiär. Die inneren Blütenblätter weichen aber in der Gestalt von den äußeren ab. Dorsiventrale Blüten besitzen die Gladiolen.
Krokusse wachsen nicht nur in Gärten und Anlagen; an einigen Orten haben sie sich stark vermehrt und kommen in großen Mengen auf Bergwiesen vor. Solche Krokuswiesen werden im Frühling von vielen Menschen besucht, die sich an der bunten Blütenpracht erfreuen.
Die wildwachsenden Arten der Gattungen Schwertlilie und Siegwurz (Gladiole) sind heute selten geworden.

Blüte
Frucht
Wasser-Schwertlilie (Iris pseudácorus)

Knabenkrautgewächse (Orchidáceae)

Familienmerkmale

I B 3+3 S 1—2 $\overline{F}$ (3)
— Blüten ⚥, Insektenbestäubung
— Staubblatt und Griffel sind zu einem Säulchen verwachsen
— Blütenstiele fehlen. Was auf den ersten Blick wie ein Blütenstiel aussieht, das ist der

Waldvöglein

unterständige Fruchtknoten. Während sich aus der Knospe allmählich die Blüte entwickelt, dreht sich bei den meisten Arten der Fruchtknoten um seine eigene Achse. Den Grad dieser Drehung können wir an den Längsriefen im Fruchtknoten erkennen
— die Frucht ist eine Kapsel
— alle einheimischen Orchideen sind Stauden, die mit unterirdischen Speicherorganen die ungünstige Jahreszeit überdauern

Vorkommen

Wiesen, Wälder, Moore

Die Blüten der Orchideen unterscheiden sich in ihrer Form und in ihrer Färbung sehr. Aber stets geht diese Vielfalt auf die 6 Blütenblätter zurück; 3 von ihnen neigen sich zu einem helmartigen Dach zusammen, unter dem sich Staubblatt und Griffel befinden; 2 Blütenblätter stehen seitlich ab. Das sechste ist 3teilig und abwärtsgerichtet. Es wird Lippe genannt. In Form und Farbe ist die Lippe sehr mannigfaltig. Beim Frauenschuh bildet sie einen goldgelben Pantoffel. Wie eine Fliege,

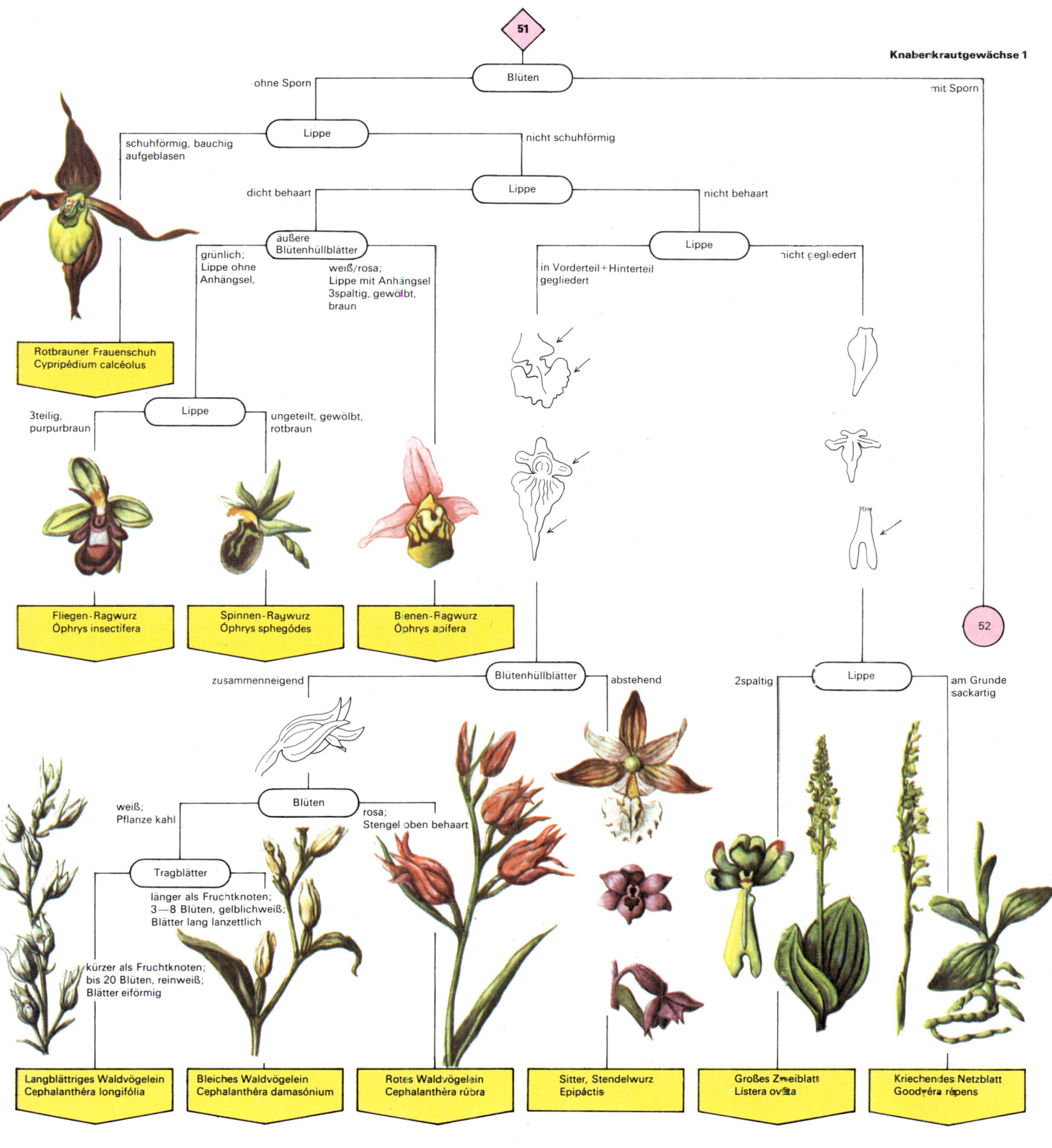

51 Blüten

ohne Sporn — mit Sporn

Lippe

schuhförmig, bauchig aufgeblasen — nicht schuhförmig

Lippe

dicht behaart — nicht behaart

äußere Blütenhüllblätter

grünlich; Lippe ohne Anhängsel, — weiß/rosa; Lippe mit Anhängsel 3spaltig, gewölbt, braun

Lippe

in Vorderteil + Hinterteil gegliedert — nicht gegliedert

**Rotbrauner Frauenschuh
Cypripédium calcéolus**

Lippe

3teilig, purpurbraun — ungeteilt, gewölbt, rotbraun

52

**Fliegen-Ragwurz
Óphrys insectifera**

**Spinnen-Ragwurz
Óphrys sphegódes**

**Bienen-Ragwurz
Óphrys apifera**

Blütenhüllblätter

zusammenneigend — abstehend

2spaltig — Lippe — am Grunde sackartig

Blüten

weiß; Pflanze kahl — rosa; Stengel oben behaart

Tragblätter

länger als Fruchtknoten; 3—8 Blüten, gelblichweiß; Blätter lang lanzettlich

kürzer als Fruchtknoten; bis 20 Blüten, reinweiß; Blätter eiförmig

**Langblättriges Waldvögelein
Cephalanthéra longifólia**

**Bleiches Waldvögelein
Cephalanthéra damasónium**

**Rotes Waldvögelein
Cephalanthéra rúbra**

**Sitter, Stendelwurz
Epipáctis**

**Großes Zweiblatt
Lístera ováta**

**Kriechendes Netzblatt
Goodyéra répens**

Kohlröschen
(Nigritélla nígra)

eine Spinne oder eine Biene sind die Lippen bei den Ragwurz-Arten geformt und gefärbt. Wie lange „Hobelspäne" sehen sie bei der Bocks-Riemenzunge aus. Die Volksnamen knüpfen oft an die Form des Helmes oder der Lippe an, zum Beispiel Helm-Knabenkraut, Hohlzunge oder Spinnen-Ragwurz.

Die Familie der Orchideen umfaßt etwa 30 000 Arten. In Mitteleuropa kommen jedoch nur rund 70 Arten vor. Alle heimischen Orchideen sind Bodenbewohner und ausdauernde Pflanzen mit unterirdischen Speicherorganen. Manche überwintern mit grünen Blattrosetten. Im Frühsommer entwikkeln sich die Blütenstände und Blüten. Einige Arten haben keine grünen Blätter. Ihr Stengel und die Blüten sind gelblich oder hellbräunlich gefärbt (↗ Tafel 2).

Durch Abpflücken, durch Ausgraben und durch die Vernichtung ihrer charakteristischen Lebensräume sind viele Arten bereits selten geworden oder vom Aussterben bedroht. Deshalb stehen alle heimischen Orchideen unter Naturschutz.

Die meisten tropischen Orchideen wachsen auf Bäumen. In ihren oberirdischen Knollen speichern sie Wasser und Nährstoffe. Ihre Blüten sind vielfach größer und farbenprächtiger als die unserer heimischen Arten. Die meisten Orchideen, die wir in den Gewächshäusern der botanischen Gärten, in Tropenhäusern der Tierparks und in den Blumengeschäften bewundern können, stammen aus den tropischen Regenwäldern Südostasiens und des nördlichen Südamerikas. Die unreifen Samenkapseln einer tropischen Art (Vanilla) liefern Vanillin. Dieser Würzstoff wurde früher der Schokolade, der Eiskrem und dem Puddingpulver zugesetzt. Heute kann er synthetisch hergestellt werden.

52

Sporn

dünn, fadenförmig, länger als der Fruchtknoten — walzig, keulenförmig, kürzer als der Fruchtknoten

Lippe

ungeteilt; Blüten weißlich — 3lappig; Blüten rötlich

Staubbeutelfächer

parallel; Sporn fädlich — auseinander tretend; Sporn keulig

Lippe

ungeteilt/3zähnig Blüten grünlich — 3teilig/3lappig

Mittellappen

gespalten — sehr lang

Blüten

weißlich; Sporn < ½ so lang wie Fruchtknoten — purpurn; Sporn > ½ so lang wie Fruchtknoten

Zweiblättrige Waldhyazinthe
Platanthéra bifólia

Grünliche Waldhyazinthe
Platanthéra chlorántha

Große Händelwurz
Gymnadénia conópsea

Grüne Hohlzunge
Coeloglóssum víride

Alpen-Weißzunge
Leucórchis álbida

Bocks-Riemenzunge
Himantoglóssum hircínum

Tragblätter

laubblattartig; Stengel beblättert — häutig; Stengel mit Rosette

Sporn

so lang/länger als Fruchtknoten; Blüten gelb/purpurn; Blätter länglich, ungefleckt — kürzer als Fruchtknoten Blüten purpurn

Blütenhüllblätter

alle helmartig — seitliche äußere flügelartig abstehend

Lippe

breiter als lang; Sporn kürzer als Fruchtknoten — länger als breit, Mittellappen länger

Stengel

6—10blättrig; Blätter gefleckt; Lippe 3lappig; Tragblätter kürzer als Blüten — 3—6blättrig; Tragblätter länger als Blüten

Lippe

3lappig, Mittellappen ungeteilt — 3teilig, Mittellappen 2spaltig

Holunder-Knabenkraut
Dactylórhiza sambúcina

Sumpf-Knabenkraut
Órchis palústris

Helm

kugelig, außen purpurn — länglich eiförmig, außen blaßrosa bis grauviolett

Geflecktes Knabenkraut
Dactylórhiza maculáta

Breitblättriges Knabenkraut
Dactylórhiza majális

Kleines Knabenkraut
Órchis mório

Wanzen-Knabenkraut
Órchis corióphora

Purpur-Knabenkraut
Órchis purpúrea

Helm-Knabenkraut
Órchis militáris

Zweikeimblättrige Pflanzenfamilien

Knöterichgewächse (Polygonáceae)

Familienmerkmale

✶ B 3+3 S 3—6 F̄ (2—4)
— Blüten klein
und unscheinbar,
in zusammengesetzten
Blütenständen,
♂ oder 1geschlechtig,
meist windblütig
— Blätter wechselständig,
meist ganzrandig,
seltener gelappt
— Nebenblätter häutig
und zu einer Tute
verwachsen, die dem Stengel anliegt
— als Früchte werden Nüßchen ausgebildet

Rhabarber

Ampfer

Vorkommen

Wälder, Gebüsche, Wegränder, Gräben, feuchte Wiesen, Dorfplätze, Weiden, Äcker

In Sandfeldern, in trockenen Wäldern, an Wegen und selbst auf Mauern wächst der Kleine Ampfer. Er wird etwa 5 bis 30 Zentimeter hoch. Auffällig sind seine kleinen dunkelroten, in dichten Knäueln stehenden Blüten. Weniger trockene Standorte, vor allem Wiesen, bevorzugt der Sauer-Ampfer. Seine Blätter können als Gemüse verwendet werden. Ebenfalls in feuchten Wiesen kommt der Schlangen-Knöterich vor. Seine dichten zylinderförmigen, blaßrosa gefärbten Blütenstände sind ein Schmuck der Wiesen. Den Namen erhielt der Schlangen-Knöterich wegen seiner schlangenartig gewundenen Wurzelstöcke. Sie wurden früher ausgegraben und zur Herstellung eines Wundheilmittels genutzt. Die Blätter des Schlangen-Knöterichs können wie Spinat verwendet werden. Als Zier- oder Futterpflanzen werden hochwüchsige Knöterich-Arten (bis 3 m) aus Amerika und Asien bei uns angebaut.

Aus der Mongolei und Südostsibirien kam der Rhabarber zu uns. Aus seinen langen Blattstielen läßt sich ein schmackhaftes Kompott zubereiten. Allerdings sind dafür nur die Stiele der ersten, im Frühjahr wachsenden Blätter verwendbar. Die Stiele der später austreibenden Blätter besitzen einen zu hohen Säuregehalt. Eine andere Rhabarber-Art, die aus den Gebirgen Asiens stammt, erlangte Bedeutung als Heilpflanze. Aus ihren Wurzelstöcken werden wirksame Abführmittel hergestellt.

Der Buchweizen stammt ebenfalls aus Asien. Erst im frühen Mittelalter kam er nach Europa. Den deutschen Namen erhielt diese Art wegen ihrer Früchte. In der Form ähneln sie den Bucheckern, und es läßt sich aus ihnen Mehl gewinnen (so wie aus dem Weizen). Das Mehl ist jedoch nicht backfähig. Es wird Brei oder Grütze daraus gekocht. Zur Mehlgewinnung wird Buchweizen heute kaum noch genutzt. Er gedeiht noch auf sehr trockenen, wenig nährstoffreichen Böden, auf denen die Getreidearten keine Erträge mehr bringen. Da Buchweizen schnell wächst, eignet er sich für trockene Böden als Zwischenfrucht. Von der Aussaat bis zur Reife vergehen nur etwa 10 bis 12 Wochen. Seine Blüten liefern ein gutes Bienenfutter.

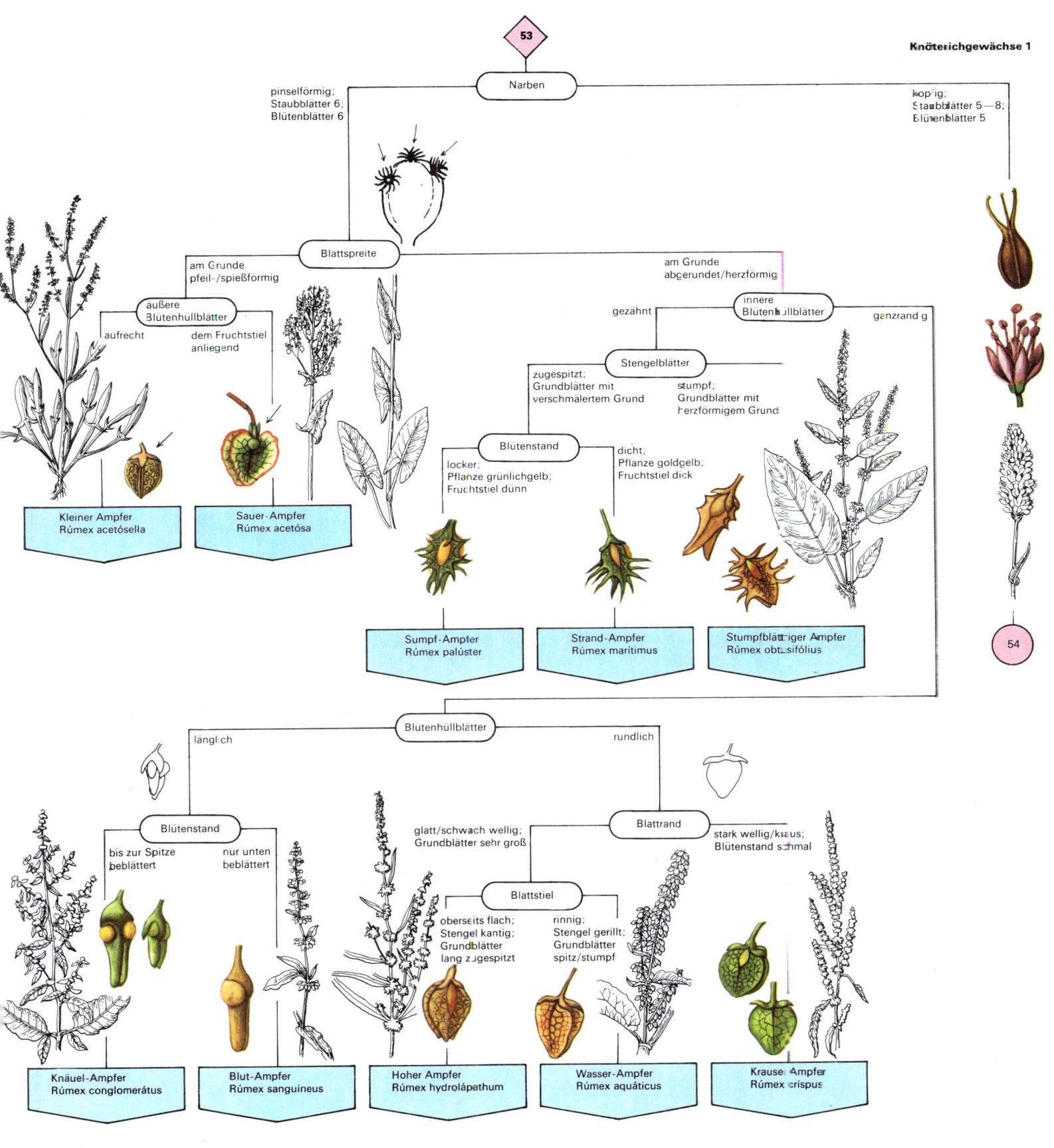

53

Narben

pinselförmig;
Staubblätter 6;
Blütenblätter 6

kopfig;
Staubblätter 5—8;
Blütenblätter 5

Blattspreite

am Grunde
pfeil-/spießförmig

am Grunde
abgerundet/herzförmig

äußere
Blütenhüllblätter

innere
Blütenhüllblätter

aufrecht

dem Fruchtstiel
anliegend

gezähnt

ganzrandig

Stengelblätter

zugespitzt;
Grundblätter mit
verschmälertem Grund

stumpf;
Grundblätter mit
herzförmigem Grund

Blütenstand

locker;
Pflanze grünlichgelb;
Fruchtstiel dünn

dicht;
Pflanze goldgelb;
Fruchtstiel dick

Kleiner Ampfer
Rúmex acetósella

Sauer-Ampfer
Rúmex acetósa

Sumpf-Ampfer
Rúmex palúster

Strand-Ampfer
Rúmex marítimus

Stumpfblättriger Ampfer
Rúmex obtusifólius

54

Blütenhüllblätter

länglich

rundlich

Blütenstand

bis zur Spitze
beblättert

nur unten
beblättert

Blattrand

glatt/schwach wellig;
Grundblätter sehr groß

stark wellig/kraus;
Blütenstand schmal

Blattstiel

oberseits flach;
Stengel kantig;
Grundblätter
lang zugespitzt

rinnig;
Stengel gerillt;
Grundblätter
spitz/stumpf

Knäuel-Ampfer
Rúmex conglomerátus

Blut-Ampfer
Rúmex sanguíneus

Hoher Ampfer
Rúmex hydrolápathum

Wasser-Ampfer
Rúmex aquáticus

Krauser Ampfer
Rúmex críspus

Echter Buchweizen (Fagopýrum sagittátum)

120

Schlangen-Knöterich (Polýgonum bistórta)

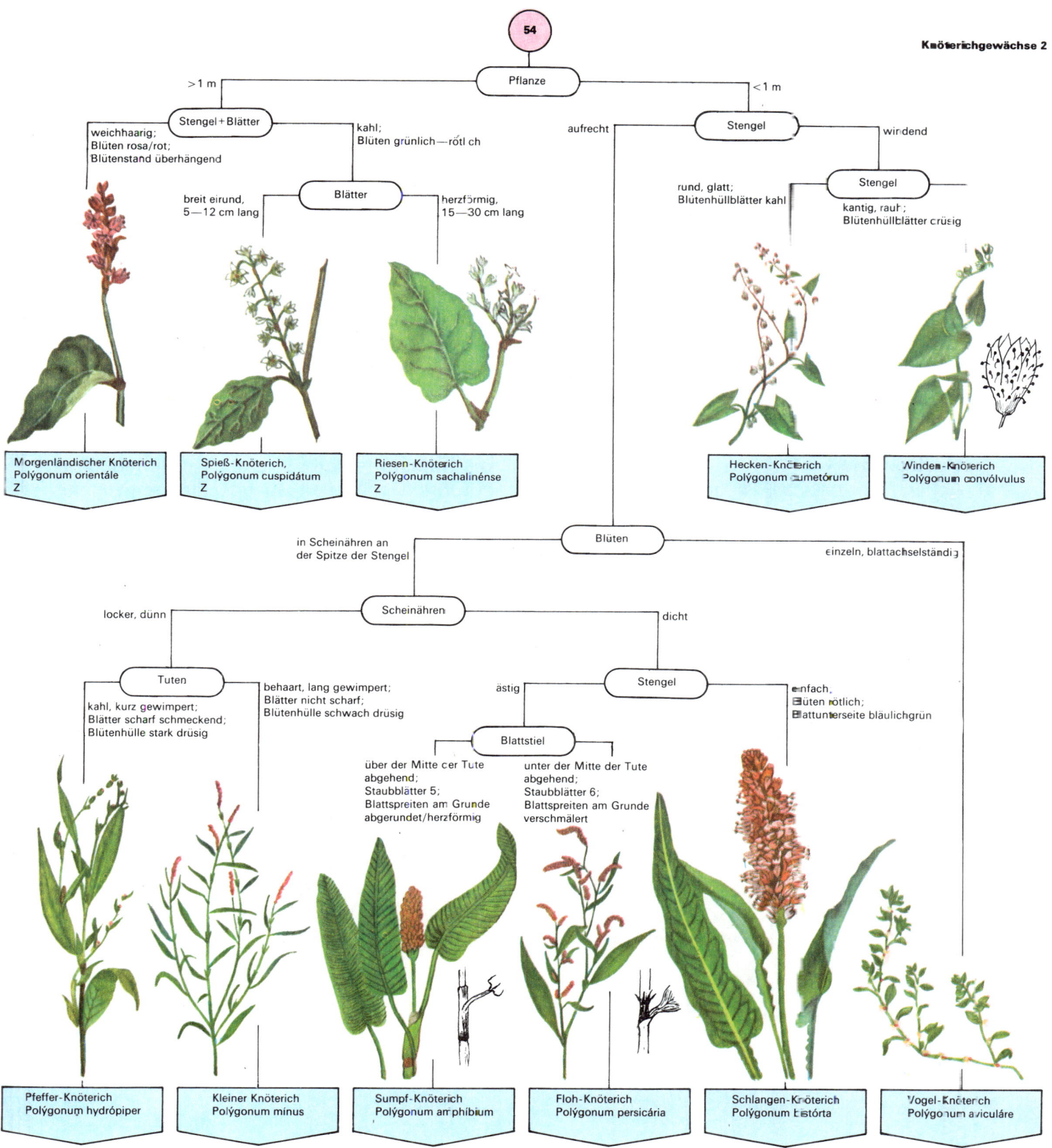

54

Pflanze

>1 m — Stengel + Blätter

<1 m — Stengel

aufrecht — windend

weichhaarig;
Blüten rosa/rot;
Blütenstand überhängend

kahl;
Blüten grünlich—rötlich

Blätter

breit eirund,
5—12 cm lang — herzförmig,
15—30 cm lang

rund, glatt;
Blütenhüllblätter kahl

Stengel

kantig, rauh;
Blütenhüllblätter drüsig

Morgenländischer Knöterich
Polýgonum orientále
Z

Spieß-Knöterich,
Polýgonum cuspidátum
Z

Riesen-Knöterich
Polýgonum sachalinénse
Z

Hecken-Knöterich
Polýgonum dumetórum

Winden-Knöterich
Polýgonum convólvulus

Blüten

in Scheinähren an
der Spitze der Stengel

einzeln, blattachselständig

Scheinähren

locker, dünn — dicht

Tuten

kahl, kurz gewimpert;
Blätter scharf schmeckend;
Blütenhülle stark drüsig

behaart, lang gewimpert;
Blätter nicht scharf;
Blütenhülle schwach drüsig

ästig

Stengel

einfach,
Blüten rötlich;
Blattunterseite bläulichgrün

Blattstiel

über der Mitte der Tute
abgehend;
Staubblätter 5;
Blattspreiten am Grunde
abgerundet/herzförmig

unter der Mitte der Tute
abgehend;
Staubblätter 6;
Blattspreiten am Grunde
verschmälert

Pfeffer-Knöterich
Polýgonum hydrópiper

Kleiner Knöterich
Polýgonum mínus

Sumpf-Knöterich
Polýgonum amphíbium

Floh-Knöterich
Polýgonum persicária

Schlangen-Knöterich
Polýgonum bistórta

Vogel-Knöterich
Polýgonum aviculáre

Gänsefußgewächse (Chenopodiáceae)

Familienmerkmale

✳ B 1—5 S 1—5 $\underline{F}$ (2)
— Blüten unscheinbar
und klein, meist in
rispenartigen Blütenständen vereinigt.
Es kommen ♂ und auch 1geschlechtige Blüten vor; dabei ist 1- oder auch 2häusigkeit möglich
— Bestäubung durch Insekten oder den Wind
— als Früchte werden Nüßchen ausgebildet
— Kräuter und Stauden

Vorkommen

Äcker; Schuttplätze, Wege, Strand und auch auf Salzstellen im Binnenland

Die meisten der bei uns heimischen Arten dieser Familie sind häufig auftretende Unkräuter, wie beispielsweise der Weiße Gänsefuß, der fälschlich oft Melde genannt wird. Es gehören zu ihr jedoch auch die volkswirtschaftlich wichtigen Rüben (Béta vulgáris), die Zucker-Rübe, die Runkel- oder Futter-Rübe, die Rote Rübe (Rote Bete) und der Mangold. Bei ihm entwickelt sich der Rübenkörper aus der Wurzel. Bei der Roten Rübe und manchen Sorten der Futter-Rübe ist der Sproßgrund verdickt. Sproßgrund und Wurzel bilden die Rübenkörper der Zucker-Rübe und einiger Sorten der Futter-Rübe. Der Nachweis des Rohrzuckers in den Beta-Rüben gelang im Jahre 1747 einem Berliner Apotheker. Damit begann die Züchtung besonders zuckerreicher Sorten. Heute enthält der Preßsaft der Zucker-Rübe etwa 20 Prozent Zucker.

Die Rüben sind 2jährige Pflanzen. Im ersten Jahr entwickelt sich eine kräftige Blattrosette, die Nährstoffe aufbaut und dem Rübenkörper zuführt. Der Gehalt an gespeicherten Nährstoffen ist im Spätherbst am höchsten. In dieser Zeit werden die Rüben geerntet. Aus den Rüben, die zur Saatgutgewinnung im Boden bleiben, wächst im zweiten Jahr ein reich verzweigter Blütenstand bis zu 1 Meter hoch.

Spinat gehört ebenfalls zur Familie der Gänsefußgewächse.

Mangold   Zuckerrübe   Runkelrübe   Rote Bete

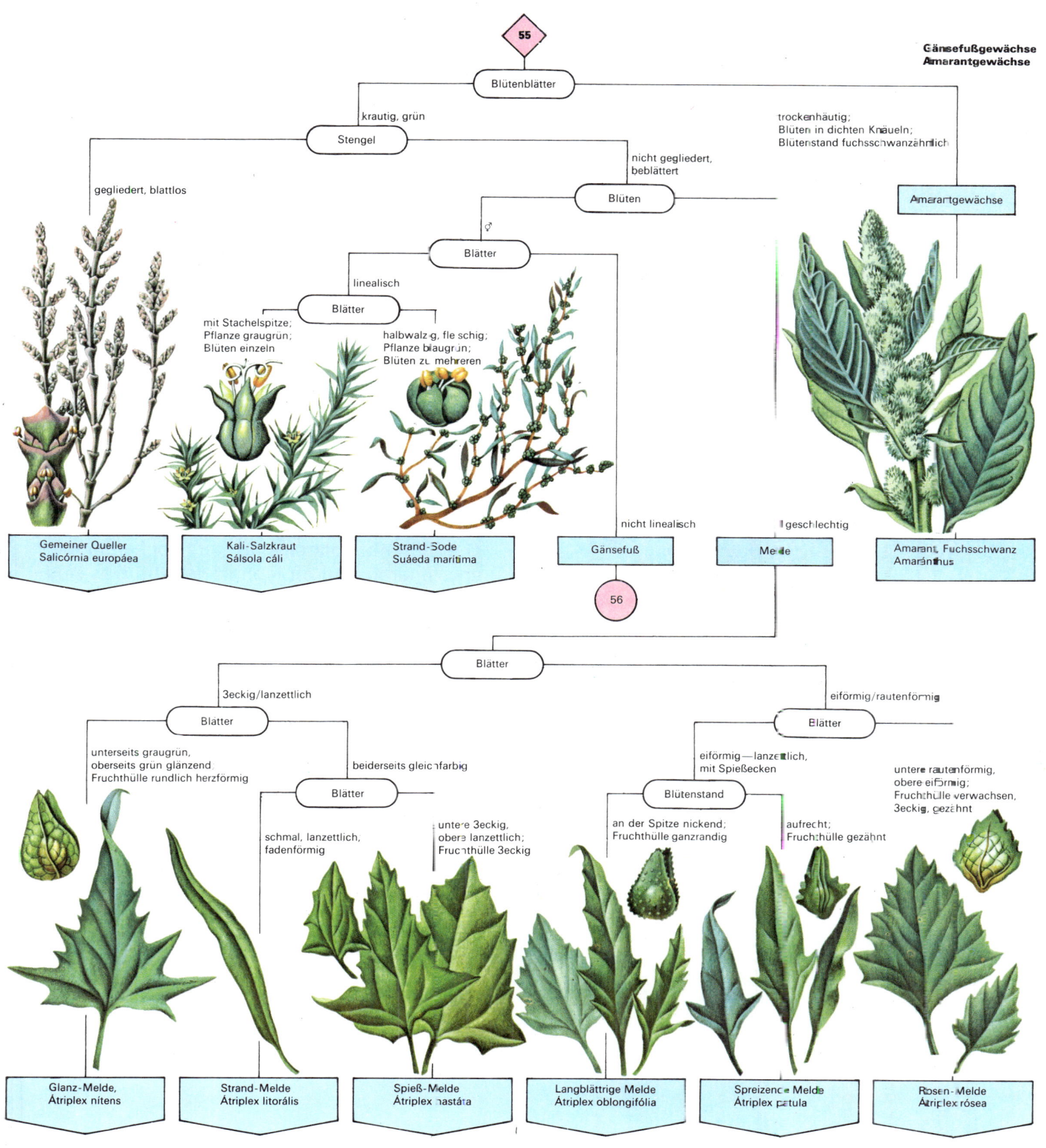

55

Gänsefußgewächse
Amarantgewächse

Blütenblätter

krautig, grün — Stengel

trockenhäutig;
Blüten in dichten Knäueln;
Blütenstand fuchsschwanzähnlich

gegliedert, blattlos

nicht gegliedert,
beblättert — Blüten

Amarantgewächse

♂ — Blätter

linealisch — Blätter

mit Stachelspitze;
Pflanze graugrün;
Blüten einzeln

halbwalzig, fleischig;
Pflanze blaugrün;
Blüten zu mehreren

Gemeiner Queller
Salicórnia európaea

Kali-Salzkraut
Sálsola cáli

Strand-Sode
Suáeda maritima

nicht linealisch

Gänsefuß

56

♀ geschlechtig

Melde

Amarant, Fuchsschwanz
Amaránthus

Blätter

3eckig/lanzettlich — Blätter

eiförmig/rautenförmig — Blätter

unterseits graugrün,
oberseits grün glänzend;
Fruchthülle rundlich herzförmig

beiderseits gleichfarbig — Blätter

eiförmig—lanzettlich,
mit Spießecken — Blütenstand

untere rautenförmig,
obere eiförmig;
Fruchthülle verwachsen,
3eckig, gezähnt

schmal, lanzettlich,
fadenförmig

untere 3eckig,
obere lanzettlich;
Fruchthülle 3eckig

an der Spitze nickend;
Fruchthülle ganzrandig

aufrecht;
Fruchthülle gezähnt

Glanz-Melde,
Átriplex nítens

Strand-Melde
Átriplex litorális

Spieß-Melde
Átriplex hastáta

Langblättrige Melde
Átriplex oblongifólia

Spreizende Melde
Átriplex patula

Rosen-Melde
Átriplex rósea

Fuchsschwanz-Amarant (Amaránthus caudátus)

Amarantgewächse (Amaranthàceae)

Familienmerkmale

✳ B 3—5 S 3—5 F̲ (3)
— Blüten ☿, klein.
Sie stehen einzeln in den Achseln von Tragblättern oder sind zu kopfigen oder langen Ähren vereinigt
— Bestäubung durch Insekten, auch durch den Wind
— Blätter stets ganzrandig
— Frucht meist eine 1 samige Deckelkapsel; seltener Nüßchen

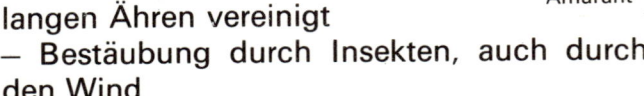

Amarant

Vorkommen

Äcker, Wege, Dorfplätze

Die Blütenhüllblätter sind stets trockenhäutig, spelzenartig und oft lebhaft gefärbt. Das sind wichtige Merkmale, die die Amarantgewächse von den Gänsefußgewächsen unterscheiden.

Den auffällig gefärbten Blütenständen, bei einigen Arten auch den buntgefärbten Blättern, verdanken die Amarantgewächse ihre Beliebtheit als Zierpflanzen.

Die Indianer bauten Amarantgewächse an, die sich durch öl- und eiweißreiche Samen auszeichneten. Die Samen wurden gemahlen oder zerquetscht und zu Brei und Fladenbrot verarbeitet.

Bei Ausgrabungsarbeiten sind im Staate Mexiko Fuchsschwanzsamen zusammen mit anderen Resten von Kulturpflanzen gefunden worden, die ein Alter von fast siebentausend Jahren haben.

56

Pflanze

drüsig-klebrig,
aromatisch riechend

drüsenlos, kahl,
nicht aromatisch riechend

Blätter

gezähnt/gelappt

ganzrandig

Grund der
Blattspreite

Blätter

nicht herzförmig

herzförmig

eiförmig

3eckig,
spießförmig

geruchlos;
Stengel 4kantig

Pflanze

stinkend

Klebriger Gänsefuß
Chenopódium bótrys

Unechter Gänsefuß
Chenopódium hýbridum

Vielsamiger Gänsefuß
Chenopódium polyspérmum

Stinkender Gänsefuß
Chenopódium vulvária

Dorf-Gänsefuß
Chenopódium bónus-henricus

Pflanze

nicht mehlig bestäubt

mehlig bestäubt

Blattunterseite

Blätter

bläulichgrau/weißlich,
mehlig bestäubt

grün

matt,
beiderseits bemehlt

glänzend,
nur unterseits bemehlt;
Pflanze stinkend

Blätter

Blätter

mit kurzen Zähnen

tiefbuchtig gezähnt

wenig länger als breit

viel länger als breit

Graugrüner Gänsefuß
Chenopódium gláucum

Straßen-Gänsefuß
Chenopódium úrbicum

Roter Gänsefuß
Chenopódium rúbrum

Schneeballblättriger Gänsefuß
Chenopódium opulifólium

Weißer Gänsefuß
Chenopódium álbum

Mauer-Gänsefuß
Chenopódium murále

Nelkengewächse (Caryophylláceae)

Familienmerkmale

✳ 5zahl im Blütenbau vorherrschend
— Blätter ungeteilt, schmal, meist gegenständig; Nebenblätter meist fehlend
— als Früchte treten Kapseln, Schließfrüchte und Beeren auf
— Kräuter und Stauden

Pechnelke

Leimkraut

Sternmiere

Vorkommen

Wälder, Gebüsche, Waldränder, Ufer, Wiesen, Schuttstellen, Felsen, Äcker

Die Arten der Gattung Nelke gehören zu den bekanntesten und schönsten Vertretern der Pflanzenwelt. Es gibt in dieser Familie jedoch auch zahlreiche kleine unscheinbare Pflanzen. Auf trockenen Sandböden und an Wegen wächst das Kahle Bruchkraut. Seine sehr kleinen gelbgrünen Blüten stehen dicht gedrängt. Auch die kleinen Blätter sitzen eng beieinander. Das dunklere, graugrüne Behaarte Bruchkraut ist seltener zu finden. In den nördlichen Bezirken fehlt es völlig. Die Blätter beider Arten tragen kleine Nebenblätter. Früher wurde das Bruchkraut als

harntreibendes Mittel und zur Heilung von Unterleibsbrüchen verwendet. Davon leitet sich der Name ab. In manchen Gegenden wird es auch Harnkraut genannt. Beim Spark stehen die im Querschnitt fast runden Blätter gebüschelt. Auch sie tragen kleine Nebenblätter. Die beiden Knäuelarten besitzen keine Kronblätter. Es sind kleine sparrig wachsende Kräuter mit kleinen grünlichen Blüten. Wir finden sie an Felsen, an Wegen und auf Äckern.

Die Gattungen Hornkraut und Sternmiere können nicht miteinander verwechselt werden, wenn wir auf die Zahl der Griffel achten. Beim Hornkraut sind 5 Griffel vorhanden, bei der Sternmiere nur 3. Die Kronblätter des Hornkrautes sind bis etwa zur Mitte in 2 Hälften geteilt. Viel tiefer, fast bis zum Grunde der Kronblätter, reicht die Teilung beim Wasserdarm. Auf den ersten Blick sieht es so aus, als ob die Blüten 10 Kronblätter

Stengelloses Leimkraut
(Siléne acaúlis)

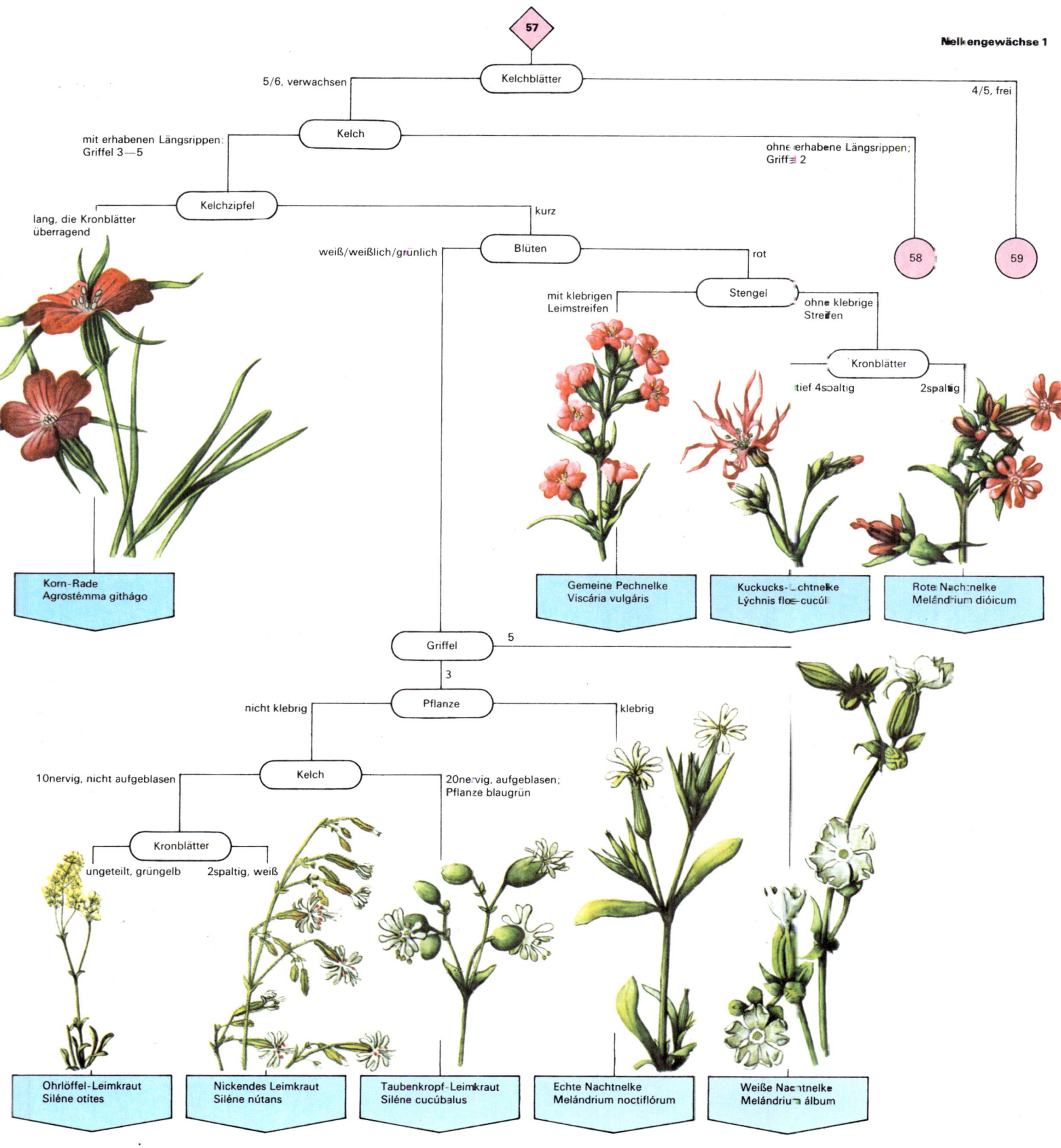

57

Kelchblätter

5/6, verwachsen

4/5, frei

Kelch

mit erhabenen Längsrippen: Griffel 3—5

ohne erhabene Längsrippen; Griffel 2

Kelchzipfel

58

59

lang, die Kronblätter überragend

kurz

Blüten

weiß/weißlich/grünlich

rot

Stengel

mit klebrigen Leimstreifen

ohne klebrige Streifen

Kronblätter

tief 4spaltig

2spaltig

Korn-Rade
Agrostémma githágo

Gemeine Pechnelke
Viscária vulgáris

Kuckucks-Lichtnelke
Lýchnis flos-cucúl

Rote Nachtnelke
Meléndrium dióicum

Griffel

5

3

Pflanze

nicht klebrig

klebrig

Kelch

10nervig, nicht aufgeblasen

20nervig, aufgeblasen; Pflanze blaugrün

Kronblätter

ungeteilt, grüngelb

2spaltig, weiß

Ohrlöffel-Leimkraut
Siléne otites

Nickendes Leimkraut
Siléne nútans

Taubenkropf-Leimkraut
Siléne cucúbalus

Echte Nachtnelke
Meléndrium noctiflórum

Weiße Nachtnelke
Meléndrium álbum

Kartäuser-Nelke (Diánthus carthusianórum)

Pfingst-Nelke
(Diánthus gratianópolitánus)

Feder-Nelke
(Diánthus plumárius)

besäßen. Weniger tief, meist aber mehrfach eingeschnitten sind die Kronblätter der Nelkenarten. Zahlreiche Einschnitte teilen sie bei der Pracht-Nelke in fadenförmige Zipfel auf. Die Gattungen Rade, Taubenkropf, Pechnelke, Lichtnelke, Nachtnelke, Gipskraut, Seifenkraut, Kuhkraut, Nelkenkopf, Nelke und Leimkraut besitzen einen röhrig verwachsenen Kelch. Ihre Blätter sind schmal, stets gegenständig und ohne Nebenblätter. Klebrige Drüsenhaare am oberen Stengelabschnitt schützen die Blüten einiger Arten vor unerwünschtem Insektenbesuch. Dieser Einrichtung verdankt das Leimkraut seinen Namen. Ringförmig um den Stengel sind die dunklen Klebdrüsen bei der Pechnelke (Name) angeordnet. Wer genau hinschaut, wird daran kleine festgeklebte Insekten entdecken.

In feuchten Wiesen leuchten die roten Blüten der Kuckucks-Lichtnelke. Häufig sitzt an ihren Blättern und Stengeln weißer Schaum. Er wird Kuckucksspeichel genannt. Der Kuckuck hat den weißen Schaum jedoch nicht auf die Pflanzen gesetzt. In ihm leben die Larven einer Schaumzikade. Wir können uns leicht davon überzeugen, wenn wir den Schaum vorsichtig zerteilen.

Früher, als das Saatgut nicht sehr gut gereinigt werden konnte, war die Korn-Rade ein häufiges Getreideunkraut. Es gab Stellen, wo auf 1 Hektar 500 000 Pflanzen dieser Art wuchsen, die 72 Millionen Samen bildeten! Die Korn-Rade ist eine sehr schöne Pflanze. Ihre schmalen grünen Kelchblätter reichen weit über die tellerartig ausgebreiteten roten Kronblätter. Korn-Raden, blaue Kornblumen, weiße Wucherblumen und viele andere Unkräuter gaben den Getreidefeldern ein buntes Aussehen. Auf solch einen schönen Anblick

verzichten wir jedoch gern; denn unkrautfreies Getreide bringt nicht nur höhere Ernteerträge, es liefert auch einwandfreies Mehl. Die Samen der Korn-Rade sind sehr giftig. Sie wirken muskel- und nervenlähmend. Früher wurden sie mit vermahlen. Der Genuß des verunreinigten Mehles rief oft schwere Erkrankungen hervor.

Das Seifenkraut erhielt seinen Namen von einem besonderen Inhaltsstoff. Er setzt die Oberflächenspannung des Wassers herab. Eine ähnliche Wirkung haben unsere Waschmittel.

Korn-Rade (Agrostémma githágo)

58

Kelch

am Grunde ohne Hochblätter;
Blüten büschelig gehäuft,
blaßrosa/weiß

am Grunde von Hochblättern
umgeben

Kelchblätter

gleichmäßig grün

durch weißliche,
trockenhäutige
Streifen verbunden

Kronblätter

gezähnt

zerschlitzt

Blüten

einzeln

kopfig/büschelig gehäuft

Echtes Seifenkraut
Saponária officinális

Fèlsennelke, Nelkenköpfchen
Kohlráuschia prolifera

Stengel

kurzhaarig;
2 Hochblätter

kahl;
4—6 Hochblätter

Pflanze

rauhhaarig

kahl

Kronblätter

bis zur Mitte fingerförmig
eingeschnitten

bis zum Grunde
fiederig eingeschnitten

Heide-Nelke
Diánthus deltoídes

Garten-Nelke
Diánthus caryophýllus
Z

Rauhe Nelke
Diánthus arméria

Kartäuser-Nelke
Diánthus carthusianórum

Feder-Nelke
Diánthus plumárius

Pracht-Nelke
Diánthus supérbus

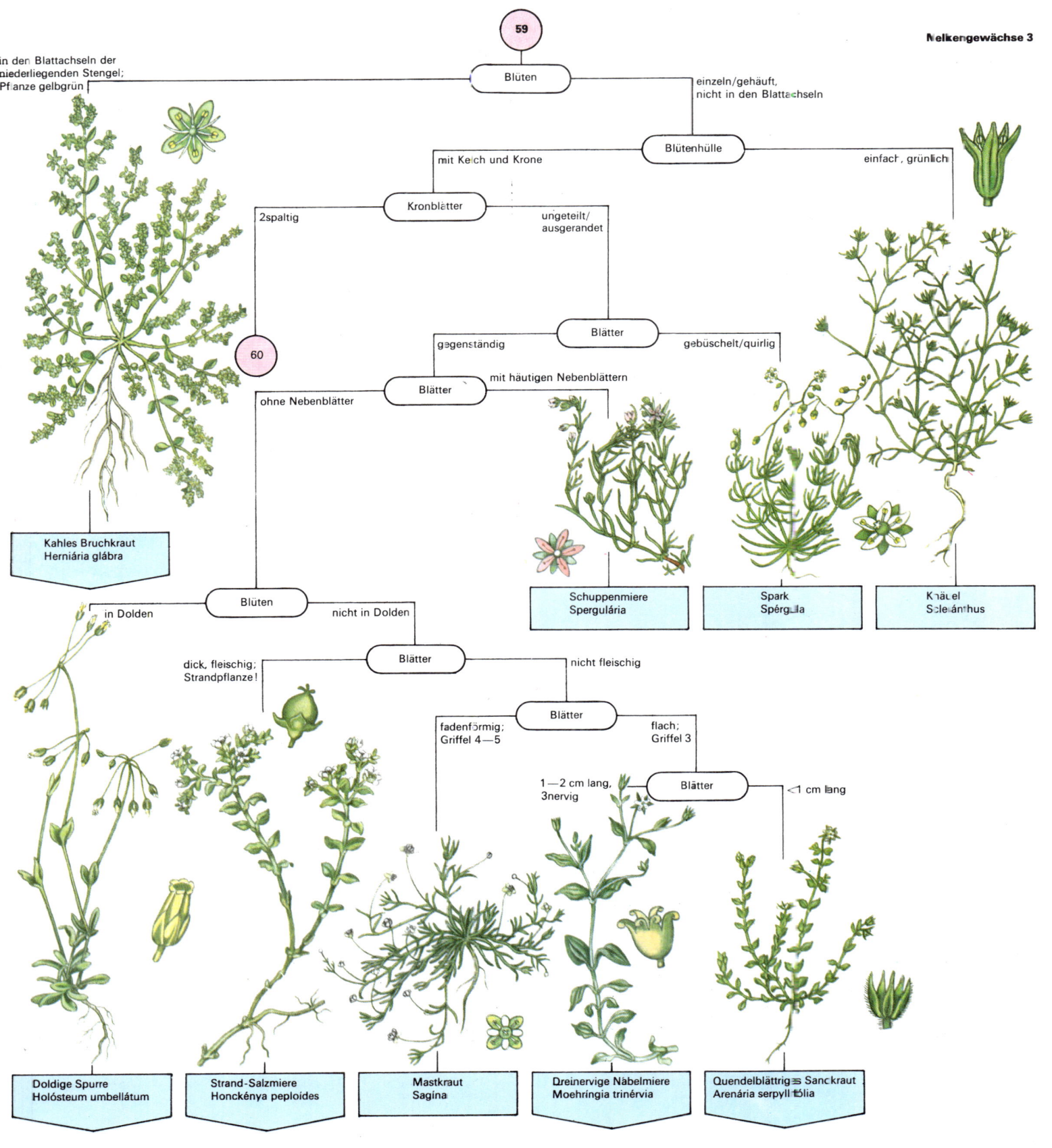

59

Blüten

in den Blattachseln der niederliegenden Stengel; Pflanze gelbgrün

einzeln/gehäuft, nicht in den Blattachseln

Blütenhülle

mit Kelch und Krone

einfach, grünlich

Kronblätter

2spaltig

ungeteilt/ ausgerandet

60

Blätter

gegenständig

gebüschelt/quirlig

Blätter

ohne Nebenblätter

mit häutigen Nebenblättern

Kahles Bruchkraut
Herniária glábra

Blüten

in Dolden

nicht in Dolden

Schuppenmiere
Spergulária

Spark
Spérgula

Knäuel
Scleránthus

Blätter

dick, fleischig; Strandpflanze!

nicht fleischig

Blätter

fadenförmig; Griffel 4—5

flach; Griffel 3

1—2 cm lang, 3nervig

Blätter

<1 cm lang

Doldige Spurre
Holósteum umbellátum

Strand-Salzmiere
Honckénya peploides

Mastkraut
Sagína

Dreinervige Nabelmiere
Moehríngia trinérvia

Quendelblättriges Sandkraut
Arenária serpyllifólia

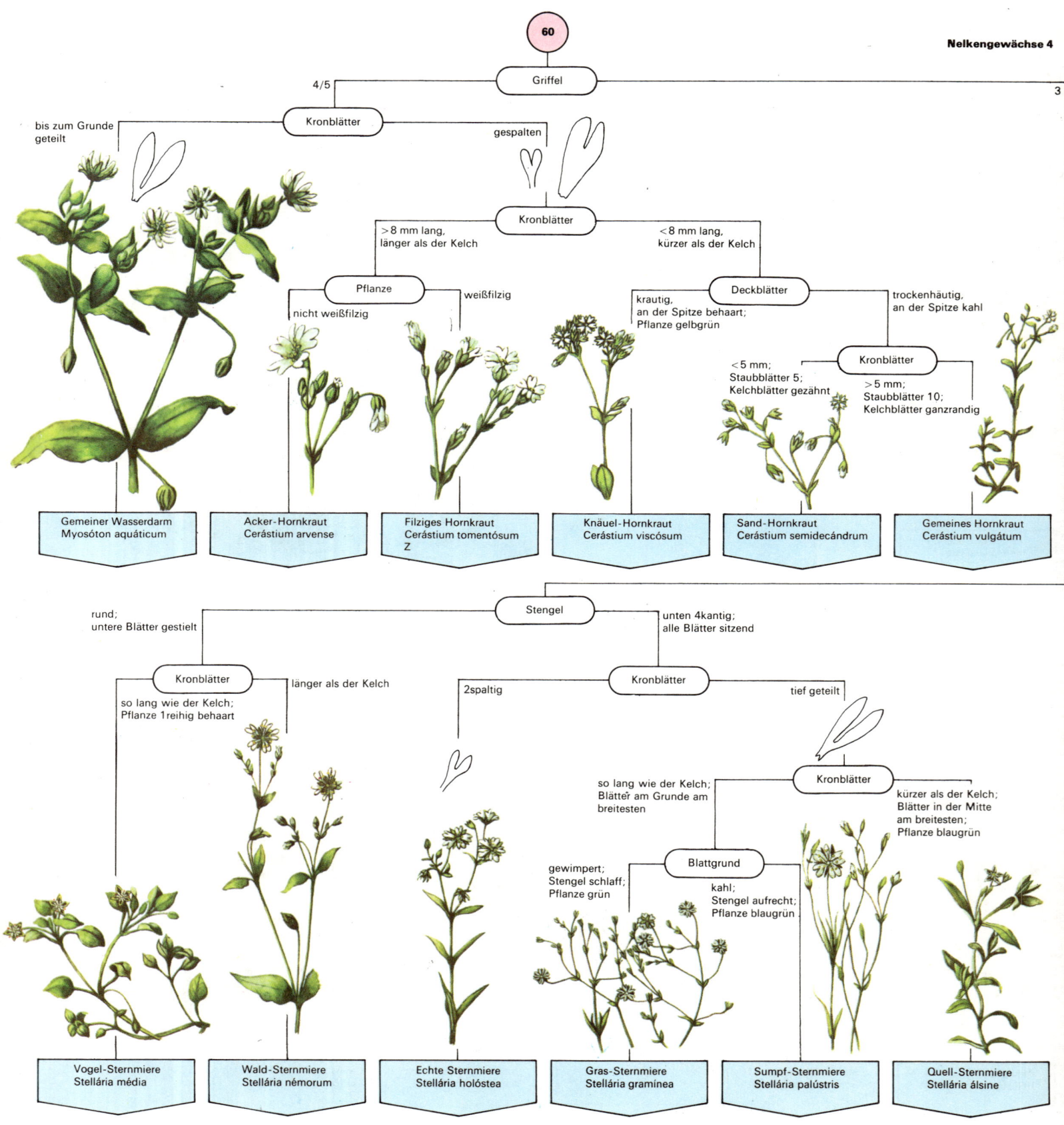

60

Griffel

4/5

3

Kronblätter

bis zum Grunde
geteilt

gespalten

Kronblätter

>8 mm lang,
länger als der Kelch

<8 mm lang,
kürzer als der Kelch

Pflanze

Deckblätter

nicht weißfilzig

weißfilzig

krautig,
an der Spitze behaart;
Pflanze gelbgrün

trockenhäutig,
an der Spitze kahl

Kronblätter

<5 mm;
Staubblätter 5;
Kelchblätter gezähnt

>5 mm;
Staubblätter 10;
Kelchblätter ganzrandig

Gemeiner Wasserdarm
Myosóton aquáticum

Acker-Hornkraut
Cerástium arvense

Filziges Hornkraut
Cerástium tomentósum
Z

Knäuel-Hornkraut
Cerástium viscósum

Sand-Hornkraut
Cerástium semidecándrum

Gemeines Hornkraut
Cerástium vulgátum

Stengel

rund;
untere Blätter gestielt

unten 4kantig;
alle Blätter sitzend

Kronblätter

Kronblätter

so lang wie der Kelch;
Pflanze 1reihig behaart

länger als der Kelch

2spaltig

tief geteilt

so lang wie der Kelch;
Blätter am Grunde am
breitesten

Kronblätter

kürzer als der Kelch;
Blätter in der Mitte
am breitesten;
Pflanze blaugrün

gewimpert;
Stengel schlaff;
Pflanze grün

Blattgrund

kahl;
Stengel aufrecht;
Pflanze blaugrün

Vogel-Sternmiere
Stellária média

Wald-Sternmiere
Stellária némorum

Echte Sternmiere
Stellária holóstea

Gras-Sternmiere
Stellária gramínea

Sumpf-Sternmiere
Stellária palústris

Quell-Sternmiere
Stellária álsine

Hahnenfußgewächse (Ranunculáceae)

Familienmerkmale

✱/I Ke3 —∝ Kr5 —∝ S∝ $\underline{F}$ 1 —∝

– Blätter wechselständig, meist geteilt, seltener in grundständiger Rosette
– 1samige Schließfrüchte oder mehrsamige Balgfrüchte, nur das Christophskraut entwickelt Beeren
– Kräuter und Stauden, Lianen (Waldrebe)

Adonisröschen

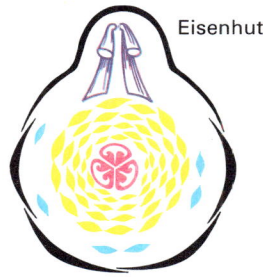

Eisenhut

Akelei

Vorkommen

Wälder, Gebüsche, Gräben, Teiche, Moore, Wiesen, Äcker

Die Hahnenfußgewächse sind eine im Blütenbau sehr vielgestaltige Familie. Am häufigsten treten radiäre Blüten auf. Rittersporn und Eisenhut tragen dorsiventrale Blüten. Oft bilden Kelch- und Kronblätter eine gleichfarbige Blütenhülle. Die Blütenhüllblätter aller gelbblühenden Hahnenfuß-Arten glänzen stark. Dieses Merkmal hilft, sie von den ebenfalls gelbblühenden Fingerkraut-Arten (Rosengewächse) zu unterscheiden. Wer sich die Blüten dieser beiden Gattungen genau ansieht, wird einen weiteren wichtigen Unterschied feststellen. In den Blüten der Hahnen-

Honigblätter

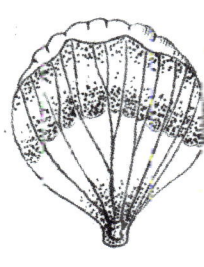

Troll-
blume

Nies-
wurz

Akelei

Hahnenfuß

fuß-Arten befinden sich tütenförmige Gebilde. Es sind nektarabsondernde Honigblätter. Nektar lockt die Insekten an und liefert ihnen Nahrung. Lange tütenförmige Honigblätter finden wir bei der Nieswurz und beim Winterling. Den Blütenblättern sind die langgespornten Honigblätter der Akelei ähnlich. Flache Honigblätter enthalten die Blüten der Trollblume. Zwischen den Staubblättern und den Honigblättern bestehen zahlreiche Übergänge. Verbindende Formen finden wir auch zwischen den Laubblättern und den unter den Blüten stehenden Blättern (Hochblätter).

Die meisten Hahnenfußgewächse besitzen in ihren Blüten viele freie Fruchtknoten. Stets werden sie von nur 1 Fruchtblatt gebildet.

Winterling
(Eránthis hiemális)

133

Übergangsformen von Laub- zu Hochblättern

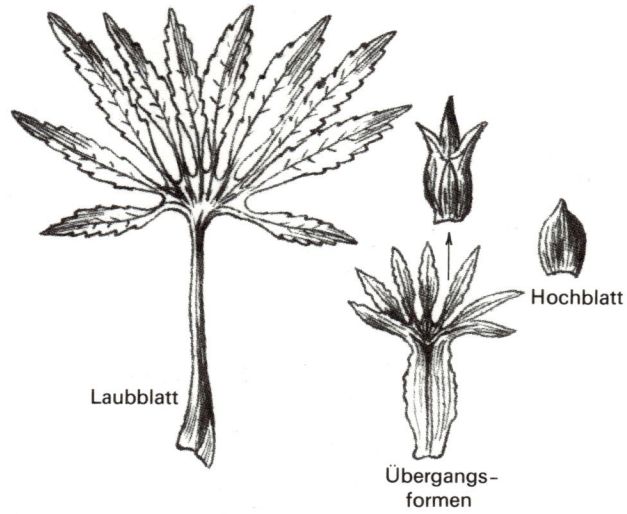

Hochblatt

Laubblatt

Übergangs-
formen

Beim Mäuseschwänzchen ragt das mit vielen freien Fruchtknoten dicht besetzte Ende der Blütenachse weit über die Blütenhüllblätter hinaus. Dieser Erscheinung verdankt die Art ihren Namen. Nur 1 Fruchtblatt tragen die Blüten des Christophskrautes. Aus ihm entwickelt sich bei der Reife eine dunkle, fast schwarze Beere. Lange behaarte Griffel dienen bei der Waldrebe (↗ Tafel 6) und der Kuhschelle der Samenverbreitung durch den Wind.

Viele Arten enthalten Giftstoffe. Bei einigen weist der deutsche Name darauf hin, so zum Beispiel Nieswurz, Wolfs-Eisenhut (mit einem aus dieser Art gewonnenen Pflanzensaft wurden Wölfe vergiftet), Gift-Hahnenfuß und Scharfer Hahnenfuß.

Charakteristisch für die Arten der Hahnenfußgewächse sind tiefgeteilte bis gefiederte Blätter. Ganzrandige ungeteilte Blätter besitzen nur 2 Hahnenfuß-Arten und die Sumpf-Dotterblume. An Ufern öffnet der Zungen-Hahnenfuß seine schönen großen Blüten. Den Namen erhielt er nach der Form der Blätter. Der kleinere Brennende Hahnenfuß wächst an Ufern, auf feuchten Wiesen und in Mooren. Auf der Oberfläche flacher Gewässer leuchten oft zu Hunderten die weißen Blüten des Wasser-Hahnenfußes (↗ Tafel 24). Seine Unterwasserblätter sind in haarfeine Zipfel zerschlitzt.

Die blauen Blüten der Kuhschelle und die leuchtend gelben des Frühlings-Adonisröschens schmücken im zeitigen Frühjahr manche trockenen Hänge. Diese Arten stehen unter Naturschutz. Ebenfalls geschützt sind Wald-Akelei, Europäische Trollblume, Eisenhut, Wald-Windröschen und Leberblümchen (↗ Tabelle 2).

Eine besondere wirtschaftliche Bedeutung haben die Hahnenfußgewächse nicht. Waldrebe, Anemonen und einige andere sind beliebte Zierpflanzen.

Narzissen-Windröschen
(Anemóne narcissiflóra)

134

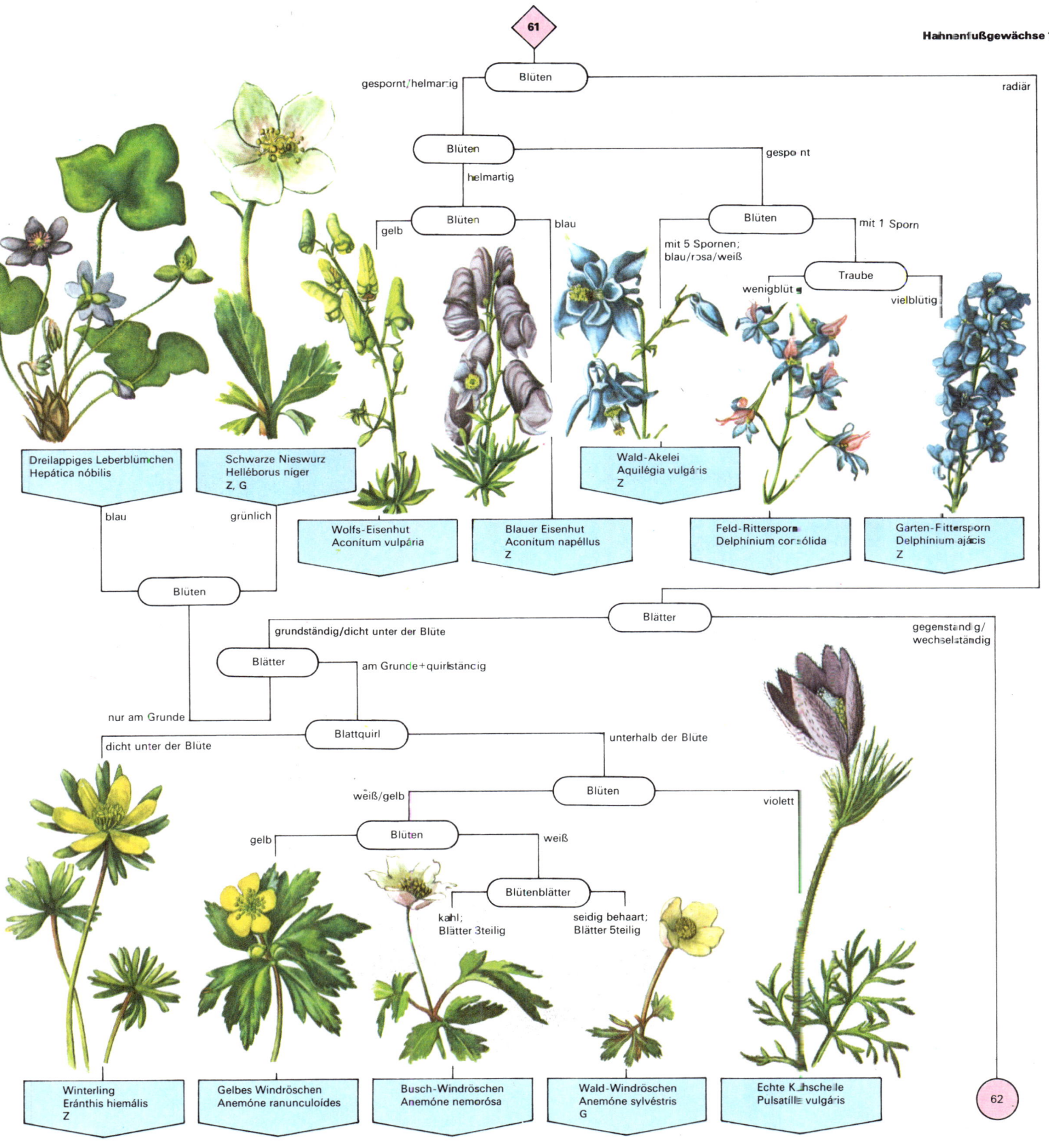

61

Blüten — gespornt/helmartig — radiär

Blüten — helmartig / gespornt

Blüten — gelb / blau

Blüten — mit 5 Spornen; blau/rosa/weiß — mit 1 Sporn

Traube — wenigblütig / vielblütig

Dreilappiges Leberblümchen
Hepática nóbilis

Schwarze Nieswurz
Helléborus níger
Z, G

Wald-Akelei
Aquilégia vulgáris
Z

blau / grünlich

Wolfs-Eisenhut
Aconítum vulpária

Blauer Eisenhut
Aconítum napéllus
Z

Feld-Rittersporn
Delphínium consólida

Garten-Rittersporn
Delphínium ajácis
Z

Blätter — gegenständig/wechselständig

Blüten

Blätter — grundständig/dicht unter der Blüte — am Grunde + quirlständig

nur am Grunde

Blattquirl — unterhalb der Blüte

dicht unter der Blüte

Blüten — weiß/gelb — violett

Blüten — gelb / weiß

Blütenblätter — kahl; Blätter 3teilig / seidig behaart; Blätter 5teilig

Winterling
Eránthis hiemális
Z

Gelbes Windröschen
Anemóne ranunculoídes

Busch-Windröschen
Anemóne nemorósa

Wald-Windröschen
Anemóne sylvéstris
G

Echte Kuhschelle
Pulsatílle vulgáris

Vorkommen von Hahnenfußgewächsen

Tabelle 7

Gewässer, Ufer

Flutender Hahnenfuß	Sumpf-Dotterblume
Wasser-Hahnenfuß	Frühlings-Scharbockskraut
Zungen-Hahnenfuß	

Sumpfwiesen, Moore

Sumpf-Dotterblume	Kriechender Hahnenfuß
Europäische Trollblume	Scharfer Hahnenfuß
Wiesenraute	Brennender Hahnenfuß
Gift-Hahnenfuß	

Wiesen, Trockenrasen

Wald-Akelei	Kriechender Hahnenfuß
Knolliger Hahnenfuß	Wald-Hahnenfuß
Frühlings-Adonisröschen	Scharfer Hahnenfuß
Kleine Wiesenraute	Kuhschelle

Äcker

Feld-Rittersporn	Acker-Hahnenfuß
Sommer-Adonisröschen	

Wälder, Gebüsche

Sumpf-Dotterblume	Weiße Waldrebe
Winterling	Windröschen
Nieswurz	Dreilappiges Leberblümchen
Wolfs-Eisenhut	Frühlings-Scharbockskraut
Ähren-Christophskraut	Vielblütiger Hahnenfuß
Akelei-Wiesenraute	Goldschopf-Hahnenfuß
Wolliger Hahnenfuß	

Frühlings-Adonisröschen (Adónis vernális)

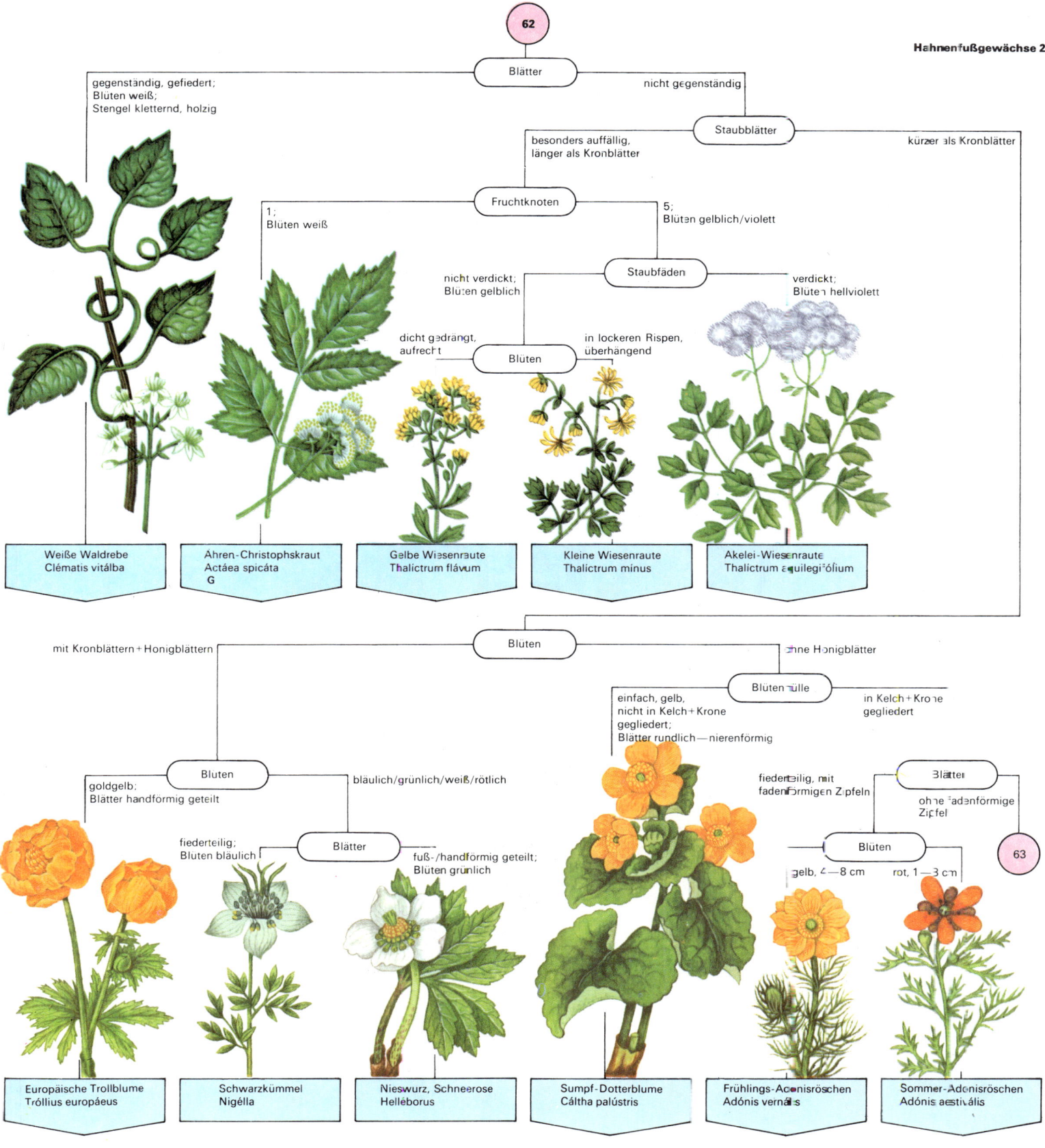

62

Blätter

gegenständig, gefiedert;
Blüten weiß;
Stengel kletternd, holzig

nicht gegenständig

Staubblätter

besonders auffällig,
länger als Kronblätter

kürzer als Kronblätter

Fruchtknoten

1;
Blüten weiß

5;
Blüten gelblich/violett

Staubfäden

nicht verdickt;
Blüten gelblich

verdickt;
Blüten hellviolett

dicht gedrängt,
aufrecht

Blüten

in lockeren Rispen,
überhängend

Weiße Waldrebe
Clématis vitálba

Ähren-Christophskraut
Actáea spicáta
G

Gelbe Wiesenraute
Thalíctrum flávum

Kleine Wiesenraute
Thalíctrum minus

Akelei-Wiesenraute
Thalíctrum aquilegifólium

Blüten

mit Kronblättern + Honigblättern

ohne Honigblätter

Blütenhülle

einfach, gelb,
nicht in Kelch + Krone
gegliedert;
Blätter rundlich—nierenförmig

in Kelch + Krone
gegliedert

Bluten

goldgelb;
Blätter handförmig geteilt

bläulich/grünlich/weiß/rötlich

Blätter

fiederteilig;
Blüten bläulich

fuß-/handförmig geteilt;
Blüten grünlich

Blätter

fiederteilig, mit
fadenförmigen Zipfeln

ohne fadenförmige
Zipfel

Blüten

gelb, 4—8 cm

rot, 1—3 cm

63

Europäische Trollblume
Tróllius europáeus

Schwarzkümmel
Nigélla

Nieswurz, Schneerose
Helléborus

Sumpf-Dotterblume
Cáltha palústris

Frühlings-Adonisröschen
Adónis vernális

Sommer-Adonisröschen
Adónis aestivális

Dreilappiges Leberblümchen (Hepática nóbilis)

138

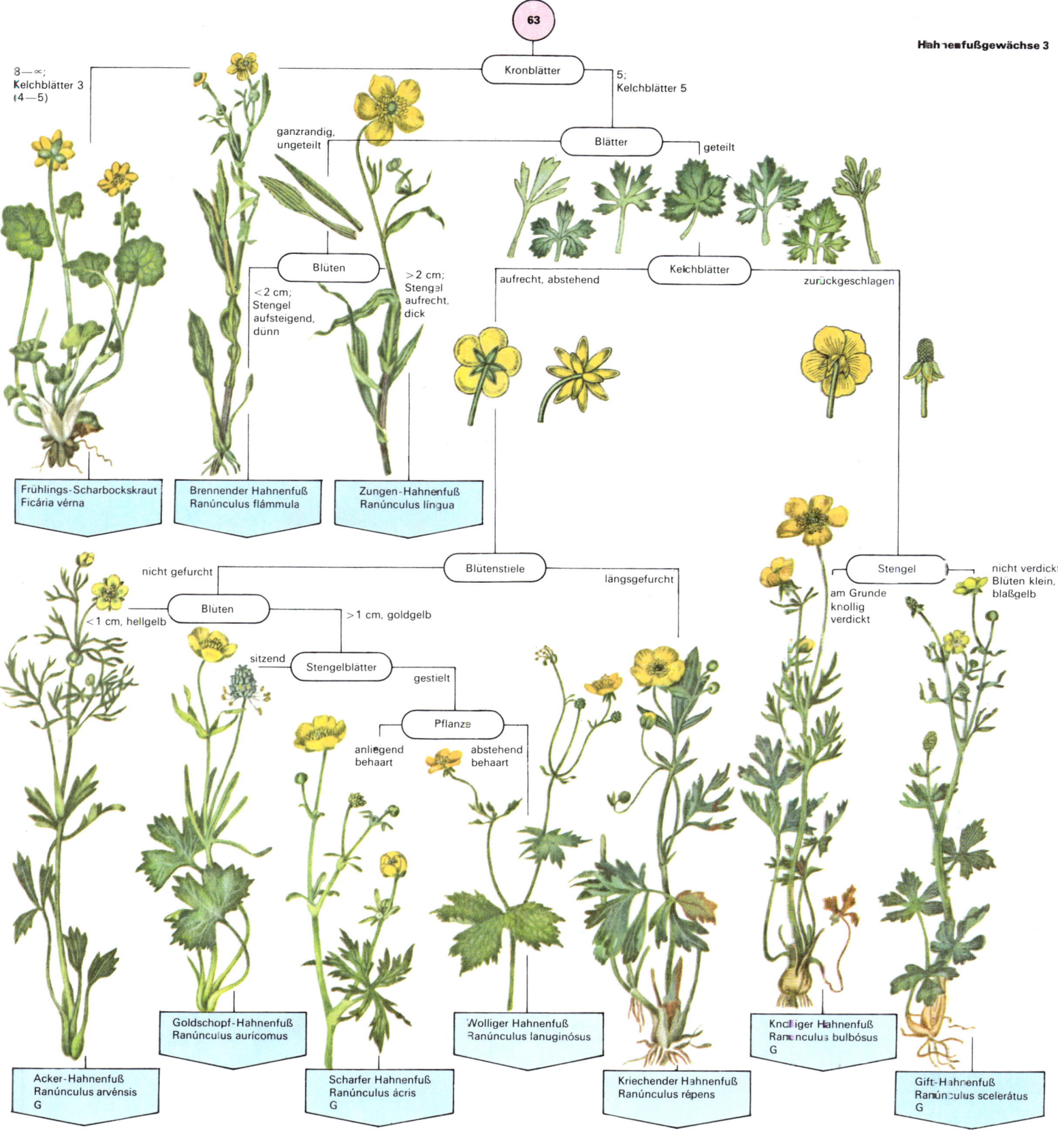

63

Kronblätter

8—∞; Kelchblätter 3 (4—5)

5; Kelchblätter 5

Blätter

ganzrandig, ungeteilt

geteilt

Kelchblätter

aufrecht, abstehend

zurückgeschlagen

Blüten

< 2 cm; Stengel aufsteigend, dünn

> 2 cm; Stengel aufrecht, dick

Frühlings-Scharbockskraut
Ficária vérna

Brennender Hahnenfuß
Ranúnculus flámmula

Zungen-Hahnenfuß
Ranúnculus língua

Blütenstiele

nicht gefurcht

längsgefurcht

Stengel

am Grunde knollig verdickt

nicht verdickt; Blüten klein, blaßgelb

Blüten

< 1 cm, hellgelb

> 1 cm, goldgelb

Stengelblätter

sitzend

gestielt

Pflanze

anliegend behaart

abstehend behaart

Wolliger Hahnenfuß
Ranúnculus laginósus

Knolliger Hahnenfuß
Ranúnculus bulbósus
G

Acker-Hahnenfuß
Ranúnculus arvénsis
G

Goldschopf-Hahnenfuß
Ranúnculus auricomus

Scharfer Hahnenfuß
Ranúnculus ácris
G

Kriechender Hahnenfuß
Ranúnculus répens

Gift-Hahnenfuß
Ranúnculus scelerátus
G

Mohngewächse
(Papaveráceae)

Familienmerkmale

$\ast$/l Ke2 Kr4—6 S6—∞ $\underline{F}$ 2—∞
— Blüten ♂, Bestäubung
durch Insekten
— Milchsaft
— als Früchte treten
Kapseln oder Schoten
oder Nüsse auf
— Kräuter

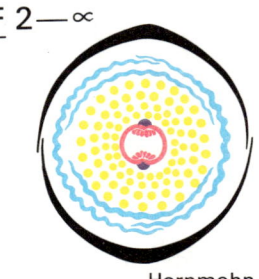

Hornmohn

Vorkommen

Äcker, Wegränder, Gebüsche, Mauern

Die Mohnfrucht geht aus einem lang keulenförmigen oder einem kugeligen Fruchtknoten hervor. Zu diesem sind zahlreiche (etwa 7 bis 15) Fruchtblätter verwachsen. Ihre genaue Zahl läßt sich an der Zahl der flach tellerförmig ausgebreiteten Narbenstrahlen leicht erkennen. Bei der Reife bilden sich unter der Narbenscheibe kleine Löcher, aus denen die Samen fallen. Auch die Zahl der Löcher entspricht der Zahl der Fruchtblätter. Schlaf-Mohn wurde seiner ölhaltigen Samen wegen bereits in jungsteinzeitlichen Siedlungen angebaut. Aus dem Milchsaft der unreifen Samenkapseln werden Medikamente hergestellt. Sie wirken schmerzstillend und beruhigend. Diese Wirkung ist schon seit Jahrhunderten bekannt. Alte Kräuterbücher berichten, daß aus den Blüten des Klatsch-Mohnes ein Beruhigungssirup gekocht wurde.

Das Schöllkraut besitzt als Frucht 1 Schote. Der gelbe Milchsaft der Pflanze wirkt auf der Haut blasenbildend und entzündend. Früher wurde er als Mittel gegen Warzen angewendet. Zu den bekanntesten Zierpflanzen aus dieser Familie zählt das Tränende Herz.

Alpen-Mohn
(Papáver séndtneri)

140

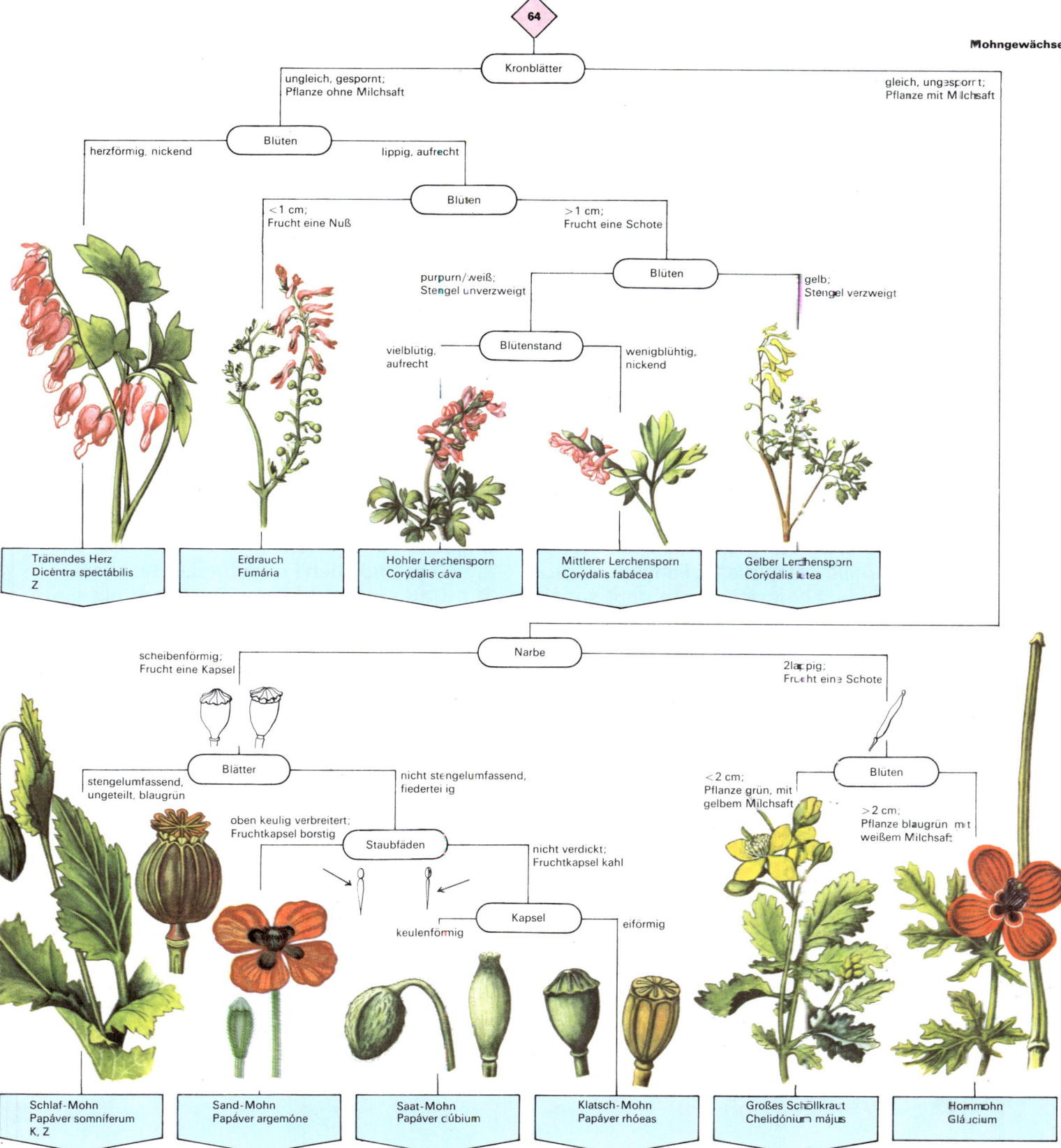

64

Kronblätter

ungleich, gespornt;
Pflanze ohne Milchsaft

gleich, ungespornt;
Pflanze mit Milchsaft

Blüten

herzförmig, nickend

lippig, aufrecht

Blüten

<1 cm;
Frucht eine Nuß

>1 cm;
Frucht eine Schote

Blüten

purpurn/weiß;
Stengel unverzweigt

gelb;
Stengel verzweigt

Blütenstand

vielblütig,
aufrecht

wenigblühtig,
nickend

Tränendes Herz
Dicéntra spectábilis
Z

Erdrauch
Fumária

Hohler Lerchensporn
Corýdalis cáva

Mittlerer Lerchensporn
Corýdalis fabácea

Gelber Lerchensporn
Corýdalis lútea

Narbe

scheibenförmig;
Frucht eine Kapsel

2lappig;
Frucht eine Schote

Blätter

stengelumfassend,
ungeteilt, blaugrün

nicht stengelumfassend,
fiederteilig

Blüten

<2 cm;
Pflanze grün, mit
gelbem Milchsaft

>2 cm;
Pflanze blaugrün mit
weißem Milchsaft

oben keulig verbreitert;
Fruchtkapsel borstig

Staubfäden

nicht verdickt;
Fruchtkapsel kahl

keulenförmig

Kapsel

eiförmig

Schlaf-Mohn
Papáver somníferum
K, Z

Sand-Mohn
Papáver argemóne

Saat-Mohn
Papáver cúbium

Klatsch-Mohn
Papáver rhóeas

Großes Schöllkraut
Chelidónium május

Hornmohn
Gláucium

Kreuzblütengewächse (Brassicáceae)

Familienmerkmale

$+$ Ke 4 Kr 4 S 2 $+$ 4 F (2)
– Blätter wechselständig oder in grundständiger Rosette; ohne Nebenblätter
– Frucht eine Schote oder ein Schötchen
– Kräuter und Stauden

Kreuzblüte

Vorkommen

Wälder, Gebüsche, Gräben, Ufer, Felsen, Wiesen, Dorfplätze, Bahndämme, Äcker

Die Größenunterschiede der Arten sind beträchtlich. Manche, zum Beispiel das Hungerblümchen, werden nur wenige Zentimeter groß. Das Silberblatt wächst mehr als 1 Meter hoch. Aber alle Arten dieser Familie, ob groß oder klein, zeichnen sich durch den einheitlichen Bau der Blüten und Früchte aus. Ihren deutschen Namen erhielt die Familie nach der Anordnung ihrer Blütenteile: 4 kreuzweise stehende Kelchblätter, 4 kreuzweise stehende Kronblätter, 4 kreuzweise stehende lange Staubblätter; hinzu kommen 2 kurze gegenständige Staubblätter und der aus 2 Fruchtblättern verwachsene Fruchtknoten. Aus ihm entwickeln sich die Früchte. Sind sie viel länger als breit, heißen sie Schoten. Als Schötchen bezeichnen wir die Früchte, die höchstens 3mal so lang wie breit sind. Die Samen entwickeln sich an einer dünnen Mittelwand zwischen den beiden Fruchtblättern. Die reifen Früchte öffnen sich, und die Samen fallen heraus. Die Mittelwand bleibt noch lange an der Pflanze. Die hell glänzenden Mittelwände der großen Schötchen des Silberblattes, die traubig verzweigt stehen, werden gern als trockene Ziersträuße verwendet.

Viele unserer Kulturarten gehören zu dieser Familie. Sie werden auf Feldern und in Gärten angebaut und liefern uns Öl, Gemüse oder Gewürze und auch Futter für die Haustiere.

Die Gattung Kohl (Brássica) bietet ein eindrucksvolles Beispiel für die Erfolge der Pflanzenzüchtung. Es sind aus ihr sehr verschiedenartige Kulturpflanzen entwickelt worden. Die Anfänge einer bewußten Aus-

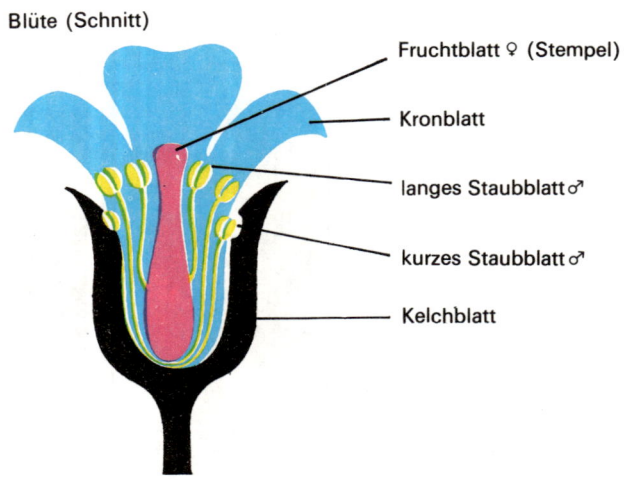

Blüte (Schnitt)

Fruchtblatt ♀ (Stempel)

Kronblatt

langes Staubblatt ♂

kurzes Staubblatt ♂

Kelchblatt

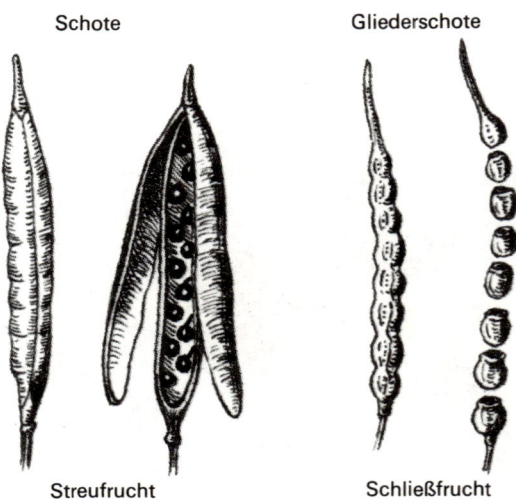

Schote

Gliederschote

Streufrucht

Schließfrucht

142

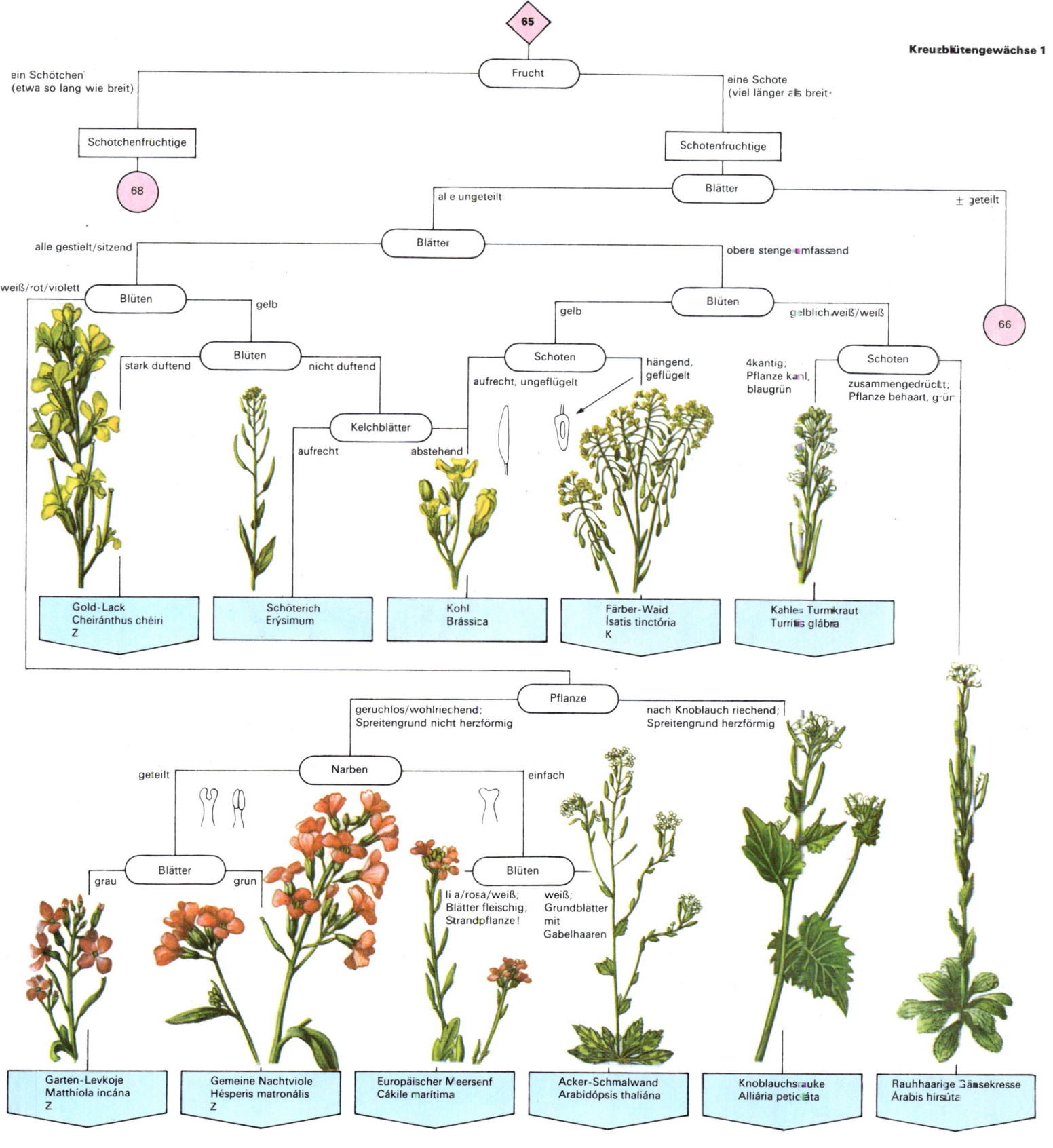

65

Frucht

ein Schötchen
(etwa so lang wie breit)

eine Schote
(viel länger als breit)

Schötchenfrüchtige

Schotenfrüchtige

68

Blätter

alle ungeteilt

± geteilt

Blätter

alle gestielt/sitzend

obere stengelumfassend

weiß/rot/violett

Blüten

gelb

Blüten

Blüten

gelb

gelblichweiß/weiß

66

stark duftend

nicht duftend

Schoten

aufrecht, ungeflügelt

hängend,
geflügelt

4kantig;
Pflanze kahl,
blaugrün

Schoten

zusammengedrückt;
Pflanze behaart, grün

Kelchblätter

aufrecht

abstehend

Gold-Lack
Cheiránthus chéiri
Z

Schöterich
Erýsimum

Kohl
Brássica

Färber-Waid
Ísatis tinctória
K

Kahles Turmkraut
Turrítis glábra

Pflanze

geruchlos/wohlriechend;
Spreitengrund nicht herzförmig

nach Knoblauch riechend;
Spreitengrund herzförmig

Narben

geteilt

einfach

Blätter

grau

grün

Blüten

lila/rosa/weiß;
Blätter fleischig;
Strandpflanze!

weiß;
Grundblätter
mit
Gabelhaaren

Garten-Levkoje
Matthiola incána
Z

Gemeine Nachtviole
Hésperis matronális
Z

Europäischer Meersenf
Cákile marítima

Acker-Schmalwand
Arabidópsis thaliána

Knoblauchsrauke
Alliária petiolóta

Rauhhaarige Gänsekresse
Árabis hirsúta

Kohlrabi

144

66

Blüten

rötlich/violett/weiß — gelb/gelblichweiß

Blätter

nicht zusammengesetzt — gefiedert

Blätter

dickfleischig, kahl;
Blüten hellviolett;
Strandpflanze! — nicht fleischig, behaart;
Blüten weiß/lila

Stengel

kriechend, hohl;
Schoten rund — aufrecht;
Schoten zusammengedrückt

Blattachseln

mit Zwiebeln — ohne Zwiebeln

67

Europäischer Meersenf
Cákile marítima

Sand-Schaumkresse
Cardaminópsis arenósa

Echte Brunnenkresse
Nastúrtium officinále
K

Zwiebeltragende Zahnwurz
Dentária bulbífera

Kronblätter

eiförmig, >1 cm — länglich, <1 cm

Blattstiel

mit Öhrchen — ohne Öhrchen

Stengel

hohl;
Staubbeutel gelb — markig;
Staubbeutel violett

Stengel

dicht beblättert,
dicht behaart;
Staubblätter 4 — locker beblättert,
locker behaart;
Staubblätter 6

Wiesen-Schaumkraut
Cardámine praténsis

Bitteres Schaumkraut
Cardámine amára

Spring-Schaumkraut
Cardámine impátiens

Rauhhaariges Schaumkraut
Cardámine hirsúta

Wald-Schaumkraut
Cardámine flexuosa

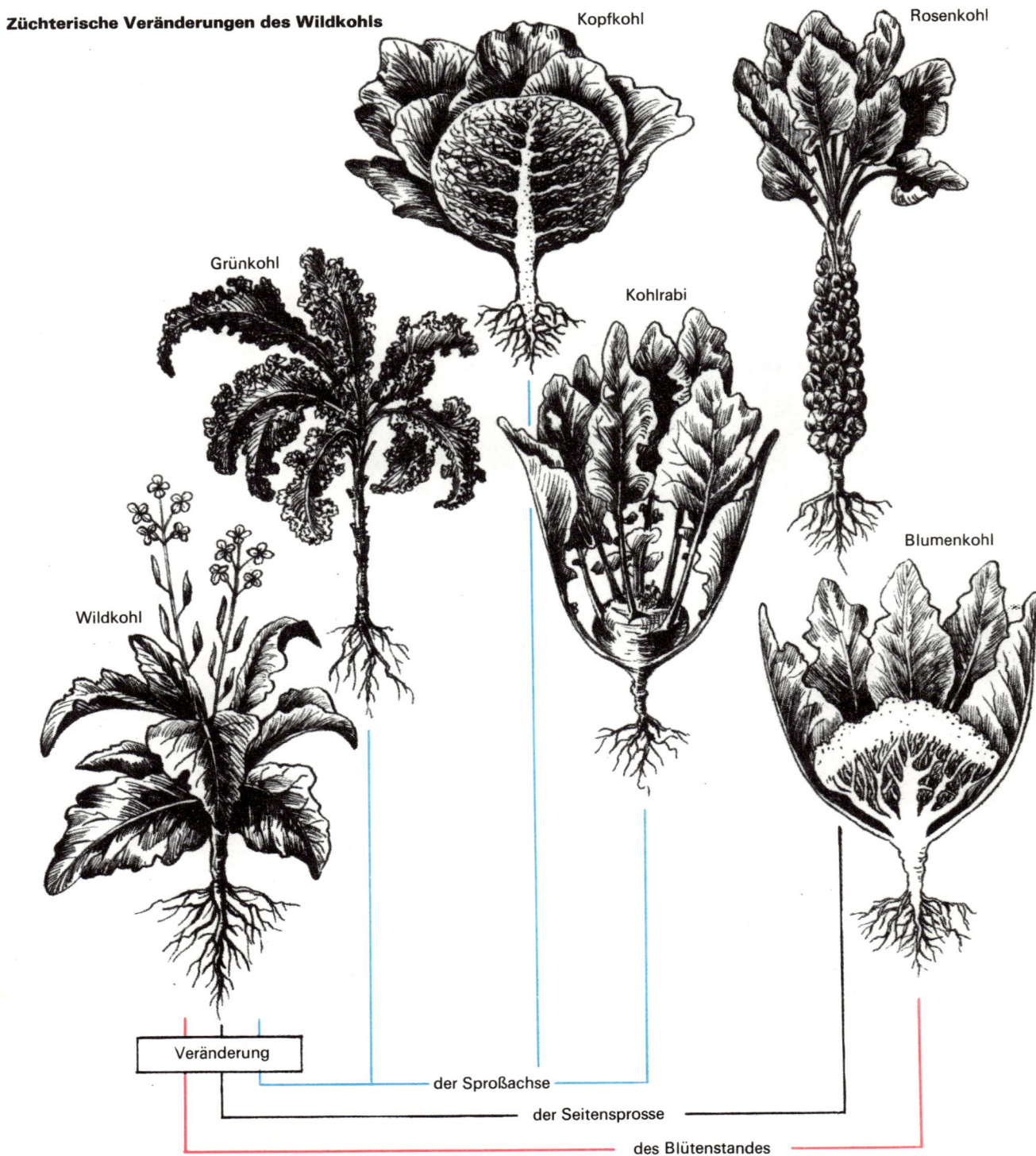

Züchterische Veränderungen des Wildkohls

Kopfkohl

Rosenkohl

Grünkohl

Kohlrabi

Wildkohl

Blumenkohl

Veränderung

der Sproßachse

der Seitensprosse

des Blütenstandes

146

67

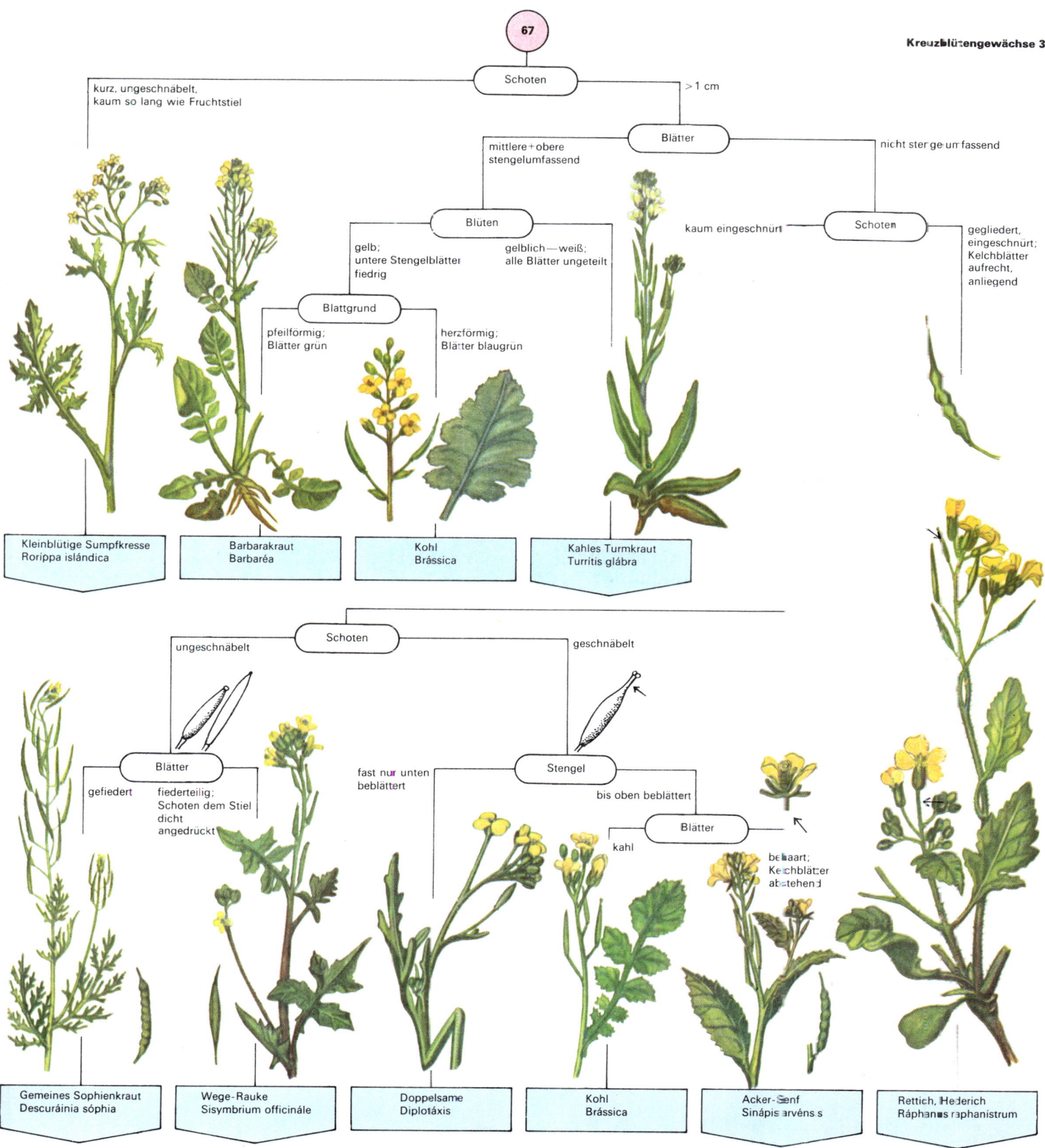

Schoten

kurz, ungeschnäbelt,
kaum so lang wie Fruchtstiel

>1 cm

Blätter

mittlere + obere
stengelumfassend

nicht stengelumfassend

Blüten

kaum eingeschnürt

Schoten

gegliedert,
eingeschnürt;
Kelchblätter
aufrecht,
anliegend

gelb;
untere Stengelblätter
fiedrig

gelblich — weiß;
alle Blätter ungeteilt

Blattgrund

pfeilförmig;
Blätter grün

herzförmig;
Blätter blaugrün

Kleinblütige Sumpfkresse
Rorippa islándica

Barbarakraut
Barbaréa

Kohl
Brássica

Kahles Turmkraut
Turritis glábra

Schoten

ungeschnäbelt

geschnäbelt

Blätter

gefiedert

fiederteilig;
Schoten dem Stiel
dicht
angedrückt

fast nur unten
beblättert

Stengel

bis oben beblättert

Blätter

kahl

behaart;
Kelchblätter
abstehend

Gemeines Sophienkraut
Descuráinia sóphia

Wege-Rauke
Sisymbrium officinále

Doppelsame
Diplotáxis

Kohl
Brássica

Acker-Senf
Sinápis arvénsis

Rettich, Hederich
Ráphanus raphanistrum

lese setzten bereits in ur- und frühgeschichtlicher Zeit ein. Die Menschen richteten das Augenmerk dabei auf Pflanzen, die sich durch besonders ölreiche oder auch würzig schmeckende Samen auszeichneten. Allmählich erhöhte sich dadurch der Nutzwert dieser Pflanzen, ihr Aussehen wurde jedoch wenig beeinflußt.

Rübsen (Brássica campéstris) und Raps (Brássica nápus) gehören heute zu den wichtigsten Ölpflanzen in Mitteleuropa. Über den Beginn des Anbaus dieser beiden Kulturarten wissen wir noch nicht sehr viel. Aus bronzezeitlichen Gräbern liegen Samenfunde vor. Die Römer kannten bereits beide Arten. In alten Zeiten, als Petroleum und Elektrizität noch nicht bekannt waren, nutzten die Menschen Rübsen- und Rapsöl zur Beleuchtung ihrer Hütten.

Verdickte Wurzeln traten bei einigen Pflanzen des Rübsens auf. Daraus wurde allmählich die Stoppelrübe entwickelt. Stoppelrübe und Ölrübsen sind 2 Varietäten der Art Brássica campéstris.

Durch die Auslese der Pflanzen mit sehr würzigen Samen entstand die Art Schwarzer Senf (Brássica nígra).

Jüngeren Alters sind die in ihrer Gestalt sehr unterschiedlichen Züchtungen, die alle zur Art Gemüse-Kohl (Brássica olerácea) gehören. Das sind: Grünkohl, Kopfkohl (Rot- und Weißkohl), Rosenkohl, Kohlrabi und Blumenkohl. Die Kohlsorten sind durch züchterische Veränderungen der Sproßachse (Grün- und Kopfkohl, Kohlrabi), der Seitentriebe (Rosenkohl) und des Blütenstandes (Blumenkohl) hervorgegangen.

Über die Entstehungsgeschichte von Rettich und Radieschen ist nur wenig bekannt. Beim Rettich sind die Wurzel und der Sproßgrund verdickt, beim Radieschen nur der Sproßgrund. Eine sehr alte Kulturart ist die Gartenkresse. Durch die Römer gelangte sie nach Mitteleuropa. Die Echte Brunnenkresse wird in Wassergräben angepflanzt. In den Wintermonaten liefert sie uns ein vitaminreiches Gemüse.

Der Meerrettich wächst bei uns in Gärten und oftmals auch verwildert in der Nähe von Siedlungen. Er ist im Wolga-Don-Gebiet heimisch. Seine scharf schmeckenden Wurzelrüben dienen roh zerrieben als Würze zu Fleisch und Fisch.

Seit einigen Jahren wird die aus Afrika stammende 1jährige Ölpflanze Crámbe abessýnica auch verschiedentlich angebaut. Ihre Samen haben einen Ölgehalt von rund 50 Prozent. Zur gleichen Gattung gehört der Weiße Meerkohl (Crámbe marítima), eine Strandpflanze, die selten an der Ostseeküste noch zu finden ist.

Aus den Steppengebieten Südosteuropas und Westasiens gelangte der wegen seines blauen Farbstoffes in früheren Zeiten sehr geschätzte Färber-Waid (Ísatis tinctória) nach Mitteleuropa. In Thüringen und am Niederrhein lagen Zentren des Waidanbaus. Im 17. Jahrhundert ging die Bedeutung des Waidhandels rasch zurück. Die Ursache dafür war die Einfuhr des Indigo, eines ebenfalls blauen Farbstoffes, der aus einer asiatischen Art der Gattung Indigófera (Schmetterlingsblütengewächse) gewonnen wurde.

Zur Familie gehören auch beliebte Zierpflanzen wie Blaukissen, Nachtviole, Levkoje, Goldlack, Silberblatt, Steinkraut, Schleifenblume und Hellerkraut-Arten.

Einige Arten der Kreuzblütengewächse sind lästige Unkräuter. Eine einzige Pflanze des Acker-Hellerkrautes kann etwa 1 000 Samen

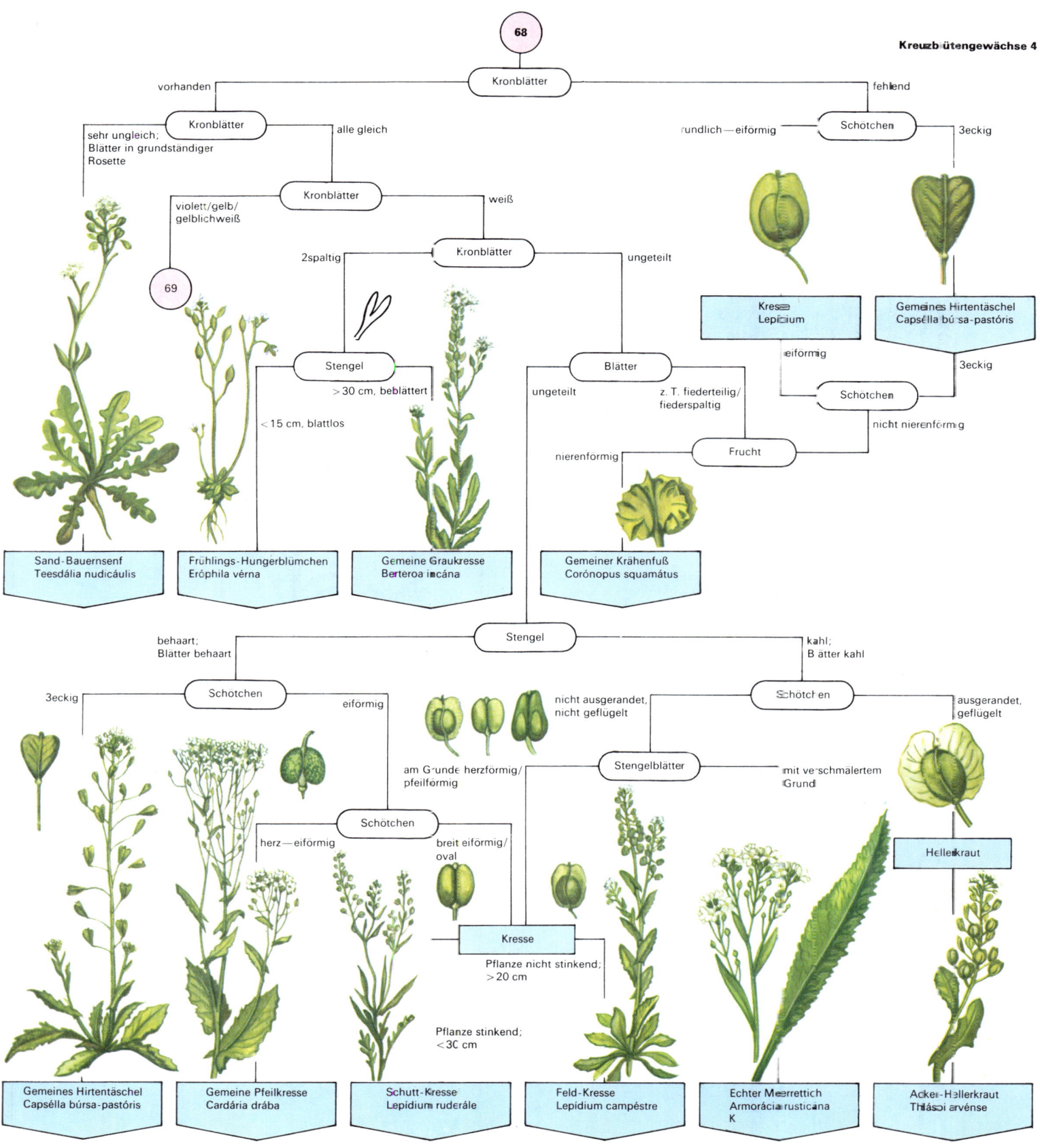

68

Kronblätter

vorhanden — fehlend

Kronblätter

sehr ungleich; Blätter in grundständiger Rosette — alle gleich

Schötchen

rundlich—eiförmig — 3eckig

Kronblätter

violett/gelb/ gelblichweiß — weiß

69

Kresse
Lepidium

Gemeines Hirtentäschel
Capsélla búrsa-pastóris

Kronblätter

2spaltig — ungeteilt

eiförmig

3eckig

Kronblätter

Stengel

> 30 cm, beblättert

< 15 cm, blattlos

Blätter

ungeteilt — z. T. fiederteilig/ fiederspaltig

Schötchen

nicht nierenförmig

nierenförmig

Frucht

Sand-Bauernsenf
Teesdália nudicáulis

Frühlings-Hungerblümchen
Eróphila vérna

Gemeine Graukresse
Berteroa incána

Gemeiner Krähenfuß
Corónopus squamátus

Stengel

behaart; Blätter behaart — kahl; Blätter kahl

Schotchen

3eckig — eiförmig

Schötchen

nicht ausgerandet, nicht geflügelt — ausgerandet, geflügelt

Stengelblätter

am Grunde herzförmig/ pfeilförmig — mit verschmälertem Grund

Schötchen

herz—eiförmig — breit eiförmig/ oval

Hellerkraut

Kresse

Pflanze nicht stinkend; > 20 cm

Pflanze stinkend; < 30 cm

Gemeines Hirtentäschel
Capsélla búrsa-pastóris

Gemeine Pfeilkresse
Cardária drába

Schutt-Kresse
Lepídium ruderále

Feld-Kresse
Lepídium campéstre

Echter Meerrettich
Armorácia rusticána
K

Acker-Hellerkraut
Thláspi arvénse

produzieren. Mit 15 000 bis 20 000 Stück gehört das Hirtentäschel zu den Unkräutern, die die meisten Samen hervorbringen. Etwa die gleiche Zahl entwickelt die Melde (Gänsefußgewächse) und rund 10 000 die Wilde Möhre (Doldengewächse). Die Bekämpfung der Unkräuter erfordert viel Arbeit. In den Gärten unterdrückt das Hacken solche unerwünschten Pflanzen in ihrer Entwicklung. Durch die Saatgutreinigung und die Anwendung chemischer Mittel werden die Felder unkrautfrei gehalten.

Gold-Lack
(Cheiránthus chéiri)

Ausdauerndes Silberblatt
(Lunária redivíva)

69

Blüten

violett — gelb/gelblichweiß

Blätter

sitzend;
Pflanze < 30 cm;
Schötchen <1 cm

gestielt;
Pflanze > 30 cm;
Schötchen > 1 cm

Schötchen

elliptisch,
beiderseits spitz — fast rund

Blätter

alle ungeteilt — z. T. fiederspaltig

Schötchen

birnenförmig/kugelig/länglich — schief eiförmig

Stengelblätter

am Grunde pfeilförmig — am Grunde herzförmig/
mit Öhrchen

Griechisches Blaukissen
Aubriétia deltoides
Z

Ausdauerndes Silberblatt
Lunária rediviva
Z

Einjähriges Silberblatt
Lunária ánnua
Z

Stengelblätter

am Grunde verschmälert,
dicht von Sternhaaren grau — am Grunde pfeilförmig

Schötchen

flach, geflügelt, hängend — kugelig/birnenförmig,
aufrecht

Schötchen

ohne Längsleisten;
Blüten gelb — mit 2 Längsleisten;
Blüten gelblich

Steinkraut
Alýssum

Färber-Waid
Ísatis tinctória
K

Rispen-Finkensame
Néslia paniculáta

Dotter
Camelina

Sumpfkresse
Roríppa

Hohe Zackenschote
Búnias orientális

Dickblattgewächse (Crassuláceae)

Familienmerkmale
– Blüten radiär, meist 5zählig, seltener 3—20zählig
– die Zahl der Staubblätter entspricht der der Blüten- blätter, kann aber auch doppelt so hoch sein
– die Staubblätter tragen am Grunde Neben- blätter, die blütenblattartig ausgebildet sein können
– Laubblätter ohne Nebenblätter
– Blätter und Stengel dick, Blätter flach bis stielrund, wasserspeichernd

Vorkommen
Felsen, Wegränder, Sandfelder, Kiefernwäl- der, auch auf Dächern und an Mauern

Die meisten der heimischen Arten dieser Familie wachsen an sehr trockenen Stand- orten. Ihre dickfleischigen Blätter sind fähig, viel Wasser aufzunehmen und zu speichern. Die Wasserabgabe wird durch dicke Wachs- überzüge auf der Oberhaut der Blätter und den Schleimgehalt der Blattzellen stark ein- geschränkt. Die Pflanzen können lange Trok- kenzeiten überdauern ohne auszutrocknen. Ähnliche Erscheinungen einer außerordent- lich starken Wasserspeicherung finden wir bei den in Amerika lebenden Kakteen (Cactáceae) und den Agaven (Agaváceae, ↗ S. 111), aber auch bei afrikanischen Korbblütlern und Wolfsmilch-Arten (Euphorbiáceae).
Die Dach-Hauswurz bildet große Rosetten. Früher wurde sie oft an Mauern und auf Strohdächern angepflanzt. Die Menschen glaubten, ihre Häuser so gegen Blitzschlag schützen zu können.
Bei manchen Arten bilden abgebrochene Stengelstücke oder Blätter leicht kleine Wur- zeln oder Knospen, aus denen neue Pflanzen wachsen. Durch diese Eigenschaft erhielt das in Töpfen gehaltene Brutblatt (Bryophýllum pinnátum) seinen Namen. Es wird häufig auch Goethepflanze genannt, weil Goethe diese Pflanze besonders liebte und an ihr Untersuchungen vornahm.

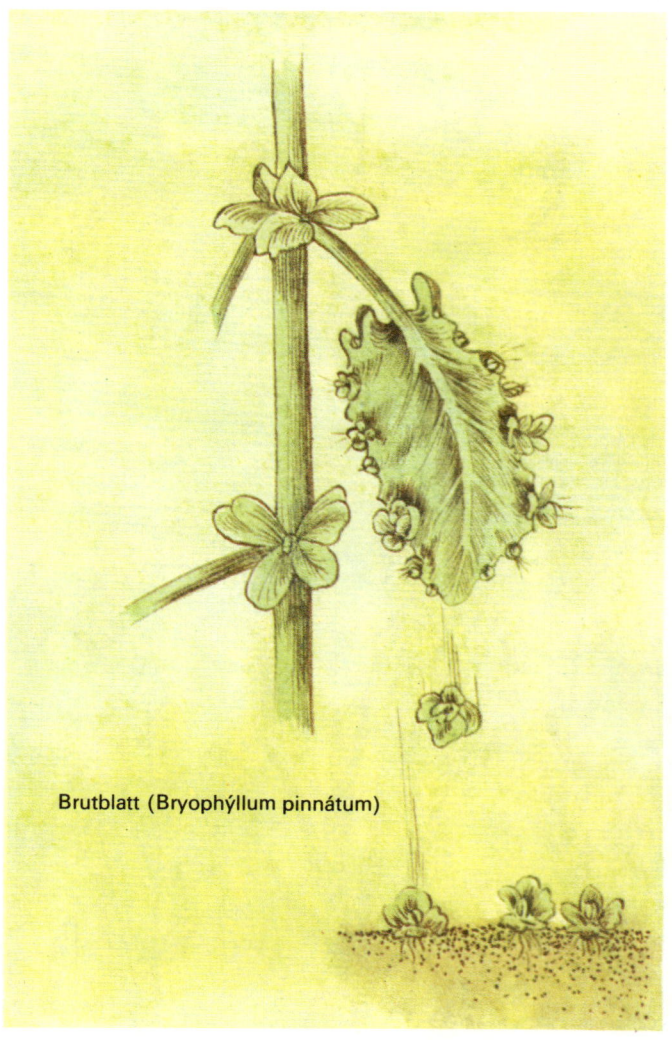

Brutblatt (Bryophýllum pinnátum)

Dickblattgewächse

70

Kronblätter

4—6;
Kelchblätter 4—6;
Staubblätter 8—12

6—20;
Kelchblätter 6—20;
Staubblätter 10—12

Blätter

flach — rundlich

Stengel

aufrecht;
Blätter länglich/eiförmig

liegend/aufsteigend;
Blätter keilförmig

Blüten

weiß
Blätter grasgrün — gelb

Kronblätter

10—20
ausgebreitet, rosenrot

6,
zusammenneigend,
hellgelb

Sprossende Hauswurz
Sempervivum soboliferum
Z

Dach-Hauswurz
Sempervivum tectórum
Z

Blätter

mit Stachelspitze,
blaugrün/graugrün,
am Grunde gespornt

ohne Stachelspitze,
grasgrün

Blätter

eiförmig,
am Grunde abgerundet;
Blüten goldgelb

walzenförmig,
am Grunde mit Sporn;
Blüten zitronengelb

Große Fetthenne
Sédum teléphium

Zweifelhafte Fetthenne
Sédum spúrium
Z

Weiße Fetthenne
Sédum álbum

Fels-Fetthenne
Sédum refléxum

Scharfe Fetthenne
Sédum ácre
G

Milde Fetthenne
Sédum sexanguláre

Steinbrechgewächse (Saxifragáceae)

Familienmerkmale

✱ Ke 5 Kr 5 S 5+5 F 2
– die 2 Fruchtblätter können frei stehen oder auch miteinander und mit der becherartig ausgehöhlten Blütenachse verwachsen sein.

Steinbrech

Es sind alle Übergänge von einem oberständigen zu einem unterständigen Fruchtknoten möglich
– Blätter meist wechselständig, selten gegenständig; ohne Nebenblätter
– Frucht eine Kapsel (Steinbrech, Sumpf-Herzblatt) oder eine Beere (Stachelbeere, Johannisbeere)
– Gehölze (Sträucher), vorherrschend jedoch Kräuter

Vorkommen

schattige Wälder, Schluchten, Quellen, Wiesen

Die bei uns in der freien Natur vorkommenden Steinbrech-Arten sind klein und meist recht kurzlebig. Früher wurden Steinbrech-Arten gegen Nierensteine angewendet. Der deutsche Name der Gattung soll darauf zurückgehen. Viele ihrer Arten besiedeln in den Hochgebirgen kleine Felsspalten. Im Mittelalter glaubten viele Menschen, daß es die Pflanzen sind, die das Gestein zerbrechen. Auch dieser Glaube kann zur Namensgebung geführt haben. Die polsterbildenden Gebirgsarten tragen meist auffällige und schön gefärbte Blüten. Wegen dieser Eigenschaften sind sie bei den Gartenfreunden sehr beliebt.

Auf nassen Wiesen leuchten im Spätsommer die weißen Blüten des Sumpf-Herzblattes. Seine unteren Blätter sind langgestielt und herzförmig. Der Blütensproß trägt nur 1 Blatt, das den Stengel umfaßt, und an der Spitze eine 5zählige Blüte. Auffällig sind die unfruchtbaren, keilförmig verbreiterten gelblichgrünen Staubblätter, die mit drüsentragenden Borsten besetzt sind.

Die Früchte der in den Wäldern wildwachsenden Stachelbeere und Johannisbeere wurden schon in urgeschichtlicher Zeit gesammelt. Aus ihnen gingen die heutigen Gartenformen hervor. Gold-Johannisbeere, Blutrote Johannisbeere, Pfeifenstrauch und Deutzien sind beliebte Ziersträucher, die in Gärten und Anlagen angepflanzt werden.

Fetthennen-Steinbrech (Saxifraga aïcoídes)

154

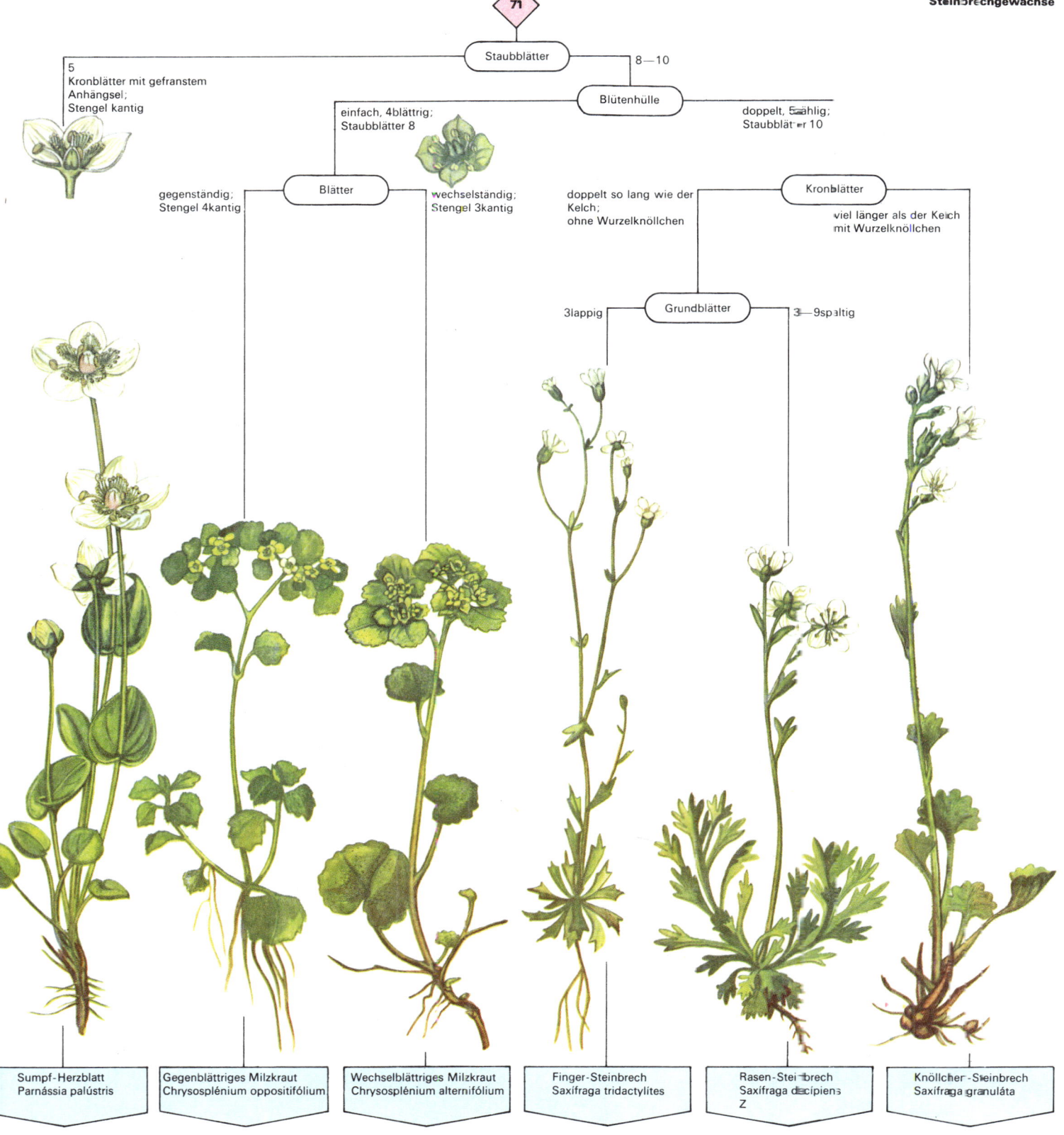

71

Staubblätter

8—10

Blütenhülle

5
Kronblätter mit gefranstem
Anhängsel;
Stengel kantig

einfach, 4blättrig;
Staubblätter 8

doppelt, 5zählig;
Staubblätter 10

gegenständig;
Stengel 4kantig

Blätter

wechselständig;
Stengel 3kantig

doppelt so lang wie der
Kelch;
ohne Wurzelknöllchen

Kronblätter

viel länger als der Kelch
mit Wurzelknöllchen

3lappig

Grundblätter

3—9spaltig

Sumpf-Herzblatt
Parnássia palústris

Gegenblättriges Milzkraut
Chrysosplénium oppositifólium

Wechselblättriges Milzkraut
Chrysosplénium alternifólium

Finger-Steinbrech
Saxifraga tridactylítes

Rasen-Steinbrech
Saxifraga decípiens
Z

Knöllchen-Steinbrech
Saxifraga granuláta

Rosengewächse (Rosáceae)

Familienmerkmale
✱ Kelch und Krone
meist 5zählig, S 4—∞, F ∞
– Blätter wechselständig,
oft zusammengesetzt,
Nebenblätter stets vorhanden
– Früchte sind Kapseln, Nüsse, Steinfrüchte
und Beeren, Sammel- und Scheinfrüchte
– Kräuter, Stauden, Sträucher und Bäume

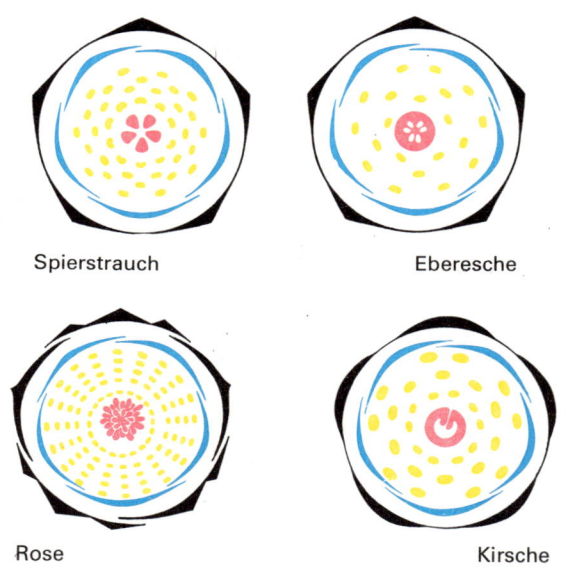

Spierstrauch · Eberesche

Rose · Kirsche

Vorkommen
Wälder, Gebüsche, Felsen, Ufer, Moore,
Schuttplätze, Dorfplätze, Wegränder, Äcker

In der Stellung des Fruchtknotens und in der
Art der Früchte zeichnen sich die Rosen-
gewächse durch eine große Mannigfaltigkeit
aus. Oberständige Fruchtknoten treten beim
Fingerkraut und bei der Nelkenwurz auf. Bei
der Reife entwickeln sich daraus Nüßchen.
Mittelständige Fruchtknoten finden wir beim
Spierstrauch. Unterständige Fruchtknoten be-

sitzen die Kernobst-Arten. An der Fruchtbildung beteiligt sich oft auch die Blütenachse. Sie ist bei der Erdbeere fleischig
und dick. Außen trägt sie viele kleine
Nüßchen. Bei der Rose umschließt die Blütenachse die Nüßchen völlig (Hagebutte).
Himbeeren und Brombeeren besitzen Steinfrüchte, die zu Sammelfrüchten vereinigt
sind. Beim Apfel und bei der Birne bilden die
inneren Schichten der Fruchtblätter das per-
gamentartige Fruchtgehäuse, den Griebs, in
dem die Samen liegen. Kirschen und Pflaumen tragen Steinfrüchte. Auch der nicht zu
den Rosengewächsen gehörende Walnuß-
baum hat Steinfrüchte (↗ Tafel 7).
Außer dem Beerenobst (↗ Tafel 14) und
den Früchten der Obstbäume (↗ Abb. S. 27)
liefert uns diese Pflanzenfamilie Zierpflanzen
(Rosen, Spierstrauch, Geißbart) und auch
Arzneipflanzen (Tormentille, Mädesüß, Weißdorn).

Silberwurz
(Drýas octopétala)

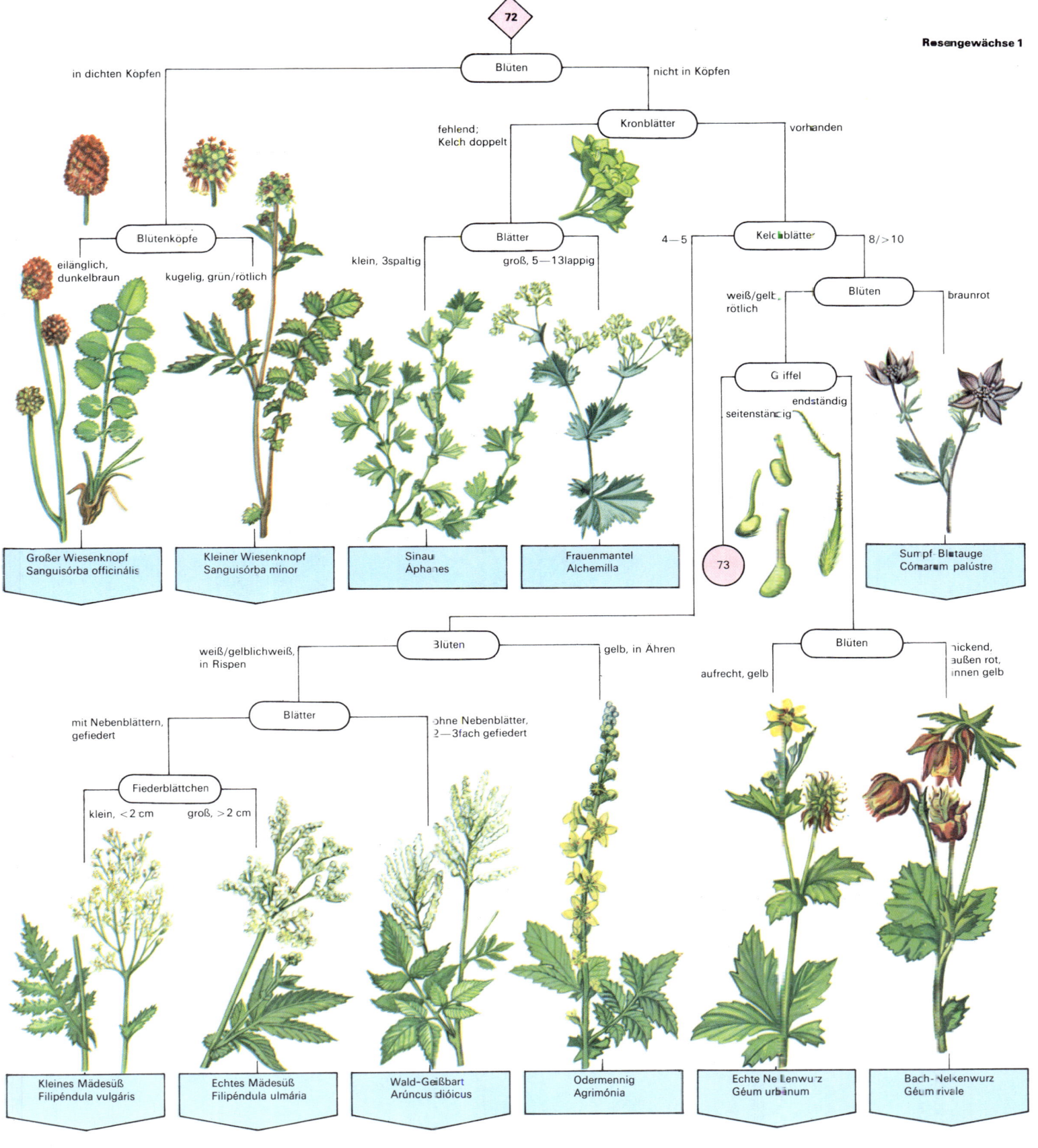

72

Blüten

in dichten Köpfen — nicht in Köpfen

Kronblätter

fehlend;
Kelch doppelt — vorhanden

Blütenköpfe

eilänglich,
dunkelbraun

kugelig, grün/rötlich

Blätter

klein, 3spaltig — groß, 5—13lappig

4—5 — Kelchblätter — 8/>10

weiß/gelb,
rötlich — Blüten — braunrot

Griffel

seitenständig — endständig

73

Großer Wiesenknopf
Sanguisórba officinális

Kleiner Wiesenknopf
Sanguisórba minor

Sinau
Áphanes

Frauenmantel
Alchemilla

Sumpf-Blutauge
Cómarum palústre

Blüten

weiß/gelblichweiß,
in Rispen — gelb, in Ähren

Blüten

aufrecht, gelb — nickend,
außen rot,
innen gelb

Blätter

mit Nebenblättern,
gefiedert — ohne Nebenblätter,
2—3fach gefiedert

Fiederblättchen

klein, <2 cm — groß, >2 cm

Kleines Mädesüß
Filipéndula vulgáris

Echtes Mädesüß
Filipéndula ulmária

Wald-Geißbart
Arúncus dióicus

Odermennig
Agrimónia

Echte Nelkenwurz
Géum urbánum

Bach-Nelkenwurz
Géum rivale

Stellung des Fruchtknotens

oberständig   mittelständig   unterständig

Fingerkraut   Kirsche   Birne

Gänse-Fingerkraut (Potentílla anserína)

Kirsche (Cérasus)

Birne (Pýrus)

Wildrose

Gartenrosen

159

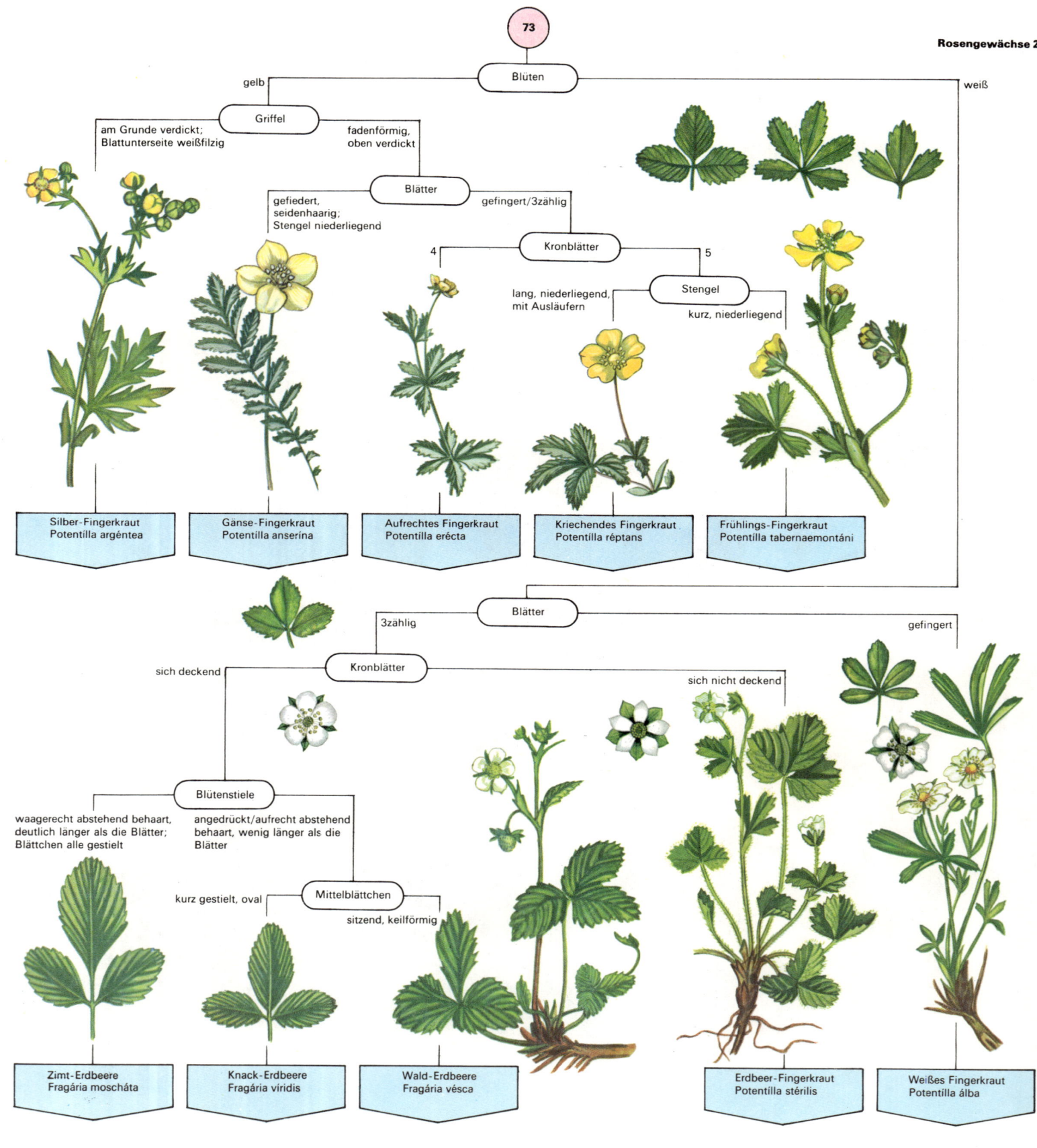

73

Blüten

gelb — weiß

Griffel

am Grunde verdickt;
Blattunterseite weißfilzig

fadenförmig,
oben verdickt

Blätter

gefiedert,
seidenhaarig;
Stengel niederliegend

gefingert/3zählig

Kronblätter

4 — 5

Stengel

lang, niederliegend,
mit Ausläufern

kurz, niederliegend

Silber-Fingerkraut
Potentílla argéntea

Gänse-Fingerkraut
Potentílla anserína

Aufrechtes Fingerkraut
Potentílla erécta

Kriechendes Fingerkraut
Potentílla réptans

Frühlings-Fingerkraut
Potentílla tabernaemontáni

Blätter

3zählig — gefingert

Kronblätter

sich deckend — sich nicht deckend

Blütenstiele

waagerecht abstehend behaart,
deutlich länger als die Blätter;
Blättchen alle gestielt

angedrückt/aufrecht abstehend
behaart, wenig länger als die
Blätter

Mittelblättchen

kurz gestielt, oval

sitzend, keilförmig

Zimt-Erdbeere
Fragária moscháta

Knack-Erdbeere
Fragária víridis

Wald-Erdbeere
Fragária vésca

Erdbeer-Fingerkraut
Potentílla stérilis

Weißes Fingerkraut
Potentílla álba

Schmetterlingsblüten- gewächse (Fabáceae)

Familienmerkmale
I Ke 5 Kr 5 S (10)/(9)+1 F 1
- Blätter meist zusammengesetzt (gefingert, 3zählig oder gefiedert), oft mit Ranken, Nebenblätter meist vorhanden
- der aus 1 Fruchtblatt gebildete Fruchtknoten entwickelt sich zur Hülse. Sie besitzt keine Mittelwand und unterscheidet sich dadurch von den aus 2 Fruchtblättern gebildeten Schoten der Kreuzblütengewächse. Die Hülsen öffnen sich an den Längsseiten oder zerfallen in 1samige Teilfrüchte (Gliederhülsen)
- Kräuter, Stauden, Zwergsträucher, Sträucher und Bäume

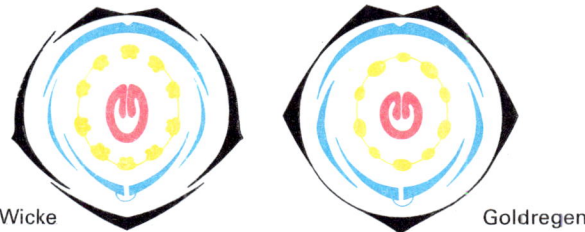

Wicke   Goldregen

Vorkommen
Wälder, Gebüsche, Felsen, Wegränder, Dorfplätze, Wiesen, Äcker

Die sehr artenreiche Familie ist über die ganze Erde verbreitet. Die in den Tropen wachsenden Bäume tragen meist große, auffällig gefärbte Blüten. Dornige Stauden und Zwergsträucher wachsen in den Steppen und Wüsten. Ihre sehr langen Pfahlwurzeln dringen tief in den trockenen Boden ein. Bei uns herrschen die krautigen Vertreter der Familie vor.

Die Blüten all dieser sehr unterschiedlichen Lebensformen gleichen sich in ihrem Bau. Stets bestehen sie aus der Fahne, den 2 Flügeln und dem aus 2 Kronblättern gebildeten Schiffchen. Es umhüllt die Staubblätter; immer sind es 10 (↗ Abb. unten).

Die wirtschaftliche Bedeutung der Familie ist sehr groß. Nur die der Süßgräser ist noch höher. Die eiweiß- und fettreichen Samen werden für die menschliche Ernährung und auch als Viehfutter genutzt. Als Viehfutter haben vor allem die Klee-Arten Bedeutung erlangt. Am verbreitetsten ist der Rot-Klee. Auch der Weiß-Klee und der Schweden-Klee liefern wertvolles Grünfutter. Die Gattung Klee kennt jeder. Wer hat nicht schon einmal nach 4blättrigen Kleeblättern gesucht, die als Glücksbringer angesehen werden. Es ist aber zu beachten, daß es noch die Gattungen Geißklee, Schneckenklee, Wundklee, Hornklee und Hufeisenklee gibt. Um nicht nur die unterschiedliche Gattungszugehörigkeit zu erkennen, sondern auch die einzelnen Arten unterscheiden zu lernen, müssen wir besonders auf die Blattformen, die Farbe und die Größe der Blüten sowie den Kelch achten. Bei den Klee-Arten sind die Zahl der Kelchnerven, die Länge und Form seiner Zähne wichtige Unterscheidungsmerkmale. Beim

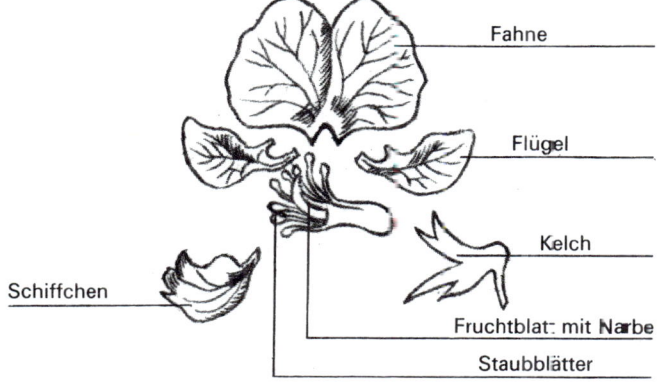

Fahne

Flügel

Kelch

Schiffchen

Fruchtblatt mit Narbe

Staubblätter

Alpen-Süßklee
(Hedýsarum hedysaroídes)

Erdbeer-Klee ist der Kelch zur Fruchtzeit blasig aufgetrieben. Dadurch ähnelt der rötlich gefärbte Fruchtstand einer Erdbeere. Als Grünfutter werden außer den Klee-Arten auch die Saat-Luzerne und die Sichel-Luzerne angebaut.

Aus den Samen der Linsen, der Erbsen, der Platterbsen und der Ackerbohne (das ist eine Art der Gattung Wicke!) bereiteten die Menschen schon vor Tausenden von Jahren schmackhafte und nahrhafte Speisen. Für die menschliche Ernährung wird die Ackerbohne heute kaum noch genutzt. Ihre Stelle nahm die aus Amerika eingeführte Garten-Bohne ein. Garten-Bohnen wachsen als windende Kräuter an Stangen oder werden als Buschbohnen gezogen. Die gelbgrünen zarten Brechbohnen werden vor der Samenreife geerntet und zu Konserven verarbeitet.

Mit der Garten-Bohne verwandte Arten dienten den Inkas als Nahrungsmittel. Auch heute noch bilden sie in den südamerikanischen Ländern die Ernährungsgrundlage der Bevölkerung. Die Soja-Bohne zählt zu den wichtigsten Kulturpflanzen Asiens.

In den Wurzeln vieler Schmetterlingsblütengewächse sitzen kleine Knöllchen. Dàrin leben Bakterien, die den Stickstoff aus der Luft sammeln und ihn in eine für die Ernährung der Pflanzen brauchbare Form umwandeln. Durch den feldmäßigen Anbau von Schmetterlingsblütlern läßt sich die Bodenfruchtbarkeit erhöhen. Wird 1 Hektar mit Lupinen bestellt, so führen die Knöllchenbakterien dieser Fläche im Jahr 200 Kilogramm Stickstoff zu, wenn die zur Bodenverbesserung angepflanzten Arten untergepflügt werden (Gründüngung).

Die Schmetterlingsblütengewächse enthalten auch Gerb- und Farbstoffe. Manche Arten liefern Stoffe, aus denen Heilmittel hergestellt werden können.

Die Erdnuß gehört ebenfalls zur Familie der Schmetterlingsblütengewächse. Ihre stark ölhaltigen Samen liefern ein sehr gutes Speiseöl. Gern werden sie auch roh oder geröstet gegessen. Den Namen erhielt die Erdnuß wegen der eigenartigen Fruchtentwicklung. Nach der Befruchtung streckt sich die Blütenachse sehr stark und krümmt sich dabei dem Boden zu. Die sich entwickelnde Frucht wird allmählich in den Boden hineingeschoben. Dort wachsen die Hülsen und reifen die Samen aus. Diese Bodenfrüchtigkeit genannte Erscheinung tritt noch bei einigen anderen Schmetterlingsblütlern auf. Was wir als Erdnuß essen, das sind die 2 Keimblätter. Zwischen ihnen ist die Keimpflanze deutlich erkennbar.

162

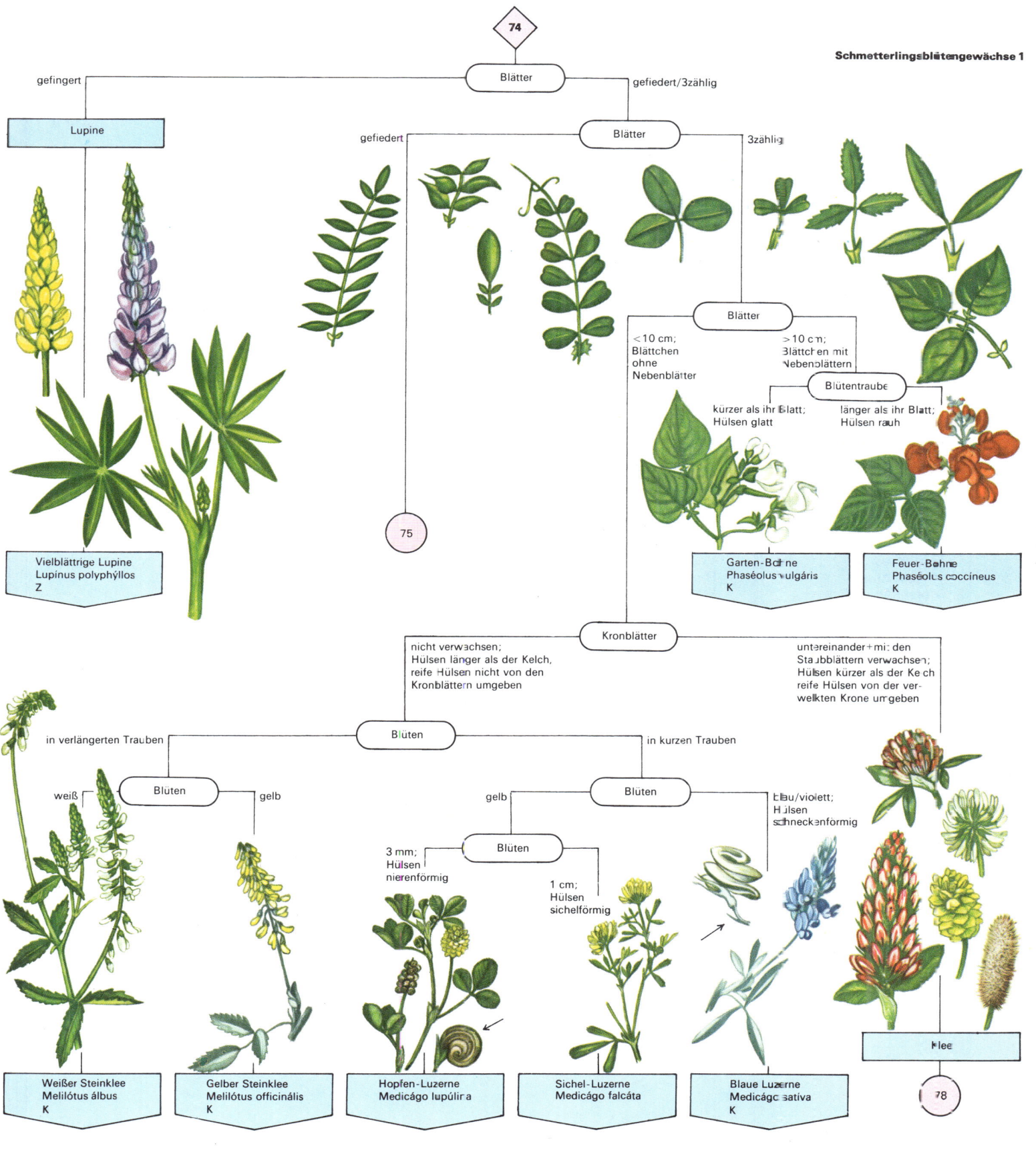

74

Blätter

gefingert

gefiedert/3zählig

Lupine

Blätter

gefiedert

3zählig

75

Blätter

<10 cm;
Blättchen
ohne
Nebenblätter

>10 cm;
Blättchen mit
Nebenblättern

Blütentraube

kürzer als ihr Blatt;
Hülsen glatt

länger als ihr Blatt;
Hülsen rauh

Vielblättrige Lupine
Lupínus polyphýllos
Z

Garten-Bohne
Phaséolus vulgáris
K

Feuer-Bohne
Phaséolus coccíneus
K

Kronblätter

nicht verwachsen;
Hülsen länger als der Kelch,
reife Hülsen nicht von den
Kronblättern umgeben

untereinander+mit den
Staubblättern verwachsen;
Hülsen kürzer als der Kelch
reife Hülsen von der ver-
welkten Krone umgeben

Blüten

in verlängerten Trauben

in kurzen Trauben

Blüten

weiß

gelb

Blüten

gelb

blau/violett;
Hülsen
schneckenförmig

Blüten

3 mm;
Hülsen
nierenförmig

1 cm;
Hülsen
sichelförmig

Klee

Weißer Steinklee
Melilótus álbus
K

Gelber Steinklee
Melilótus officinális
K

Hopfen-Luzerne
Medicágo lupúlina

Sichel-Luzerne
Medicágo falcáta

Blaue Luzerne
Medicágo sativa
K

78

Vorkommen und Verwendung von Schmetterlingsblütengewächsen

Tabelle 8

Sumpfwiesen
Moor-Klee
Erdbeer-Klee
Sumpf-Hornklee

Wiesen, Weiden
Hopfen-Luzerne
Kleiner Klee
Schweden-Klee
Gemeiner Hornklee
Saat-Esparsette
Vogel-Wicke
Erdbeer-Klee
Rot-Klee
Weiß-Klee
Bunte Kronwicke
Zaun-Wicke
Wiesen-Platterbse

Trockenrasen
Ginster
Hauhechel
Sichel-Luzerne
Berg-Klee
Hasen-Klee
Saat-Esparsette
Berg-Platterbse
Zickzack-Klee
Gemeiner Wundklee
Kicher-Tragant
Kleiner Vogelfuß
Schopf-Hufeisenklee
Feinblättrige Wicke

Äcker
Gelber Steinklee
Feld-Klee
Hasen-Klee
Viersamige Wicke
Schmalblättrige Wicke
Vogel-Wicke
Rauhhaarige Wicke
Erdnuß-Platterbse

Wälder, Gebüsche
Gewöhnlicher Gaspeldorn
Schwärzlicher Geißklee
Gemeiner Besenginster
Wald-Klee
Zickzack-Klee
Verschiedenblättrige Platterbse
Wald-Platterbse
Süßholz-Tragant
Weiße Robinie
Kleiner Vogelfuß
Hecken-Wicke
Wald-Wicke
Berg-Platterbse
Schwarze Platterbse

Kulturpflanzen
(Ernährung)
Garten-Bohne
Feuer-Bohne
Garten-Erbse
Erdnuß
Ackerbohne
Soja-Bohne
Speise-Linse

Futterpflanzen
(Futter, Düngung)
Zottel-Wicke
Ackerbohne
Saat-Wicke
Saat-Esparsette
Persischer Klee
Hopfen-Luzerne
Blaue Luzerne
Lupine
Großer Vogelfuß (Serradella)
Rot-Klee
Weiß-Klee
Inkarnat-Klee
Schweden-Klee
Blauer Schabziegerklee
Gewöhnlicher Gaspeldorn

Farbstoffe, Arzneimittel, Gewürze
Echte Geißraute
Echter Steinklee
Hoher Steinklee
Weißer Steinklee
Dornige Hauhechel
Süßholz-Tragant
Garten-Bohne
Schabziegerklee
Saat-Wicke

Zierpflanzen
Breitblättrige Platterbse
Bunte Platterbse
Gemeiner Erbsenstrauch
Gemeiner Blasenstrauch
Weiße Robinie
Lupine
Blauregen
Rote Spargelerbse
Zwergginster
Besenginster
Ginster
Gemeiner Goldregen

Gemeiner Goldregen (Labúrnum anagyroídes)

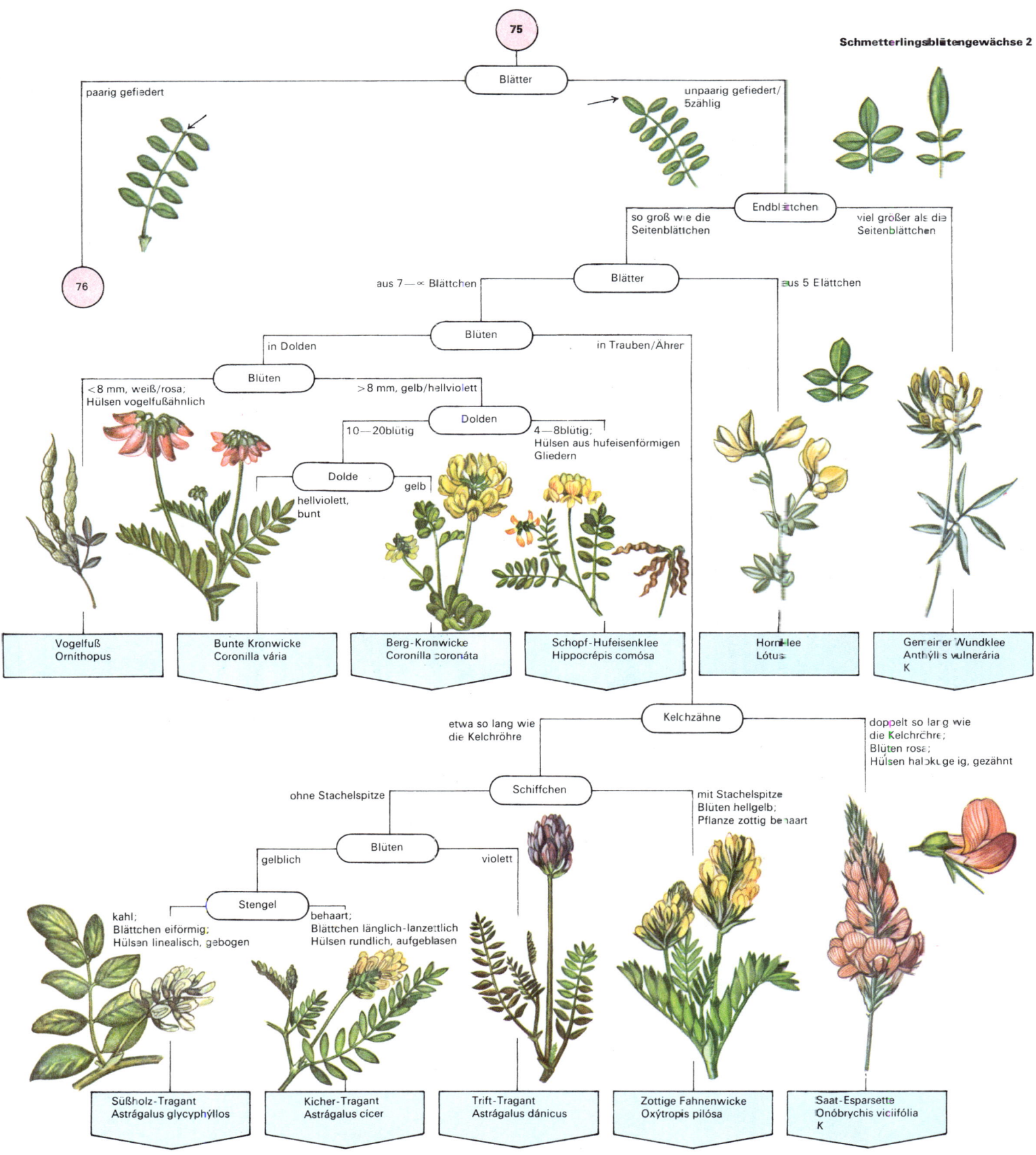

75

Blätter

paarig gefiedert

76

unpaarig gefiedert/
5zählig

Endblättchen

so groß wie die
Seitenblättchen

viel größer als die
Seitenblättchen

Blätter

aus 7—∞ Blättchen

aus 5 Blättchen

Blüten

in Dolden

in Trauben/Ähren

Blüten

<8 mm, weiß/rosa;
Hülsen vogelfußähnlich

>8 mm, gelb/hellviolett

Dolden

10—20blütig

4—8blütig;
Hülsen aus hufeisenförmigen
Gliedern

Dolde

hellviolett,
bunt

gelb

Vogelfuß
Orníthopus

Bunte Kronwicke
Coronilla vária

Berg-Kronwicke
Coronílla coronáta

Schopf-Hufeisenklee
Hippocrépis comósa

Horn-Klee
Lótus

Gemeiner Wundklee
Anthýllis vulnerária
K

Kelchzähne

etwa so lang wie
die Kelchröhre

doppelt so lang wie
die Kelchröhre;
Blüten rosa;
Hülsen halbkugelig, gezähnt

Schiffchen

ohne Stachelspitze

mit Stachelspitze
Blüten hellgelb;
Pflanze zottig behaart

Blüten

gelblich

violett

Stengel

kahl;
Blättchen eiförmig;
Hülsen linealisch, gebogen

behaart;
Blättchen länglich-lanzettlich
Hülsen rundlich, aufgeblasen

Süßholz-Tragant
Astrágalus glycyphýllos

Kicher-Tragant
Astrágalus cícer

Trift-Tragant
Astrágalus dánicus

Zottige Fahnenwicke
Oxýtropis pilósa

Saat-Esparsette
Onóbrychis viciifólia
K

Rot-Klee (Trifólium praténse)   Weiß-Klee (Trifólium répens)

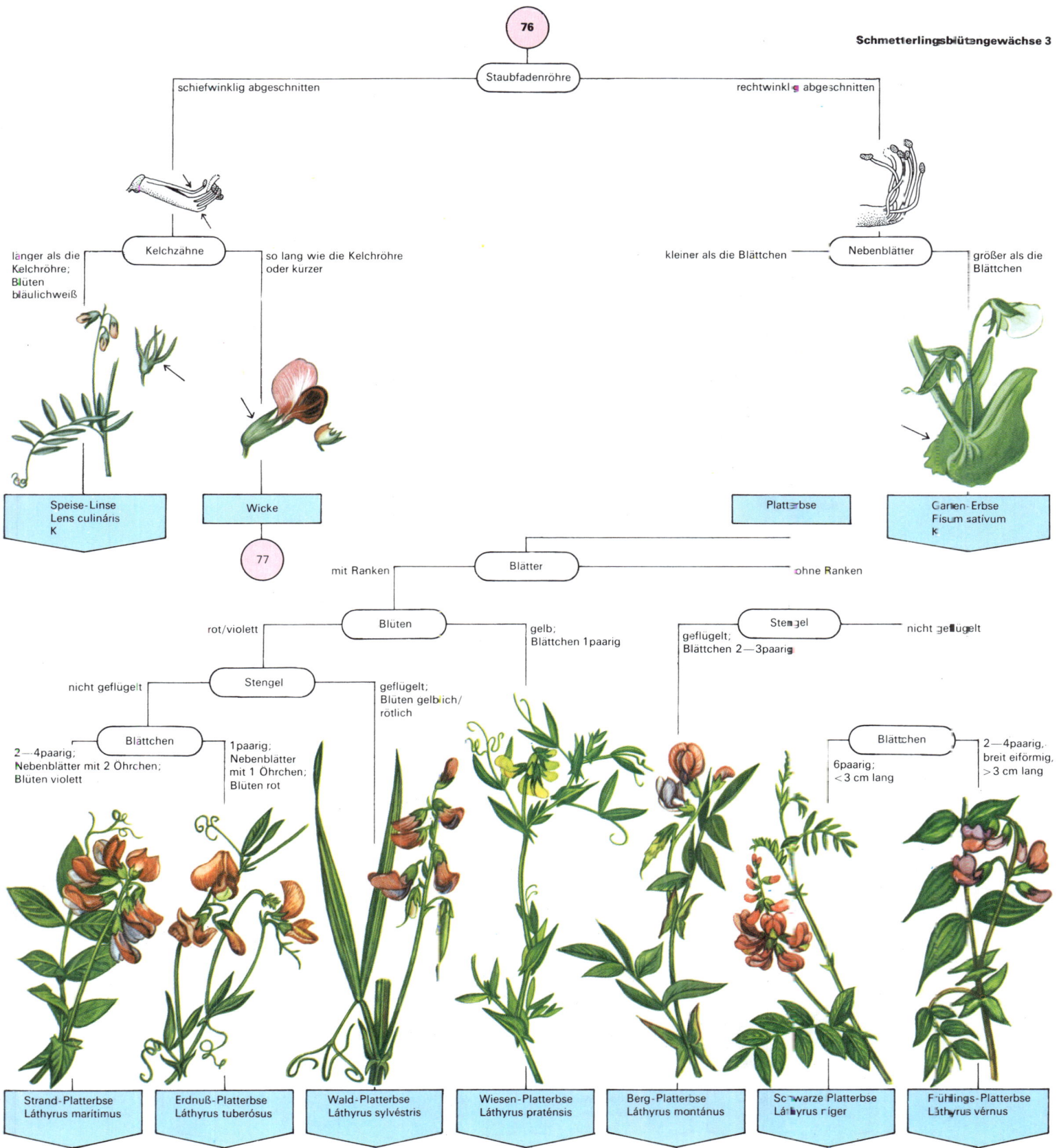

76

Staubfadenröhre

schiefwinklig abgeschnitten

rechtwinklig abgeschnitten

Kelchzähne

länger als die Kelchröhre; Blüten bläulichweiß

so lang wie die Kelchröhre oder kurzer

Nebenblätter

kleiner als die Blättchen

größer als die Blättchen

Speise-Linse
Lens culináris
K

Wicke

Platterbse

Garten-Erbse
Písum sativum
K

77

Blätter

mit Ranken

ohne Ranken

Blüten

rot/violett

gelb; Blättchen 1paarig

Stengel

geflügelt; Blättchen 2—3paarig

nicht geflügelt

Stengel

nicht geflügelt

geflügelt; Blüten gelblich/rötlich

Blättchen

Blättchen

2—4paarig; Nebenblätter mit 2 Öhrchen; Blüten violett

1paarig; Nebenblätter mit 1 Öhrchen; Blüten rot

6paarig; <3 cm lang

2—4paarig, breit eiförmig, >3 cm lang

Strand-Platterbse
Láthyrus marítimus

Erdnuß-Platterbse
Láthyrus tuberósus

Wald-Platterbse
Láthyrus sylvéstris

Wiesen-Platterbse
Láthyrus praténsis

Berg-Platterbse
Láthyrus montánus

Schwarze Platterbse
Láthyrus níger

Frühlings-Platterbse
Láthyrus vérnus

Blütenstände

kurzgestielt, wenigblütig · langgestielt

Blätter

ohne Ranken, fleischig, blaugrün · mit geteilten Ranken

Kelchzähne

ungleich; Blättchen eiförmig, gewimpert, stachelspitz · gleich

Blättchen

<4 mm breit; Hülsen braun, behaart · >5 mm breit; Hülsen schwarz, kahl

Ackerbohne, Pferdebohne
Vícia fába
K

Zaun-Wicke
Vícia sépium

Schmalblättrige Wicke
Vícia angustifólia

Saat-Wicke
Vícia satíva
K

Blütenstände

vielblütig; Blüten >8 mm · 1–6blütig; Blüten <8 mm

Blüten

blau/violett/purpurn; Nebenblätter ganzrandig · weiß/violett geadert; Nebenblätter gezähnt

Stengel, Blätter

zottig behaart · kahl/weichhaarig

Blütenstände

so lang wie die Blätter; Blüten <12 mm, blauviolett · länger als die Blätter; Blüten >12 mm hellblau

Blütenstände

3–6blütig; Hülse behaart, mit 2 Samen · 1–3blütig; Hülse kahl, mit 4 Samen

Zottel-Wicke
Vícia villósa
K

Vogel-Wicke
Vícia crácca

Feinblättrige Wicke
Vícia tenuifólia

Wald-Wicke
Vícia sylvática

Rauhhaarige Wicke
Vícia hirsúta

Viersamige Wicke
Vícia tetraspérma

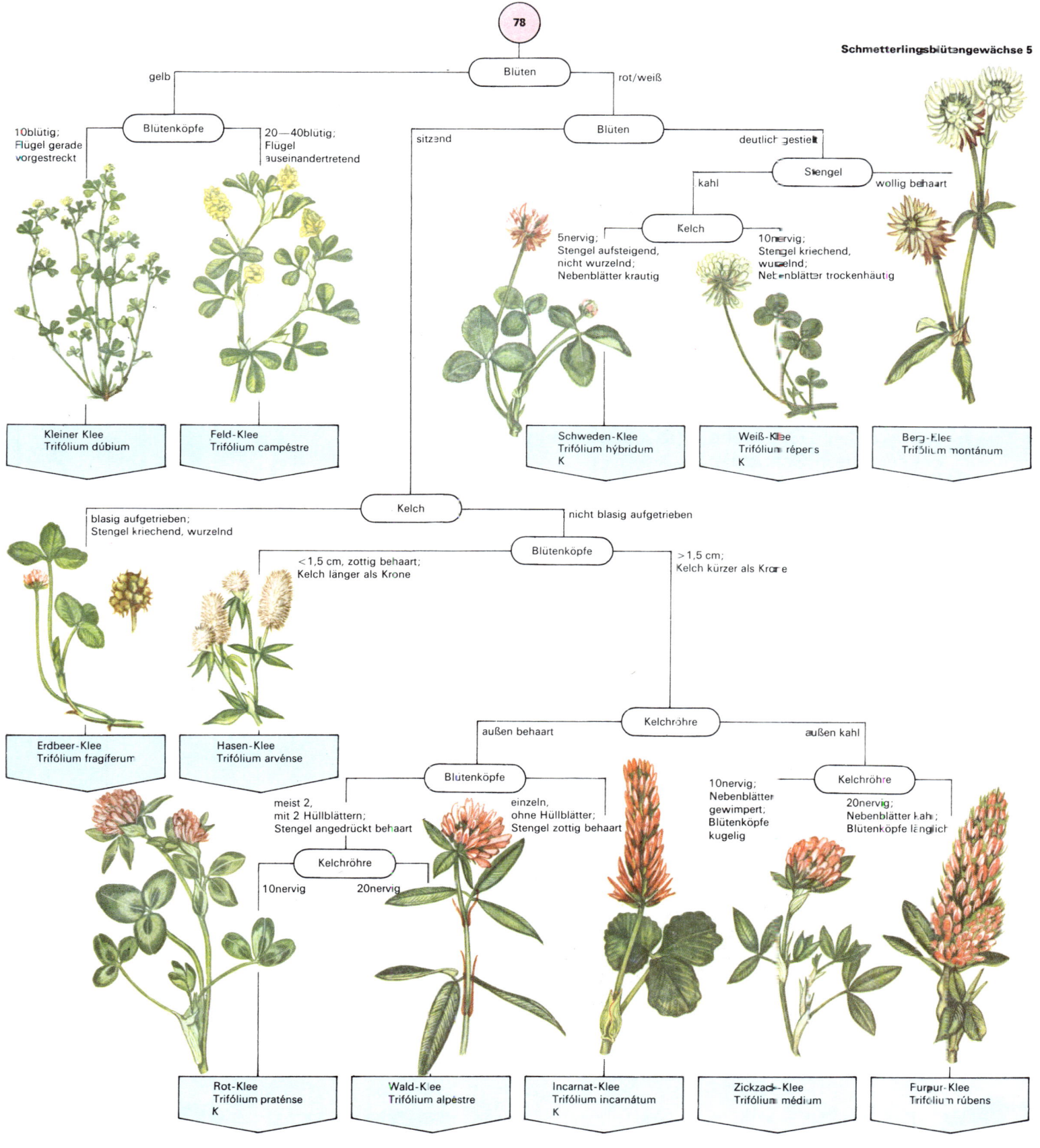

78

Blüten

gelb — rot/weiß

Blüten

Blütenköpfe

10blütig;
Flügel gerade
vorgestreckt

20—40blütig;
Flügel
auseinandertretend

sitzend — deutlich gestielt

Stengel

kahl — wollig behaart

Kelch

5nervig;
Stengel aufsteigend,
nicht wurzelnd;
Nebenblätter krautig

10nervig;
Stengel kriechend,
wurzelnd;
Nebenblätter trockenhäutig

Kleiner Klee
Trifólium dúbium

Feld-Klee
Trifólium campéstre

Schweden-Klee
Trifólium hýbridum
K

Weiß-Klee
Trifólium répens
K

Berg-Klee
Trifólium montánum

Kelch

blasig aufgetrieben;
Stengel kriechend, wurzelnd

nicht blasig aufgetrieben

Blütenköpfe

<1,5 cm, zottig behaart;
Kelch länger als Krone

>1,5 cm;
Kelch kürzer als Krone

Erdbeer-Klee
Trifólium fragíferum

Hasen-Klee
Trifólium arvénse

Kelchröhre

außen behaart — außen kahl

Blütenköpfe

Kelchröhre

meist 2,
mit 2 Hüllblättern;
Stengel angedrückt behaart

einzeln,
ohne Hüllblätter;
Stengel zottig behaart

10nervig;
Nebenblätter
gewimpert;
Blütenköpfe
kugelig

20nervig;
Nebenblätter kahl;
Blütenköpfe länglich

Kelchröhre

10nervig — 20nervig

Rot-Klee
Trifólium praténse
K

Wald-Klee
Trifólium alpéstre

Incarnat-Klee
Trifólium incarnátum
K

Zickzack-Klee
Trifólium médium

Purpur-Klee
Trifólium rúbens

Storchschnabelgewächse (Geraniáceae)

Familienmerkmale

✳ Ke 5 Kr 5 S 5+5 $\overline{F}$ (5)
— Blüten ♂, Bestäubung durch Insekten
— Blätter wechselständig, handnervig, Nebenblätter stets vorhanden
— 1 samige Teilfrüchte
— Kräuter und Stauden

Storchschnabel

Vorkommen

Laubwälder, Gebüsche, trockene Hänge, Wiesen, Ufer, Schuttplätze, Äcker

Die Blüten unserer heimischen Arten sind radiär gebaut. Dorsiventrale Blüten tragen die als Zierpflanzen beliebten Pelargonien.
Die einem Storchschnabel ähnlichen Früchte gaben einer Gattung und der ganzen Familie den Namen. Bei den Arten der Gattung Storchschnabel entwickeln sich am Grunde

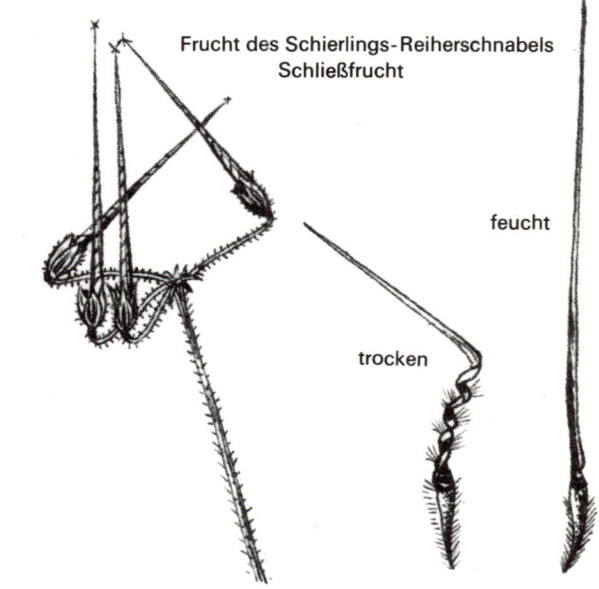

Frucht des Schierlings-Reiherschnabels
Schließfrucht

feucht

trocken

Pelargonie

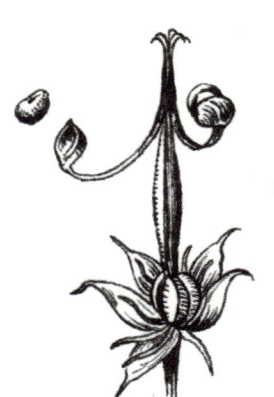

Frucht des Blutroten Storchschnabels
Streufrucht

des Fruchtknotens 5 Samenanlagen. Sein oberer Teil ist steril und lang ausgezogen. Bei der Reife rollen sich diese Schnabelteile auf und schleudern dabei die Samen fort. Die Samen des Reiherschnabels bleiben mit den Schnabelteilen (Granne) fest verwachsen. Bei trockenem Wetter ist die Granne schraubig aufgerollt. Im feuchten Zustand streckt sie sich. Durch diese Bewegungen wird der Samen in den Boden eingedreht.

170

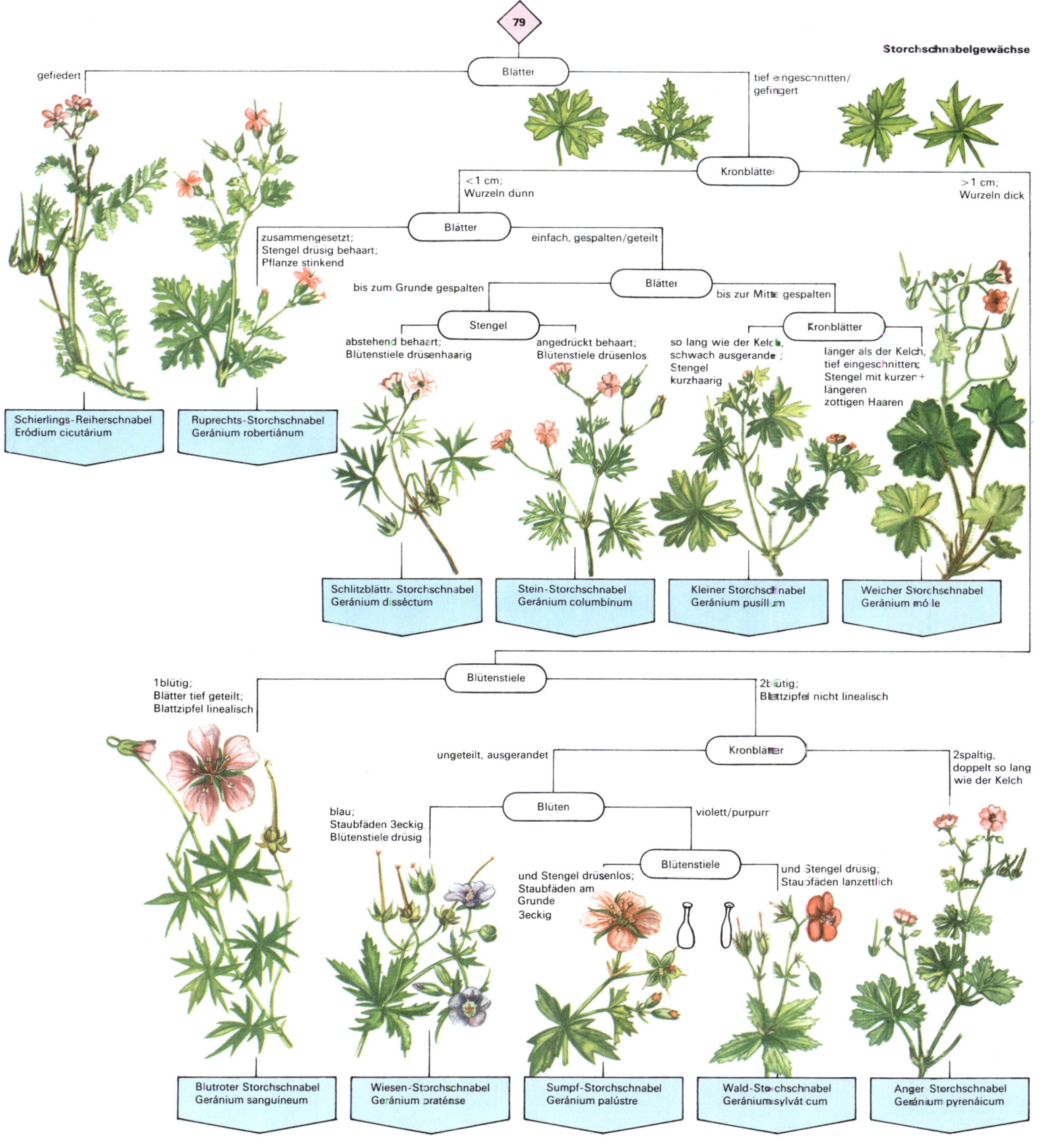

79

Blätter

gefiedert

tief eingeschnitten/ gefingert

Kronblätter

<1 cm; Wurzeln dünn

>1 cm; Wurzeln dick

Blätter

zusammengesetzt; Stengel drüsig behaart; Pflanze stinkend

einfach, gespalten/geteilt

Blätter

bis zum Grunde gespalten

bis zur Mitte gespalten

Stengel

Kronblätter

abstehend behaart; Blütenstiele drüsenhaarig

angedrückt behaart; Blütenstiele drüsenlos

so lang wie der Kelch, schwach ausgerandet; Stengel kurzhaarig

länger als der Kelch, tief eingeschnitten; Stengel mit kurzen + längeren zottigen Haaren

Schierlings-Reiherschnabel
Eródium cicutárium

Ruprechts-Storchschnabel
Geránium robertiánum

Schlitzblättr. Storchschnabel
Geránium disséctum

Stein-Storchschnabel
Geránium columbínum

Kleiner Storchschnabel
Geránium pusillum

Weicher Storchschnabel
Geránium mólle

Blütenstiele

1blütig; Blätter tief geteilt; Blattzipfel linealisch

2blütig; Blattzipfel nicht linealisch

Kronblätter

ungeteilt, ausgerandet

2spaltig, doppelt so lang wie der Kelch

Blüten

blau; Staubfäden 3eckig; Blütenstiele drüsig

violett/purpurr

Blütenstiele

und Stengel drüsenlos; Staubfäden am Grunde 3eckig

und Stengel drüsig; Staubfäden lanzettlich

Blutroter Storchschnabel
Geránium sanguíneum

Wiesen-Storchschnabel
Geránium praténse

Sumpf-Storchschnabel
Geránium palústre

Wald-Storchschnabel
Geránium sylváticum

Anger-Storchschnabel
Geránium pyrenáicum

Kreuzblümchengewächse (Polygaláceae)

Familienmerkmale
I Ke5 Kr3 S4+4 F (2)
— Blätter ganzrandig, ohne Nebenblätter
— als Früchte sind Kapseln ausgebildet
— kleine Stauden, Zwergstrauch (Zwergbuchs)

Kreuzblümchen

Vorkommen
Kiefernwälder, Waldränder, Heiden, trockene Hänge, Moore, Wiesen

Die Blüten ähneln denen der Schmetterlingsblütengewächse. Eine nähere Verwandtschaft zwischen beiden Familien besteht jedoch nicht. 2 größere Kelchblätter, die wie die Kronblätter gefärbt sind, bilden die Fahne,

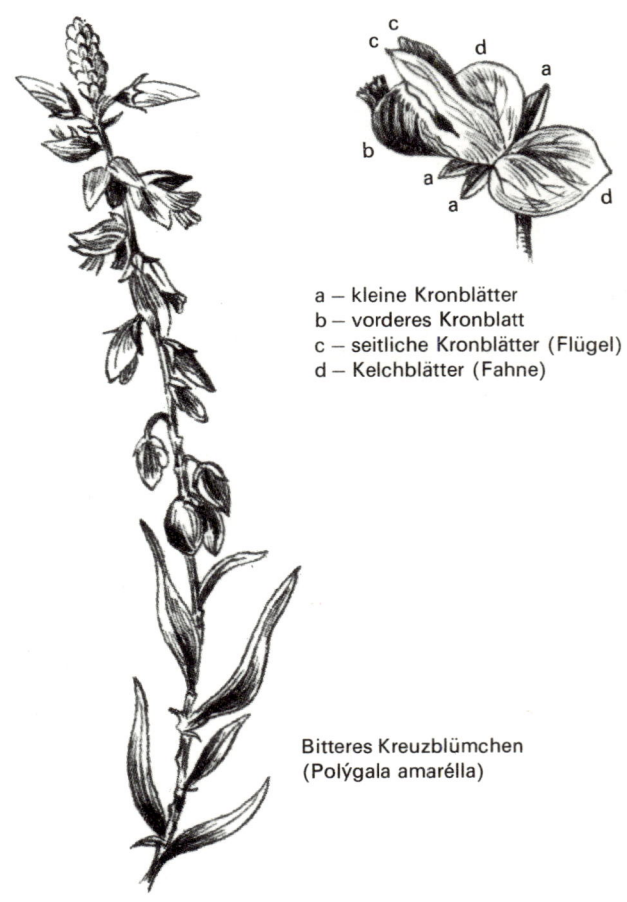

a – kleine Kronblätter
b – vorderes Kronblatt
c – seitliche Kronblätter (Flügel)
d – Kelchblätter (Fahne)

Bitteres Kreuzblümchen
(Polýgala amarélla)

Zwergbuchs
(Chamaebúxus alpéstris)

1 kahnartig geformtes Kronblatt gleicht dem Schiffchen. Die 2 seitlichen Kronblätter erinnern an die Flügel der Schmetterlingsblüten.
Verbreitet ist das Gemeine Kreuzblümchen. Auf Moorwiesen und in Heiden wächst das Quendel-Kreuzblümchen. Es bevorzugt nährstoffarme, saure Böden. Das Bittere und das Schopfige Kreuzblümchen hingegen lieben Kalkböden. In Kiefernwäldern der höheren Lagen kommt stellenweise der Zwergbuchs vor. Das ist ein dichtwüchsiger kleiner, immergrüner Zwergstrauch mit kräftig gelb und rot gefärbten Blüten.

172

80

Blütenstand

vielblütig;
Blätter wechselständig + in
Rosetten

3—8blütig;
Blüten hellblau;
untere Blätter gegenständig

Pflanze

mit Blattrosette;
Seitennerven der Flügel
vorn nicht mit dem Mittelnerv
verbunden

ohne Blattrosette;
Seitennerven der Flügel
vorn mit dem Mittelnerv
verbunden

Tragblätter

der Blüten < Blütenstiele;
Blüten blau (rot/weiß)

der Blüten > Blütenstiele;
Blüten rosa (weiß/blau)

Bitteres Kreuzblümchen
Polýgala amarélla

Quendel-Kreuzblümchen
Polýgala serpyllifólia

Gemeines Kreuzblümchen
Polýgala vulgáris

Schopf-Kreuzblümchen
Polýgala comósa

Wolfsmilchgewächse (Euphorbiáceae)

Familienmerkmale
– den meist 1geschlechtigen
Blüten fehlt oft
die Blütenhülle
– Blätter fast immer
wechselständig und ganzrandig
– Frucht ist eine Kapsel, meist in 2 oder
3 Teilfrüchte zerfallend
– Kräuter und Stauden

Vorkommen
Laubwälder, Gebüsche, Trockenrasen, Ufer, Gärten, Dorfplätze, Äcker

Alle bei uns wachsenden Wolfsmilch-Arten enthalten giftigen Milchsaft. Den Bingelkraut-Arten dagegen fehlt der Milchsaft. Der Milchsaft des in Südamerika heimischen Kautschukbaumes dient zur Herstellung des Naturgummis. Die Wolfsmilchgewächse enthalten außergewöhnlich viele, sehr unterschiedliche Inhaltsstoffe, die vielseitig genutzt werden. Aus den Samen lassen sich wertvolle technische Öle pressen. Das Öl der Rizinus-Samen wird nicht nur als Abführmittel genutzt; viel wichtiger ist es als technisches Öl für schnellaufende Motoren.

Bei uns kommen nur wenige Arten aus dieser Familie vor. In den Tropen spielt sie eine große Rolle. Über 800 Arten gibt es in der Familie der Wolfsmilchgewächse. Auch Bäume unterschiedlicher Höhe und Sträucher sind darunter.

Viele der in Afrika vorkommenden Wolfsmilchgewächse sind in ihrem Äußeren den Kakteen sehr ähnlich.

Die Einzelblüten der heimischen Wolfsmilchgewächse sind einfach gebaut. Mehrere bilden zusammen eine Blütengruppe, die durch gelbgrüne Nektardrüsen auffällig wird.

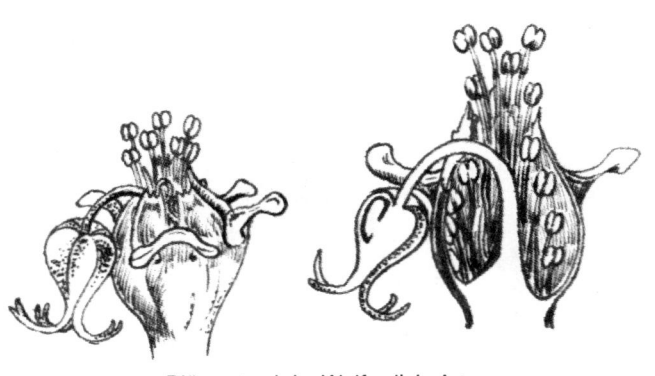

Blütenstand der Wolfsmilch-Arten

Sonnenwend-Wolfsmilch (Euphórbia helioscópia)

174

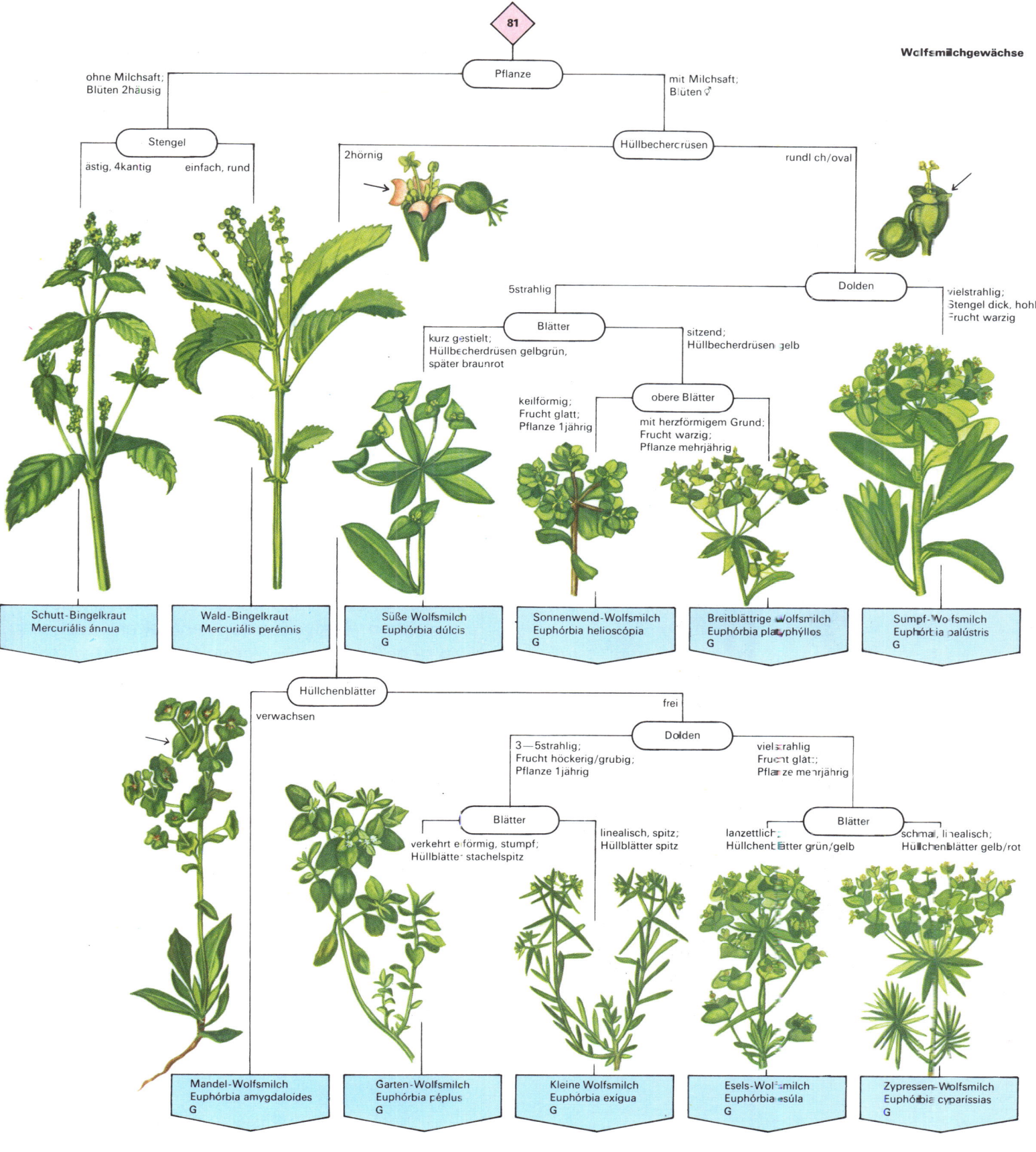

81

Pflanze

ohne Milchsaft;
Blüten 2häusig

mit Milchsaft;
Blüten ♂

Stengel

ästig, 4kantig

einfach, rund

Hüllbecherdrüsen

2hörnig

rundlich/oval

Dolden

5strahlig

vielstrahlig;
Stengel dick, hohl;
Frucht warzig

Blätter

kurz gestielt;
Hüllbecherdrüsen gelbgrün,
später braunrot

sitzend;
Hüllbecherdrüsen gelb

keilförmig;
Frucht glatt;
Pflanze 1jährig

obere Blätter

mit herzförmigem Grund;
Frucht warzig;
Pflanze mehrjährig

Schutt-Bingelkraut
Mercuriális ánnua

Wald-Bingelkraut
Mercuriális perénnis

Süße Wolfsmilch
Euphórbia dúlcis
G

Sonnenwend-Wolfsmilch
Euphórbia helioscópia
G

Breitblättrige Wolfsmilch
Euphórbia platyphýllos
G

Sumpf-Wolfsmilch
Euphórbia palústris
G

Hüllchenblätter

verwachsen

frei

Dolden

3—5strahlig;
Frucht höckerig/grubig;
Pflanze 1jährig

vielstrahlig;
Frucht glatt;
Pflanze mehrjährig

Blätter

verkehrt eiförmig, stumpf;
Hüllblätter stachelspitz

linealisch, spitz;
Hüllblätter spitz

Blätter

lanzettlich;
Hüllchenblätter grün/gelb

schmal, linealisch;
Hüllchenblätter gelb/rot

Mandel-Wolfsmilch
Euphórbia amygdaloídes
G

Garten-Wolfsmilch
Euphórbia péplus
G

Kleine Wolfsmilch
Euphórbia exígua
G

Esels-Wolfsmilch
Euphórbia ésula
G

Zypressen-Wolfsmilch
Euphórbia cyparíssias
G

Malvengewächse
(Malváceae)

Familienmerkmale

✳ Ke 5 Kr 5 S 5—∞ F 5—∞

— Blüten ☿, Bestäubung
durch Insekten
— Staubblätter meist zahlreich.
Ihre Stiele sind am Grunde
zu einer Röhre verwachsen,
aus der oben die Narben herausragen (Säulchen)
— die Hochblätter bilden häufig einen Außenkelch
— die Frucht ist eine vielsamige Kapsel oder
setzt sich aus 1samigen Teilfrüchten zusammen
— alle heimischen Malvengewächse sind
Kräuter

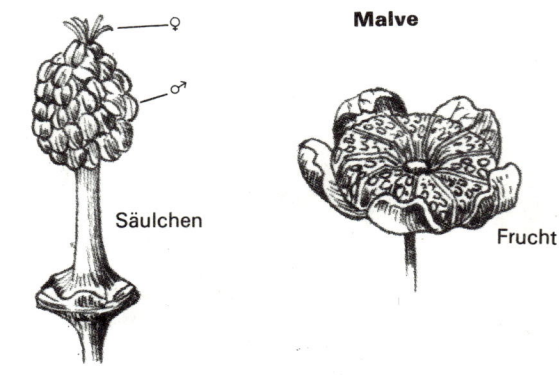

Malve

Säulchen

Malve

Frucht

Malve

Baumwolle
(Gossýpium)

Vorkommen

Wegränder, Schuttplätze, Dorfplätze

Die mit den Lindengewächsen verwandte
Familie der Malvengewächse ist sehr artenreich. Kräuter, Stauden und Sträucher kommen vor. Unsere heimischen Arten sind
Kräuter. Viele Malvengewächse besitzen als
Arzneipflanzen Bedeutung. Die Blätter der
heimischen Malven-Arten enthalten große
Mengen Schleim, der erweichend und reiz-
lindernd wirkt. Malvenblätter sind daher auch
häufig Bestandteil des Hustentees.
Eine sehr wichtige Kulturpflanze aus dieser
Familie ist die Baumwolle. In den subtropi-
schen Ländern werden 1jährige und auch
mehrjährige Baumwoll-Arten angebaut. Sie
sind reich verzweigt und tragen große gelbe
oder auch weiße Blüten, die in ihrem Bau
denen der heimischen Malvenarten sehr ähnlich sind. Die walnuß- bis eigroßen Kapseln
der Baumwolle springen bei der Reife auf.
Sie enthalten viele kleine Samen, die ringsum
von langen, weißen Haaren bedeckt sind.
Diese 2 bis 5 Zentimeter langen Haare liefern
die Baumwolle.

Außenkelch

6—9blättrig

3blättrig/3spaltig

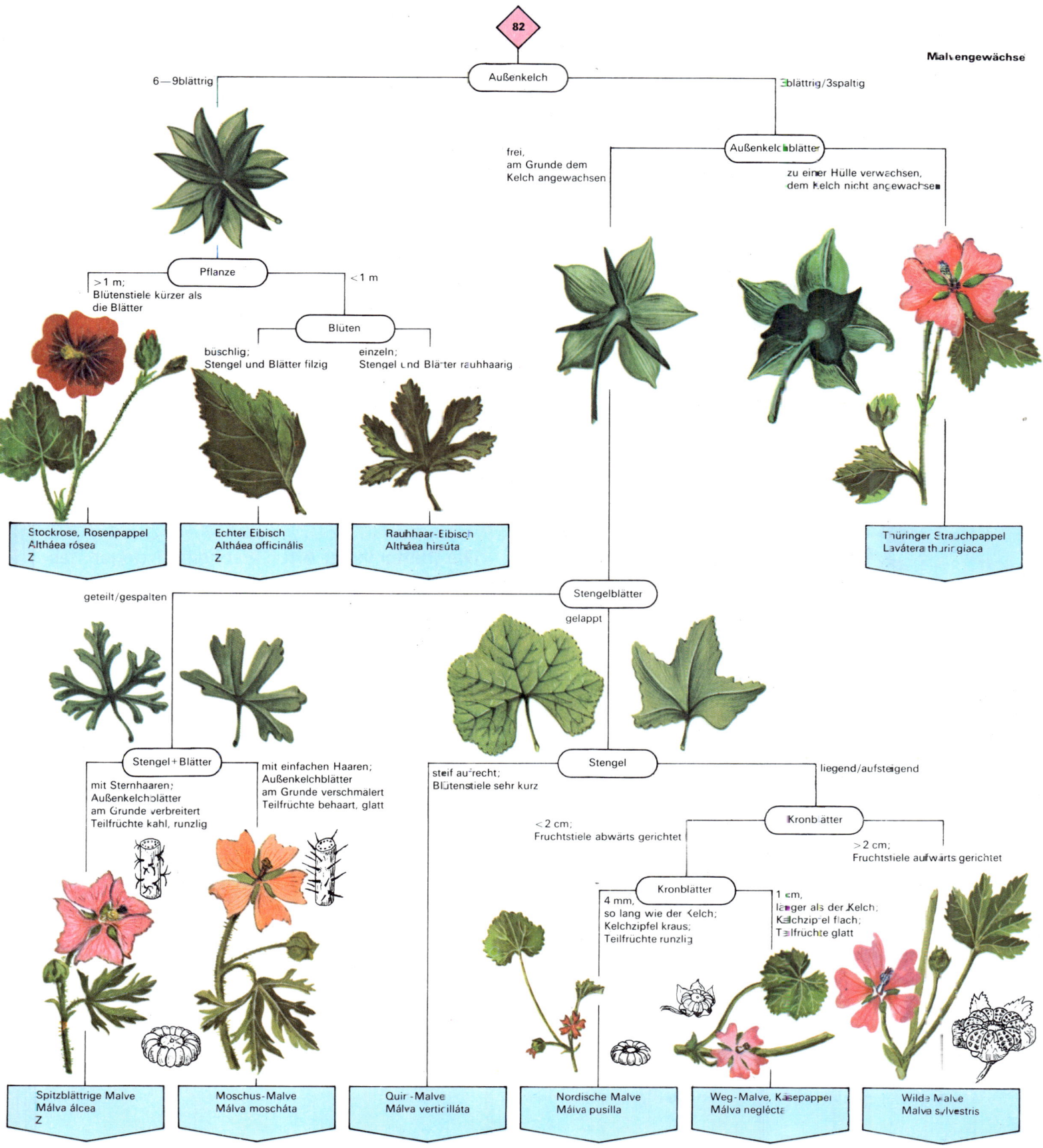

Außenkelchblätter

frei,
am Grunde dem
Kelch angewachsen

zu einer Hülle verwachsen,
dem Kelch nicht angewachsen

Pflanze

> 1 m;
Blütenstiele kürzer als
die Blätter

< 1 m

Blüten

büschlig;
Stengel und Blätter filzig

einzeln;
Stengel und Blätter rauhhaarig

Stockrose, Rosenpappel
Altháea rósea
Z

Echter Eibisch
Altháea officinális
Z

Rauhhaar-Eibisch
Altháea hirsúta

Thüringer Strauchpappel
Lavátera thuringiaca

Stengelblätter

geteilt/gespalten

gelappt

Stengel

steif aufrecht;
Blütenstiele sehr kurz

liegend/aufsteigend

Stengel + Blätter

mit Sternhaaren;
Außenkelchblätter
am Grunde verbreitert
Teilfrüchte kahl, runzlig

mit einfachen Haaren;
Außenkelchblätter
am Grunde verschmalert
Teilfrüchte behaart, glatt

< 2 cm;
Fruchtstiele abwärts gerichtet

Kronblätter

> 2 cm;
Fruchtstiele aufwärts gerichtet

Kronblätter

4 mm,
so lang wie der Kelch;
Kelchzipfel kraus;
Teilfrüchte runzlig

1 cm,
länger als der Kelch;
Kelchzipfel flach;
Teilfrüchte glatt

Spitzblättrige Malve
Málva álcea
Z

Moschus-Malve
Málva moscháta

Quirl-Malve
Málva verticilláta

Nordische Malve
Málva pusilla

Weg-Malve, Käsepappel
Málva neglécta

Wilde Malve
Malva sylvestris

Hartheugewächse (Hypericáceae)

Hartheu

Familienmerkmale

✱ Ke 5 Kr 5 S $\propto$ $\underline{F}$ (3—5)
— sehr häufig
Selbstbestäubung,
sonst Bestäubung
durch Insekten
— Blüten ☿, die Staubblätter
sind zu Bündeln verwachsen
— Blätter gegenständig und ohne Nebenblätter
— Frucht eine vielsamige Kapsel

Vorkommen

Wälder, Gebüsche, Weiden, Wiesen, Gräben,
Äcker

Die Blätter vieler Arten erscheinen, gegen das
Licht gehalten, punktiert. An diesen Punkten
sind im Blatt Sekretbehälter ausgebildet.
Darin ist ein roter Farbstoff eingelagert. Wir
können uns leicht davon überzeugen, wenn
wir frische Knospen zwischen den Fingern
zerreiben.
Dieser Farbstoff kann bei einigen Haus-
tieren, bei Rindern, Schafen und Ziegen,
Krankheiten verursachen.
Das getrocknete Kraut wurde in früheren
Zeiten als Mittel zur Wundheilung und zur
Nervenstärkung genutzt.
Außer Hartheu (hartes Heu) gibt es noch
andere Volksnamen. Blutkraut erinnert an die
Verwendung als Heilmittel. Der Name Johan-
niskraut geht auf die Blühzeit im Mittsommer,
um den Johannistag, zurück.

Tüpfel-Hartheu (Hypéricum perforátum)

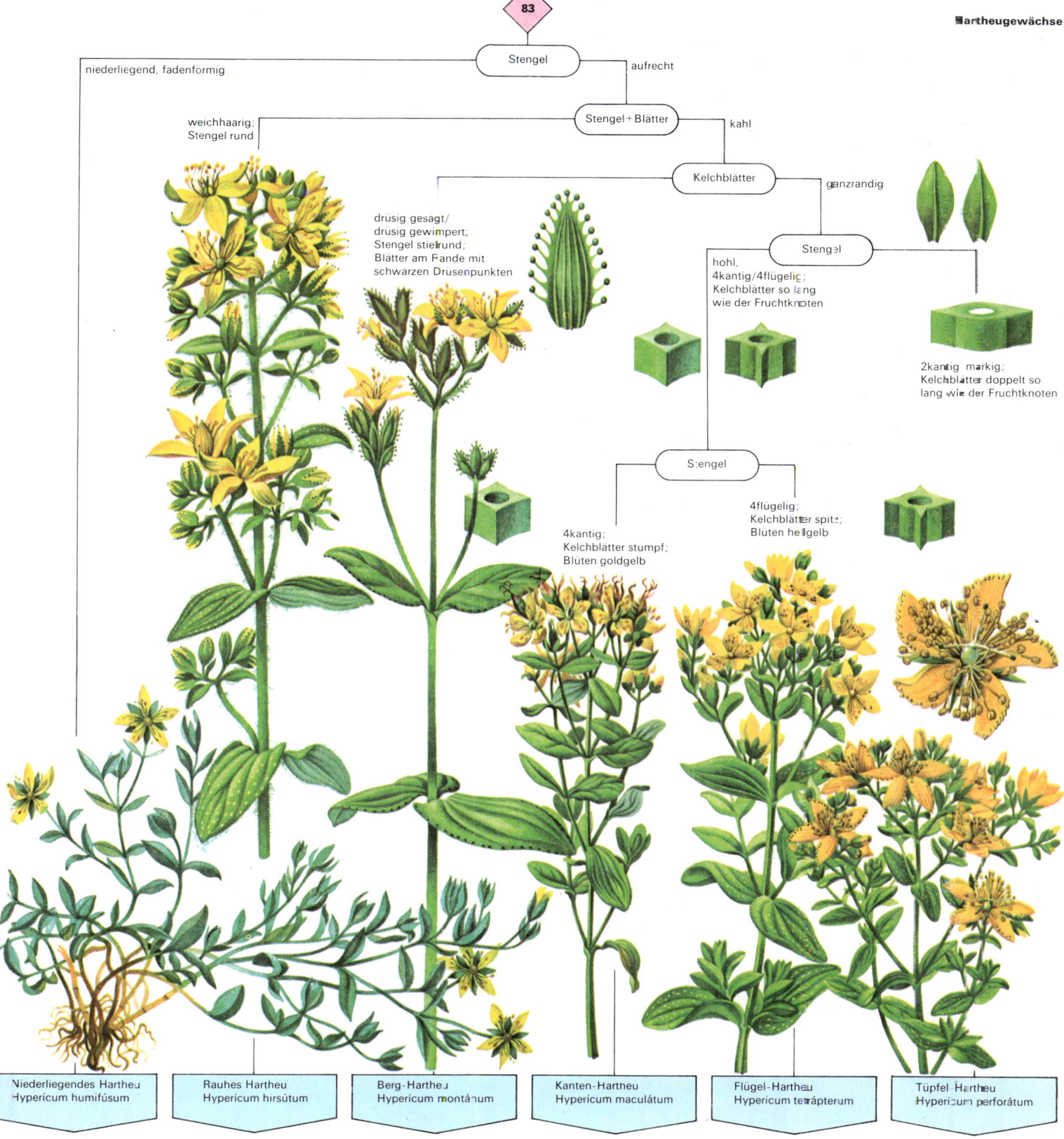

Stengel

niederliegend, fadenförmig — aufrecht

Stengel + Blätter

weichhaarig; Stengel rund — kahl

Kelchblätter

drusig gesägt/ drusig gewimpert; Stengel stielrund; Blätter am Rande mit schwarzen Drüsenpunkten

ganzrandig

Stengel

hohl, 4kantig/4flügelig; Kelchblätter so lang wie der Fruchtknoten

2kantig markig; Kelchblätter doppelt so lang wie der Fruchtknoten

Stengel

4kantig; Kelchblätter stumpf; Blüten goldgelb

4flügelig; Kelchblätter spitz; Blüten hellgelb

Niederliegendes Hartheu
Hypericum humifúsum

Rauhes Hartheu
Hypericum hirsútum

Berg-Hartheu
Hypericum montánum

Kanten-Hartheu
Hypericum maculátum

Flügel-Hartheu
Hypericum tetrápterum

Tüpfel-Hartheu
Hypericum perforátum

Veilchengewächse (Violáceae)

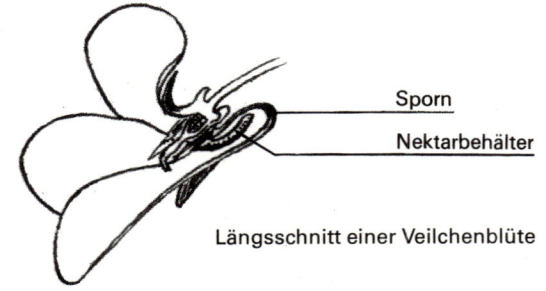

Sporn

Nektarbehälter

Längsschnitt einer Veilchenblüte

Familienmerkmale

I Ke5 Kr5 S5 F (2—5)
— Blätter wechselständig mit Nebenblättern
— Frucht eine 3klappige Kapsel
— Samen meist mit Anhängseln, die von Ameisen gern gefressen werden
— Kräuter und Stauden

Veilchen

Vorkommen

Wälder, Gebüsche, Moore, Felsen, Wegränder, Äcker

Die artenreiche Familie ist bei uns nur durch die Gattung Veilchen bekannt. Etwa 20 Arten kommen vor. An der charakteristischen Gestalt der Blüte und den meist herzförmigen Blättern sind sie leicht zu erkennen. Das vorderste Blütenblatt bildet 1 Sporn. In ihn ragen die nektarabsondernden Fortsätze von 2 Staubblättern hinein. Die Narben sind auffällig, meist breit und mehrfach geteilt. Dieser Grundtyp erscheint bei den einzelnen Arten mehr oder weniger abgewandelt. Unterschiede treten vor allem in der Größe, der Färbung und der Stellung der Kronblätter auf. Die Arten kreuzen sich leicht miteinander. Durch Kreuzungen verschiedener europäischer und asiatischer Arten wurde das Garten-Stiefmütterchen gezüchtet. In den Anlagen der Städte und Dörfer und in Balkonkästen angepflanzt, erfreut es uns mit seinen großen bunten Blüten. Ebenfalls bunt gefärbt, aber wesentlich kleiner sind die Blüten des Wilden Stiefmütterchens. Früher fand diese Pflanze Verwendung für harntreibenden Tee und auch als Mittel gegen Hautkrankheiten. Seine Blätter sind auch heute noch oft Bestandteil des Hustentees.

Wegen seines Wohlgeruchs und der dunkelvioletten Blütenfarbe ist das März-Veilchen sehr beliebt. Aus ihm wird das Veilchenöl gewonnen, das dem Parfüm und den Seifen als Duftstoff zugesetzt wird.

Zweiblütiges Veilchen
(Víola biflóra)

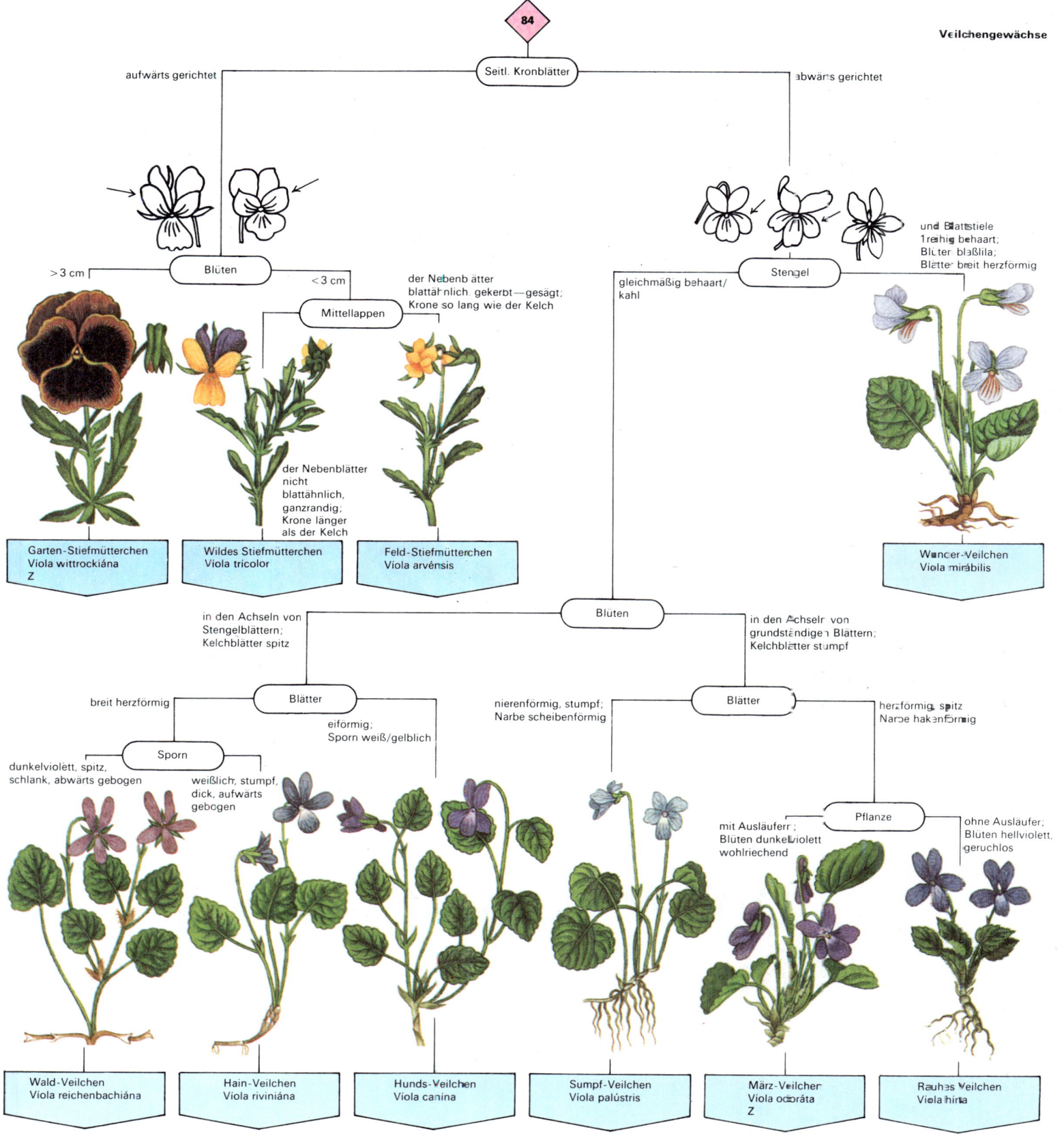

84

Seitl. Kronblätter

aufwärts gerichtet

abwärts gerichtet

und Blattstiele
1 reihig behaart;
Blüten blaßlila;
Blätter breit herzförmig

Blüten

> 3 cm

< 3 cm

Stengel

gleichmäßig behaart/
kahl

Mittellappen

der Nebenblätter
blattähnlich, gekerbt—gesägt;
Krone so lang wie der Kelch

der Nebenblätter
nicht
blattähnlich,
ganzrandig;
Krone länger
als der Kelch

Garten-Stiefmütterchen
Viola wittrockiána
Z

Wildes Stiefmütterchen
Viola tricolor

Feld-Stiefmütterchen
Viola arvénsis

Wander-Veilchen
Viola mirábilis

Blüten

in den Achseln von
Stengelblättern;
Kelchblätter spitz

in den Achseln von
grundständigen Blättern;
Kelchblätter stumpf

Blätter

Blätter

breit herzförmig

nierenförmig, stumpf;
Narbe scheibenförmig

herzförmig, spitz
Narbe hakenförmig

Sporn

eiförmig;
Sporn weiß/gelblich

Pflanze

dunkelviolett, spitz,
schlank, abwärts gebogen

weißlich, stumpf,
dick, aufwärts
gebogen

mit Ausläufer;
Blüten dunkelviolett
wohlriechend

ohne Ausläufer;
Blüten hellviolett,
geruchlos

Wald-Veilchen
Viola reichenbachiána

Hain-Veilchen
Viola riviniána

Hunds-Veilchen
Viola canína

Sumpf-Veilchen
Viola palústris

März-Veilchen
Viola odoráta
Z

Rauhes Veilchen
Viola hirta

Wildes Stiefmütterchen
(Viola tricolor)

182

Garten-Stiefmütterchen
(Viola wittrockiana)

Nachtkerzengewächse (Onagráceae)

Familienmerkmale

$\ast$ Ke 4 Kr 4 S 2—8 $\overline{F}$ (2—4)
- Blätter meist gegenständig
- Frucht eine vielsamige Kapsel oder Nüßchen
- Kräuter und Stauden

Nachtkerze

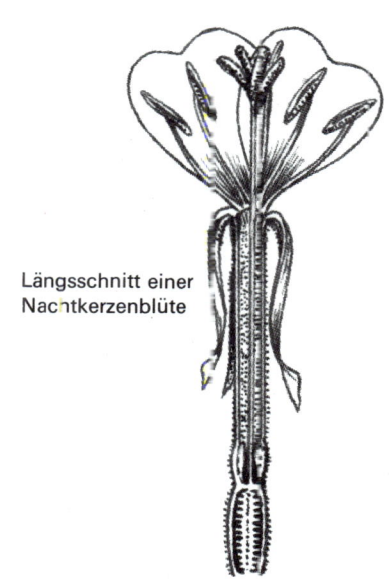

Längsschnitt einer Nachtkerzenblüte

Vorkommen

Wälder, Kahlschläge, Brandstellen, Gräben, Ufer, Sumpfwiesen, sonnige Hügel, Bahndämme

Die Blüten besitzen meist 1 über den unterständigen Fruchtknoten hinaus verlängerten, röhrenförmigen Blütenbecher. Oft ist er lebhaft gefärbt.
Am bekanntesten sind uns die Weidenröschen. Ihre Blütenblätter sind rosa oder auch rot gefärbt. Rote Blüten trägt auch das Feuerkraut. Diese Art tritt auf Kahlschlägen häufig in großer Menge auf. An den Samen des Feuerkrautes und der Weidenröschen sitzt ein Haarschopf. Er erleichtert die Samenverbreitung durch den Wind.
Aus Amerika kamen die Nachtkerzen-Arten zu uns. Einige Arten sind schon sehr lange eingebürgert. Andere wanderten erst während der letzten Jahrzehnte ein und breiteten sich rasch aus. Nachtkerzen wachsen gern an Bahndämmen und an Schuttplätzen. Die meisten Arten öffnen ihre großen gelben Blüten erst am späten Nachmittag. Davon leitet sich der Name der Gattung ab.
Die Blüten der zartblättrigen Hexenkrautarten sind klein und weißlich oder rosa. An ihren Früchten, kleinen Nüßchen, sitzen hakenartige Borsten. Streifen Tiere an den Pflanzen vorbei, dann haken sich die Nüßchen an ihnen fest und werden auf diese Weise verbreitet.
Fuchsien erfreuen sich als Zierpflanzen großer Beliebtheit. Ihre Heimat ist Mittel- und Südamerika. Kolibris holen sich Nektar aus den langen Blütenröhren. Dabei vollziehen sie die Bestäubung.

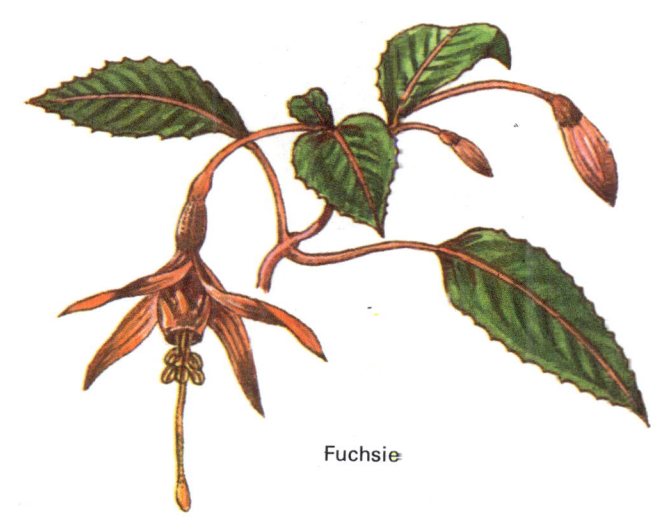

Fuchsie

Nachtkerze (Oenothéra)

Stauden-Feuerkraut
(Chamaenérion angustifólium)

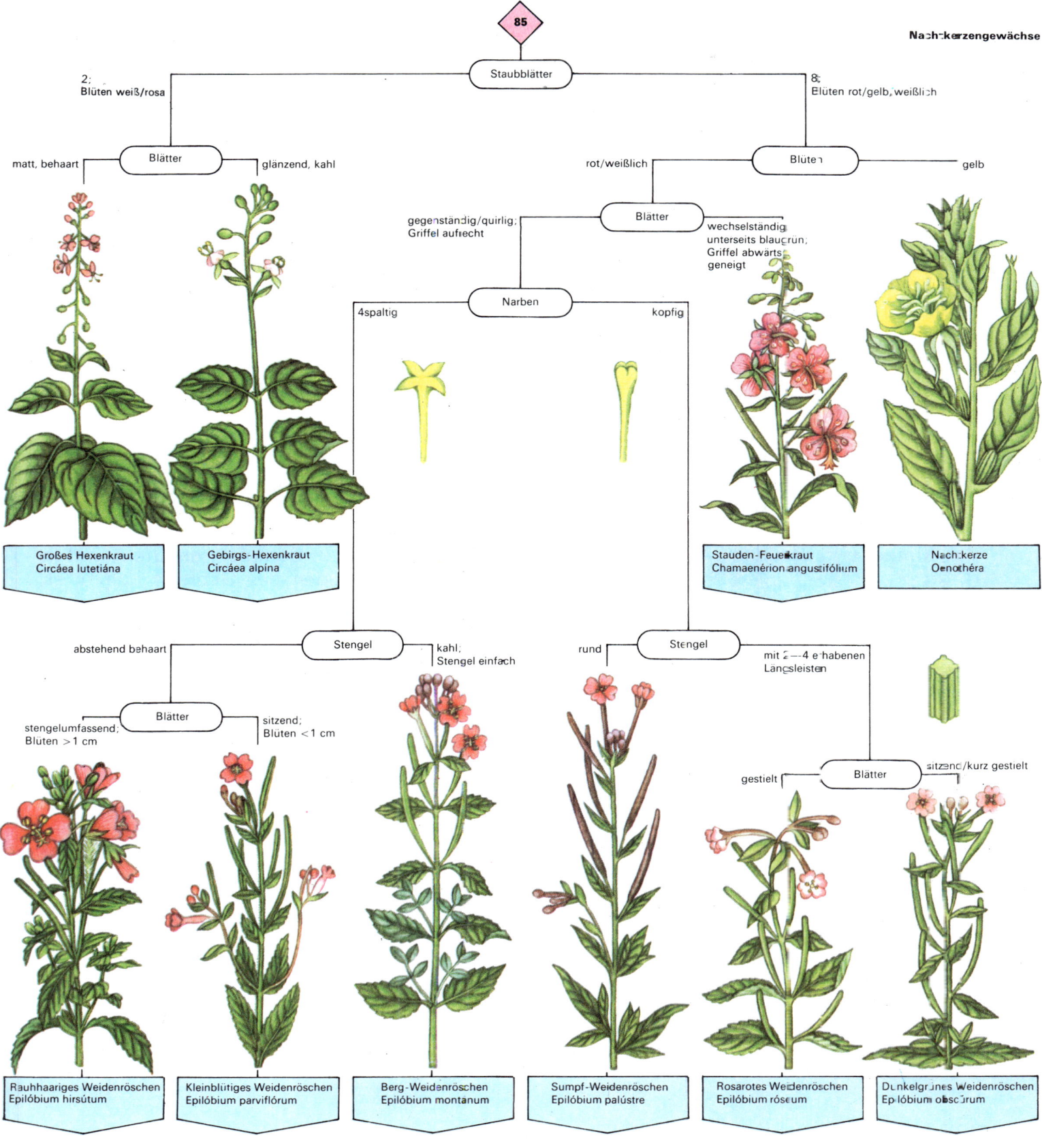

85

Nachtkerzengewächse

Staubblätter

2;
Blüten weiß/rosa

8;
Blüten rot/gelb, weißlich

Blätter

matt, behaart

glänzend, kahl

Blüten

rot/weißlich

gelb

Blätter

gegenständig/quirlig;
Griffel aufrecht

wechselständig,
unterseits blaugrün;
Griffel abwärts
geneigt

Narben

4spaltig

kopfig

Großes Hexenkraut
Circáea lutetiána

Gebirgs-Hexenkraut
Circáea alpína

Stauden-Feuerkraut
Chamaenérion angustifólium

Nachtkerze
Oenothéra

Stengel

abstehend behaart

kahl;
Stengel einfach

Stengel

rund

mit 2–4 erhabenen
Längsleisten

Blätter

stengelumfassend;
Blüten >1 cm

sitzend;
Blüten <1 cm

Blätter

gestielt

sitzend/kurz gestielt

Rauhhaariges Weidenröschen
Epilóbium hirsútum

Kleinblütiges Weidenröschen
Epilóbium parviflórum

Berg-Weidenröschen
Epilóbium montanum

Sumpf-Weidenröschen
Epilóbium palústre

Rosarotes Weidenröschen
Epilóbium róseum

Dunkelgrünes Weidenröschen
Epilóbium obscúrum

Doldengewächse (Ammiáceae)

Familienmerkmale

✳ Ke 5 Kr 5 S 5 $\overline{F}$ (2)
– der Kelch ist meist
unscheinbar, teilweise auch
völlig rückgebildet;
dem Fruchtknoten sitzt
1 Griffelpolster auf.
Aus ihm ragen die 2 Griffelenden hervor
– die Blüten stehen immer in Blütenständen
(einfache oder zusammengesetzte Dolden)
– Blätter wechselständig, fast stets mehrfach
zusammengesetzt, nur sehr selten einfach,
den Stengel mit einer Scheide umfassend
– Stengel hohl und knotig gegliedert
– in fast allen Organen sind in besonderen
Gängen ätherische Öle und Gummiharze enthalten
– Kräuter und Stauden

Doldenblüte

Vorkommen

Wälder, Gebüsche, Gräben, Ufer der fließenden und stehenden Gewässer, Dorfstellen,
Schuttplätze, Wiesen, Äcker

Der recht einheitliche Aufbau läßt leicht erkennen, welche Pflanzen zu dieser Familie
gehören. Schwieriger ist es schon, die einzelnen Arten kennenzulernen. Es ist ratsam,
anfangs nur solche Pflanzen zu bestimmen,
die Blüten und reife Früchte tragen. Bevor
wir mit der Bestimmung beginnen, müssen
wir genau wissen, was die Begriffe Hülle und
Hüllchen beziehungsweise Dolde und Döldchen bedeuten. Besser als mit Worten läßt
sich das durch eine Zeichnung erklären.
Wer gut zu beobachten versteht, wird nach
einiger Übung die Gattungen und Arten auch
nach der Blattform unterscheiden können.
Eine kleine Sammlung der Blätter von Doldengewächsen anzulegen, das kann helfen,
diese Pflanzenfamilie gut und rasch kennenzulernen. Nur wenige Arten haben ungeteilte
Blätter. Kreisrund und schildförmig sind die
am Rande gekerbten Blätter des Nabelkrau-
tes. Es wächst in Sümpfen, an Ufern und in
Mooren. Im Süden des Gebietes kommt es
nur an wenigen Stellen vor; im Norden ist es
nicht selten. Einfache schmale Blätter mit
starken parallelverlaufenden Nerven, die jedoch untereinander netzartig verbunden sind,

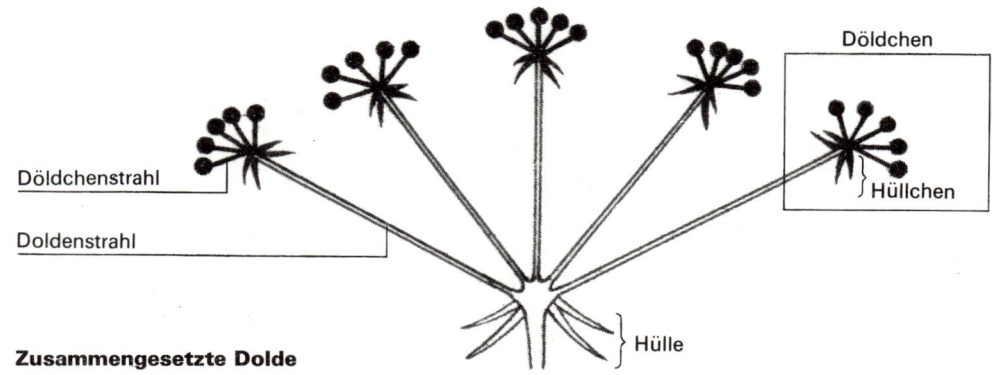

Döldchen

Döldchenstrahl

Doldenstrahl

Hüllchen

Hülle

Zusammengesetzte Dolde

Einzelblüte eines
Doldengewächses

86

Pflanze

distelartig, ästig, graugrün;
Blüten in Köpfen

nicht distelartig

Blätter

alle ungeteilt

tief geteilt

Blätter

Blätter

schildförmig, gekerbt;
Blüten weiß

langlich, ganzrandig;
Blüten gelb

3zählig/
tief fiederteilig

handförmig geteilt

Dolden

einfach

zusammengesetzt

Feld-Mannstreu
Erýngium campéstre

Wasser-Nabelkraut
Hydrocótyle vulgáris

Hasenohr
Bupléurum

Große Steindolde
Astrántia májor

Wald-Sanikel
Sanicula európea

Blüten

gelb/grünlichgelb/grünlich

weiß/rötlich

Hüllchen

vielblättrig

fehlend

87

Früchte

Fiederblättchen

geflügelt

ungeflugelt

linealisch, haarförmig;
Stengel rund

rundlich, eiförmig;
Stengel kantig

Pflanze

Blattscheiden

geruchlos

stark riechend

lang, mit
Ohrchen

kurz, ohne
Ohrchen

Wiesen-Bärenklau
Heracléum sphondýlium

Wiesen-Silau
Sílaum silaus

Garten-Petersilie
Petroselinum crispum
K

Garten-Fenchel
Foeniculum vulgáre
K

Garten-Dill
Anéthum gravéolens
K

Gemeiner Pastinak
Pastináca sativa

tragen die gelbblühenden Arten des Hasen-
ohres (↗ Abb. S. 30). Handförmig geteilte
Blätter kommen beim Wald-Sanikel und der
Großen Sterndolde·vor. Die Blätter aller anderen Doldengewächse sind entweder mehrfach fiederteilig oder mehrfach gefiedert. Das
sind die Arten, deren Bestimmung anfangs
manchmal Schwierigkeiten bereitet. An Disteln erinnern die Mannstreu-Arten. Wir
finden sie an trockenen Hängen (Feld-
Mannstreu) und in den Dünen der Küsten
(Strand-Mannstreu, auch Stranddistel genannt). Die Tabelle 9, in der die häufigen
Arten nach ihren Standorten aufgeführt sind,
kann helfen, das Bestimmungsergebnis zu
prüfen.
Die Frucht der Doldengewächse weist einen
besonderen Bau auf. Samenschale und
Fruchtknotenwand verwachsen fest miteinander. Die Frucht zerfällt in der Regel in
2 kurzgeschnäbelte Teile. Die beiden Hälften
lösen sich voneinander. Zwischen ihnen bleibt
ein Fruchtträger stehen, an dem die reifen
Teilfrüchte hängen. Nur bei wenigen Arten
fehlt ein solcher Fruchtträger. Die Teilfrüchte
bleiben dann auch bei der Reife zusammen.
Die Früchte können glatt, gerippt, geflügelt,
warzig oder hakig sein.
Die meisten Doldengewächse duften stark

Strand-Mannstreu
(Erýngium marítimum)

aromatisch. Dieser Geruch geht von Ölen aus,
die in den Pflanzenorganen gebildet werden.
Ihre Wurzeln und Wurzelstöcke sind zudem
häufig auch noch zuckerreich. Zahlreiche
Arten finden daher als Gemüse-, Gewürz- und
Arzneipflanzen Verwendung. Das bekannte-
ste Gewürzkraut aus dieser Familie ist die
Garten-Petersilie. Die Blätter des Garten-
Dills verleihen ebenfalls Rohkostsalaten Aro-
ma. Wie Spinat können die Blätter des
Zaun-Giersch zubereitet werden. Das Kraut
vom Küchen-Sellerie dient als Speisenwürze.
Die gekochten Knollen lassen sich als Ge-
müse und auch als Salat zubereiten. Die
Wurzelrüben der Saat-Möhre schmecken roh
ebenso gut wie als Gemüse. Ein vielfältig ver-
wendbares Gewürz sind die Spaltfrüchte des
Wiesen-Kümmels (Kümmelkörner). Den
Früchten des Garten-Korianders verdankt der
Pfefferkuchen seinen Geschmack. Das aus
den Früchten gepreßte Öl wird zum Parfü-
mieren der Seifen benutzt. Auch Garten-
Liebstöckel, Garten-Kerbel und die Große
Knorpelmöhre werden als Gewürze noch oft
in Gärten angepflanzt. Die ätherischen Öle
einiger Arten (Kümmel, Engelwurz u. a.) ge-

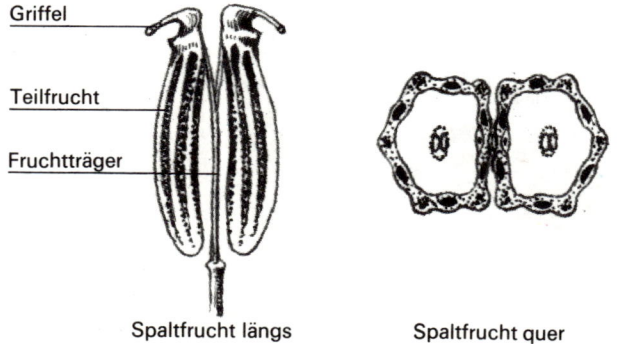

Griffel

Teilfrucht

Fruchtträger

Spaltfrucht längs   Spaltfrucht quer

87

Früchte

linealisch — rundlich/länglich

Früchte

rippenlos — gerippt

Kronblätter

nicht gewimpert;
Stengel unter den
Knoten verdickt — gewimpert

Blätter

3—4fach gefiedert,
Fiederabschnitte spitz — doppelt gefiedert,
Fiederabschnitte
stumpf

Hüllchenblätter

gewimpert — kahl

Wiesen-Kerbel
Anthriscus sylvéstris

Gold-Kälberkropf
Chaerophýllum áureum

Knollen-Kälberkropf
Chaerophýllum bulbósum

Taumel-Kälberkropf
Chaerophýllum témulum

Rauhhaar-Kälberkropf
Chaerophýllum hirsútum

Früchte

kahl — borstig/stachlig

Blätter

3zählig — fiederteilig

88

Hüllen
und Hüllchen

Hüllenblätter

< 2blättrig — > 3blättrig

und Hüllchenblätter
ungeteilt — und Hüllchenblätter
geteilt;
Fruchtstand nestförmig

Blattabschnitte

geteilt — ungeteilt

Blattabschnitte

rundlich—eiförmig — linealisch,
scharf gesägt

Echte Meisterwurz
Imperatória ostrúthium

Zaun-Giersch
Aegopódium podagrária

Breitblättriges Laserkraut
Laserpítium latifólium

Gemeine Sichelmöhre
Falcária vulgáris

Gemeiner Klettenkerbel
Tórilis japónica

Wilde Möhre
Dáucus caróta

ben dem Likör besonderes Aroma. Viele Kinder nehmen gern Fenchelhonig als Mittel gegen Husten ein. Aus Bibernell, auch Pimpinelle genannt, läßt sich ein fiebersenkendes Arzneimittel gewinnen. Tödlich wirkende Giftstoffe enthalten der Wasserschierling und der Gefleckte Schierling. Mit dem „Schierlingsbecher" wurden im Alten Griechenland Todesurteile vollstreckt. Giftig sind auch die Gemeine Hundspetersilie, die Aufrechte Berle und der Taumel-Kälberkropf.

Im Kaukasus wachsen riesige, mehrere Meter hoch werdende Bärenklau-Arten. Einige davon sind bei uns als Zierstauden eingeführt worden. Wir finden sie in botanischen Gärten und in Anlagen.
Die als Gemüse, Gewürze und Heilpflanzen genutzten Arten werden vorwiegend in Gärten gezogen. Einige gärtnerische und landwirtschaftliche Produktionsbetriebe haben sich auf den feldmäßigen Anbau solcher Arten spezialisiert.

Vorkommen und Verwendung von Doldengewächsen
Tabelle 9

Ufer, Strand
Strand-Mannstreu	Rauhhaar-Kälberkropf
Kälberkropf	Gefleckter Schierling
Gift-Wasserschierling	Pferdesaat
Aufrechte Berle	Breitblättriger Merk
Wasser-Nabelkraut	

Sumpfwiesen, Moore
Wasser-Nabelkraut	Kümmel-Silge
Rauhhaar-Kälberkropf	Brustwurz
Haarstrang	

Wiesen
Gold-Kälberkropf	Wiesen-Kerbel
Wiesen-Kümmel	Kleine Bibernell
Wiesen-Silau	Feinblättrige Bärwurz
Echte Meisterwurz	Gemeiner Pastinak
Wilde Möhre	Wiesen-Bärenklau

Trockenrasen
Feld-Mannstreu	Berg-Hirschwurz
Sichel-Hasenohr	Gemeine Sichelmöhre
Kleine Bibernell	Haarstrang
Laserkraut	

Äcker
Echter Venuskamm	Möhren-Haftdolde
Rundblättriges Hasenohr	Gemeine Sichelmöhre
Gemeine Hundspetersilie	

Gebüsche, Schuttplätze
Taumel-Kälberkropf	Echte Meisterwurz
Knollen-Kälberkropf	Gold-Kälberkropf
Klettenkerbel	Zaun-Giersch

Wälder
Wald-Sanikel	Zaun-Giersch
Große Sterndolde	Kümmel-Silge
Rauhhaar-Kälberkropf	Wiesen-Bärenklau
Gewürz-Kälberkropf	Sichel-Hasenohr
Langblättriges Hasenohr	Große Bibernell

Gemüsepflanzen
Küchen-Sellerie	Gemeiner Pastinak
Garten-Petersilie	Garten-Möhre
Zaun-Giersch	

Gewürzpflanzen
Garten-Kerbel	Garten-Fenchel
Garten-Koriander	Garten-Dill
Garten-Petersilie	Engelwurz
Große Knorpelmöhre	Garten-Liebstöckel
Wiesen-Kümmel	Zucker-Merk
Anis	

Arzneipflanzen
Küchen-Sellerie	Garten-Liebstöckel
Wiesen-Kümmel	Echte Meisterwurz
Anis	Wilde Möhre
Bibernell	Mannstreu
Zaun-Giersch	Pferdesaat
Garten-Fenchel	Laserkraut
Engelwurz	

Zierpflanzen
Mannstreu	Stengelumfassende Gelbdolde
Laserkraut	
Bärenklau	Große Sterndolde

Gift-Wasserschierling (Cicúta virósa)   Gefleckter Schierling (Coníum maculátum)

191

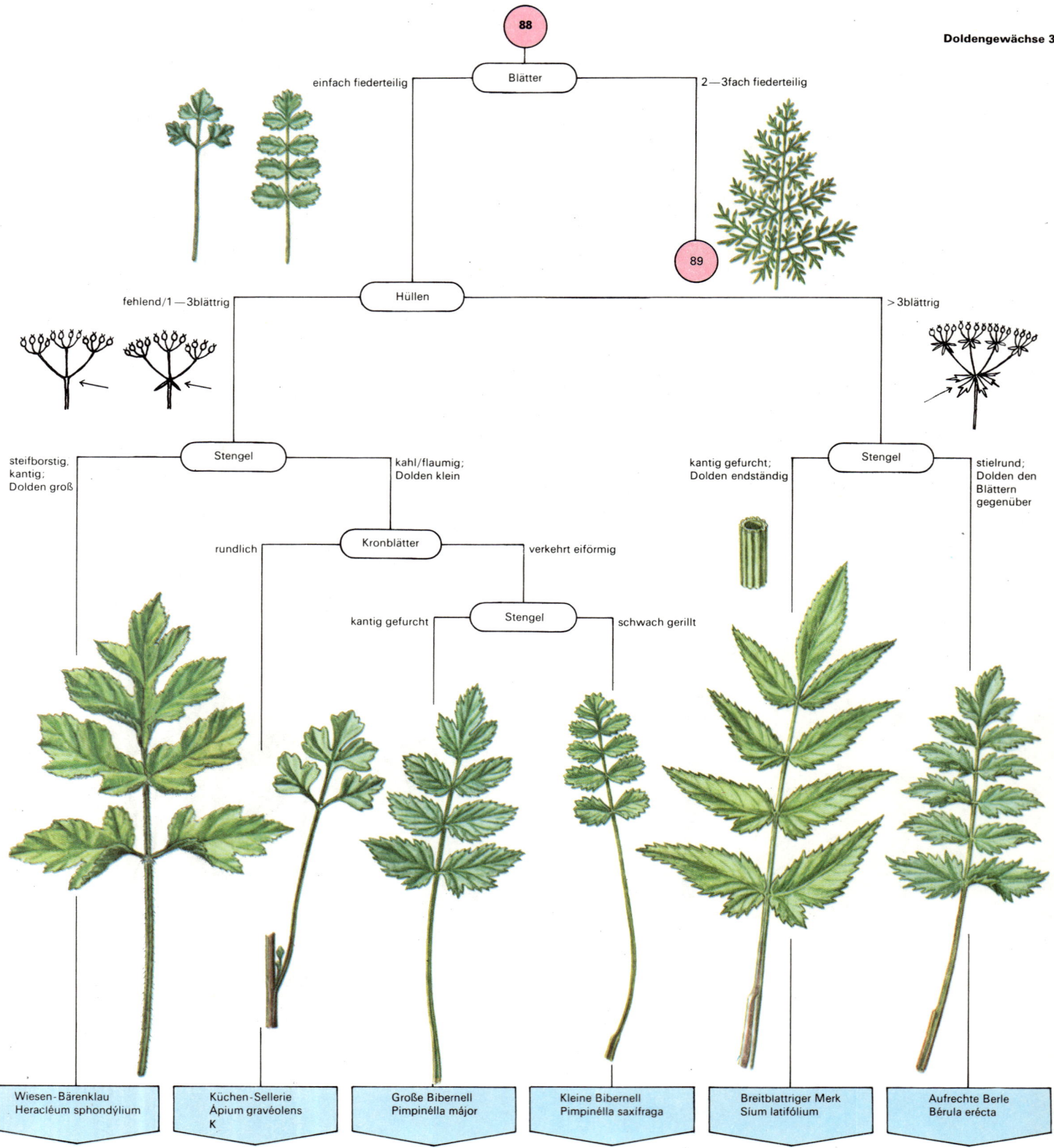

88

Blätter

einfach fiederteilig

2—3fach fiederteilig

89

Hüllen

fehlend/1—3blättrig

>3blättrig

Stengel

steifborstig.
kantig;
Dolden groß

kahl/flaumig;
Dolden klein

kantig gefurcht;
Dolden endständig

Stengel

stielrund;
Dolden den
Blättern
gegenüber

Kronblätter

rundlich

verkehrt eiförmig

kantig gefurcht

Stengel

schwach gerillt

Wiesen-Bärenklau
Heracléum sphondýlium

Küchen-Sellerie
Ápium gravéolens
K

Große Bibernell
Pimpinélla májor

Kleine Bibernell
Pimpinélla saxifraga

Breitblattriger Merk
Sium latifólium

Aufrechte Berle
Bérula erécta

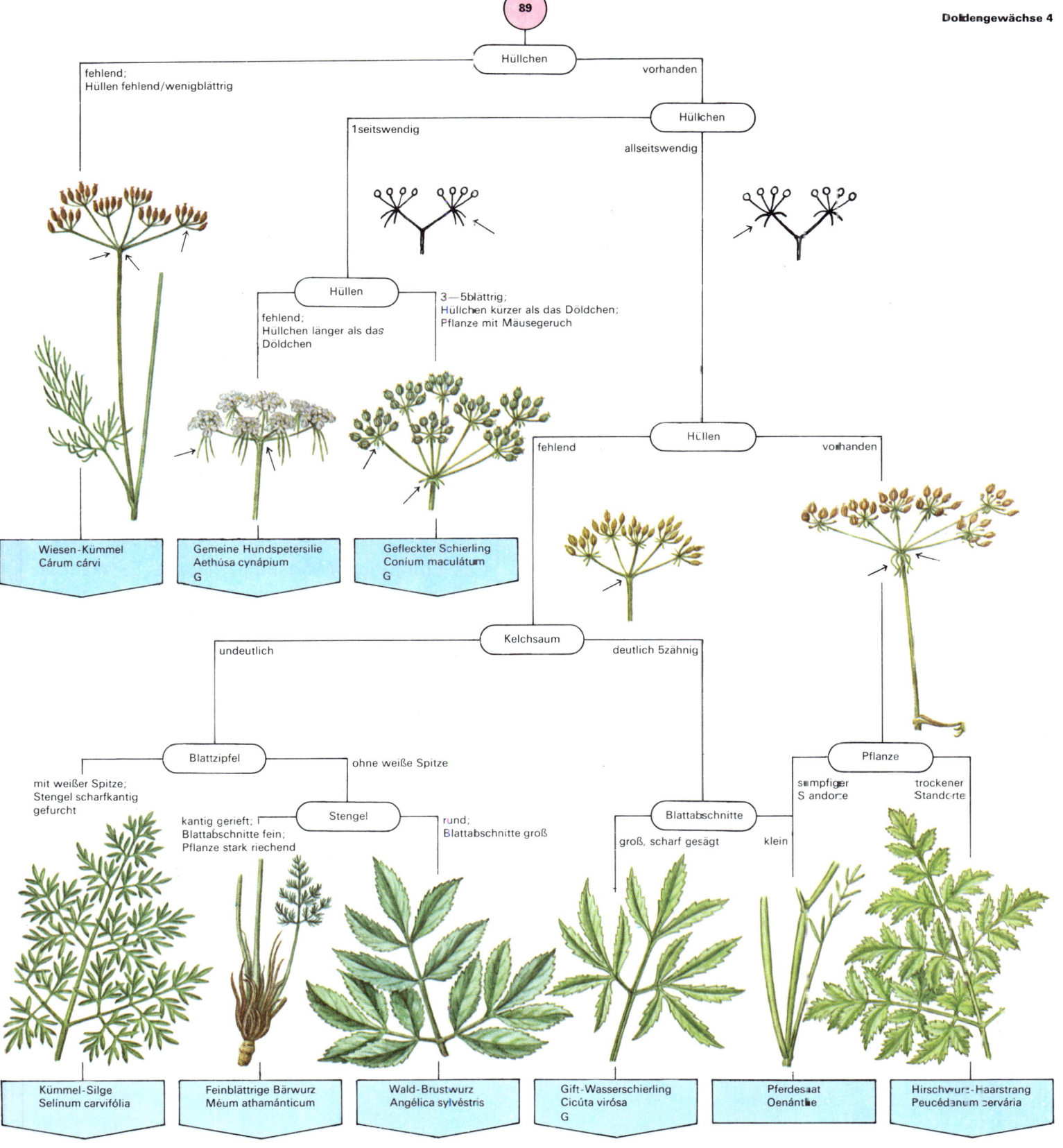

89

Hüllchen

fehlend;
Hüllen fehlend/wenigblättrig

vorhanden

Hüllchen

1seitswendig

allseitswendig

Hüllen

fehlend;
Hüllchen länger als das
Döldchen

3—5blättrig;
Hüllchen kürzer als das Döldchen;
Pflanze mit Mäusegeruch

Hüllen

fehlend

vorhanden

Wiesen-Kümmel
Cárum cárvi

Gemeine Hundspetersilie
Aethúsa cynápium
G

Gefleckter Schierling
Conium maculátum
G

Kelchsaum

undeutlich

deutlich 5zähnig

Blattzipfel

ohne weiße Spitze

mit weißer Spitze;
Stengel scharfkantig
gefurcht

Stengel

kantig gerieft;
Blattabschnitte fein;
Pflanze stark riechend

rund;
Blattabschnitte groß

Blattabschnitte

groß, scharf gesägt

klein

Pflanze

sumpfiger
Standorte

trockener
Standorte

Kümmel-Silge
Selínum carvifólia

Feinblättrige Bärwurz
Méum athamánticum

Wald-Brustwurz
Angélica sylvéstris

Gift-Wasserschierling
Cicúta virósa
G

Pferdesaat
Oenánthe

Hirschwurz-Haarstrang
Peucédanum cervária

Wintergrüngewächse (Pyroláceae)

Familienmerkmale

✳ Blüten 4- oder 5zählig,
mit 8 bzw. 10 Staubblättern,
Fruchtknoten oberständig
— Blätter einfach,
wechsel- oder grundständig
— Früchte sind 4- oder 5klappige Kapseln, die
sehr viele kleine Samen enthalten
— Stauden

Vorkommen

Wälder, Gebüsche, Moore, Dünen

Die Wintergrüngewächse leben mit Pilzen vergesellschaftet. Das trifft auch für die Heidekrautgewächse (↗ Tafel 15) und die Orchideen (↗ Tafel 51, 52) zu. In die Wurzeln dieser Stauden oder Zwergsträucher dringen Pilzfäden ein. Sie leben zwischen oder auch in den Zellen ihrer Wirtspflanzen. Die Pilze schließen die Nährstoffe des Bodens auf, die dann von den Wirtspflanzen verwertet werden können. Die Pilze leben von den Nährstoffen, die ihre Wirtspflanzen aufbauen. Diese „Zusammenarbeit" von Pilz und Wirtspflanze ist nicht immer ausgeglichen. Zu weit in das Innere der Wurzeln vordringende Pilzfäden werden von der Wirtspflanze „verdaut". Pflanzen, die kein Blattgrün besitzen, entnehmen alle für ihr Leben notwendigen Stoffe von den Pilzen. Auf diese Weise ernährt sich der Fichtenspargel (↗ Tafel 2). Die anderen Arten der Familie haben Blattgrün. Ihre Blätter sind derb und lederartig. Beim Dolden-Winterlieb stehen die rosa Blüten in einfachen Dolden. 1 ziemlich große, flach ausgebreitete weiße Blüte bringt

Einblütiges Moosauge
(Móneses uniflóra)

das Einblütige Moosauge hervor. Es wächst auf moosigen Waldstellen (Name!). Eine 1seitswendige Traube bilden die hängenden grünlichen Blüten des Einseitswendigen Birngrüns. Bei den Wintergrünarten stehen die Blüten in einer allseitswendigen Traube.

Einseitswendiges Birngrün
(Orthilia secúnda)

194

90

Blätter

lanzettlich, scharf gesägt;
Griffel kurz, dick;
Blüten in Doldentrauben

eiförmig/rundlich,
ganzrandig/gekerbt;
Griffel lang

Blüten

in langen Trauben;
Krone glockig;
Kapsel nickend

einzeln;
Krone ausgebreitet
Kapsel aufrecht

Blätter

rundlich, stumpf;
Traube 1seitswendig

eiförmig, spitz;
Traube 1seitswendig

Griffel

gekrümmt;
Staubblätter aufwärts
gerichtet;
Krone offen, glockig

gerade;
Staubblätter zusammenneigend;
Krone geschlossen, kugelig

**Doldiges Winterlieb
Chimáphila umbelláta**

**Einseitswendiges Birngrün
Orthilia secúnda**

**Einblütiges Moosauge
Móneses uniflóra**

Kelchzipfel

lanzettlich;
Griffel länger als die Krone;
Stengel stumpfkantig;
Blätter eirundlich

eiförmig;
Griffel so lang wie die Krone;
Stengel unten scharfkantig;
Blätter spatelig-rundlich

Griffel

schief, oben dick,
länger als die Krone,
Blätter kreisrund;
Kelchzipfel abstehend

gerade,
kürzer als die Krone;
Blätter eirundlich;
Kelchzipfel angedrückt

**Rundblättriges Wintergrün
Pýrola rotundifólia**

**Grünliches Wintergrün
Pýrola chlorántha**

**Mittleres Wintergrün
Pýrola média**

**Kleines Wintergrün
Pýrola minor**

Primelgewächse (Primuláceae)

Primel

Familienmerkmale

✳ Blüten meist 5zählig, mit 5 Staubblättern, Fruchtknoten 1fächerig und oberständig; verwachsenkronblättrig
— Blätter in grundständiger Rosette, auch wechsel- oder gegenständig
— als Frucht ist eine vielsamige Kapsel ausgebildet
— Kräuter und Stauden

Vorkommen

Wälder, Gebüsche, Moore, Sümpfe, Tümpel, Gräben, Wiesen, Äcker

Zur Familie der Primelgewächse gehören zahlreiche Zierpflanzen. Die Primeln, die ihr den Namen gegeben haben, sind ihre be-

Zwerg-Primel
(Prímula mínima)

kanntesten Vertreter. Als Zimmerpflanze erfreut sich das Alpenveilchen ganz besonderer Beliebtheit. Es gehört nicht, wie sein Name vermuten lassen könnte, zur Familie der Veilchengewächse. Die Blüten dieser Familie besitzen einen Sporn, und ihre Blätter tragen Nebenblätter. Beides fehlt beim Alpenveilchen.

Der in Wäldern wachsende Europäische Siebenstern bildet oft nur 1 langgestielte weiße Blüte aus. Meist besitzt sie 7 Blütenblätter. Es ist die einzige Art, bei der im Blütenbau mit einer solchen Regelmäßigkeit die Siebenzahl auftritt.

Im Norden des Gebiets kommt in Tümpeln und Gräben die Sumpf-Wasserfeder vor (↗ Tafel 25). Es ist eine der Arten, die bei Austrocknung der Gewässer Landformen ausbilden können. Ihre rosa Blüten stehen in kleinen Trauben. Gelb blühen alle Gilbweiderich-Arten. Wir finden sie in Sümpfen und Mooren und in Wäldern. An den kriechenden Sprossen des Pfennig-Gilbweiderichs sitzen kleine runde Blätter. Durch sie erhielt diese Art ihren Namen.

Ackerunkräuter sind die beiden 1jährigen Gauchheil-Arten. Die rotblühende Art ist häufiger als die blaublühende. Ein Deckel verschließt bis zur Reife die kleinen runden Samenkapseln.

Gemeines Alpenglöckchen
(Soldanélla alpína)

196

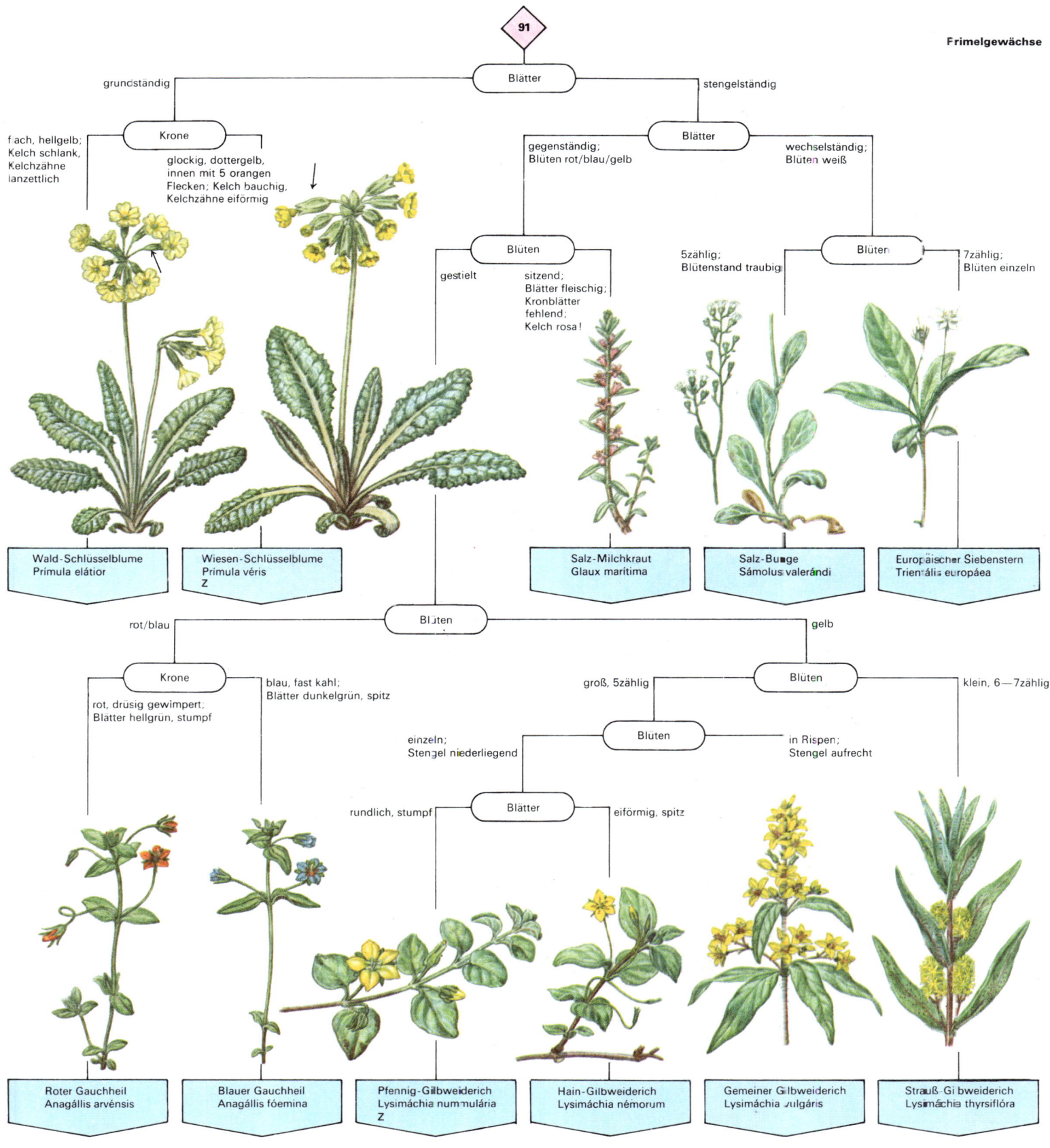

91

Blätter

grundständig   stengelständig

Krone

flach, hellgelb;
Kelch schlank,
Kelchzähne
lanzettlich

glockig, dottergelb,
innen mit 5 orangen
Flecken; Kelch bauchig,
Kelchzähne eiförmig

Blätter

gegenständig;
Blüten rot/blau/gelb

wechselständig;
Blüten weiß

Blüten

gestielt

sitzend;
Blätter fleischig;
Kronblätter
fehlend;
Kelch rosa!

Blüten

5zählig;
Blütenstand traubig

7zählig;
Blüten einzeln

Wald-Schlüsselblume
Prímula elátior

Wiesen-Schlüsselblume
Prímula véris
Z

Salz-Milchkraut
Glaux marítima

Salz-Bunge
Sámolus valerándi

Europäischer Siebenstern
Trientális europáea

Blüten

rot/blau   gelb

Krone

rot, drüsig gewimpert;
Blätter hellgrün, stumpf

blau, fast kahl;
Blätter dunkelgrün, spitz

Blüten

groß, 5zählig

klein, 6—7zählig

Blüten

einzeln;
Stengel niederliegend

in Rispen;
Stengel aufrecht

Blätter

rundlich, stumpf

eiförmig, spitz

Roter Gauchheil
Anagállis arvénsis

Blauer Gauchheil
Anagállis fóemina

Pfennig-Gilbweiderich
Lysimáchia nummulária
Z

Hain-Gilbweiderich
Lysimáchia némorum

Gemeiner Gilbweiderich
Lysimáchia vulgáris

Strauß-Gilbweiderich
Lysimáchia thyrsiflóra

Wildes Alpenveilchen (Cyclámen purpuráscens)

Enziangewächse
(Gentianáceae)

Familienmerkmale
* Ke 4—5 Kr (4—5) S 4—5 F (2)
— Blätter ungeteilt,
gegenständig,
ohne Nebenblätter
— Frucht eine vielsamige
Kapsel
— Kräuter und Stauden

Vorkommen
Wälder, Magerrasen, Wiesen, Weiden, Moore

Die Enziangewächse sind über die ganze Erde verbreitet. Bäume und Sträucher gibt es in dieser Familie nur sehr wenige. Bei uns kommen nur Kräuter und Stauden vor. Die blaublühenden Enzian-Arten wachsen an trockenen Hängen, in lichten Wäldern, Wiesen und Mooren. Die meisten von ihnen sind selten und gehören zu den geschützten Pflanzen. An Kalkhängen der Mittelgebirge sind 2 im Herbst blühende Enzian-Arten noch häufig zu finden: In 4 am Rande gefranste Kronblätter ist die Krone des Fransen-Enzians

Frühlings-Enzian (Gentiána vérna)

aufgeteilt. Meist trägt jeder Stengel nur 1 blaue Blüte. Mehrblütig sind die Stengel des Deutschen Enzians. Seine blauvioletten Kronen teilen sich in 5 Zipfel.

Die Wurzelstöcke einiger in den Alpen heimischer Arten enthalten Bitterstoffe. Sie besitzen eine magenstärkende und verdauungsfördernde Wirkung. Aus ihnen werden Arzneien und der Enzian, ein alkoholisches Getränk, hergestellt. Bitterstoffe sind in der gesamten Familie nicht selten. Die oberirdischen Teile des blühenden Echten Tausendgüldenkrautes dienen ebenfalls zur Herstellung magenstärkender Arzneien. Die Art wächst auf Waldlichtungen, in Gebüschen und auf Wiesen. Auf Salzböden gedeiht eine verwandte Art, das Strand-Tausendgüldenkraut. Kleiner als beide ist das Zierliche Tausendgüldenkraut. Seine Sprosse verzweigen sich schon am Grunde mehrfach gabelästig. Es wächst auf feuchten Wiesen und Äckern. Auf wenigen Mooren in den Mittelgebirgen und im Flachland kommt der Ausdauernde Tarant noch vor. Seine traubenartig angeordneten Blüten haben eine schmutzig violette Farbe.

Die weißen Blüten des Dreiblättrigen Fieberklees bilden eine Traube. Ihre mit langen Haaren besetzten Blütenblätter rollen sich am Rande um. Der Name weist auf die Verwendung der Pflanzen als Heilmittel hin. Die Bitterstoffe der Blätter wirken fiebersenkend. Sie werden auch als Magenmittel und gegen Kopfschmerz genutzt.

Mit einigen anderen Gattungen wird Fieberklee zu einer eigenen Familie, den Fieberkleegewächsen, zusammengefaßt. Sie ist mit den Enziangewächsen sehr eng verwandt. Diese Familie ist bei uns nur in der Art des Dreiblättrigen Fieberklees vertreten.

Seekanne
(Nymphoídes peltáta)

Tarant
(Swértia perénnis)

200

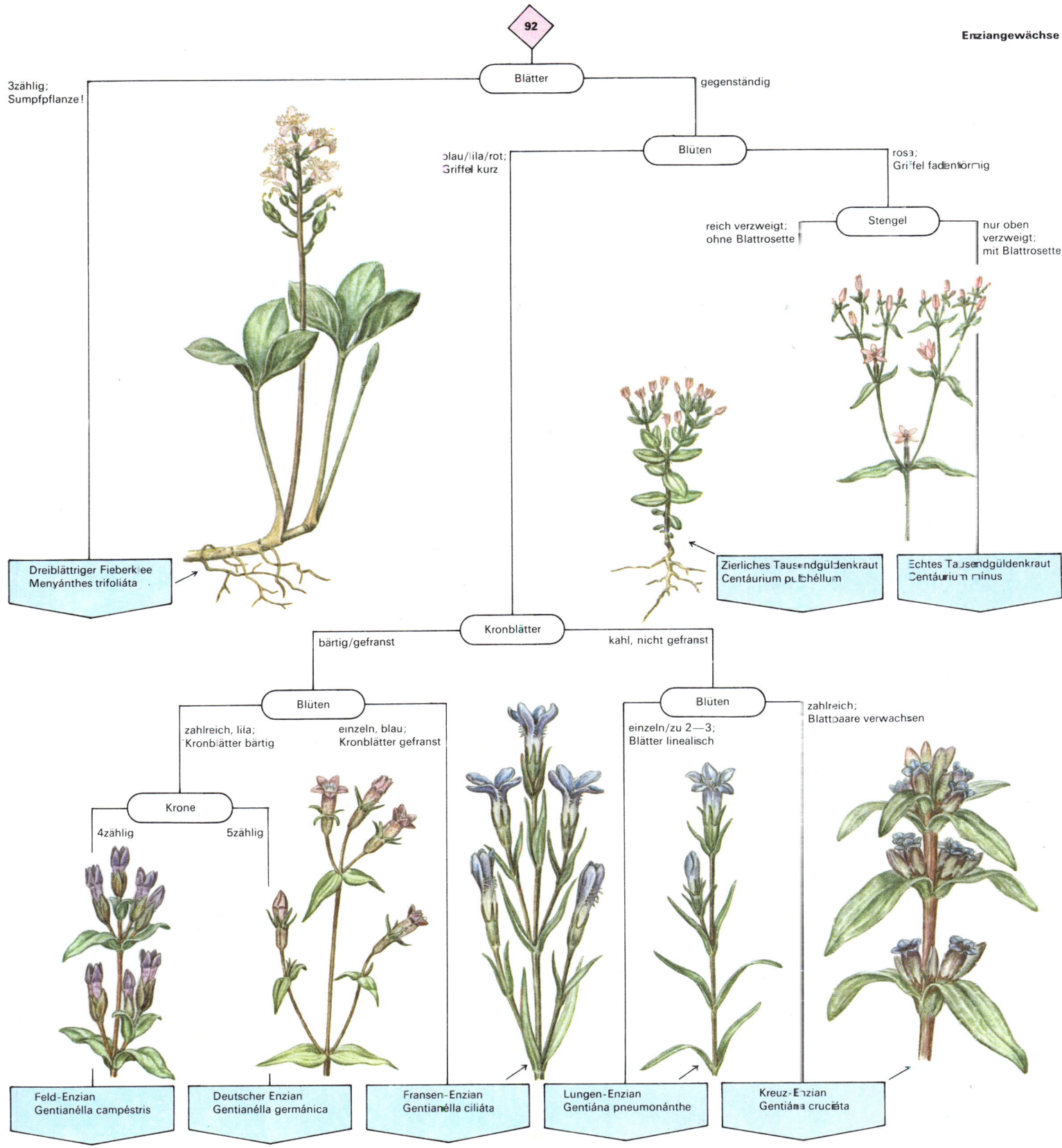

92

Blätter

3zählig;
Sumpfpflanze!

gegenständig

Blüten

blau/lila/rot;
Griffel kurz

rosa;
Griffel fadenförmig

Stengel

reich verzweigt;
ohne Blattrosette

nur oben
verzweigt;
mit Blattrosette

Dreiblättriger Fieberklee
Menyánthes trifoliáta

Zierliches Tausendgüldenkraut
Centáurium pulchéllum

Echtes Tausendgüldenkraut
Centáurium mínus

Kronblätter

bärtig/gefranst

kahl, nicht gefranst

Blüten

zahlreich, lila;
Kronblätter bärtig

einzeln, blau;
Kronblätter gefranst

Blüten

einzeln/zu 2—3;
Blätter linealisch

zahlreich;
Blattpaare verwachsen

Krone

4zählig

5zählig

Feld-Enzian
Gentianélla campéstris

Deutscher Enzian
Gentianélla germánica

Fransen-Enzian
Gentianélla ciliáta

Lungen-Enzian
Gentiána pneumonánthe

Kreuz-Enzian
Gentiána cruciáta

Windengewächse (Convolvuláceae)

Zaunwinde

Familienmerkmale

✳ Ke (5) Kr (5) S5 F (2)
— Blätter einfach,
wechselständig, meist mit
herz- oder spießförmigem Grund
— als Früchte herrschen
4samige Kapseln vor
— Stauden

Vorkommen

Ufer, Dünen, Wegränder, Schuttstellen

Die Hauptverbreitungsgebiete dieser Familie sind das tropische Asien und das tropische Südamerika. Dort treten auch Bäume und Sträucher auf. Bei uns kommen nur 2 Gattungen mit je 1 Art vor. Die Echte Zaunwinde wächst an Ufern und in Gebüschen. Ihre rein weißen, trichterförmigen Blüten werden bis zu 7 Zentimeter groß. Sie bleiben bis weit in die Nacht hinein geöffnet und werden durch Schwärmer bestäubt. Kleiner und oft etwas rosa gefärbt sind die Blüten der Acker-Winde. Ihre niederliegenden oder windenden Stengel tragen pfeilförmige Blätter. Diese Pflanze ist ein lästiges Unkraut auf Feldern und in Gärten.

Wegen ihrer schönen purpurfarbenen Blüten wird die Purpur-Trichterwinde gern als Balkonschmuck oder zur Verkleidung von Hauswänden genutzt. Diese Zierpflanze stammt aus Südamerika.

Eine der bedeutendsten Knollenpflanzen der Tropen ist die Batate, auch Süßkartoffel genannt.

Mit den Windengewächsen sehr eng ver-

Trichterwinde
(Pharbítis purpúrea)

wandt sind die Seidengewächse (Cuscutáceae). Als wurzel- und blattlose, bleiche „Fäden" überziehen die Seide-Arten (↗ Tafel 2) andere Pflanzen, auf denen sie schmarotzen. Ihre Wirtspflanzen sind oft Klee-Arten, Brennesseln, Gräser und Gehölze.

Batate (Ipomóea batátas)

93

Blüten

<3 cm lang;
Kelch nicht von Vorblättern umgeben;
Narbenlappen fädlich

>3 cm lang;
Kelch von 2 großen Vorblättern
eingeschlossen;
Narbenlappen groß, flach

Acker-Winde
Convólvulus arvénsis

Echte Zaunwinde
Calystégia sépium

Borretschgewächse
(Boragináceae)

Familienmerkmale

$*$/↓ Ke (5) [Kr (5) S 5] <u>F</u> (2)
— Blüten fast immer radiär,
sehr selten dorsiventral
— Blätter wechselständig,
einfach und meist steifhaarig
— Früchte in 4 hartschalige,
oft rauhe oder bestachelte Teilfrüchte zerfallend
— Kräuter und Stauden

Ochsenzunge

Vorkommen

Wälder, Gebüsche, Ufer, Wegränder, Wiesen,
Äcker

Diese Familie hat noch einen anderen deutschen Namen: Rauhblattgewächse. Er weist auf ein sehr auffälliges Merkmal hin. Bei fast allen Arten tragen die Blätter dichtstehende Borstenhaare. Von unseren heimischen Arten hat nur die Kleine Wachsblume kahle Blätter. Der Fruchtknoten besteht aus 2 Fruchtblättern. Falsche Scheidewände trennen sie in 4 Fächer. In jedem Fach entwickelt sich 1 Samen. Diese Vierteilung ist bereits vor der Samenreife deutlich erkennbar. Wir müssen nur einmal in eine Blütenröhre hineinschauen.
Die Kronblätter sind innen häufig umgestülpt. Dadurch entstehen Schlundschuppen, die den Eingang der Kronröhre verengen. Oft sind sie anders gefärbt als die Kronblätter. Die gelben Schlundschuppen können wir in den blauen Blüten des Vergißmeinnichts deutlich erkennen. Viele Arten dieser Familie haben blaue oder violette Blüten.

Kleine Wachsblume
(Cerínthe mínor)

Der Name Rotblauer Steinsame weist auf eine Eigentümlichkeit in der Blütenfärbung hin. Seine Blüten sind anfangs rot, später blau gefärbt. Ein solcher Farbumschlag von rot zu blau tritt auch beim Natterkopf und bei den Lungenkraut-Arten auf.
Große, flachausgebreitete, hellblaue Blüten mit dunklen Staubgefäßen besitzt der Borretsch. Er ist eine schon seit langem genutzte Gemüsepflanze.

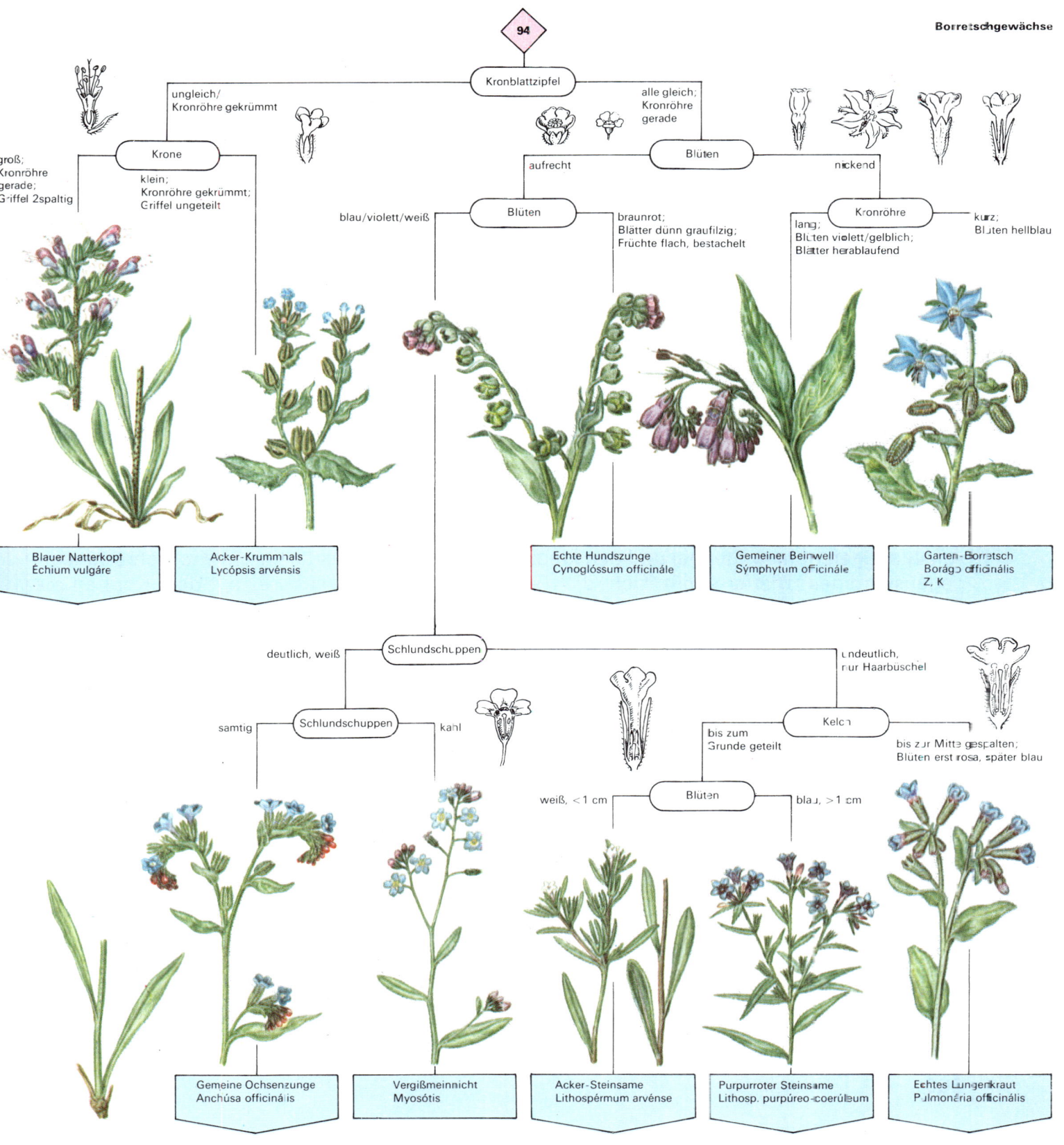

94

Kronblattzipfel

ungleich/
Kronröhre gekrümmt

alle gleich;
Kronröhre
gerade

Krone

groß;
Kronröhre
gerade;
Griffel 2spaltig

klein;
Kronröhre gekrümmt;
Griffel ungeteilt

Blüten

aufrecht

nickend

Blüten

blau/violett/weiß

braunrot;
Blätter dünn graufilzig;
Früchte flach, bestachelt

Kronröhre

lang;
Blüten violett/gelblich;
Blätter herablaufend

kurz;
Blüten hellblau

Blauer Natterkopf
Échium vulgáre

Acker-Krummhals
Lycópsis arvénsis

Echte Hundszunge
Cynoglóssum officinále

Gemeiner Beinwell
Sýmphytum oFicinále

Garten-Borretsch
Borágo officinális
Z, K

Schlundschuppen

deutlich, weiß

undeutlich,
nur Haarbüschel

Schlundschuppen

samtig

kahl

Kelch

bis zum
Grunde geteilt

bis zur Mitte gespalten;
Blüten erst rosa, später blau

Blüten

weiß, <1 cm

blau, >1 cm

Gemeine Ochsenzunge
Anchúsa officinális

Vergißmeinnicht
Myosótis

Acker-Steinsame
Lithospérmum arvénse

Purpurroter Steinsame
Lithosp. purpúreo-coerúleum

Echtes Lungenkraut
Pulmonária officinális

Lippenblütengewächse (Lamiáceae)

Familienmerkmale

↓ Ke (5) [Kr (5)+S 4] $\underline{F}$ (2)
— Blüten in Ober- und Unterlippe gegliedert
— Kelchzipfel 4 oder 5
— Blüten in Scheinquirlen
— Blätter kreuzgegenständig
— Stengel meist 4kantig, hohl, oft knotig gegliedert
— Früchte in 4 1samige Nüßchen zerfallend
— Kräuter und Stauden

Taubnessel

Vorkommen

Wälder, Gebüsche, Felsen, Ufer, Gräben, Wegränder, Schuttstellen, Trockenrasen, Wiesen, Äcker

Am 4kantigen hohlen Stengel und den kreuzgegenständigen Blättern läßt sich die Familienzugehörigkeit bereits im blütenlosen Zustand leicht erkennen. Die stets in Scheinquirlen stehenden Blüten zeigen einen einheitlichen Aufbau. Die verwachsene Krone gliedert sich in Ober- und Unterlippe. Fast stets sind 4 Staubblätter vorhanden, 2 längere und 2 kürzere. Nur die Blüten einiger weniger Arten besitzen 2 gleich lange Staubblätter. Der aus 2 Fruchtblättern verwachsene Fruchtknoten ist, wie auch bei den Borretschgewächsen, viergeteilt.
Die Staubgefäße und die Narben liegen meist gut sichtbar unter dem Dach der Oberlippe. Bienen und Hummeln müssen bei der Suche nach Nektar zwischen Ober- und Unterlippe in die Kronröhre hineinkriechen. Dabei streifen sie mit ihrem Rücken Staubgefäße und Narben und vollziehen die Bestäubung. Beim

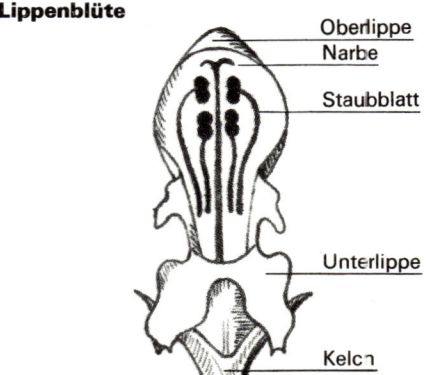

Lippenblüte

Oberlippe
Narbe
Staubblatt
Unterlippe
Kelch

Wiesen-Salbei funktioniert dabei ein besonderer Mechanismus. Unter der Oberlippe ragt nur die Narbe hervor. Die Staubblätter weichen in ihrem Bau vom Normalen ab. Nur die langgestielte obere Hälfte (oberer Hebelarm) enthält Pollen. Die andere kurzgestielte und breite Hälfte (unterer Hebelarm) versperrt den Zugang zur Kronröhre. Will das Insekt auf der Suche nach Nektar in die Kronröhre hineinkriechen, dann stößt es mit dem Kopf an die untere breite Staubbeutelhälfte. Der kurze Hebelarm wird nach innen gedrückt und der lange neigt sich dadurch der Unterlippe zu (↗ Abb. S. 208). Die Staubbeutelhälfte berührt den Rücken des Insektes und bedeckt ihn mit Blütenstaub. Dieser Hebelmechanismus läßt sich leicht auch mit einem Grashalm auslösen, den wir vorsichtig in die Blüte einführen.

An den Blättern vieler Lippenblütler sind Drüsenschuppen und Drüsenhaare vorhanden. Sie enthalten ätherische Öle. Der von ihnen ausgehende aromatische Geruch ist ein weiteres Familienmerkmal. Duftstoffe, die für die Parfüm- und Seifenherstellung verwendet werden, enthalten die Rosmarin- und Lavendel-Arten. Jeder kennt den für die Pfeffer-Minze typischen Geruch und Ge-

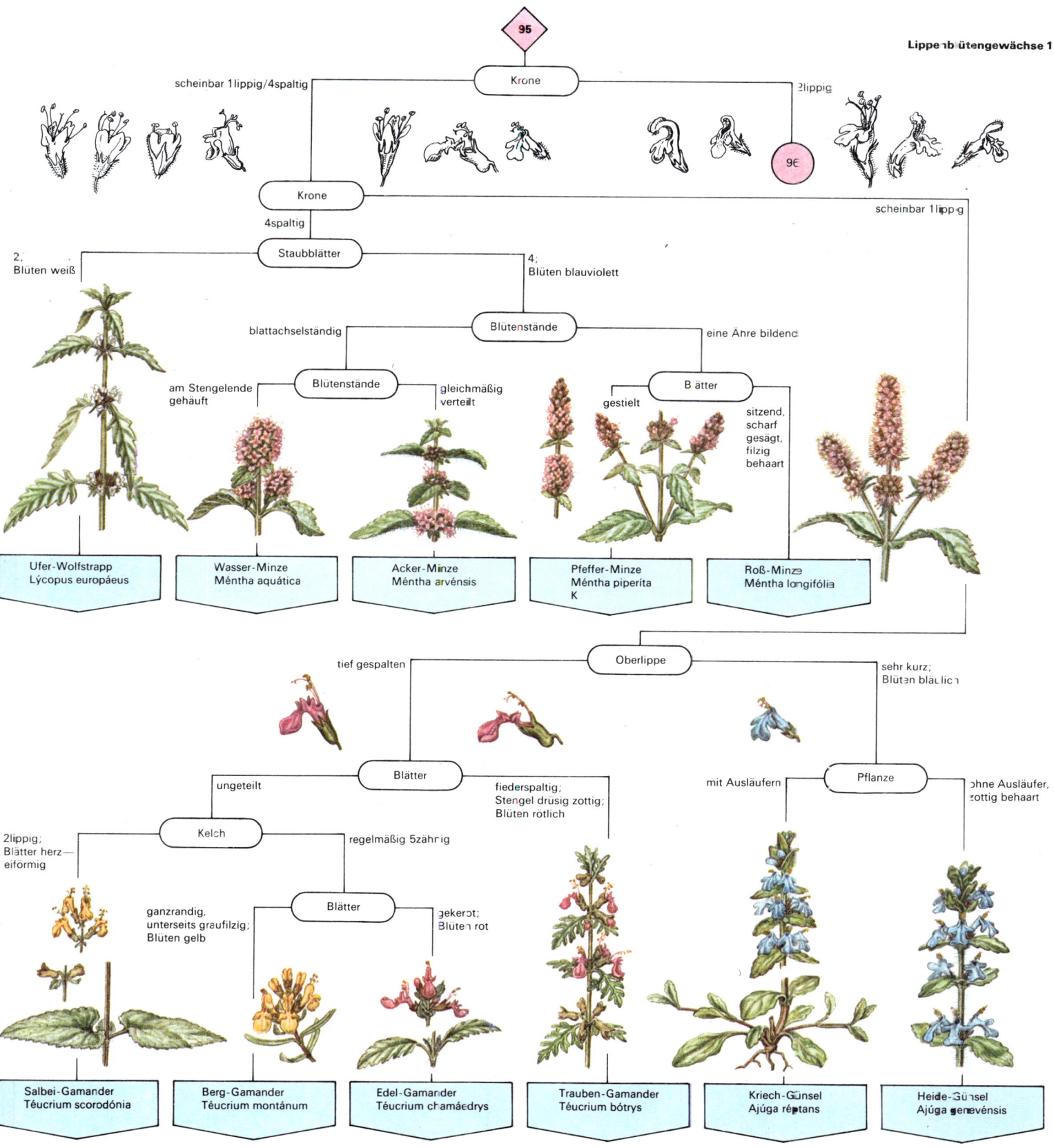

95

Krone

scheinbar 1lippig/4spaltig · 2lippig

96

Krone

4spaltig · scheinbar 1lippig

Staubblätter

2; Blüten weiß · 4; Blüten blauviolett

Blütenstände

blattachselständig · eine Ähre bildend

Blütenstände

am Stengelende gehäuft · gleichmäßig verteilt

Blätter

gestielt · sitzend, scharf gesägt, filzig behaart

Ufer-Wolfstrapp
Lýcopus européus

Wasser-Minze
Méntha aquática

Acker-Minze
Méntha arvénsis

Pfeffer-Minze
Méntha piperíta
K

Roß-Minze
Méntha longifólia

Oberlippe

tief gespalten · sehr kurz; Blüten bläulich

Blätter

ungeteilt · fiederspaltig; Stengel drüsig zottig; Blüten rötlich

Pflanze

mit Ausläufern · ohne Ausläufer, zottig behaart

Kelch

2lippig; Blätter herzeiförmig · regelmäßig 5zähnig

Blätter

ganzrandig, unterseits graufilzig; Blüten gelb · gekerbt; Blüten rot

Salbei-Gamander
Téucrium scorodónia

Berg-Gamander
Téucrium montánum

Edel-Gamander
Téucrium chaméedrys

Trauben-Gamander
Téucrium bótrys

Kriech-Günsel
Ajúga réptans

Heide-Günsel
Ajúga genevénsis

schmack. Wegen ihrer Aromastoffe werden viele Arten gern als Gewürz verwendet, zum Beispiel Majoran, Thymian, Salbei, Bohnenkraut, Melisse. Die Blätter der Pfeffer-Minze und der Zitronen-Melisse sind häufig im Kräutertee enthalten.

Rotblühende Salvia-Arten, bei denen selbst der Kelch rot gefärbt ist, pflanzen die Gärtner gern in Parkanlagen. In große Blumenschalen gesetzt, tragen diese Pflanzen durch das kräftige Rot und die saftig grünen Blätter zur Verschönerung der Wohngebiete bei.

Vorkommen und Verwendung von Lippenblütengewächsen

Tabelle 10

Ufer
Kappen-Helmkraut · Ufer-Wolfstrapp
Wald-Ziest · Minze

Sumpfwiesen
Sumpf-Ziest · Minze

Wiesen
Kriech-Günsel · Efeu-Gundermann
Kleine Braunelle · Wiesen-Salbei

Trockenrasen
Heide-Günsel · Berg-Ziest
Berg-Gamander · Steppen-Salbei
Edel-Gamander · Steinkölme
Wirbeldost · Große Braunelle
Wilder Dost · Heil-Betonie
Thymian

Äcker, Schuttplätze
Acker-Günsel · Weichhaariger Hohlzahn
Echte Katzenminze · Stechender Hohlzahn
Efeu-Gundermann · Weiße Taubnessel
Saat-Hohlzahn · Gefleckte Taubnessel
Stengelumfassende · Schwarznessel
Taubnessel · Acker-Ziest
Echtes Herzgespann · Acker-Minze
Sumpf-Ziest

Wälder
Bunter Hohlzahn · Kriech-Günsel
Gold-Taubnessel · Ufer-Wolfstrapp
Purpurrote Taubnessel · Wirbeldost
Wald-Ziest

Gewürzpflanzen
Muskateller-Salbei · Echter Thymian
Zitronen-Melisse · Echtes Basilienkraut
Garten-Bohnenkraut · Winter-Bohnenkraut
Echter Ysop · Majoran

Arzneipflanzen
Rosmarin · Zitronen-Melisse
Saat-Hohlzahn · Majoran
Echtes Herzgespann · Echter Thymian
Heil-Betonie · Pfeffer-Minze
Echte Salbei · Muskateller-Salbei

Zierpflanzen
Scharlach-Monarde · Echter Ysop
Salbei

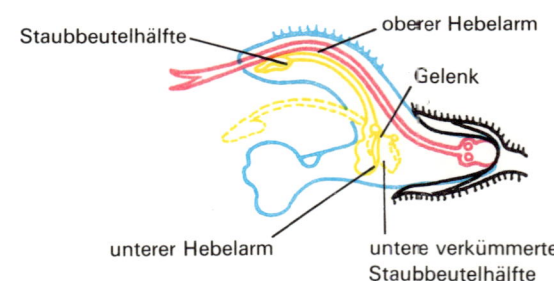

Staubbeutelhälfte · oberer Hebelarm · Gelenk · unterer Hebelarm · untere verkümmerte Staubbeutelhälfte

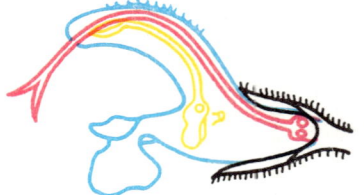

Blütenschema des Wiesen-Salbeis

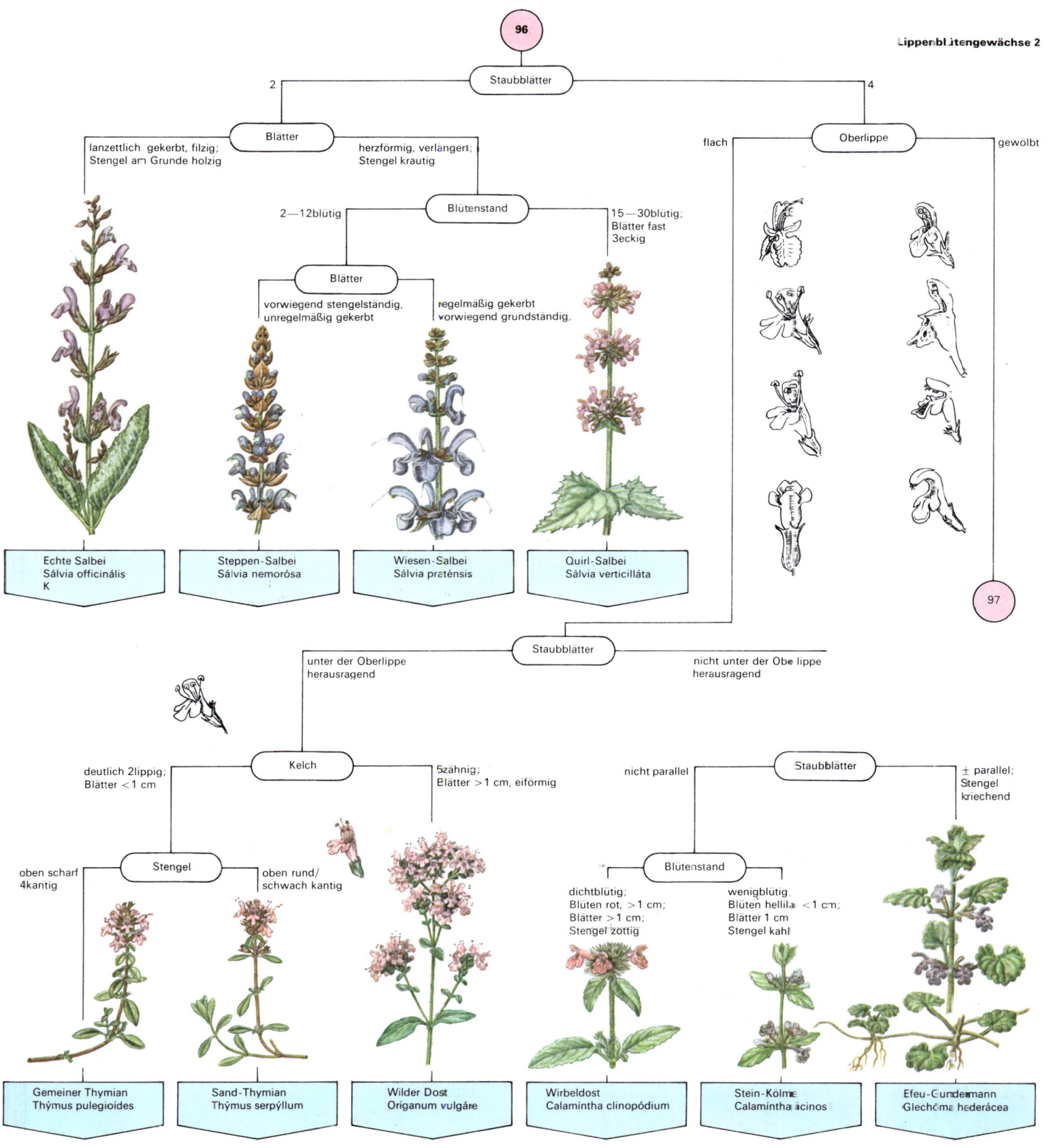

Staubblätter

2

4

Blätter

lanzettlich gekerbt, filzig;
Stengel am Grunde holzig

herzförmig, verlängert;
Stengel krautig

Oberlippe

flach

gewölbt

Blütenstand

2—12blütig

15—30blütig;
Blätter fast
3eckig

Blätter

vorwiegend stengelständig,
unregelmäßig gekerbt

regelmäßig gekerbt
vorwiegend grundständig,

Echte Salbei
Sálvia officinális
K

Steppen-Salbei
Sálvia nemorósa

Wiesen-Salbei
Sálvia praténsis

Quirl-Salbei
Sálvia verticilláta

97

Staubblätter

unter der Oberlippe
herausragend

nicht unter der Oberlippe
herausragend

Kelch

deutlich 2lippig;
Blätter <1 cm

5zähnig;
Blätter >1 cm, eiförmig

Staubblätter

nicht parallel

± parallel;
Stengel
kriechend

Stengel

oben scharf
4kantig

oben rund/
schwach kantig

Blütenstand

dichtblütig;
Blüten rot, >1 cm;
Blätter >1 cm;
Stengel zottig

wenigblütig,
Blüten hellila <1 cm;
Blätter 1 cm
Stengel kahl

Gemeiner Thymian
Thýmus pulegioídes

Sand-Thymian
Thýmus serpýllum

Wilder Dost
Oríganum vulgáre

Wirbeldost
Calamíntha clinopódium

Stein-Kölme
Calamíntha ácinos

Efeu-Gundermann
Glechóma hederácea

97

Kelch

2lippig — gleichmäßig 5zähnig

Kelchlippe

ungeteilt — 3zähnig/2spaltig

Blüten

< 2 cm — > 2 cm

Blüten

< 1 cm — > 1 cm

Unterlippe

mit spitzen/fehlenden Seitenzipfeln — mit stumpfen breiten Seitenzipfeln

Unterlippe

mit Höcker — ohne Höcker

98

Kappen-Helmkraut Scutellária galericuláta	Kleine Braunelle Prunélla vulgáris	Große Braunelle Prunélla grandiflóra	Echtes Herzgespann Leonúrus cardíaca

Blütenstand

in den Blattachseln; Pflanze stinkend — endständig

Blätter

vorwiegend grundständig — vorwiegend stengelständig

Blüten

rot — gelb; Blätter eiförmig—lanzettlich

Blätter

rundlich/herzförmig — schmal/länglich

Krone

kaum länger als der Kelch — länger als der Kelch

Gottvergeß, Schwarznessel Ballóta nigra	Heil-Betonie Betónica officinális	Acker-Ziest Stáchys arvénsis	Wald-Ziest Stáchys sylvática	Sumpf-Ziest Stáchys palústris	Berg-Ziest Stáchys récta

98

Unterlippe

mit Höcker | ohne Höcker

Stengel

kahl/weich behaart, an den Knoten nicht verdickt | borstig behaart, an den Knoten verdickt

Blüten

>2,5 cm, gelb | <2,5 cm

Blüten

>2 cm, mehr als 2mal so lang wie der Kelch | <2 cm, kaum 2mal so lang wie der Kelch

Blüten

>1,5 cm, rot/weiß | <1,5 cm, blaßrosa

Breitblättriger Hohlzahn
Galeópsis ládanum

Bunter Hohlzahn
Galeópsis speciósa

Weichhaariger Hohlzahn
Galeópsis pubéscens

Stechender Hohlzahn
Galeópsis tétrahit

Kleinblütiger Hohlzahn
Galeópsis bifida

Blüten

gelb; Staubbeutel kahl | nicht gelb; Staubbeutel bärtig

Blüten

weiß | rot

Kronröhre

aufwärts gebogen | gerade

obere Blätter

stengelumfassend | gestielt

Blattstiele

der oberen Blätter nicht verbreitert | der oberen Blätter stark verbreitert

Gold-Taubnessel
Lámium galeóbdolon

Weiße Taubnessel
Lámium álbum

Gefleckte Taubnessel
Lámium maculátum

Stengelumfassende Taubnessel
Lámium amplexicáule

Purpurrote Taubnessel
Lámium purpureum

Eingeschnittene Taubnessel
Lámium hýbridum

Nachtschattengewächse (Solanáceae)

Familienmerkmale

✳.Ke (5) [Kr (5)+S5] $\underline{F}$ (2)

— Blätter wechselständig, einfach oder zusammengesetzt

— Früchte sind Beeren oder Kapseln

Bilsenkraut

Vorkommen

Wälder, Ufer, Wald- und Wegränder, Schuttplätze, Dorfstellen, Äcker

Unter den Nachtschattengewächsen gibt es zahlreiche Nahrungs-, Genuß-, Gewürz- und Arzneipflanzen, aber auch gefährliche Giftpflanzen. Das bekannteste Gewächs ist die Kartoffelstaude. Wir essen ihre unterirdisch wachsenden Sproßknollen. Die Blüten zeigen den für die Familie typischen Bau. Es entwickeln sich daraus grüne, giftige Beeren. Ein starkes, tödlich wirkendes Gift enthalten auch die dunklen Beeren der Schwarzen Tollkirsche. Aber nicht alle Beeren der Nachtschattengewächse sind giftig. Schließlich essen wir die Tomaten sehr gern und ohne Schaden für unsere Gesundheit. Die Früchte des Paprika, die roh oder gekocht als Gemüse gegessen werden, sind ebenfalls Beeren.

Aus den Blüten des Bauern-Tabaks und des Virginischen Tabaks, die aus Amerika stammen, entstehen Kapseln. Die Blätter werden nach entsprechender Vorbehandlung zu Pfeifentabak, zu Zigarren oder Zigaretten verarbeitet. Jeder weiß aber, daß das Rauchen der Gesundheit schadet.

Auf giftige Inhaltsstoffe, die in dieser Familie sehr verbreitet sind, weisen Namen wie Toll-kirsche, Teufelszwirn oder Nachtschatten hin. Aus der Tollkirsche werden Arzneimittel gewonnen, die in der Augenheilkunde unentbehrlich sind. Im Mittelalter, als die Menschen noch an Hexen und Gespenster glaubten, dienten Nachtschattengewächse zur Herstellung von Hexensalben. Den in der Form menschenähnlichen Wurzeln (Alraune) einer im Mittelmeergebiet heimischen Art wurde große Zauberkraft zugesprochen.

Auch Zierpflanzen gibt es unter den Nachtschattengewächsen. Gern werden Petunien in Balkonkästen gepflanzt. Aus Chile stammt die Trompetenzunge. Sie hat prächtige, goldgelbe oder violette, dunkel geaderte Blüten. Reizvoll sind auch Trockensträuße der Blasenkirsche. Auffällig sind hier die leuchtend roten, blasenartig aufgetriebenen Kelche.

Petunie (Petúnia)

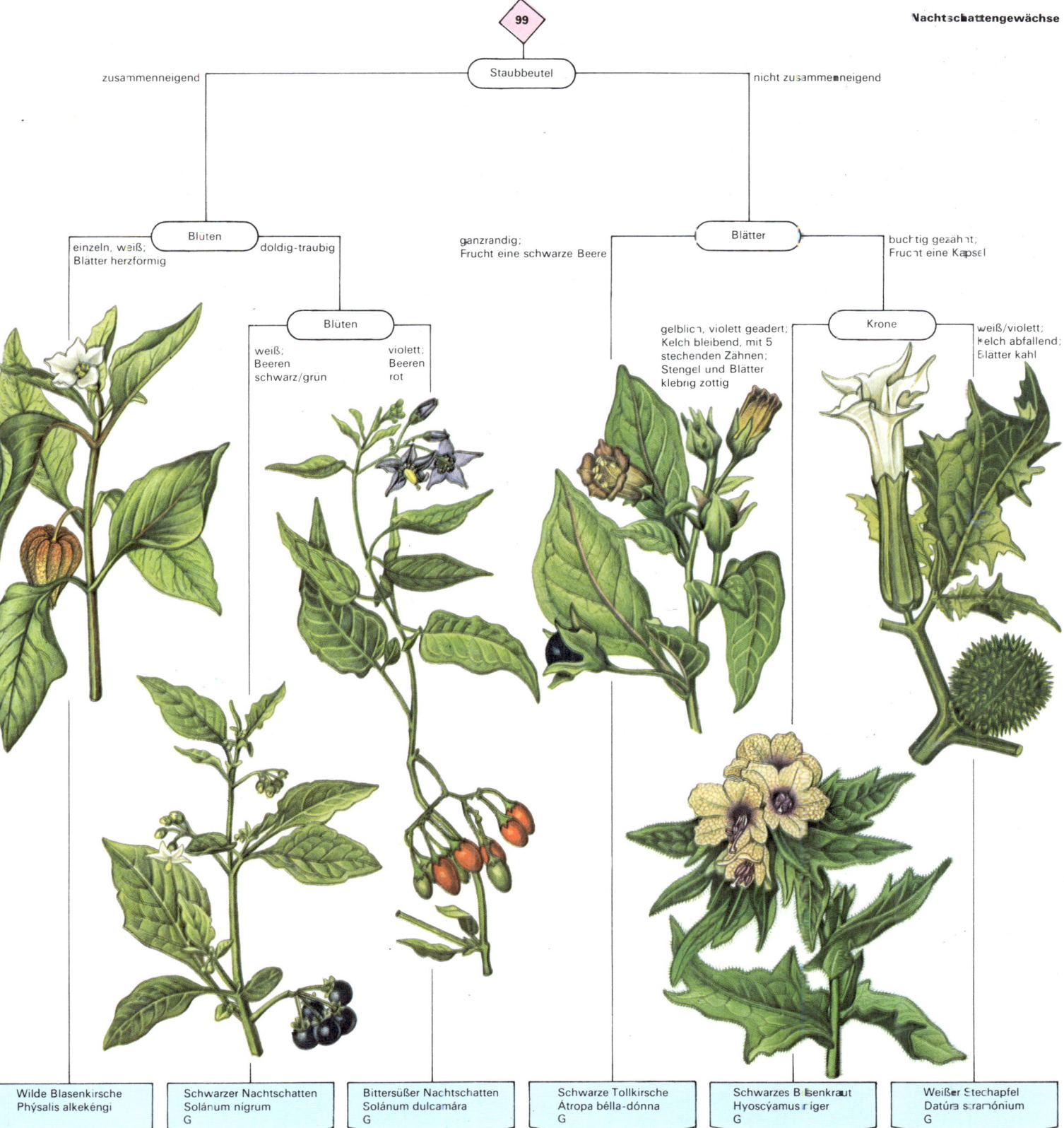

99

Staubbeutel

zusammenneigend | nicht zusammenneigend

Blüten

einzeln, weiß;
Blätter herzförmig | doldig-traubig

Blätter

ganzrandig;
Frucht eine schwarze Beere | buchtig gezähnt;
Frucht eine Kapsel

Blüten

weiß;
Beeren
schwarz/grün | violett;
Beeren
rot

gelblich, violett geadert;
Kelch bleibend, mit 5
stechenden Zähnen;
Stengel und Blätter
klebrig zottig

Krone

weiß/violett;
Kelch abfallend;
Blätter kahl

Wilde Blasenkirsche
Phýsalis alkekéngi

Schwarzer Nachtschatten
Solánum nígrum
G

Bittersüßer Nachtschatten
Solánum dulcamára
G

Schwarze Tollkirsche
Átropa bélla-dónna
G

Schwarzes Bilsenkraut
Hyoscýamus níger
G

Weißer Stechapfel
Datúra scramónium
G

Braunwurzgewächse (Scrophulariáceae)

Familienmerkmale

★/I Ke 4—5 [Kr (5) S 5/4/2] F̲ (2)
– die Blüten zeigen
mannigfache Stufen
der Abwandlung vom radiären
zum dorsiventralen Bau
– Blätter meist ungeteilt, wechsel- oder gegenständig
– Frucht eine vielsamige Kapsel
– Kräuter und Stauden

 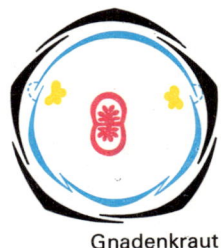

Königskerze   Gnadenkraut

Vorkommen

Wälder, Gebüsche, Ufer, Gräben, Mauern, Schuttstellen, Wiesen, Äcker

Die Familie ist außerordentlich artenreich und vielgestaltig in den Formen und Farben. Es gibt Arten, die werden kaum 10 Zentimeter hoch (Kleiner Orant), andere erreichen eine Höhe von mehr als 3 Metern (Königskerze). Die Blüten stehen einzeln oder in traubigen Blütenständen. Nahezu radiär gebaute Blüten besitzen die Königskerzen und einige Veronica-Arten. Deutlich dorsiventrale Blüten tragen das Garten-Löwenmaul, das Gemeine Leinkraut und andere. Häufig sind die Blüten gespornt. Oft versperrt einfach eine Einstülpung der Unterlippe den Eingang in die Kronröhre.

Eine Besonderheit weisen die Blüten der Königskerzen auf. Die Staubfäden sind dicht mit weißen oder violetten Haaren besetzt. Das sind Futterhaare. Die blütenbesuchenden Insekten fressen sie ab.
Löwenmaul und Fingerhut sind allgemein bekannte Arten aus dieser Familie. Sie ernähren sich, wie die meisten anderen Pflanzen auch, mit Hilfe ihres Blattgrüns und des Sonnenlichtes. Läusekraut, Augentrost, Zahntrost, Wachtelweizen und Klappertopf besitzen ebenfalls grüne Blätter und können sich selbständig ernähren. Sie haben jedoch besonders gestaltete Saugwurzeln, mit denen sie aus anderen Pflanzen Nährstoffe entnehmen. Solche Pflanzen werden Halbschmarotzer genannt. Ein Vollschmarotzer ist die Rötliche Schuppenwurz (↗ Tafel 2, ↗ Abb. S. 218). Sie besitzt keine grünen Blätter. Aus den Wurzeln von Haselsträuchern, Hainbuchen, Erlen und anderen Gehölzen entnimmt die Rötliche Schuppenwurz nicht nur Wasser und Nährsalze, sondern auch organische Stoffe.
Unter den Braunwurzgewächsen gibt es auch viele alte Arzneipflanzen. Aus den Namen Augentrost, Zahntrost und Läusekraut ist schon zu erkennen, daß diese Pflanzen früher als Heilmittel verwendet wurden. Fiebersenkend wirken die Wurzeln der Knotigen Braunwurz, in manchen Gegenden auch Neunte Nessel genannt. Königskerzen ergeben ein gutes Hustenmittel. Von hoher Bedeutung für die moderne Medizin sind die Inhaltsstoffe aus verschiedenen Fingerhut-Arten (Digitális-Arten). Sie dienen zur Herstellung herzwirksamer Medikamente.
Als Zierpflanzen sind die Pantoffelblumen (Calceolária), der Fingerhut und das Garten-Löwenmaul beliebt. Auch die großen Königskerzen werden häufig angepflanzt. Das kleine

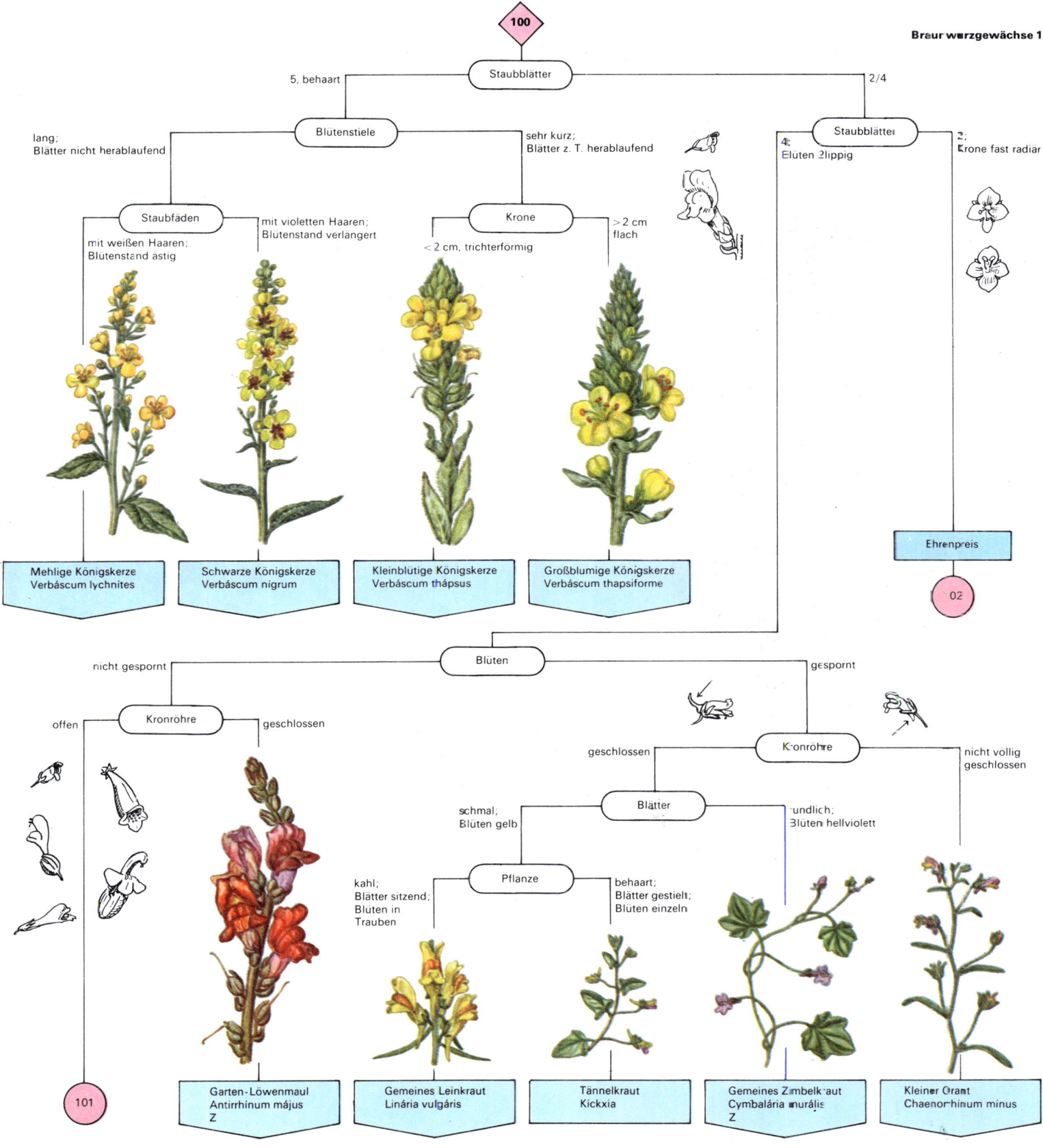

100

Staubblätter

5, behaart

2/4

Blütenstiele

Staubblätter

lang;
Blätter nicht herablaufend

sehr kurz;
Blätter z. T. herablaufend

4;
Blüten 2lippig

2;
Krone fast radiär

Staubfäden

mit violetten Haaren;
Blütenstand verlängert

Krone

mit weißen Haaren;
Blütenstand ästig

< 2 cm, trichterförmig

> 2 cm
flach

Mehlige Königskerze
Verbáscum lychnites

Schwarze Königskerze
Verbáscum nigrum

Kleinblütige Königskerze
Verbáscum thápsus

Großblumige Königskerze
Verbáscum thapsiforme

Ehrenpreis

02

Blüten

nicht gespornt

gespornt

Kronröhre

Kronröhre

offen

geschlossen

geschlossen

nicht völlig
geschlossen

Blätter

schmal;
Blüten gelb

rundlich;
Blüten hellviolett

Pflanze

kahl;
Blätter sitzend;
Blüten in
Trauben

behaart;
Blätter gestielt;
Blüten einzeln

101

Garten-Löwenmaul
Antirrhínum május
Z

Gemeines Leinkraut
Linária vulgáris

Tännelkraut
Kíckxia

Gemeines Zimbelkraut
Cymbalária murális
Z

Kleiner Orant
Chaenorhínum minus

Alpenhelm
(Bartsiá alpína)

Quirlblättriges Läusekraut
(Pediculáris verticilláta)

Alpen-Leinkraut
(Linária alpína)

216

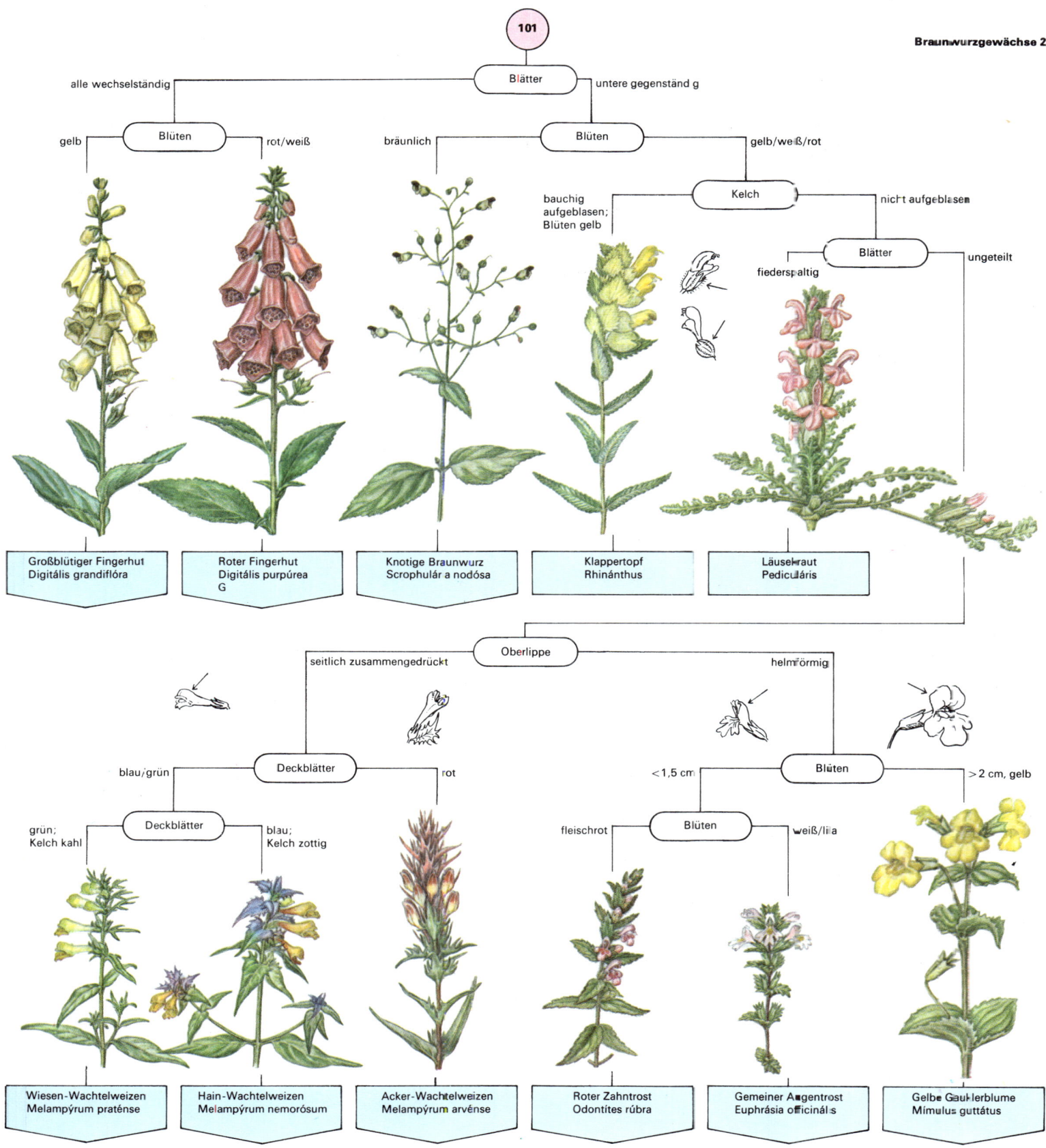

101

Blätter

alle wechselständig · untere gegenständig

Blüten

gelb · rot/weiß

Blüten

bräunlich · gelb/weiß/rot

Kelch

bauchig aufgeblasen; Blüten gelb · nicht aufgeblasen

Blätter

fiederspaltig · ungeteilt

Großblütiger Fingerhut
Digitális grandiflóra

Roter Fingerhut
Digitális purpúrea
G

Knotige Braunwurz
Scrophulár a nodósa

Klappertopf
Rhinánthus

Läusekraut
Pediculáris

Oberlippe

seitlich zusammengedrückt · helmförmig

Deckblätter

blau/grün · rot

Deckblätter

grün; Kelch kahl · blau; Kelch zottig

Blüten

< 1,5 cm · > 2 cm, gelb

Blüten

fleischrot · weiß/lila

Wiesen-Wachtelweizen
Melampýrum praténse

Hain-Wachtelweizen
Melampýrum nemorósum

Acker-Wachtelweizen
Melampýrum arvénse

Roter Zahntrost
Odontítes rúbra

Gemeiner Augentrost
Euphrásia officinális

Gelbe Gauklerblume
Mímulus guttátus

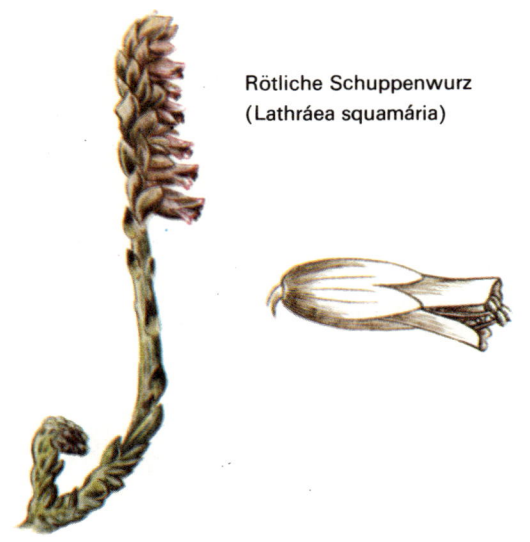

Rötliche Schuppenwurz
(Lathráea squamária)

schön blühende Gemeine Zymbelkraut schmückt Mauern. Als Zierpflanze wurde um 1830 die Gelbe Gauklerblume nach Europa gebracht. Es gelang ihr, bald aus den Gärten „auszureißen". Heute ist sie vielerorts verwildert, und an etlichen Stellen hat sie sich eingebürgert. An den Ufern von Flüssen und Bächen ist sie zu finden.

Nahe verwandt mit den Braunwurzgewächsen sind die Sommerwurzgewächse (Orobancháceae). Das sind 1jährige schmarotzende Kräuter ohne grüne Blätter. Bei uns kommen etwa 20 meist seltene Arten der Gattung Sommerwurz vor (↗ Tafel 2). Sie wachsen auf Schmetterlingsblütengewächsen, auf Lippenblütengewächsen, auf Doldengewächsen und auf Korbblütengewächsen. Der Stengel besitzt nur wenige bleiche Schuppenblätter. Die Blüten stehen in endständigen Trauben. Sie weisen eine Ober- und eine Unterlippe auf. Als Früchte bilden sich Kapseln, die sehr viele kleine Samen enthalten. Eine Pflanze kann bis zu 100 000 Samen erzeugen.

Vorkommen von Braunwurzgewächsen

Tabelle 11

Ufer
Knotige Braunwurz
Läusekraut
Schild-Ehrenpreis
Gauchheil-Ehrenpreis

Flügel-Braunwurz
Gauklerblume
Bach-Ehrenpreis
Klappertopf

Wiesen, Weiden
Quendel-Ehrenpreis
Augentrost

Gamander-Ehrenpreis
Klappertopf

Trockenrasen
Königskerze
Früher Ehrenpreis
Dreiteiliger Ehrenpreis
Augentrost

Ähriger Ehrenpreis
Großer Ehrenpreis
Acker-Wachtelweizen

Äcker, Schuttplätze
Königskerze
Efeu-Ehrenpreis
Acker-Ehrenpreis
Glanzloser Ehrenpreis
Kleiner Orant
Feld-Katzenmaul

Feld-Ehrenpreis
Persischer Ehrenpreis
Glänzender Ehrenpreis
Tännelkraut
Gemeines Leinkraut

Wälder, Gebüsche
Königskerze
Knotige Braunwurz
Großblütiger Fingerhut
Gamander-Ehrenpreis
Rötliche Schuppenwurz

Wald-Ehrenpreis
Roter Fingerhut
Efeu-Ehrenpreis
Berg-Ehrenpreis
Wachtelweizen

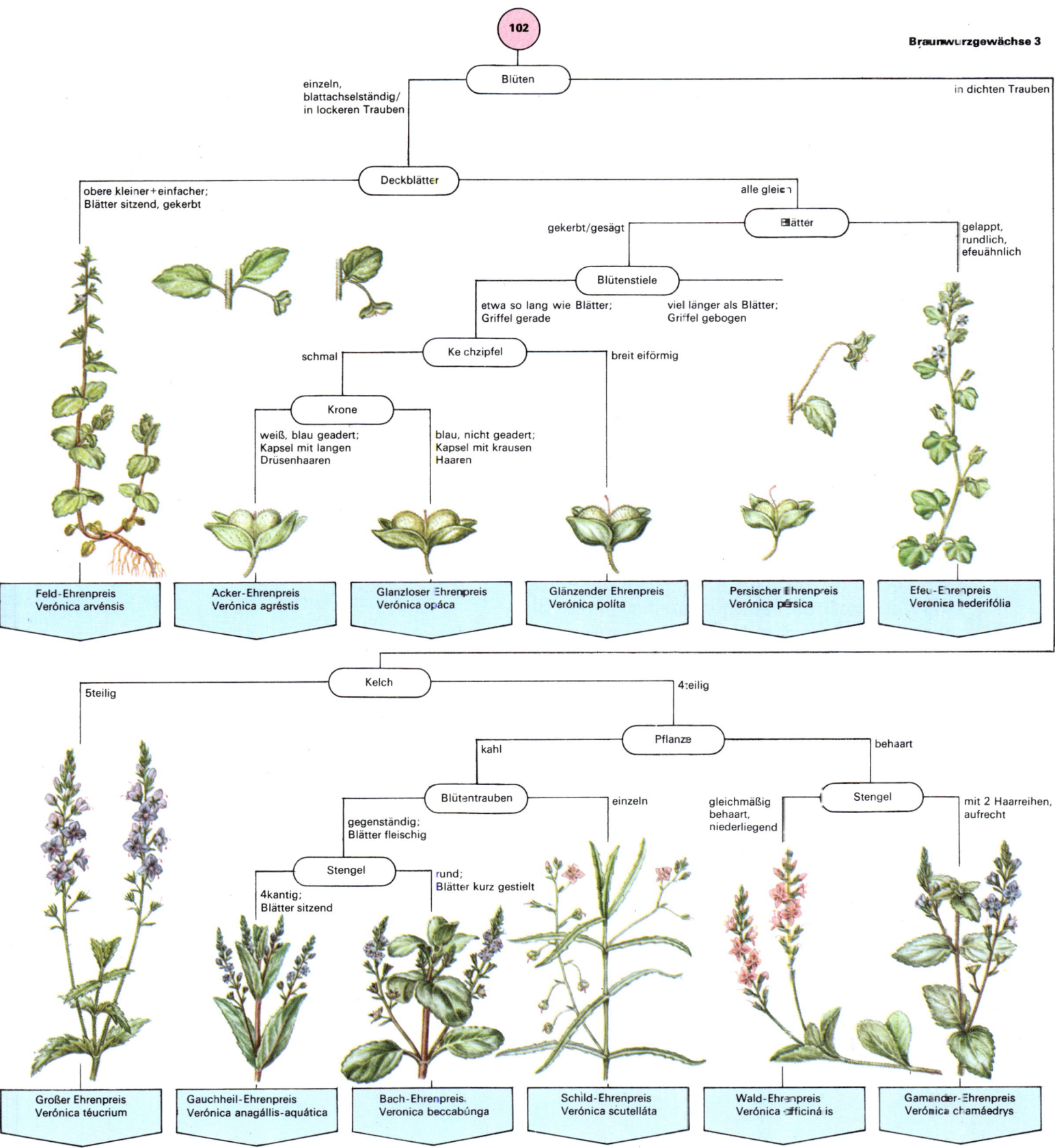

102

Braunwurzgewächse 3

Blüten

einzeln,
blattachselständig/
in lockeren Trauben

in dichten Trauben

Deckblätter

obere kleiner + einfacher;
Blätter sitzend, gekerbt

alle gleich

Blätter

gekerbt/gesägt

gelappt,
rundlich,
efeuähnlich

Blütenstiele

etwa so lang wie Blätter;
Griffel gerade

viel länger als Blätter;
Griffel gebogen

Kelchzipfel

schmal

breit eiförmig

Krone

weiß, blau geadert;
Kapsel mit langen
Drüsenhaaren

blau, nicht geadert;
Kapsel mit krausen
Haaren

Feld-Ehrenpreis
Verónica arvénsis

Acker-Ehrenpreis
Verónica agréstis

Glanzloser Ehrenpreis
Verónica opáca

Glänzender Ehrenpreis
Verónica políta

Persischer Ehrenpreis
Verónica pérsica

Efeu-Ehrenpreis
Veronica hederifólia

Kelch

5teilig

4teilig

Pflanze

kahl

behaart

Blütentrauben

gegenständig;
Blätter fleischig

einzeln

gleichmäßig
behaart,
niederliegend

Stengel

mit 2 Haarreihen,
aufrecht

Stengel

4kantig;
Blätter sitzend

rund;
Blätter kurz gestielt

Großer Ehrenpreis
Verónica téucrium

Gauchheil-Ehrenpreis
Verónica anagállis-aquática

Bach-Ehrenpreis
Veronica beccabúnga

Schild-Ehrenpreis
Verónica scutelláta

Wald-Ehrenpreis
Verónica officinális

Gamander-Ehrenpreis
Verónica chamáedrys

Wegerichgewächse
(Plantagináceae)

Spitz-Wegerich

Breit-Wegerich

Familienmerkmale

✱ Ke 4 Kr (4) S 4 F̲ (2)
– Blüten ☿, selten
nur 1geschlechtig
– Windbestäubung
– Blätter ungeteilt,
parallelnervig; meist
in Rosetten
– als Früchte sind Deckel-
kapseln ausgebildet
– Stauden, nur eine
heimische Art ist ein
2jährig überwinterndes Kraut

Vorkommen

Triften, Ufer, Meeresstrand, Wege und Äcker

Unter den heimischen Arten ist es die einzige verwachsenkronblättrige Familie, deren Blütenstaub durch den Wind verbreitet wird. Die langen, weit aus den Blüten heraushängenden Staubgefäße können sehr leicht bewegt werden.
Die Blattnerven verlaufen parallel. Wegen dieser bei den 2keimblättrigen äußerst seltenen Erscheinung sind sie unter den Ausnahmen (↗ Abb. S. 30) mit abgebildet worden. Die bei uns häufig vorkommenden Wegerich-Arten sind „Begleiter" des Menschen. Ihre kleinen Samen besitzen eine bei Feuchtigkeit leicht quellende Außenhaut. Sie haften daher leicht an den Hufen der Tiere und auch an den Schuhsohlen und werden so verbreitet. Die Indianer gaben dem Breit-Wegerich einen sehr treffenden Namen. Sie nannten ihn Fußstapfen des weißen Mannes.

Wegen des angenehmen Duftes der Blüten wird der Weide-Wegerich häufig Kakao- oder Schokoladenblume genannt. Für die meisten Wegerich-Arten gibt es mehrere Volksnamen. Auf Salzwiesen wachsen der Krähenfuß-Wegerich und der Strand-Wegerich. Auf Sandböden ist im Flachland unserer Heimat der Sand-Wegerich nicht allzu selten. Der Breit-Wegerich, der Weide-Wegerich und der Spitz-Wegerich sind stärker an die vom Menschen geschaffenen Standorte gebunden. Früher spielten die Wegerich-Arten in der Heilkunde eine Rolle. Das Kraut des Breit-Wegerichs wurde bei Leber- und Nierenleiden, Zahnschmerzen, Schlangenbissen und als blutreinigendes Mittel genutzt. Seine Fruchtstände dienten als Vogelfutter. Der Saft vom Spitz-Wegerich und daraus hergestellte Bonbons waren beliebte Hustenmittel.

Sand-Wegerich
(Plantágo índica)

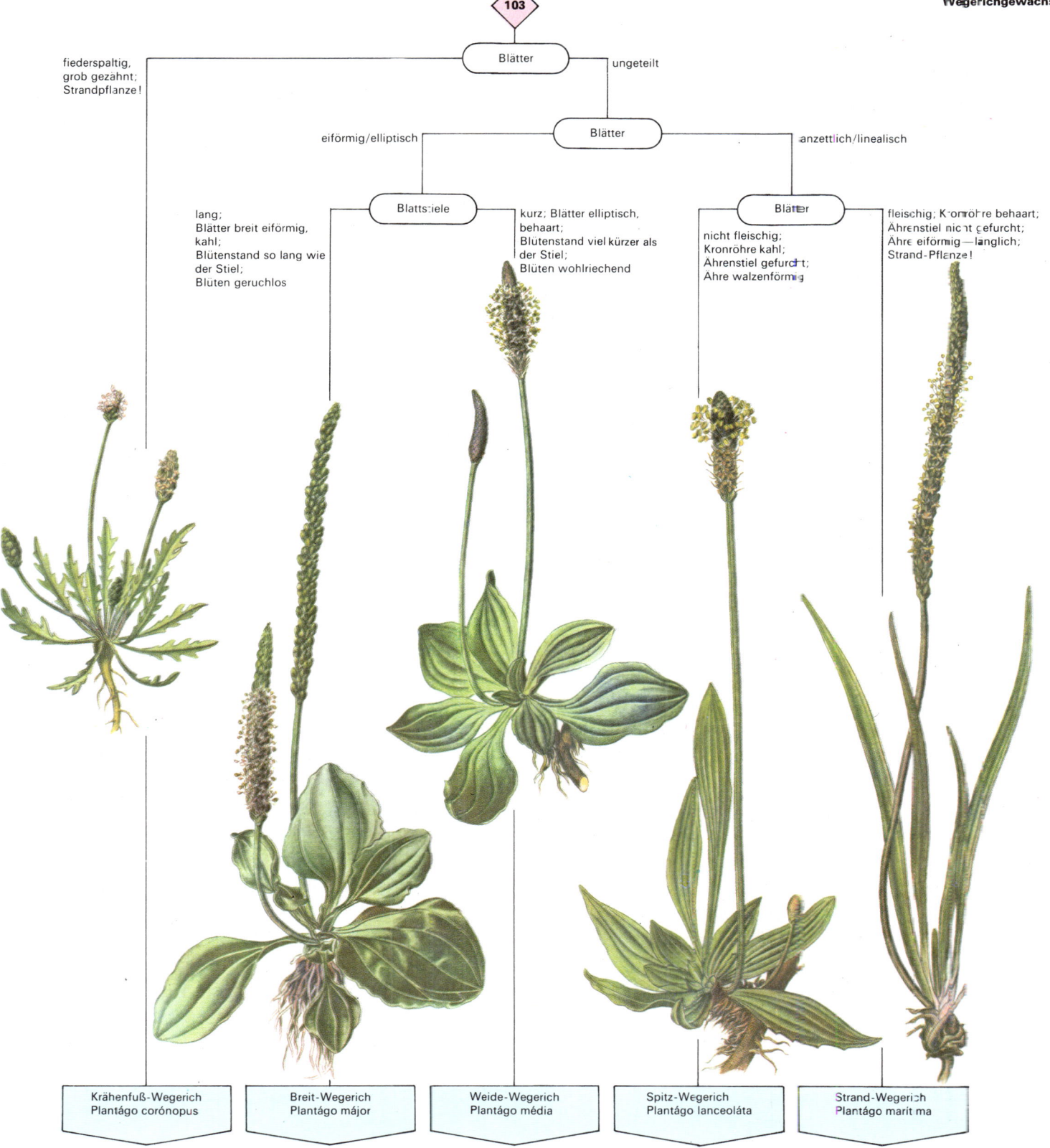

103

Blätter

fiederspaltig,
grob gezähnt;
Strandpflanze!

ungeteilt

Blätter

eiförmig/elliptisch

lanzettlich/linealisch

Blattstiele

lang;
Blätter breit eiförmig,
kahl;
Blütenstand so lang wie
der Stiel;
Blüten geruchlos

kurz; Blätter elliptisch,
behaart;
Blütenstand viel kürzer als
der Stiel;
Blüten wohlriechend

Blätter

nicht fleischig;
Kronröhre kahl;
Ährenstiel gefurcht;
Ähre walzenförmig

fleischig; Kronröhre behaart;
Ährenstiel nicht gefurcht;
Ähre eiförmig—länglich;
Strand-Pflanze!

Krähenfuß-Wegerich Plantágo corónopus	Breit-Wegerich Plantágo májor	Weide-Wegerich Plantágo média	Spitz-Wegerich Plantágo lanceoláta	Strand-Wegerich Plantágo marít ma

Rötegewächse (Rubiáceae)

Familienmerkmale

✳ Ke (4—6) Kr (4) S4 F̄ (2)
– Blätter einfach; quirlständig
– die Früchte zerfallen
in 2 Teilfrüchte
– Kräuter und Stauden

Ackerröte

Vorkommen

Wälder, Gebüsche, Ufer, Moore, Felsen, Wiesen, Äcker

Echtes Labkraut
(Gálium vérum)

Viele Arten der über die ganze Welt verbreiteten Familie wachsen in den Tropen. Dazu gehören der Kaffee-Strauch und der Chinarindenbaum. Aus seiner Rinde wird Chinin gewonnen. Es ist ein gegen Malaria sehr wirksames Medikament. Aus den duftenden Blüten des Kaffee-Strauches (Coffea) entwickeln sich 2samige rote Steinfrüchte. Die Samen sind die grünen Kaffeebohnen. Die dunkelbraune Farbe und ihr Aroma erhalten sie erst durch das Rösten.

Bei uns kommen nur 4 Gattungen vor. Ihre Blätter stehen in Quirlen, die aus den Hauptblättern und den ihnen in Größe und Form gleichenden Nebenblättern gebildet werden. An der Blattstellung und seinem kräftigen, angenehmen Geruch gibt sich der Wald-Meister auch im blütenlosen Zustand zu erkennen. So wie der Wald-Meister duftet auch das Gemeine Ruchgras. Der blaublühende Acker-Meister kommt heute nur noch sehr selten auf den Äckern vor. Häufiger tritt die Gemeine Ackerröte auf. Sie besitzt im Unterschied zum Acker-Meister einen deutlichen Kelch und trichterartige, violette Blüten.

Der Name Labkraut geht auf die Verwendung zurück. Früher wurden Labkräuter für die Käsebereitung genutzt. Sie lassen die Milch schnell säuern. Die gleiche Wirkung hat auch der kleingeschnittene Labmagen der Kälber. In der Heilkunde fanden Labkräuter bei Leberleiden und Hautkrankheiten Verwendung.

Einige Labkraut-Arten sind recht häufig. Das gelbblühende Echte Labkraut ist vor allem an Wegrändern zu finden. Alle anderen Arten blühen weiß. Das Wiesen-Labkraut wächst nicht nur in Wiesen. Es kommt auch in Gebüschen und an Wegrändern vor. Die Namen Sumpf-Labkraut und Moor-Labkraut sagen uns, daß diese Arten in feuchten Wiesen, in Sümpfen und in Mooren zu finden sind. Die Blütenblätter des Sumpf-Labkrautes sind stumpf und ohne Stachelspitze. Beim Moor-Labkraut enden sie in einer deutlichen Stachelspitze. In Gebüschen, auf Schuttplätzen und auf Äckern wächst das Kletten-Labkraut, auch Klebkraut genannt. Die Stengel und Blätter sind durch kleine rückwärts gerichtete Haken und Stacheln rauh. Dadurch bleiben die Stengel an unserer Kleidung „kleben". Auch die Früchte tragen hakig gebo-

104

Kelch

deutlich, 6zähnig;
Blüten gehäuft, lila;
Blätter unten zu 4,
oben zu 6, rauh

Blütenstand

undeutlich

blattachselständig;
Blüten gelb;
ganze Pflanze behaart

Krone

endständig

trichterförmig, hellrosa;
Blätter schmal, meist zu 4

radförmig/glockig

Blätter

3nervig, zu 4

1nervig, zu 4—10

Blätter

Stengel

derb, lanzettlich, stumpf;
Stengel steif aufrecht

zart, elliptisch, spitz;
Stengel schlaff

rauh

glatt

| Gemeine Ackerröte
Sherárdia arvénsis | Gemeines Kreuzlabkraut
Cruciáta láevipes | Hügel-Meier
Aspérula cynánchica | Nord-Labkraut
Gálium boreále | Rundblatt-Labkraut
Gálium rotundifólium |

105

Pflanzen

feuchter Standorte

auf Äckern, an Hecken

Blätter

Blattoberseite

ohne Stachelspitze;
Staubbeutel rot

mit Stachelspitze;
Staubbeutel gelb

glatt;
Fruchtstiele gekrümmt;
Blütenstand kürzer als
die Blätter;
Früchte warzig

behaart;
Fruchtstiele gerade;
Blütenstand länger als
die Blätter;
Früchte hakig borstig

Früchte

>4 mm;
Teilfrüchte kugelig;
Krone 2 mm breit

<3 mm;
Teilfrüchte halbkugelig;
Krone 1 mm breit

| Sumpf-Labkraut
Gálium palústre | Moor-Labkraut
Gálium uliginósum | Dreihörniges Labkraut
Gálium tricornútum | Kleb-Labkraut
Gálium aparíne | Acker-Labkraut
Gálium spurium |

gene Borsten. Sie haken sich damit in unseren Strümpfen und am Fell der Tiere fest und werden so verbreitet.

Die meisten heimischen Labkraut- und Meister-Arten enthalten in ihren Wurzeln Farbstoffe, die zum Färben · von Stoffen verwendet wurden. Eine solche, früher oft angebaute wichtige Färbepflanze ist die Färberröte oder Krapp (Rubia tinctórum, Rubia péregrina u. a.). Schon vor 2000 Jahren wurde der rote Farbstoff der Krappwurzeln genutzt. Die Bedeutung des Krappanbaues ging verloren, als Farbstoffe industriell hergestellt werden konnten.

Blüte

Zweige mit Blüten und Früchten

Frucht
Fruchtfleisch teilweise entfernt

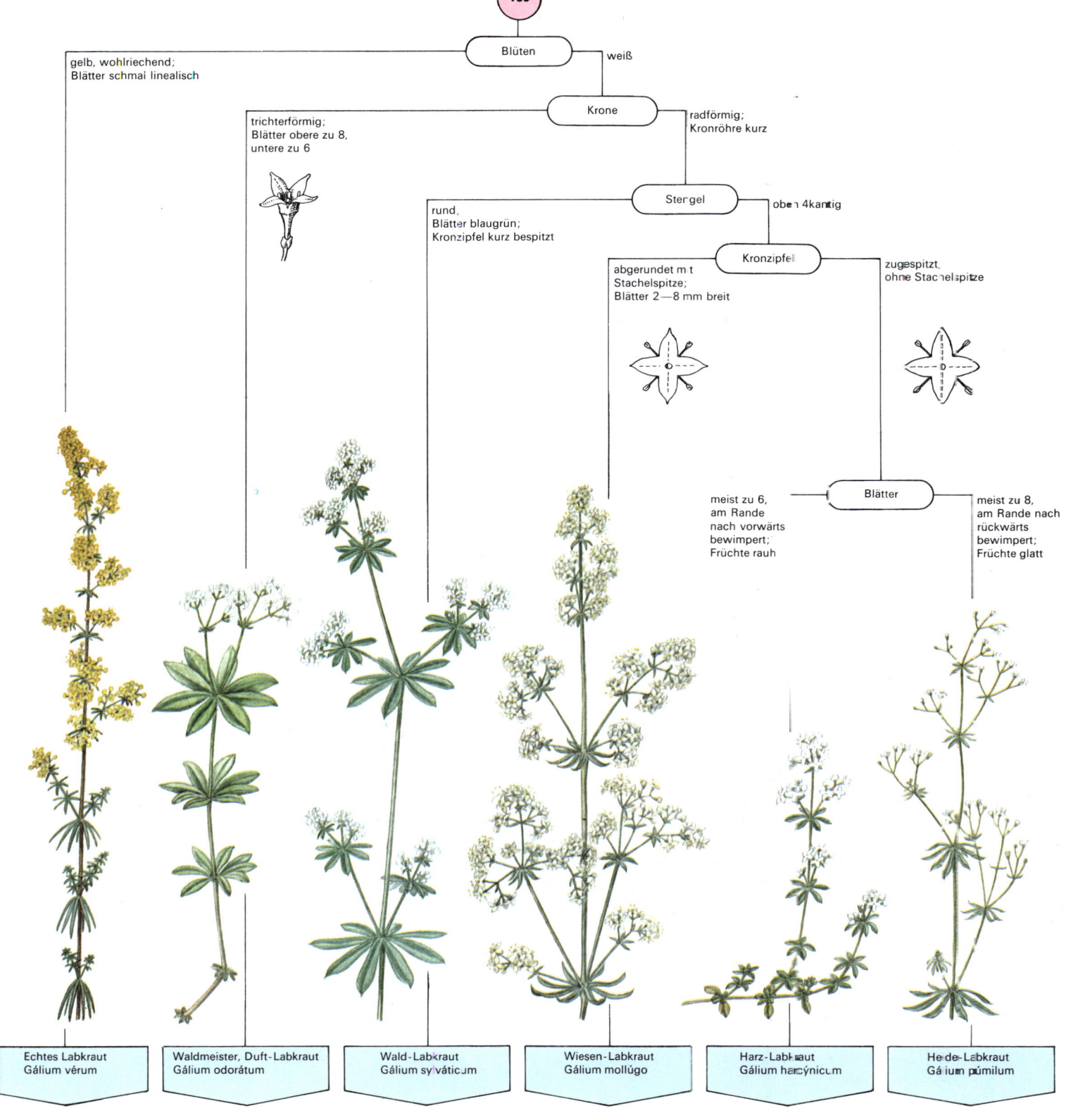

105

Blüten

gelb, wohlriechend;
Blätter schmal linealisch

weiß

Krone

trichterförmig;
Blätter obere zu 8,
untere zu 6

radförmig;
Kronröhre kurz

Stengel

rund,
Blätter blaugrün;
Kronzipfel kurz bespitzt

oben 4kantig

Kronzipfel

abgerundet mit
Stachelspitze;
Blätter 2—8 mm breit

zugespitzt,
ohne Stachelspitze

Blätter

meist zu 6,
am Rande
nach vorwärts
bewimpert;
Früchte rauh

meist zu 8,
am Rande nach
rückwärts
bewimpert;
Früchte glatt

Echtes Labkraut
Gálium vérum

Waldmeister, Duft-Labkraut
Gálium odorátum

Wald-Labkraut
Gálium sylváticum

Wiesen-Labkraut
Gálium mollúgo

Harz-Labkraut
Gálium harcýnicum

Heide-Labkraut
Gálium púmilum

Baldriangewächse (Valeriánaceae)

Familienmerkmale
– die meist 5zähligen Blüten
sind asymmetrisch gebaut, S3,
$\overline{F}$ (3) mit nur einer Samenanlage
– Blätter gegenständig,
ohne Nebenblätter
– Frucht eine 1samige Kapsel
– Kräuter und Stauden

Vorkommen
Wälder, Gebüsche, Ufer, Wegränder, Sumpfwiesen, Äcker

Von den zahlreichen Arten dieser Familie
sind bei uns nur wenige heimisch. Alle besitzen 3 Staubblätter. Zur Blütezeit ist der
Kelch noch wenig entwickelt. Erst an der

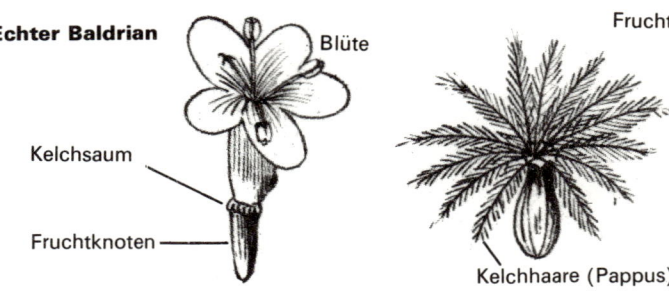

Echter Baldrian — Blüte — Frucht
Kelchsaum
Fruchtknoten
Kelchhaare (Pappus)

Frucht fallen Kelchzähne oder auch Kelchhaare auf.
Die Rapünzchen-Arten sind 1jährig überwinternde Pflanzen mit gabelig verzweigten
Stengeln. Häufig kommen sie auf Äckern vor.
Aber auch auf Schuttplätzen oder an Bahndämmen können wir sie finden. Das Salat-
Rapünzchen, auch Feldsalat genannt, wird
oft angebaut. Es liefert uns im zeitigen Frühjahr ein vitaminreiches Blattgemüse, das als
Salat gegessen wird. Die Wurzeln verschiedener Baldrian-Arten enthalten ätherische
Öle mit scharfem, bitterem Geschmack und
charakteristischem Geruch. Die Baldrianöle
besitzen eine hohe Heilwirkung. In Gebüschen und an Ufern wächst der Echte
Baldrian. Aus seinen Wurzelstöcken wurden
schon vor mehr als 2000 Jahren im Römischen Reich Tinkturen bereitet. Baldriantink-
turen wirken nervenstärkend, schlaffördernd
und auch krampflösend. Bekannt ist auch,
daß durch Baldriangeruch Katzen angelockt
werden.
Die Blätter des Echten Baldrian sind gefiedert. Die kleinen rosa Blüten stehen in vielfach
verzweigten Blütenständen. Der Kleine Baldrian trägt ungeteilte Grundblätter. Seine
Stengelblätter sind leierförmig. Er ist eine
unvollkommen 2häusige Art. Die ♀ Blüten
sind sehr klein und weiß, die ♂ sind größer
und rosa gefärbt. Der Kleine Baldrian wächst
auf sumpfigen und moorigen Wiesen.

Echter Baldrian
(Valeriána officinális)

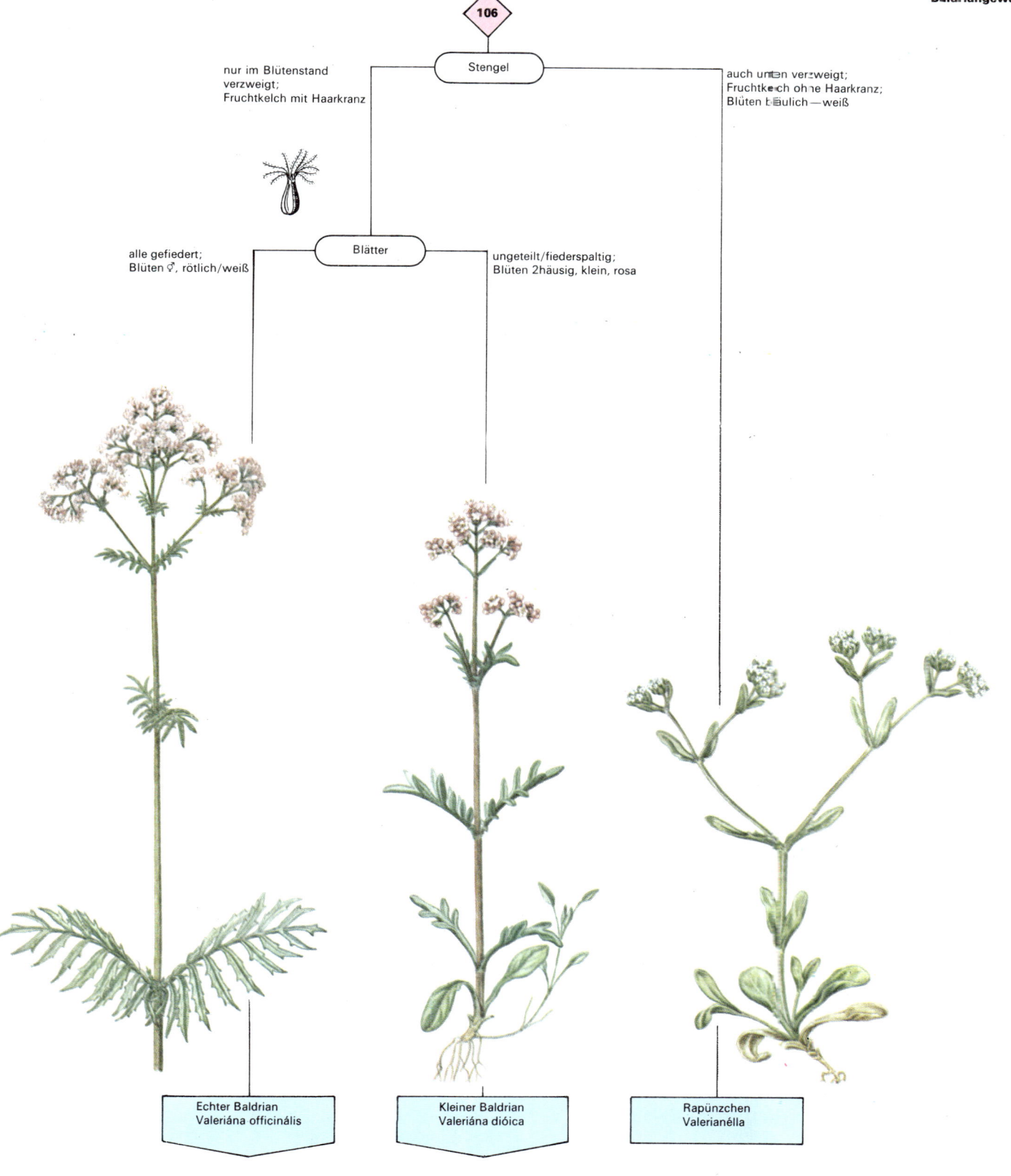

106

Stengel

nur im Blütenstand
verzweigt;
Fruchtkelch mit Haarkranz

auch unten verzweigt;
Fruchtkelch ohne Haarkranz;
Blüten bläulich—weiß

Blätter

alle gefiedert;
Blüten ♂, rötlich/weiß

ungeteilt/fiederspaltig;
Blüten 2häusig, klein, rosa

Echter Baldrian
Valeriána officinális

Kleiner Baldrian
Valeriána dióica

Rapünzchen
Valerianélla

Kardengewächse (Dipsacáceae)

Familienmerkmale

✳ Blüten 4- oder 5zählig, S 2—4, $\overline{F}$ (2), zu Köpfchen vereinigt und von Hochblättern umgeben
– Blätter gegenständig, ohne Nebenblätter
– nur eine krautige Art, die anderen sind Stauden

Vorkommen

Wälder, Gebüsche, Wiesen, Schuttplätze

Durch die in dichten Köpfchen vereinigten Blüten ähneln die Kardengewächse den Korbblütlern. Von ihnen unterscheiden sie

Tauben-Skabiose (Scabiósa columbária)

Blütenköpfchen, längs

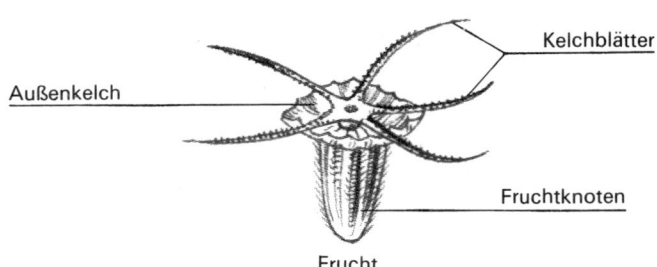

Außenkelch

Kelchblätter

Fruchtknoten

Frucht

sich vor allem in 2 Merkmalen: Ihre Staubblätter sind nicht verwachsen, und sie besitzen außer dem Kelch noch einen Außenkelch. Er ist aus 2 röhrenförmig verwachsenen Vorblättern entstanden.

Bei den Witwenblumen und den Skabiosen sind die Kronblätter der äußeren Blüten oft größer und auch anders geformt als die inneren des Köpfchens. Durch diese Schaublüten erhält das Köpfchen das Aussehen einer großen Einzelblüte. Größere und abweichend geformte Randblüten treten auch bei Doldengewächsen und vielen Korbblütengewächsen auf. Acker-Witwenblume und Tauben-Skabiose sehen sich ähnlich. Oft werden diese beiden Arten verwechselt. Die Unterscheidung ist jedoch ganz leicht. Die Skabiosen besitzen Spreublätter auf dem Blütenboden. Ihre Blüten sind in 5 Zipfel aufgeteilt. Bei der Witwenblume fehlen die Spreublätter. Ihre Krone ist 4spaltig.

An Disteln erinnern die Karden-Arten. Ihre starren, stachelspitzigen Tragblätter überragen die Blüten. Nicht alle Blüten eines Köpfchens blühen gleichzeitig auf. Zuerst öffnen sich die mittleren Blüten. Bei der Wilden Karde sind die Stengelblätter paarweise miteinander verwachsen. Dadurch entsteht um den Stengel herum eine Tüte, in der sich Wasser ansammelt.

Die Weber-Karde wurde als Kulturpflanze angebaut. Zum Aufrauhen von Wollstoffen sind ihre Blütenköpfe auch in der heutigen Zeit noch unentbehrlich.

Der Teufelsabbiß hat dunkelblaue Blütenköpfchen. An Waldrändern und in Moorwiesen tritt diese Art auf. Den Namen erhielt sie nach der Form ihrer rübenartigen Wurzel. Sie endet sehr plötzlich und stumpf, so, als ob sie ein Erdteufel abgebissen habe.

107

Stengel

stachelig · nicht stachelig

Blätter

gestielt;
Blütenköpfe
kugelig;
Blüten weißlich

sitzend;
Blütenköpfe länglich;
Blüten bläulich

Krone

5spaltig · 4spaltig

Blüten

hellgelb;
Kelchborsten rot

blau;
Kelchborsten schwarz

Korbboden

ohne Spreublätter;
Blütenköpfe flach

mit Spreublättern;
Blütenköpfe
kugelig

Behaarter Schuppenkopf
Cephalária pilósa

Wilde Karde
Dipsacus silvéster

Gelbe Skabiose
Scabiósa ochroléuca

Tauben-Skabiose
Scabiósa columbária

Acker-Witwenblume
Knáutia arvénsis

Gemeiner Teufelsabbiß
Succísa praténsis

Kürbisgewächse (Cucurbitáceae)

Familienmerkmale

– Blüten radiär, 5zählig; die 1geschlechtigen Blüten können zu 1- oder auch zu 2häusigkeit führen
– Blätter wechselständig, fingernervig und meist gelappt
– meist mit Ranken kletternde Kräuter
– Frucht eine Beere, die zuweilen sehr groß und derbwandig ist (Kürbis)

Spritzgurke ♂

Spritzgurke ♀

Vorkommen

Zäune und Hecken, Ufer

Die Kürbisgewächse zeichnen sich durch ein sehr rasches Wachstum und den hohen Wassergehalt ihrer Früchte aus. In unserer Flora haben sie kaum eine Bedeutung. Etwas häufiger ist lediglich die Rote Zaunrübe, eine 2häusige Art, die vor allem im Süden des Gebiets verbreitet ist. Auf wenige Stellen an Neckar, Rhein und Saale beschränkt sich das Vorkommen der aus Amerika stammenden Gelappten Stachelgurke.

Bekannter als die heimischen Arten sind die Gartenpflanzen Kürbis und Gurke sowie die Melone, die aus Südosteuropa importiert wird. Der Kürbis stammt aus dem tropischen Amerika, die Gurke hingegen aus dem tropischen Asien. Den Römern waren die Gurken bereits bekannt. Der älteste mitteleuropäische Fund von Samen der Gurke liegt aus dem 8. Jahrhundert von Südmähren vor.

An den Stränden des Mittel- und des Schwarzen Meeres ist die Spritzgurke zu finden. Ihr aufrechter Fruchtstiel wird etwa 20 Zentimeter lang. An seinem oberen Ende ist er hakenförmig gekrümmt, so daß die Frucht nach unten hängt. Die grüne Frucht ist etwas größer als eine Pflaume, aber ähnlich geformt, sie trägt viele weiche Stacheln. Das Stielende ragt in die Frucht hinein. Bei ihrer Reife genügt eine ganz leichte Berührung, um den Spritzmechanismus auszulösen. Das Stielende wird explosionsartig aus der Frucht herausgeschleudert. Dadurch entsteht eine Öffnung, aus der der Fruchtinhalt mit solcher Gewalt herausspritzt, daß die Samen einige Meter weit weggeschleudert werden. Der Rückstoß schleudert auch die leere zusammengeschrumpfte Fruchthülle weg.

Spritzgurke
(Ecbállium elatérium)

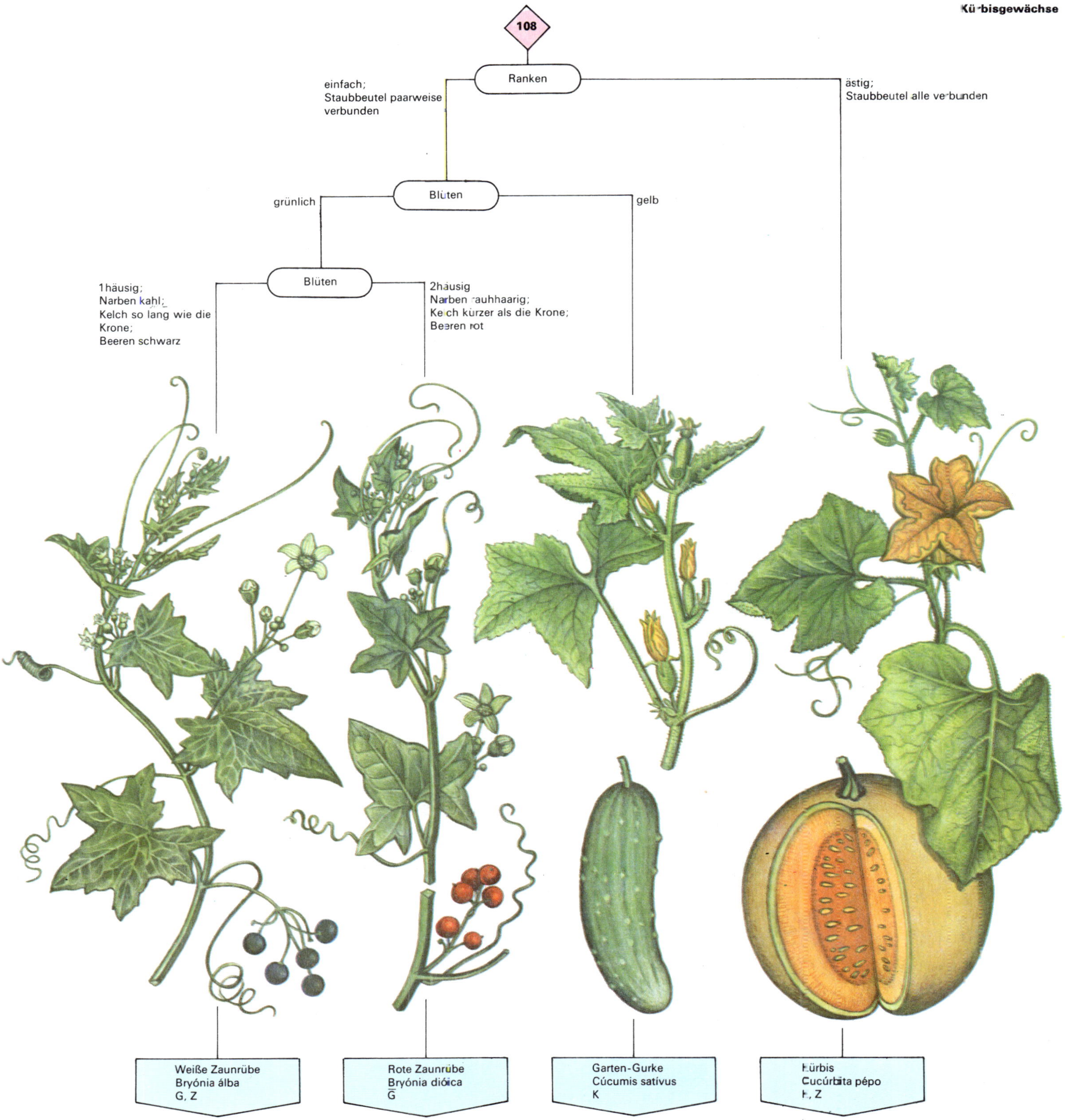

108

Ranken

einfach;
Staubbeutel paarweise
verbunden

ästig;
Staubbeutel alle verbunden

Blüten

grünlich

gelb

Blüten

1häusig;
Narben kahl;
Kelch so lang wie die
Krone;
Beeren schwarz

2häusig;
Narben rauhhaarig;
Kelch kürzer als die Krone;
Beeren rot

Weiße Zaunrübe
Bryónia álba
G, Z

Rote Zaunrübe
Bryónia dióica
G

Garten-Gurke
Cúcumis satívus
K

Kürbis
Cucúrbita pépo
K, Z

Glockenblumengewächse (Campanuláceae)

Familienmerkmale

✳ Ke (5) Kr (5) S 5 $\overline{F}$ (3)
— Blätter einfach, wechselständig
— die Frucht ist eine mehrfächrige Kapsel
— Kräuter und Stauden

Glockenblume

Vorkommen

Wälder, Gebüsche, Felsen, Wiesen, Äcker

Die Glockenblumengewächse sind zum größten Teil Gebirgspflanzen der nördlichen Halbkugel. Die artenreichste Gattung ist die Glockenblume. Es gibt etwa 250 Arten, die alle durch ihre blauen oder violetten (selten auch weißen) glocken- oder trichterförmigen Blüten auffallen. Einige Arten erhielten den Namen nach der Form ihrer Blätter, so die Nesselblättrige Glockenblume, die Pfirsichblättrige Glockenblume und die Breitblättrige Glockenblume. Wer wissen will, wie die

Alpen-Glockenblume
(Campánula alpína)

Bärtige Glockenblume
(Campánula barbáta)

Rundblättrige Glockenblume zu ihrem Namen kam, der muß sehr genau hinschauen. Ihre Stengelblätter sind lineal bis lanzettlich. Nur die kleinen Blätter der grundständigen Rosette sind rund. Da diese Grundblätter nicht sehr lange leben, können wir sie vielleicht nicht gleich bei der ersten Pflanze finden, die wir uns ansehen. Wegen ihrer schönen Blüten werden zahlreiche Glockenblumen-Arten als Zierpflanzen kultiviert. Vor allem sind sie für die Steingärten sehr beliebt.
Die Einzelblüten der Teufelskrallen sind kleiner als die der Glockenblumen. Sie stehen auch viel dichter zusammen. Ihre Kronröhren öffnen sich nur wenig. Dadurch schaut der Blütenstand wie eine vielfingerige Kralle aus. Da ein menschliches Wesen aber keine Krallen an seinen Fingern hat, mußte der Teufel seinen Namen für die Pflanze geben. Die Ährige Teufelskralle wächst im Flach- und Hügelland meist in den Wäldern. Im Bergland finden wir sie viel häufiger in den Wiesen.
Beim Sandknöpfchen stehen die kleinen Einzelblüten in kugeligen Blütenköpfchen zusammen. Es wächst gern auf trockenen sandigen Böden, in Trockenrasen und in Kiefernwäldern. Kalkreiche Böden werden vom Sandknöpfchen gemieden. Es ist eine typische säureliebende Art.

232

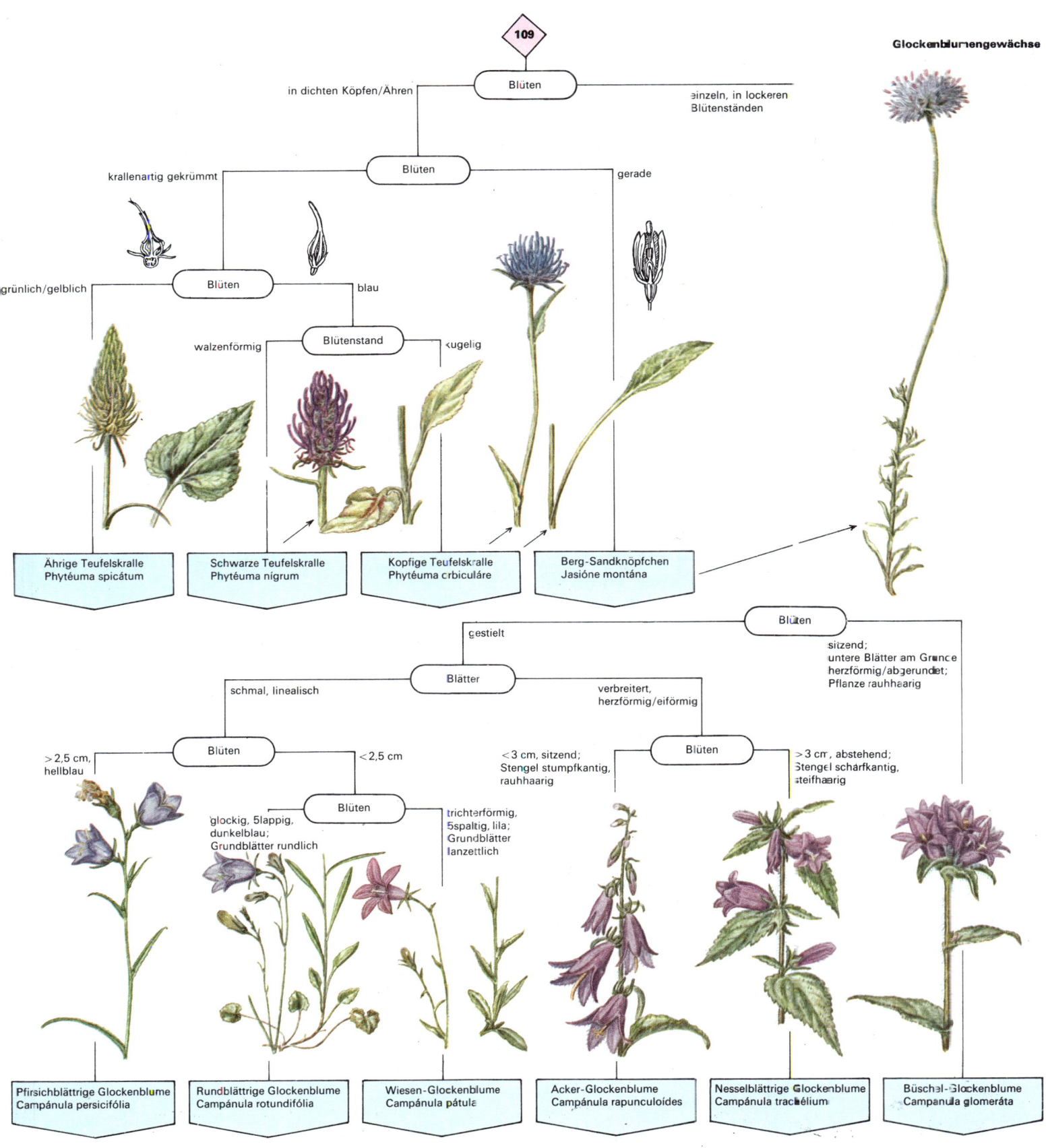

Glockenblumengewächse

109

Blüten

in dichten Köpfen/Ähren ——— einzeln, in lockeren Blütenständen

Blüten

krallenartig gekrümmt ——— gerade

Blüten

grünlich/gelblich ——— blau

Blütenstand

walzenförmig ——— kugelig

Ährige Teufelskralle
Phytéuma spicátum

Schwarze Teufelskralle
Phytéuma nígrum

Kopfige Teufelskralle
Phytéuma orbiculáre

Berg-Sandknöpfchen
Jasióne montána

Blüten

gestielt ——— sitzend; untere Blätter am Grunde herzförmig/abgerundet; Pflanze rauhhaarig

Blätter

schmal, linealisch ——— verbreitert, herzförmig/eiförmig

Blüten

>2,5 cm, hellblau ——— <2,5 cm

Blüten

glockig, 5lappig, dunkelblau; Grundblätter rundlich ——— trichterförmig, 5spaltig, lila; Grundblätter lanzettlich

Blüten

<3 cm, sitzend; Stengel stumpfkantig, rauhhaarig ——— >3 cm, abstehend; Stengel scharfkantig, steifhaarig

Pfirsichblättrige Glockenblume
Campánula persicifólia

Rundblättrige Glockenblume
Campánula rotundifólia

Wiesen-Glockenblume
Campánula pátula

Acker-Glockenblume
Campánula rapunculoídes

Nesselblättrige Glockenblume
Campánula trachélium

Büschel-Glockenblume
Campanula glomeráta

Korbblütengewächse (Asteráceae)

Familienmerkmale

$*$/I Ke5 [Kr (5)+S5] $\overline{F}$ (2)
- Blüten stets in Körbchen
- Staubbeutel zu einer den Griffel umgebenden Röhre verwachsen
- Blätter vielgestaltig; meist wechselständig
- nüßchenartige Schließfrüchte
- Kräuter und Stauden

Korbblüte

Vorkommen

Arten dieser Familie sind überall anzutreffen, nur im Wasser fehlen sie.

Die Familie der Korbblütengewächse gehört mit etwa 15000 Arten zu den artenreichsten Pflanzenfamilien. Sie ist über die ganze Erde verbreitet. Die äußere Gestalt der Korbblütler ist außerordentlich verschieden. Fast alle Lebensformen kommen vor: Bäume, Klettersträucher, dornige Stauden, Polsterpflanzen und auch wasserspeichernde Arten sowie Kräuter. So sehen die in außereuropäischen Gebieten wachsenden Korbblütler oft recht eigenartig aus. Manche ähneln im Wuchs den Kakteen. Andere haben einen dicken Stamm, auf dem ein dichter Schopf langer Blätter sitzt. Solche Schopfbäume wachsen in Afrika. Sie gehören zur Gattung Kreuzkraut. Bei uns treten nur Stauden und Kräuter auf. Unter ihnen gibt es kleine Arten wie die Geruchlose Kamille und so große wie die Sonnenblume. Äußerst vielgestaltig sind die Blätter. Es kommen fast alle Blattformen vor. Nur 3teilige und gefingerte Blätter treten nicht auf. Trotz der Formenvielfalt, die diese Familie

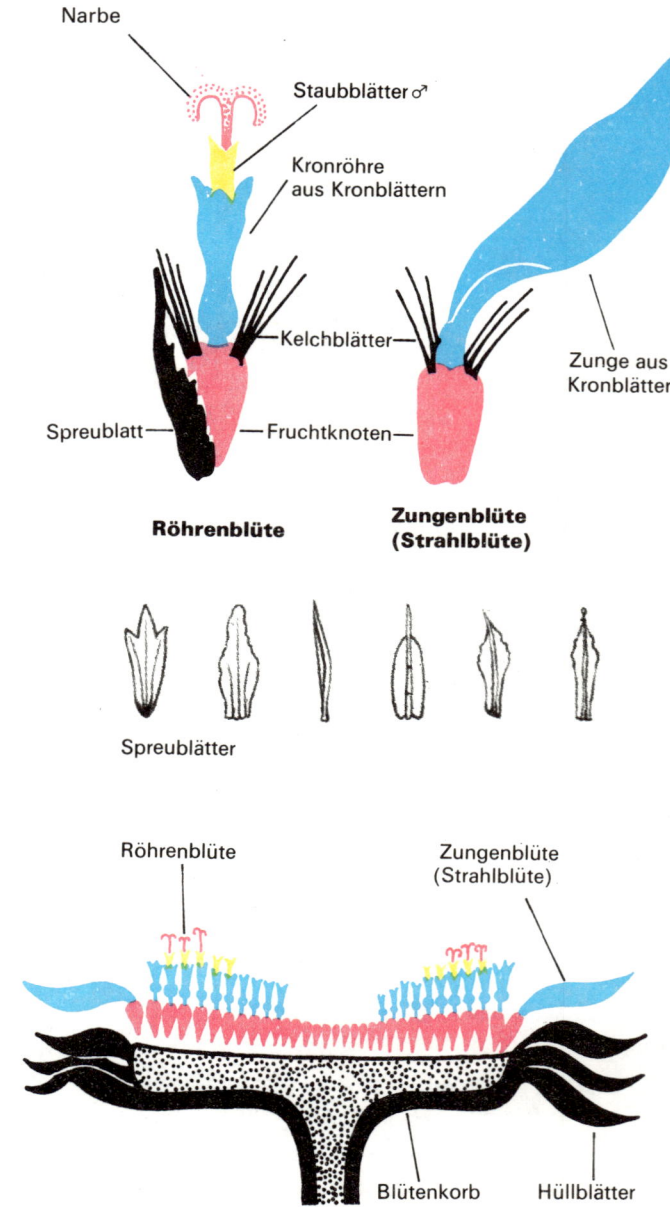

Röhrenblüte

Zungenblüte (Strahlblüte)

Spreublätter

Schema eines Blütenkorbes

auszeichnet, ist die Zugehörigkeit einer Pflanze zu ihr leicht zu erkennen. Wir müssen nur die Blütenstände genau anschauen.
Viele Einzelblüten bilden eine Korbblüte. Beim

234

110

Blütenkorb

nur mit Zungenblüten;
Pflanze mit Milchsaft

mit Röhren- und Zungenblüten/
mit Röhrenblüten;
Pflanze ohne Milchsaft

Blütenkorb

nur mit Röhrenblüten

am Rande mit Zungenblüten,
in der Mitte mit Röhrenblüten

111

113

116

Gemeine Sonnenblume
(Heliánthus ánnuus)

Zwerg-Filzkraut ist sie kaum 2 Millimeter groß, bei der Sonnenblume erreicht sie einen Durchmesser von mehr als 30 Zentimetern. Die Einzelblüten stehen dicht gedrängt auf einem gemeinsamen Blütenboden. Meist ist er flach tellerförmig, so wie bei der Sonnenblume. Bei manchen Arten, zum Beispiel bei der Kamille, ist der Korbboden kegelförmig gewölbt. Die außen am Blütenkorb sitzenden grünen oder auch bräunlichen Blätter heißen Hüllblätter. Die Hüllblätter eines Korbes bilden dessen Hülle. Die Zahl und die Anordnung der Hüllblätter nutzen wir als ein Bestimmungsmerkmal. Die Hülle kann vielblättrig sein oder nur aus wenigen Blättern bestehen. Sind sie in 2 deutlichen Reihen angeordnet, dann sprechen wir von einer doppelten Hülle. Es gibt auch Korbblüten, deren Hüllblätter wie Dachziegel übereinandersitzen. Bei den Flockenblumen sind sie derb und trockenhäutig, oft auch langgefranst. Manchen Arten fehlen die Hüllblätter.

Kelchblätter sind an den Blüten oft kaum oder schwerer zu erkennen als an der reifen Frucht, deren Verbreitung sie dienen. Häufig ist statt der Kelchblätter ein Haarkranz (Pappus) vorhanden. Bei der Fruchtreife breiten sich die Haare aus und bilden die „Fallschirme", an denen die Samen schweben. Das kennt jeder vom Löwenzahn, der Pusteblume. Als borstiger Schopf sitzt der Kelch den Früchten der Kornblume auf. Mit Widerhaken besetzte, schmale Kelchborsten tragen die Früchte der Zweizahn-Arten. Den Früchten manch anderer Arten fehlen besondere, aus dem Kelch gebildete Verbreitungseinrichtungen. Die Samen der Sonnenblume sind glatt. Sie fallen bei der Reife aus dem Korbboden aus.

Die Kronblätter der Einzelblüten sind stets miteinander verwachsen. Haben sie die Form einer Röhre, heißen sie Röhrenblüten. Durch sie schieben sich die Staubgefäße und der meist 2spaltige Griffel hindurch. Bei anderen Blüten sind die Kronblätter langgestreckt und zungenförmig. Wir nennen sie Zungen- oder auch Strahlblüten. Manche Zungenblüten dienen lediglich als Schaublüten. Sie besitzen keine Staubblätter (z. B. Kamille), und bei manchen Arten sind auch keine Fruchtknoten und Griffel vorhanden (z. B. Sonnenblume). Bei den meisten Arten sind die Zungenblüten jedoch fruchtbar. Sie enthalten Staubblätter sowie auch Fruchtknoten und Griffel.

Am unterständigen Fruchtknoten sitzen bei manchen Arten kleine Blätter. Sie werden Trag- oder Spreublätter genannt. Diese Spreublätter können dünn wie Haare oder auch breiter und laubblattartig sein. Manche laufen in eine Stachelspitze aus, andere sind am Rande gezähnelt oder eingeschnitten. In einem Blütenkorb können Zungen- und Röhrenblüten zusammenstehen (z. B. Sonnenblume), oder er trägt nur Zungenblüten

236

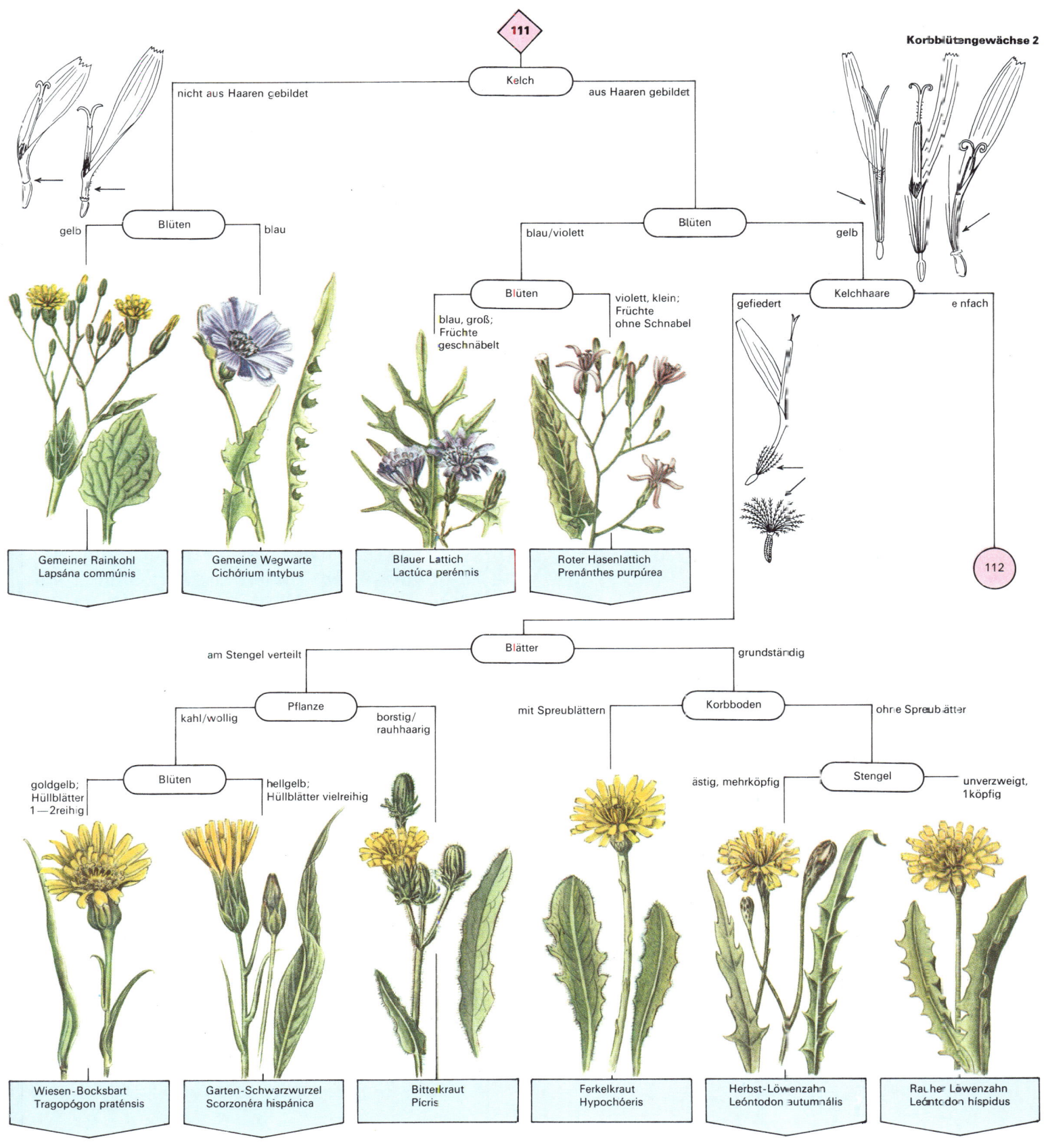

111

Kelch

nicht aus Haaren gebildet | aus Haaren gebildet

Blüten

gelb | blau

Blüten

blau/violett | gelb

Blüten

blau, groß; Früchte geschnäbelt | violett, klein; Früchte ohne Schnabel

Kelchhaare

gefiedert | einfach

112

Gemeiner Rainkohl
Lapsána commúnis

Gemeine Wegwarte
Cichórium íntybus

Blauer Lattich
Lactúca perénnis

Roter Hasenlattich
Prenánthes purpúrea

Blätter

am Stengel verteilt | grundständig

Pflanze

kahl/wollig | borstig/rauhhaarig

Korbboden

mit Spreublättern | ohne Spreublätter

Blüten

goldgelb; Hüllblätter 1—2reihig | hellgelb; Hüllblätter vielreihig

Stengel

ästig, mehrköpfig | unverzweigt, 1köpfig

Wiesen-Bocksbart
Tragopógon praténsis

Garten-Schwarzwurzel
Scorzonéra hispánica

Bitterkraut
Pícris

Ferkelkraut
Hypochóeris

Herbst-Löwenzahn
Leóntodon autumnális

Rauher Löwenzahn
Leóntodon híspidus

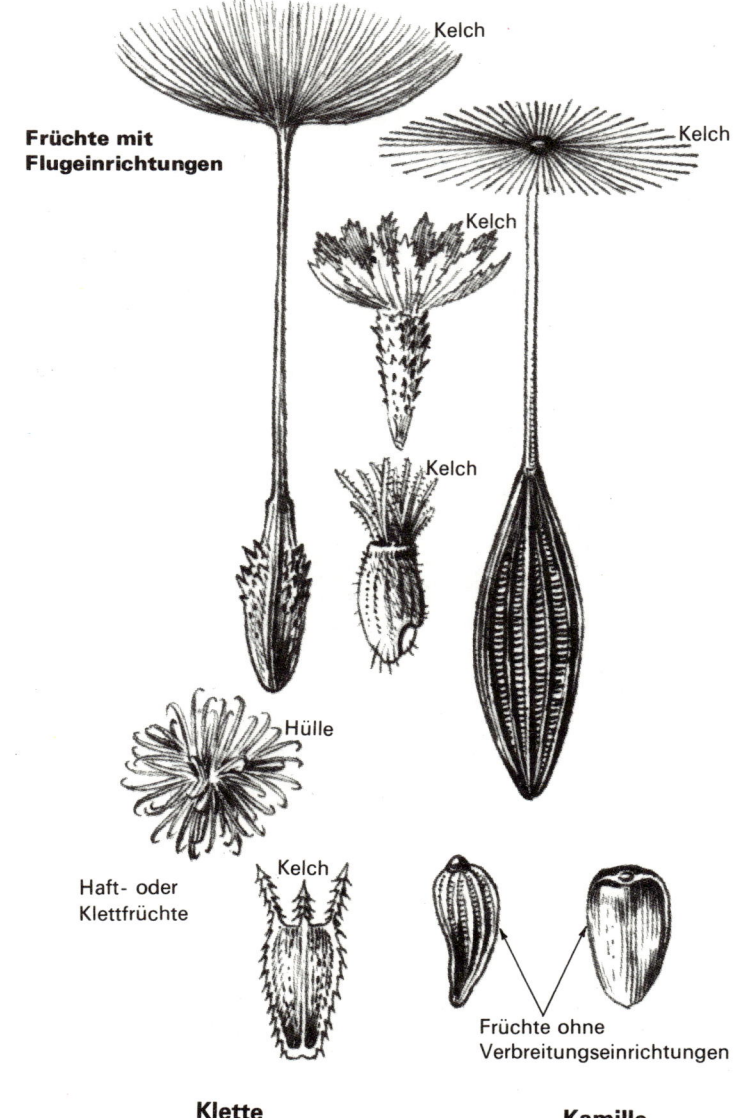

Früchte mit Flugeinrichtungen

Kelch

Kelch

Kelch

Kelch

Hülle

Haft- oder Klettfrüchte

Kelch

Früchte ohne Verbreitungseinrichtungen

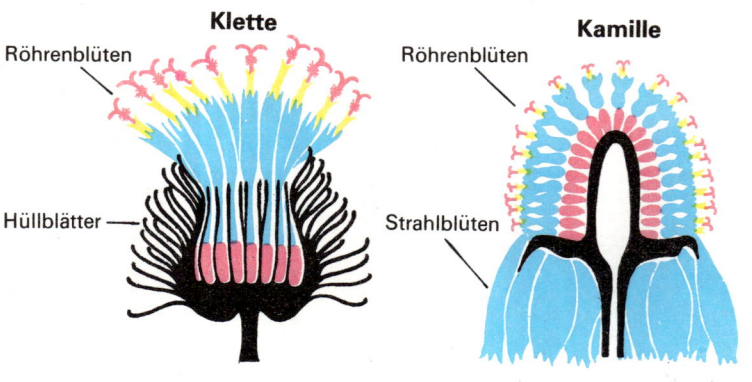

Klette

Röhrenblüten

Hüllblätter

Korbboden flach

Kamille

Röhrenblüten

Strahlblüten

Korbboden kegelförmig

(z. B. Löwenzahn) bzw. nur Röhrenblüten (z. B. Klette, Kornblume). Randlich stehende Röhrenblüten sind oft viel größer und auffälliger als die inneren. Daß es aber wirklich Röhrenblüten sind, das ist an den Blüten der Kornblume leicht zu erkennen. Solche randlich stehenden Röhrenblüten dürfen wir nicht mit den Zungenblüten verwechseln. Also immer genau hinsehen!

Wer zum erstenmal ein Korbblütengewächs bestimmen will, muß den Aufbau des Blütenkorbes und der Einzelblüten kennen. Die Zeichnungen helfen dabei; denn aus ihnen sind alle wichtigen Merkmale und Begriffe zu ersehen. Als Beispiel für die Arbeit mit den Bestimmungstafeln wurde auch ein Korbblütengewächs, das Gänseblümchen, ausgewählt (↗ S. 30).

Zu den Frühjahrsblühern unter den Korbblütlern zählen Huflattich und Pestwurz (↗ Tafel 2). Die vielen Blütenköpfe der Pestwurz-Arten stehen dicht gedrängt am Stengel. Der des Huflattichs trägt nur 1 gelben Blütenkorb. Seine Blätter werden etwa 20 Zentimeter breit, die der Roten Pestwurz können einen Durchmesser von 50 bis 60 Zentimeter erreichen.

Das Gänseblümchen blüht noch im späten Herbst. Und im zeitigen Frühjahr, sobald der Schnee abgetaut ist, zeigen sich seine ersten weißen Blütenkörbchen auf den Wiesen. Sicher haben die Menschen schon vor vielen hundert Jahren das Gänseblümchen und andere Pflanzen gepflückt und damit ihre Wohnungen geschmückt. Diese oder jene Art werden sie auch vor ihren Häusern angepflanzt haben. Später züchteten Liebhaber und Gärtner besonders schöne großblumige Zierpflanzen. Die meisten der heute gern zum Schmuck der Gärten und der Woh-

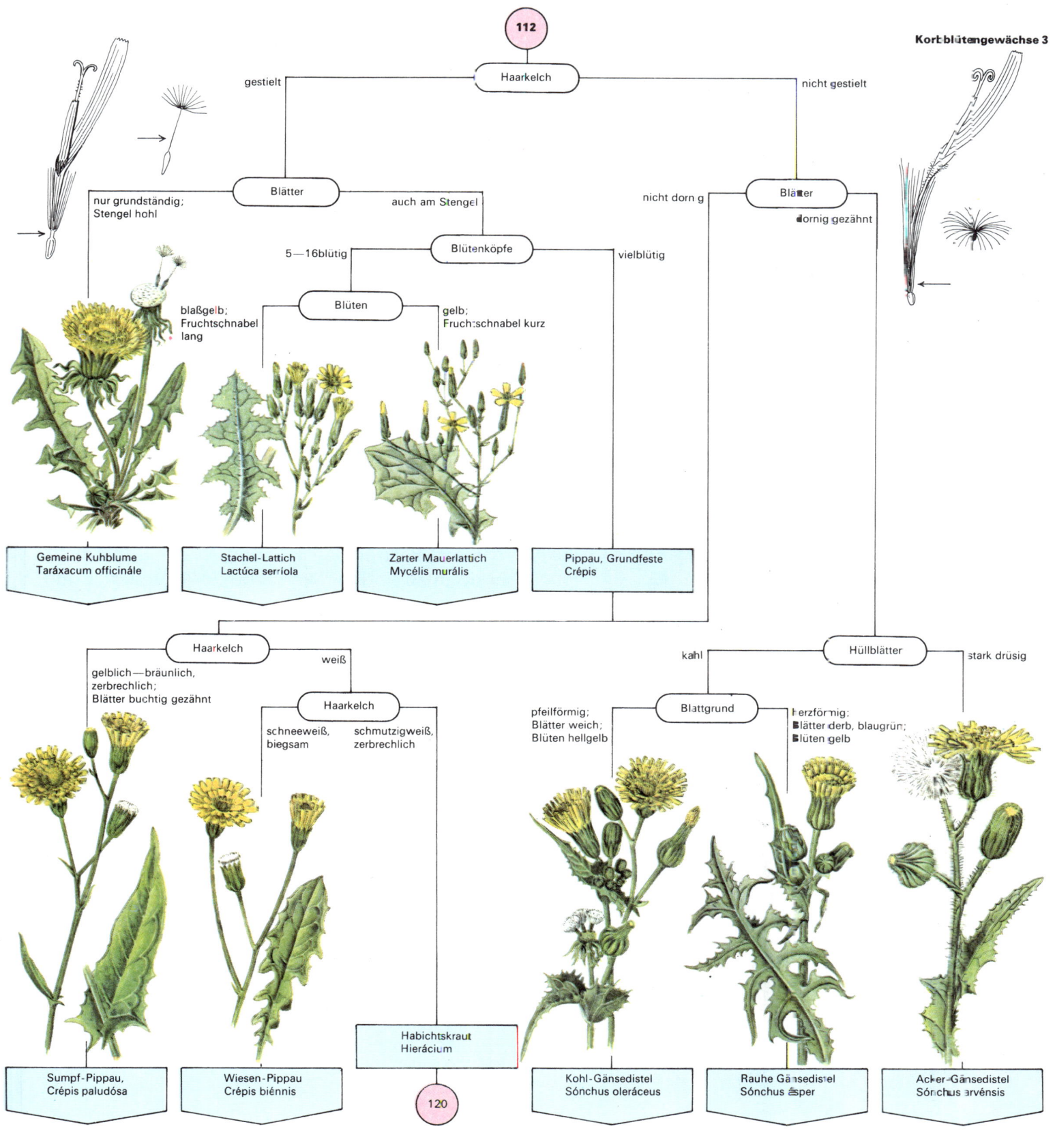

112

Haarkelch

gestielt | nicht gestielt

Blätter

nur grundständig;
Stengel hohl | auch am Stengel

nicht dorn g | Blätter

dornig gezähnt

Blütenköpfe

5—16blütig | vielblütig

Blüten

blaßgelb;
Fruchtschnabel
lang | gelb;
Fruchtschnabel kurz

Gemeine Kuhblume
Taráxacum officinále

Stachel-Lattich
Lactúca serríola

Zarter Mauerlattich
Mycélis murális

Pippau, Grundfeste
Crépis

Haarkelch

gelblich—bräunlich,
zerbrechlich;
Blätter buchtig gezähnt | weiß

Haarkelch

schneeweiß,
biegsam | schmutzigweiß,
zerbrechlich

Hüllblätter

kahl | stark drüsig

Blattgrund

pfeilförmig;
Blätter weich;
Blüten hellgelb | herzförmig;
Blätter derb, blaugrün;
Blüten gelb

Sumpf-Pippau,
Crépis paludósa

Wiesen-Pippau
Crépis biénnis

Habichtskraut
Hierácium

120

Kohl-Gänsedistel
Sónchus oleráceus

Rauhe Gänsedistel
Sónchus ásper

Acker-Gänsedistel
Sónchus arvénsis

Edelweiß
(Leontopódium alpínum)

nungen verwendeten Korbblütengewächse, wie beispielsweise die Astern, die Dahlien, die Zinnien, die Studentenblumen und andere, stammen aus Amerika. Die großblütigen bunten Strohblumen kamen aus Australien zu uns. Die jüngste Zierpflanze aus dieser Familie ist die Gerbera. Ihre Stammformen, aus denen sie gezüchtet wurde, sind in Südafrika heimisch.

Wegen der Größe und der Schönheit ihrer Blütenkörbe sind auch einige der wildwachsenden Arten als Zierpflanzen beliebt. Das trifft besonders für die Silberdistel zu, die deshalb sehr gefährdet ist und daher auch zu den geschützten Pflanzen gehört. Ihre langen Hüllblätter glänzen silbrig. Bei trockenem Wetter sind sie flach ausgebreitet und übernehmen die Schauwirkung der Strahlblüten. Sie neigen sich bei Feuchtigkeit über dem Blütenkorb zusammen. Auf trockenen, meist kalkreichen Hängen ist die Silberdistel noch zu finden. Die Farbe der Hüllblätter und ihre stacheligen Blätter gaben ihr den Namen. Stachelig oder dornig bewehrt sind auch die Disteln. Davon gibt es aber mehrere Arten aus verschiedenen Gattungen: Kratzdistel, Eselsdistel, Mariendistel, Kugeldistel, Golddistel und Distel. Aber nicht alle Arten mit stacheligen Blättern und distelartigem Aussehen gehören zur Familie der Korbblütengewächse. Die Stranddistel zum Beispiel ist ein Doldengewächs.

Zu den bekanntesten Vertretern unserer heimischen Pflanzenwelt zählt sicher die Kuhblume. Dieser gelbe Korbblütler ist unter den Namen Löwenzahn, Maistock, Butterblume, Pusteblume, Ringelblume, Kettenblume bekannt. Von der Ebene bis in das Gebirge werden die verschiedensten Standorte von ihr besiedelt. Aus den röhrenförmigen Blüten-

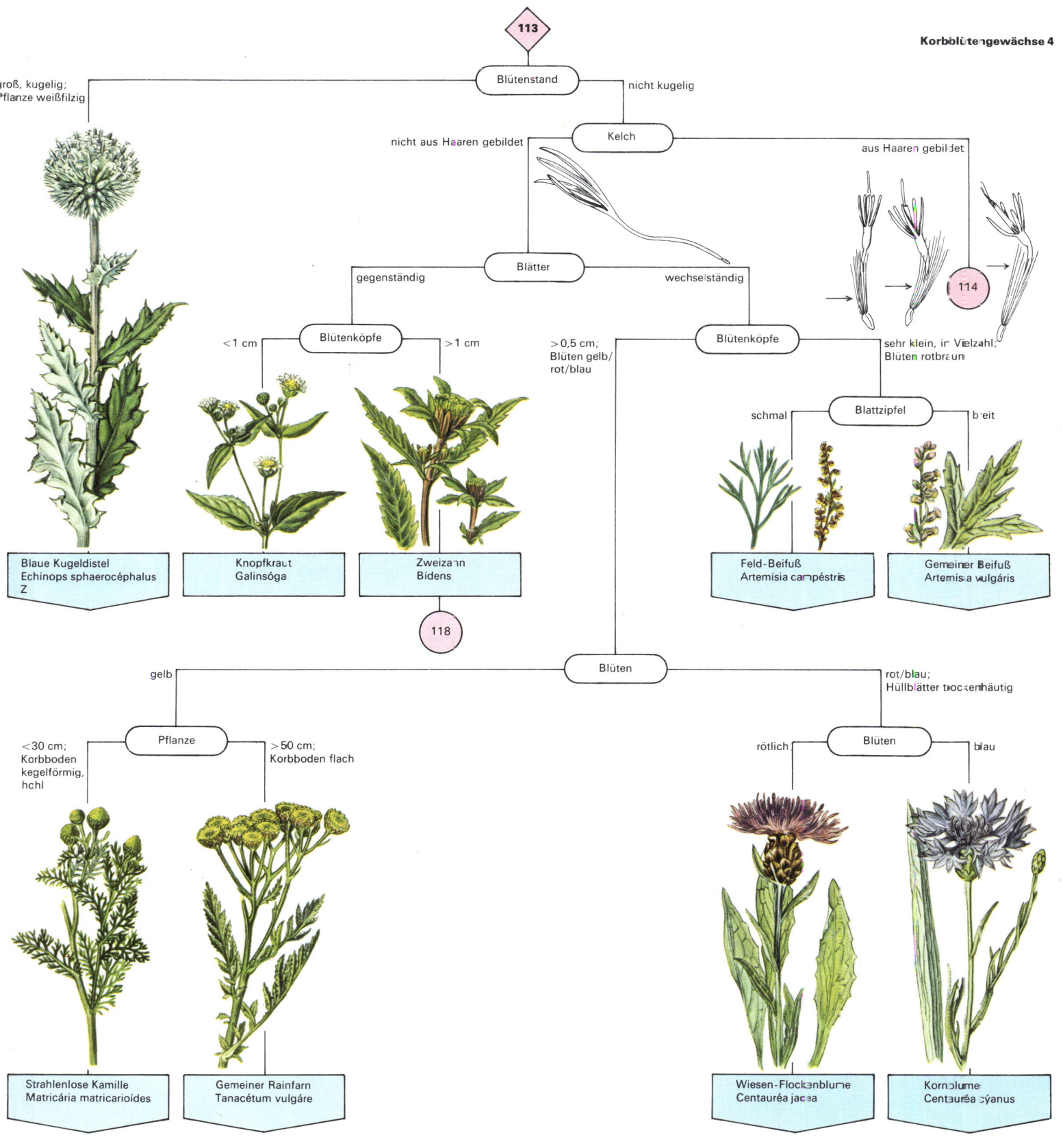

113

Blütenstand

roß, kugelig;
Pflanze weißfilzig · nicht kugelig

Kelch

nicht aus Haaren gebildet · aus Haaren gebildet

Blätter

gegenständig · wechselständig

Blütenköpfe

<1 cm · >1 cm

>0,5 cm;
Blüten gelb/
rot/blau

Blütenköpfe

sehr klein, in Vielzahl;
Blüten rotbraun

114

Blattzipfel

schmal · breit

Blaue Kugeldistel
Echínops sphaerocéphalus
Z

Knopfkraut
Galinsóga

Zweizahn
Bídens

Feld-Beifuß
Artemísia campéstris

Gemeiner Beifuß
Artemísia vulgáris

118

Blüten

gelb · rot/blau;
Hüllblätter trockenhäutig

Pflanze

<30 cm;
Korbboden
kegelförmig,
hohl · >50 cm;
Korbboden flach

Blüten

rötlich · blau

Strahlenlose Kamille
Matricária matricarioides

Gemeiner Rainfarn
Tanacétum vulgáre

Wiesen-Flockenblume
Centauréa jacéa

Kornblume
Centauréa cýanus

stengeln fertigen sich die Kinder gern Ketten und Blütenkränzchen an. Jeder hat wohl auch schon einmal eine Pusteblume ausgeblasen. Früher waren damit abergläubische Vorstellungen verbunden. In den mittelalterlichen Kräuterbüchern ist die Kuhblume abgebildet, und es finden sich Angaben über ihre vielseitige Verwendung. Blätter, Blüten und Wurzeln halfen, Nieren-, Leber- und Hautkrankheiten zu heilen. Mit dem weißen Milchsaft der Pflanze wurden Warzen behandelt. Die im Frühjahr aus der Pfahlwurzel austreibenden ersten Blätter werden auch heute noch als Salat geschätzt. Vom Vieh wird die ganze Pflanze gern gefressen. Sie ist auch eine gute Bienenfutterpflanze. Unter den Korbblütlern gibt es noch viele andere Kultur-, Nutz- und Heilpflanzen. Wegen ihrer ölhaltigen Samen wird die Sonnenblume feldmäßig angebaut. Die kräftigen braunschwarzen Pfahlwurzeln der Garten-Schwarzwurzel schätzen wir als Gemüse. Der Grüne Salat gehört zur Gattung Lattich. Schwarzwurzel und Lattich, der Löwenzahn und einige andere Gattungen enthalten Milchsaft.

Selbst wer die Arten nicht genau kennt, weiß, daß Huflattich, Kamille, Schafgarbe, Arnika und Wermut als Heilpflanzen Bedeutung haben. Zur gleichen Gattung wie der Wermut gehören die als Gewürze gern verwendeten Arten Estragon, Beifuß und Eberraute. Als Färbepflanzen wurden früher die Färber-Scharte und der Saflor genutzt.

Vorkommen von Korbblütengewächsen
Tabelle 12

Ufer, Strand

Strand-Aster	Zweizahn
Pestwurz	

Sumpfwiesen, Moore

Sumpf-Schafgarbe	Kohl-Kratzdistel
Moor-Kreuzkraut	Färber-Scharte
Wasser-Kreuzkraut	Wiesen-Flockenblume
Sumpf-Kratzdistel	Fransen-Flockenblume
Sumpf-Pippau	Öhrchen-Habichtskraut
Orangerotes Habichtskraut	

Wiesen

Echte Goldrute	Berg-Wohlverleih
Mehrjähriges	Löwenzahn
Gänseblümchen	Wiesen-Bocksbart
Gemeine Schafgarbe	Kuhblume
Weiße Wucherblume	
Wiesen-Pippau	

Äcker, Schuttplätze

Kanadische Goldrute	Strahlenlose Kamille
Kanadisches Berufkraut	Geruchlose Strandkamille
Ruhrkraut	Gemeiner Rainfarn

Knopfkraut	Gemeiner Beifuß
Acker-Hundskamille	Gemeiner Huflattich
Acker-Kratzdistel	Gemeine Eselsdistel
Gemeines Kreuzkraut	Blaue Kugeldistel
Klette	Nickende Distel
Stachel-Distel	Lanzett-Kratzdistel
Kornblume	Gemeine Wegwarte
Gemeiner Rainkohl	Kleiner Lämmersalat
Gänsedistel	Bitterkraut
	Dolden-Habichtskraut

Gebüsche, Trockenrasen

Berg-Aster	Jakobs-Kreuzkraut
Skabiosen-Flockenblume	Alant
Silberdistel	Golddistel
Strauß-Wucherblume	Stengellose Kratzdistel
Feld-Beifuß	Glattes Habichtskraut
Kleines Habichtskraut	

Wälder

Gemeiner Wasserdost	Färber-Scharte
Hain-Kreuzkraut	Zarter Mauerlattich
Krause Distel	Wald-Habichtskraut
Gemeines Habichtskraut	Dolden-Habichtskraut

114

Blätter

ganzrandig/gesägt — dornig gezähnt

Blüten

purpurn/rot — gelblich/weißlich

Stengel

ungeflügelt/schwach geflügelt — breit geflügelt; Blütenköpfe groß

Blütenköpfe

>3 cm; Stengel 1köpfig — <3 cm; Stengel mehrköpfig

Kelchhaare

einfach — gefiedert

115

Blütenköpfe

>3 cm, nickend — <3 cm

Blattunterseite

grün, kahl — grau, behaart

Nickende Distel
Cárduus nútans

Stachel-Distel
Cárduus acanthoídes

Krause Distel
Cárduus críspus

Gemeine Eselsdistel
Onopórdon acanthoídes

Große Eberwurz, Silberdistel
Carlína acáulis

Kleine Eberwurz, Golddistel
Carlína vulgáris

Krone

5teilig; Staubfäden kahl — 5spaltig; Staubfäden behaart

Blattoberseite

kahl/behaart — mit feinen Stacheln; Unterseite filzig

Blätter

nur grundständig — am Stengel

Blätter

am Stengel herablaufend — am Stengel nicht herablaufend; Blattunterseite weißlich

Acker-Kratzdistel
Círsium arvénse

Stengellose Kratzdistel
Círsium acáulon

Sumpf-Kratzdistel
Círsium palústre

Verschiedenbl. Kratzdistel
Círsium heterophýllum

Lanzett-Kratzdistel
Círsium vulgáre

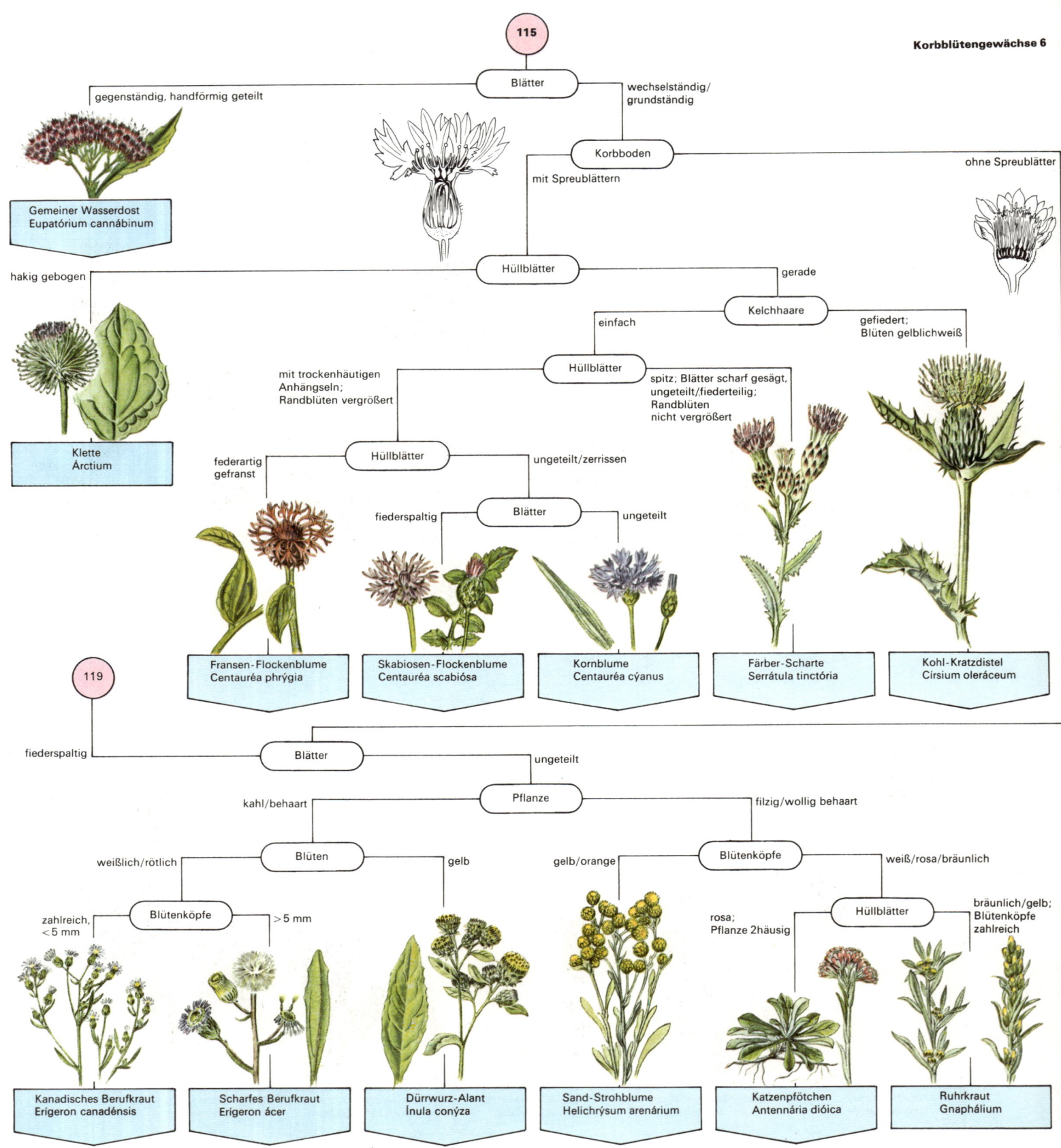

115

Blätter

gegenständig, handförmig geteilt

wechselständig/grundständig

Korbboden

mit Spreublättern

ohne Spreublätter

Gemeiner Wasserdost
Eupatórium cannábinum

Hüllblätter

gerade

hakig gebogen

Kelchhaare

einfach

gefiedert; Blüten gelblichweiß

Klette
Árctium

Hüllblätter

mit trockenhäutigen Anhängseln; Randblüten vergrößert

spitz; Blätter scharf gesägt, ungeteilt/fiederteilig; Randblüten nicht vergrößert

Hüllblätter

federartig gefranst

ungeteilt/zerrissen

Blätter

fiederspaltig

ungeteilt

119

Fransen-Flockenblume
Centauréa phrýgia

Skabiosen-Flockenblume
Centauréa scabiósa

Kornblume
Centauréa cýanus

Färber-Scharte
Serrátula tinctória

Kohl-Kratzdistel
Círsium oleráceum

Blätter

fiederspaltig

ungeteilt

Pflanze

kahl/behaart

filzig/wollig behaart

Blüten

Blütenköpfe

weißlich/rötlich

gelb

gelb/orange

weiß/rosa/bräunlich

Blütenköpfe

>5 mm

Hüllblätter

zahlreich, <5 mm

rosa; Pflanze 2häusig

bräunlich/gelb; Blütenköpfe zahlreich

Kanadisches Berufkraut
Erígeron canadénsis

Scharfes Berufkraut
Erígeron ácer

Dürrwurz-Alant
Ínula conýza

Sand-Strohblume
Helichrýsum arenárium

Katzenpfötchen
Antennária dióica

Ruhrkraut
Gnaphálium

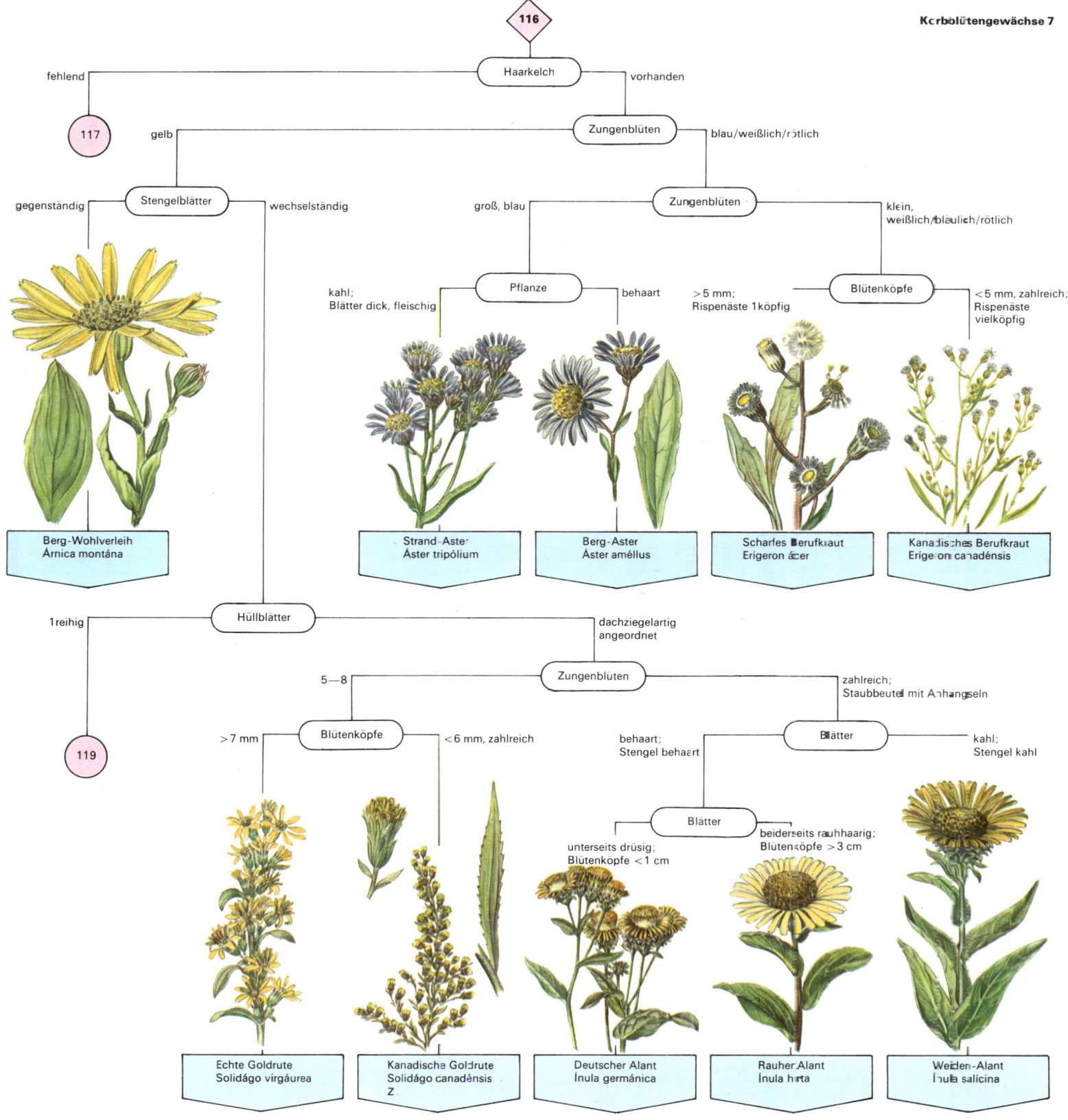

116

Haarkelch

fehlend · vorhanden

117

Zungenblüten

gelb · blau/weißlich/rötlich

Stengelblätter

gegenständig · wechselständig

Zungenblüten

groß, blau · klein, weißlich/bläulich/rötlich

Pflanze

kahl; Blätter dick, fleischig · behaart

Blütenköpfe

>5 mm; Rispenäste 1köpfig · <5 mm, zahlreich; Rispenäste vielköpfig

Berg-Wohlverleih
Árnica montána

Strand-Aster
Áster tripólium

Berg-Aster
Áster améllus

Scharfes Berufkraut
Erigeron ácer

Kanadisches Berufkraut
Erígeron canadénsis

Hüllblätter

1reihig · dachziegelartig angeordnet

119

Zungenblüten

5—8 · zahlreich; Staubbeutel mit Anhängseln

Blütenköpfe

>7 mm · <6 mm, zahlreich

Blätter

behaart; Stengel behaart · kahl; Stengel kahl

Blätter

unterseits drüsig; Blütenköpfe <1 cm · beiderseits rauhhaarig; Blütenköpfe >3 cm

Echte Goldrute
Solidágo virgáurea

Kanadische Goldrute
Solidágo canadénsis
Z.

Deutscher Alant
Ínula germánica

Rauher Alant
Ínula hirta

Weiden-Alant
Ínula salícina

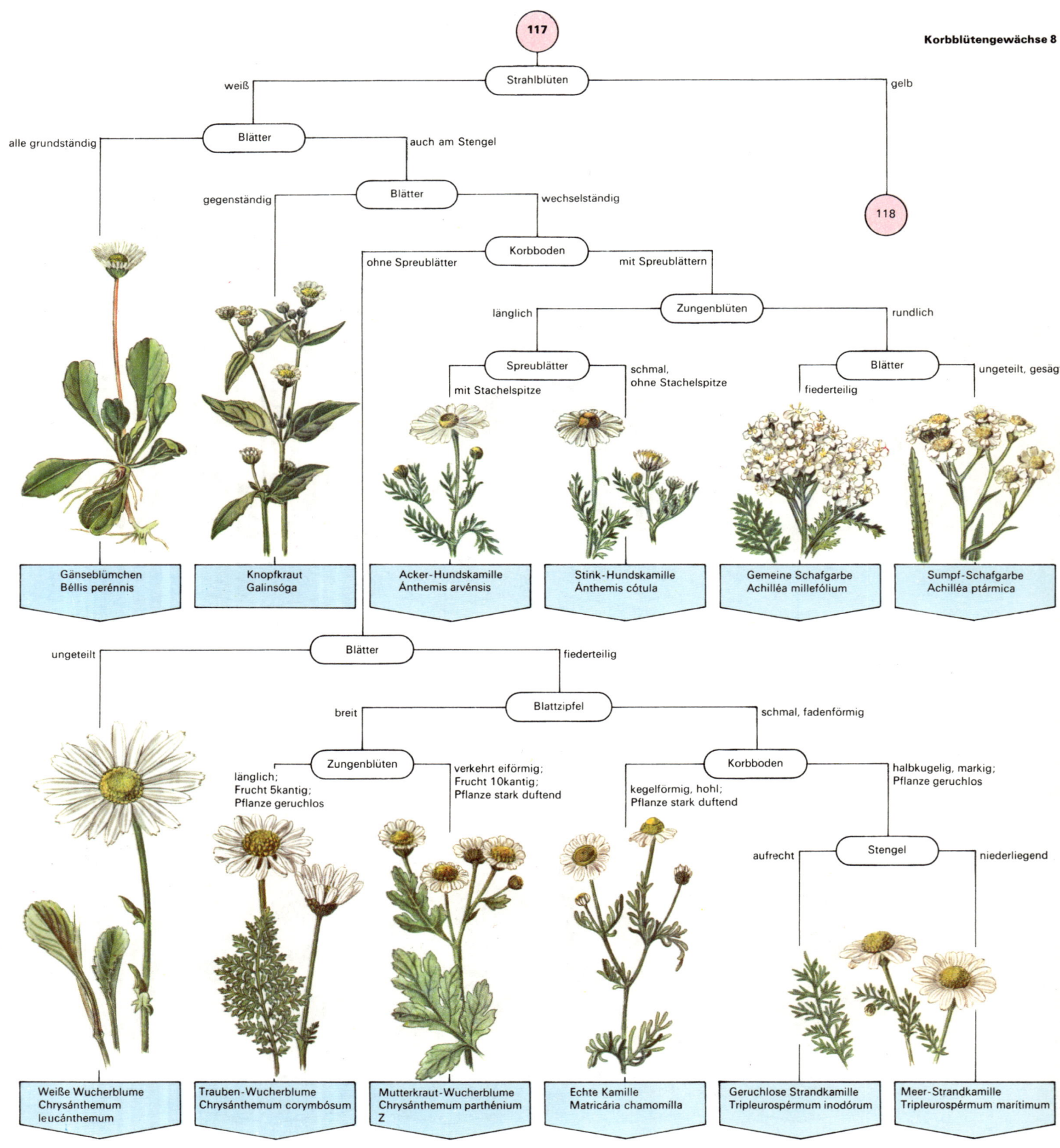

117

Strahlblüten

weiß — Blätter — gelb — **118**

alle grundständig — auch am Stengel

Blätter

gegenständig — wechselständig

Korbboden

ohne Spreublätter — mit Spreublättern

Zungenblüten

länglich — rundlich

Spreublätter

mit Stachelspitze — schmal, ohne Stachelspitze

Blätter

fiederteilig — ungeteilt, gesägt

Gänseblümchen
Béllis perénnis

Knopfkraut
Galinsóga

Acker-Hundskamille
Ánthemis arvénsis

Stink-Hundskamille
Ánthemis cótula

Gemeine Schafgarbe
Achilléa millefólium

Sumpf-Schafgarbe
Achilléa ptármica

Blätter

ungeteilt — fiederteilig

Blattzipfel

breit — schmal, fadenförmig

Zungenblüten

länglich; Frucht 5kantig; Pflanze geruchlos — verkehrt eiförmig; Frucht 10kantig; Pflanze stark duftend

Korbboden

kegelförmig, hohl; Pflanze stark duftend — halbkugelig, markig; Pflanze geruchlos

Stengel

aufrecht — niederliegend

Weiße Wucherblume
Chrysánthemum leucánthemum

Trauben-Wucherblume
Chrysánthemum corymbósum

Mutterkraut-Wucherblume
Chrysánthemum parthénium Z

Echte Kamille
Matricária chamomílla

Geruchlose Strandkamille
Tripleurospérmum inodórum

Meer-Strandkamille
Tripleurospérmum marítimum

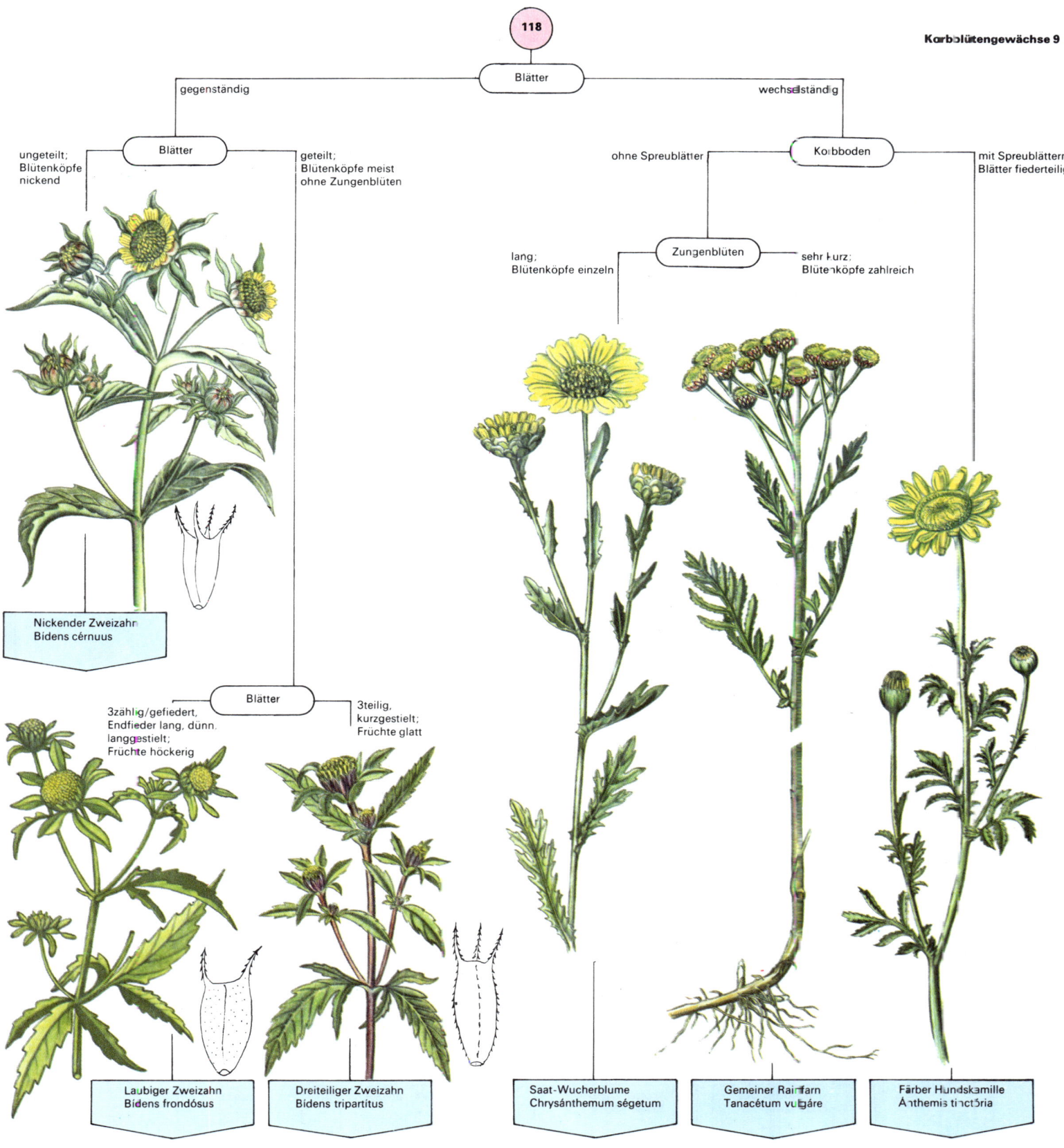

Blätter

gegenständig   wechselständig

Blätter

ungeteilt;
Blütenköpfe
nickend

geteilt;
Blütenköpfe meist
ohne Zungenblüten

Korbboden

ohne Spreublätter

mit Spreublättern;
Blätter fiederteilig

Zungenblüten

lang;
Blütenköpfe einzeln

sehr kurz;
Blütenköpfe zahlreich

Nickender Zweizahn
Bidens cérnuus

Blätter

3zählig/gefiedert,
Endfieder lang, dünn,
langgestielt;
Früchte höckerig

3teilig,
kurzgestielt;
Früchte glatt

Laubiger Zweizahn
Bidens frondósus

Dreiteiliger Zweizahn
Bidens tripartítus

Saat-Wucherblume
Chrysánthemum ségetum

Gemeiner Rainfarn
Tanacétum vulgáre

Färber Hundskamille
Ánthemis tinctória

Blätter

ungeteilt

fiederspaltig/fiederteilig

Zungenblüten

vorhanden

fehlend

Zungenblüten

flach, ausgebreitet

kurz, zurückgerollt

Pflanze

drüsig/klebrig

drüsenlos, behaart

Hain-Kreuzkraut
Senécio nemorénsis

Klebriges Kreuzkraut
Senécio viscósus

Wald-Kreuzkraut
Senécio sylváticus

Gemeines Kreuzkraut
Senécio vulgáris

Blattbuchten

gezähnt;
Blätter spinnwebig—wollig

nicht gezähnt

Seitenzipfel

der Blätter
vorwärtsgerichtet;
Früchte kahl

der Blätter
gerade abstehend;
Früchte behaart

Blätter

fiederteilig;
Außenhüllblätter
4—6

leierförmig;
Außenhüllblätter
1—2

Frühlings-Kreuzkraut
Senécio vernális
G

Wasser-Kreuzkraut
Senécio aquáticus

Raukenblättriges Kreuzkraut
Senécio erucifólius

Jacobs-Kreuzkraut
Senécio jacobáea
G

Blätter

klein, grundständig,
ganzrandig;
Früchte < 3 mm

stengelständig, gezähnt/
grundständig, groß, gezähnt;
Früchte > 3 mm

Stengel

1 köpfig

2—5 köpfig;
Blätter blaugrün

Pflanze

ohne Rosette;
Stengelblätter
zahlreich

mit Rosette

Stengelblätter

> 3

1/fehlend

Kleines Habichtskraut
Hierácium pilosélla

Öhrchen-Habichtskraut
Hierácium aurícula

Gemeines Habichtskraut
Hierácium lachenélii

Wald-Habichtskraut
Hierácium sylváticum

Hüllblätter

zurückgebogen

nicht zurückgebogen

Stengel

locker beblättert;
innere Hüllblätter spitz;
Blätter sitzend/gestielt

dicht beblättert;
innere Hüllblätter stumpf;
Blätter stengelumfassend

Schirm-Habichtskraut
Hierácium umbellátum

Glattes Habichtskraut
Hierácium laevigátum

Savoyer-Habichtskraut
Hierácium sabáudum

Register

Inhalt

Weiterführende Pflanzenbestimmungsbücher

Amann, G. (1970): Bodenpflanzen des Waldes. Radebeul

Amann, G. (1972): Bäume und Sträucher des Waldes. 11. Aufl. Melsungen

Eiselt, M. G., Schröder, R. (1976): Nadelgehölze. 4. Aufl. Leipzig · Radebeul

Eiselt, M. G., Schröder, R. (1977): Laubgehölze. Leipzig · Radebeul

Harz, K. (1964): Unsere Laubbäume und Sträucher im Sommer. 3. Aufl. Wittenberg

Harz, K. (1966): Unsere Laubbäume und Sträucher im Winter. 4. Aufl. Wittenberg

Morgenthal, J. (1964): Die Nadelgehölze. 4. Aufl. Jena

Needon, Chr., Petermann, J., Scheffel, P. und Scheiba, B. (1983): Pflanzen und Tiere. Ein Naturführer. 13. Aufl. Leipzig · Jena · Berlin

Rauschert, S. (1972): Wiesen- und Weidepflanzen. 3. Aufl. Radebeul

Rothmaler, W. (1982): Exkursionsflora für die Gebiete der DDR und der BRD. 11. Aufl. Berlin

Weymar, H. (1966): Buch der Doldengewächse. 2. Aufl. Radebeul

Weymar, H. (1970): Buch der Korbblütler. 3. Aufl. Radebeul

Weymar, H. (1972): Buch der Gräser und Binsengewächse. 8. Aufl. Radebeul

Weymar, H. (1973): Buch der Schmetterlingsblütler, Mimosen- und Johannisbrotbaumgewächse. 2. Aufl. Radebeul

Weymar, H. (1973): Buch der Rosengewächse. Radebeul

Weymar, H. (1979): Lernt Pflanzen kennen. Radebeul

Fliegen-Ragwurz

Gemeiner
Seidelbast

Kuhschelle

Blauer Eisenhut